昆山高新区（玉山镇）村志系列丛书

广福村志

GUANGFU CUNZHI

昆山高新区（玉山镇）村志系列丛书编纂委员会 编

苏州大学出版社
Soochow University Press

图书在版编目（CIP）数据

广福村志／邵林主编；昆山高新区（玉山镇）村志系列丛书编纂委员会编. -- 苏州：苏州大学出版社，2023. 12

（昆山高新区（玉山镇）村志系列丛书）

ISBN 978-7-5672-4672-0

Ⅰ. ①广… Ⅱ. ①邵… ②昆… Ⅲ. ①村史-昆山 Ⅳ. ①K295. 35

中国国家版本馆 CIP 数据核字（2023）第 239957 号

广福村志

编　　者　昆山高新区（玉山镇）村志系列丛书编纂委员会
主　　编　邵　林
责任编辑　王海芹
助理编辑　任雨萌
装帧设计　刘　俊
出版发行　苏州大学出版社
地　　址　苏州市十梓街 1 号
邮　　编　215006
电　　话　0512-67481020
网　　址　http：//www.sudapress.com
邮　　箱　sdcbs@ suda.edu.cn
印　　刷　苏州市越洋印刷有限公司
开　　本　787 mm×1 092 mm　1/16　插页 16　印张 29. 5（共两册）　字数 480 千
版　　次　2023 年 12 月第 1 版
印　　次　2023 年 12 月第 1 次印刷
书　　号　ISBN 978-7-5672-4672-0
定　　价　120. 00 元（共两册）

审定单位

昆山高新技术产业开发区管理委员会

昆山市地方志编纂委员会办公室

昆山高新区（玉山镇）村志系列丛书编纂办公室

主　　任：刘清涛

副 主 任：姚　兰　管　烨　张振华

成　　员：姚　晨　赵赋俊　季建芬

编纂统筹：苏洪根

编　　务：朱小萍　周凤花　金小华

《广福村志》编纂委员会

主　　任：邵　林

副 主 任：王建林

委　　员：陈玉刚　楼小芳　张伟瑾　陈晓红

《广福村志》编纂组

主　　编：邵　林

副 主 编：陈晓红

特聘总纂：晓　鼎

撰　　稿：计苏敏（主笔）　陈祥英　曹永良

编　　务：王建林　陈雪球　邵文贤　陈林生　赵建琴

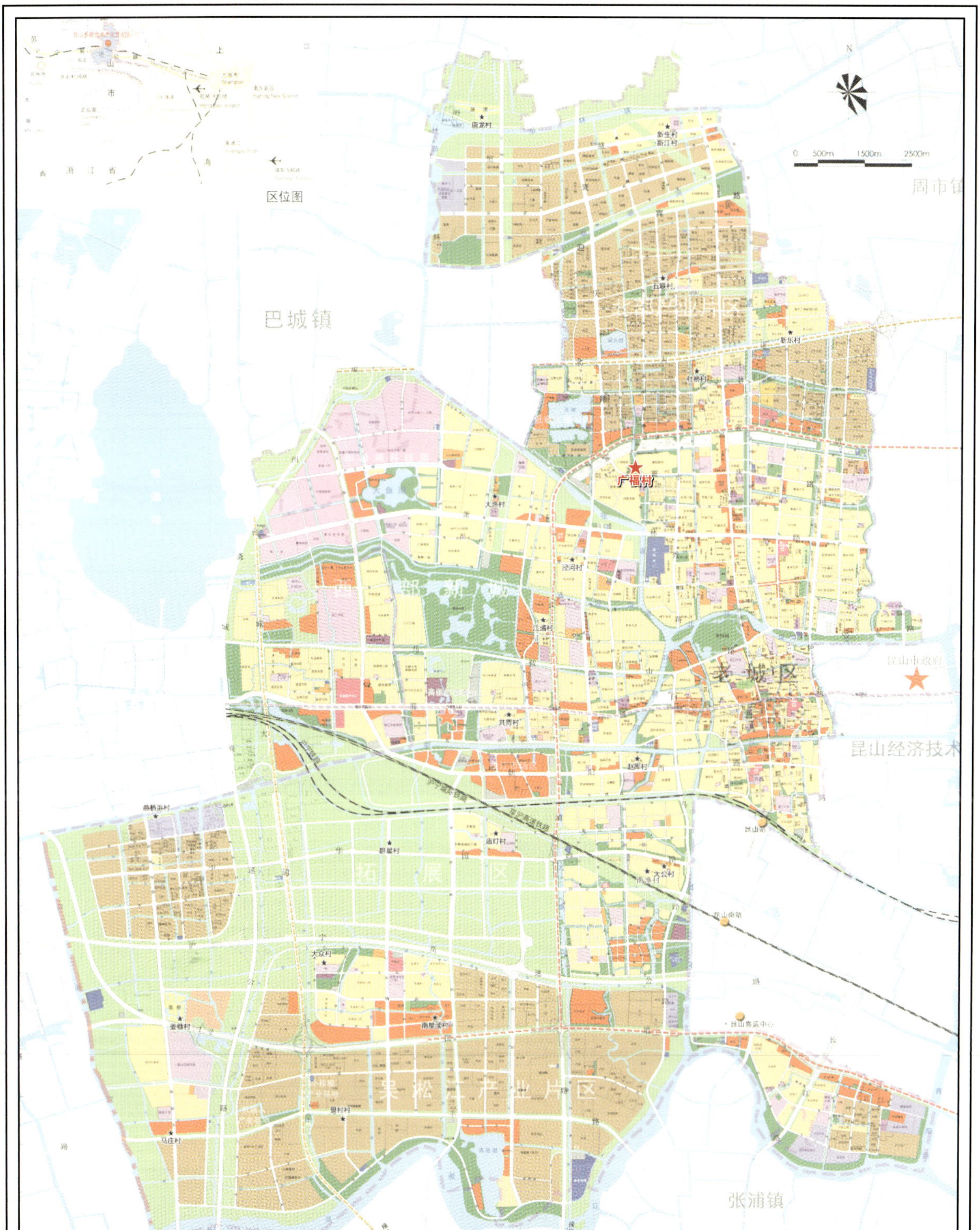

注：①本示意图由昆山高新区规划建设局提供（2020年）
②★表示广福村在昆山高新区（玉山镇）的位置

昆山高新区（玉山镇）区划示意图

MOTECH 茂迪(苏州)新能源有限公司

上 广福村域全景（广福村村委会提供）

广福村党支部办公地（2021年，张银龙摄）

广福锦园小区东门（2017年，陈晓红摄）

锦隆佳园小区东南侧景观（2021年，张银龙摄）

锦隆佳园小区中部景观（2021年，张银龙摄）

广福锦园小区景观（2021年，张银龙摄）

襄庆路景观（2021年，张银龙摄）

广福村域居民区景观（2021年，张银龙摄）

玉湖湿地公园（2021年，张银龙摄）

玉湖湿地公园全景（2021年，张银龙摄）

东方红桥景观（小河岸小学东侧）（2021年，张银龙摄）

风雷河公交公司停车场（原广福村6组、7组）（2021年，张银龙摄）

小河岸河河道（2021年，张银龙摄）

风雷河两侧景致（2021年，张银龙摄）

广福村警务室（2021年，张银龙摄）

村域工业区（2021年，张银龙摄）

广福村健身器材（2021年，张银龙摄）

广福村图书室（2021年，张银龙摄）

福娃幼儿园（2021年，张银龙摄）

昆山市力量学校（2021年，张银龙摄）

昆山高新区庆丰小学（原小河岸小学）（2021年，张银龙摄）

昆山高新区玉湖小学（2021年，张银龙摄）

广福村第九届村民委员会选举大会（2008年，广福村村委会提供）

广福村第九届村民委员会选举大会（2008年，广福村村委会提供）

广福村党支部组织参观新四军太湖游击队纪念馆（2018年，广福村村委会提供）

广福村党支部组织参观昆山改革开放成果展（2019年，广福村村委会提供）

广福村第十二届村民委员会村民代表会议
（2019年，广福村村委会提供）

50年党龄的广福村村民王桂英（中坐者）（广福村村委会提供）

50年党龄的广福村村民王春荣（中坐者）（广福村村委会提供）

2020年度广福村“两委”成员（2020年，广福村村委会提供）

广福村历任主要干部（2021年，张银龙摄）

村企原负责人采访合影（2021年，陈晓红摄）

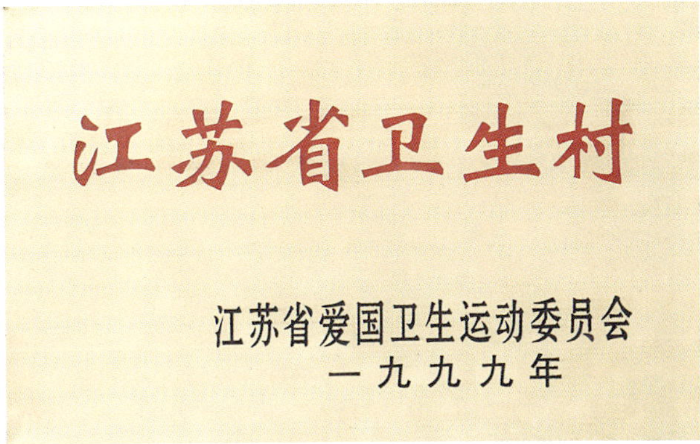
江苏省卫生村
江苏省爱国卫生运动委员会
一九九九年

江 苏 省
民主法治示范村
江苏省依法治省领导小组
2013年5月

江苏省和谐社区建设
示 范 村
江苏省民政厅
二〇一三年十二月

江苏省文明村
江苏省精神文明建设指导委员会
2019年12月

实践“三个代表” 实现“两个率先”
先锋村
中共苏州市委员会
二〇〇六年五月

苏州市农村集体财务规范化管理
示范单位
中共苏州市委农村工作办公室
二〇〇六年十二月

苏州市保护消费者合法权益工作
先进集体
苏州市人民政府
二〇一〇年十月

民主法治村
苏州市依法治市领导小组办公室
苏州市司法局 苏州市民政局
二〇一一年一月

苏 州 市
公共文化服务示范村
苏州市文化广电新闻出版局
2010—2011

2015-2017年度
文 明 村
苏州市精神文明建设指导委员会
2018年9月

SUZHOU
2012-2014年度
文 明 村
苏州市精神文明建设指导委员会

先锋村
中共苏州市委
二〇一五年六月

昆山市村民自治
模范村
昆山市民政局
二000年十二月

二00一年度
双文明建设先进村
中共昆山市委员会
昆山市人民政府

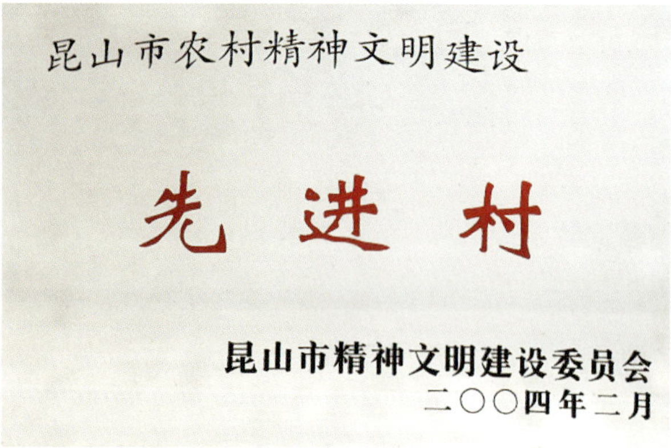
昆山市农村精神文明建设
先进村
昆山市精神文明建设委员会
二〇〇四年二月

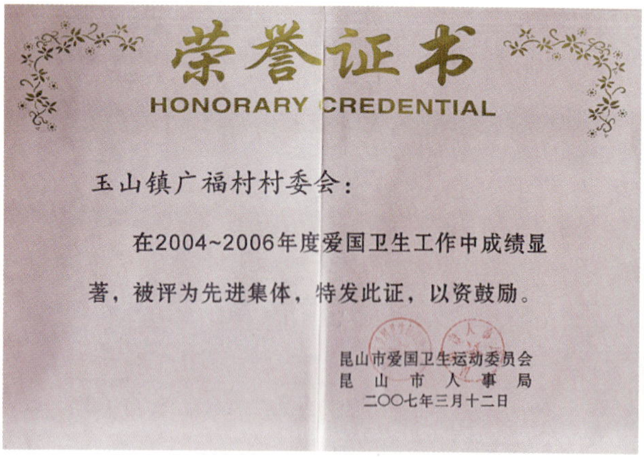
荣誉证书
HONORARY CREDENTIAL
玉山镇广福村村委会：
在2004~2006年度爱国卫生工作中成绩显著，被评为先进集体，特发此证，以资鼓励。
昆山市爱国卫生运动委员会
昆山市人事局
二〇〇七年三月十二日

先进基层党组织
中共昆山市委员会
二〇〇六年七月

2006年度富民强村
先进单位
中共昆山市委员会
昆山市人民政府
二○○七年三月

2007年度农村工作
先进集体
中共昆山市委员会
昆山市人民政府
二○○八年三月

全市关心下一代工作
“五有五好”先进单位
昆山市关心下一代工作委员会
二○○七年十二月

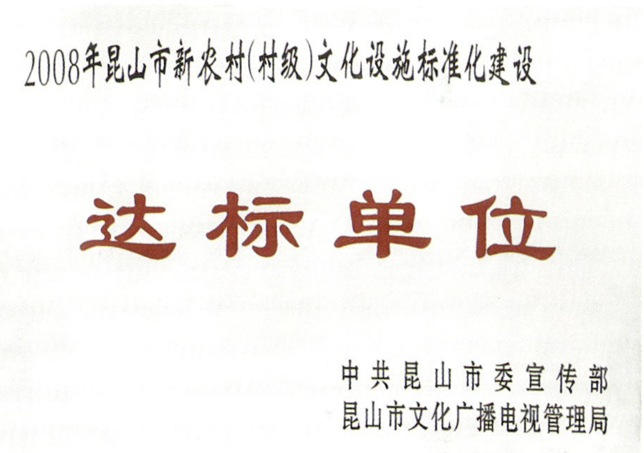
2008年昆山市新农村(村级)文化设施标准化建设
达标单位
中共昆山市委宣传部
昆山市文化广播电视管理局

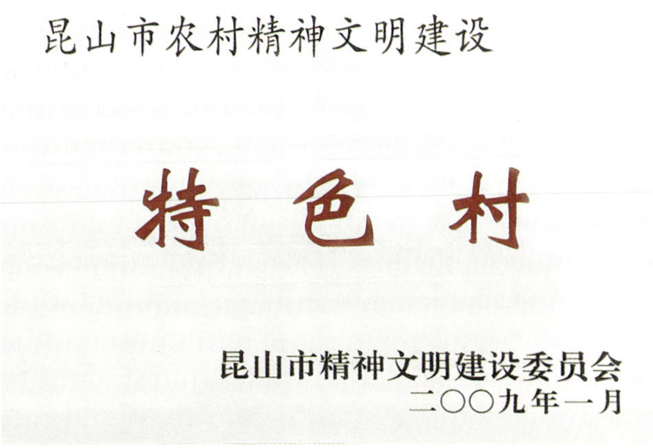
昆山市农村精神文明建设
特色村
昆山市精神文明建设委员会
二○○九年一月

2010年度基层建设
先进单位
昆山市人民武装部
二〇一一年一月

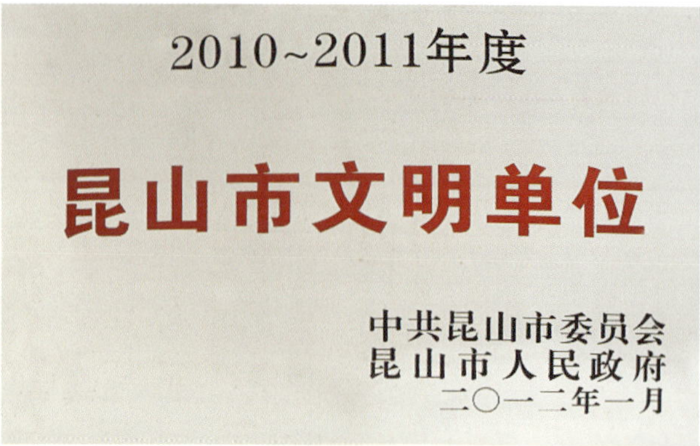
2010~2011年度
昆山市文明单位
中共昆山市委员会
昆山市人民政府
二〇一二年一月

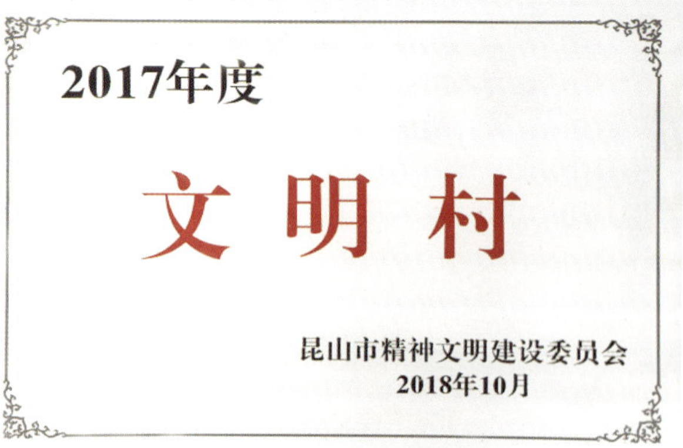
2017年度
文明村
昆山市精神文明建设委员会
2018年10月

二〇一一年度昆山市
土地执法示范村(社区)
昆山市国土资源局
二〇一二年一月

“无黑”（村）社区
昆山市扫黑除恶专项斗争领导小组办公室
2020年12月

上 《广福村志》编纂交接会（2021年，张伟瑾摄）

下 《广福村志》编撰“五老”人员座谈会（2021年，陈晓红摄）

上 《广福村志》初审会（2021年，陈晓红摄）

下 《广福村志》编委及编纂组人员（2021年，张涛摄）

总 序

值此全面贯彻落实党的二十大精神的开局之年，欣闻“昆山高新区（玉山镇）村志系列丛书”之《大公村志》《南渔村志》《江浦村志》《广福村志》《新乐村志》《群星村志》《马庄村志》《燕桥浜村志》《新江村志》《新生村志》10部村志即将付梓。编修乡镇村志是落实国家“十四五”规划纲要，助力乡村文化振兴的一项重要内容，任务艰巨、意义重大。

2018年，昆山高新区（玉山镇）启动22个建制村的村志编修工作，这既为探索新型城镇化的发展经验、发展模式、发展道路提供历史智慧和现实借鉴，也是响应国家“学党史、学新中国史、学改革开放史、学社会主义发展史”的生动实践。村落是乡土文化赖以生存的土壤，活态地保存着各种村庄形态、传统民居、传统美食和民俗风情。村庄里的一座座祠堂、一本本家谱、一口口古井、一条条古道，无一不是村落文化的印记。那些反映宗族文化的家风家训、乡规乡约，反映村民声音的方言俚语，反映传统生活方式的手工技艺、民俗节庆等，对生活在这块土地上的村民来说，是难以割舍的精神滋养。

“昆山高新区（玉山镇）村志系列丛书”脉络清晰、内容丰富，既有理论又有实践，既有历史又有现实，客观再现了村民们在伟大历史进程中的奋进足迹和优异成绩。村志作为省、市、县三级志书的延伸和拓展，其丰富多彩的体裁形式在一定程度上体现了盛世修志工作的灵活性、包容性和多样性。

希望“昆山高新区（玉山镇）村志系列丛书”能讲好昆山高新区（玉山镇）乡村振兴的故事，并把故事和智慧传递得更远。希望全区广大干部和村民能够持续聚焦乡村振兴，做这一历史伟业的见证者、记录者和传承者。

在此，谨向在昆山高新区（玉山镇）发展改革进程中洒下汗水、做出重大贡献的先辈们致以崇高的敬意！向辛勤编纂“昆山高新区（玉山镇）村志系列丛书”的编纂人员表示衷心的感谢！

是为序。

中共昆山市委常委
昆山高新区党工委书记
2023 年 12 月

序

国泰民安，盛世修志。在中共昆山高新区工作委员会、昆山高新区管委会的高度重视下，在昆山高新区社会事业局与相关部门的大力支持下，在昆山高新区村志编纂办公室的周密计划和精心指导下，经过两年半时间的辛勤工作与不懈努力，《广福村志》终成定稿。《广福村志》的出版是广福村发展史上的一件大事，具有里程碑意义，将是广福村社会文化事业发展的一项重要成果，是记载历史、传承文明、惠及后人的一项文化工程，也是村民们盼望已久的喜悦盛事，值得庆贺！

广福村村民历来有着勤劳善良、开放包容的优良传统，特别是在中华人民共和国成立后，村民们在党和政府的领导关怀下，自力更生，奋发图强，走合作化道路，立足农业，兴修水利，抓好粮油生产。20世纪60年代初至70年代末，广福村发动群众，大搞农田基本建设、改良土壤，发展电力排灌事业，让红星南站、北站相继落地，形成了粮食旱涝保收、稳产、高产的基本格局。八九十年代，村域实行家庭联产承包责任制，村民们在党支部、村委会的带领下，团结一致、艰苦创业，战胜了一个又一个困难，在改变乡村面貌、发展工业经济、走致富道路的进程中，取得了可喜成绩。进入21世纪，村民们紧跟时代步伐，在建设社会主义新农村、率先实现小康生活的新征程中，群策群力，抓住区位优势，创出了一条富民强村之路。至2020年，广福村道路交通四通八达，公共设施配套齐全，人居环境优美祥和，村民生活富裕安康。

《广福村志》的编纂既是村域传统文化的继承与历史发展的记录，也是一项新时代精神文明建设的实事工程与传世之作。抚今追昔，今天广福村的新面貌充分证明了中国共产党领导的伟大、光荣、正确，以及中国特色社会主义的无比优越。以史为鉴，可以知兴替；以史为镜，可以明事理。《广福村志》是一部广福村成长、创业、奋进的见证史，也是一本集爱国主义教育、传统文化教育于一体的乡土教材，更是一座新时代广福村人鉴古知今、面向未来的桥梁。愿我们广福村全体村民能够珍惜好、阅读好这本带着家乡泥土芬芳的村志，不管你走的距离有多远、走的时间有多长，都能从志书中闻到故乡的味道，激起对故乡的情怀。

让我们留住乡愁、记着乡音、常思乡情，不忘初心、不忘源头，携手努力，把家乡建设得更加美好！

是为序。

昆山高新区（玉山镇）广福村

党支部书记、村民委员会主任

2023 年 10 月

凡 例

一、本志以马克思列宁主义、毛泽东思想、邓小平理论、“三个代表”重要思想、科学发展观和习近平新时代中国特色社会主义思想为指导，坚持辩证唯物主义和历史唯物主义的立场、观点和方法，力求客观、公正、系统地记述广福村的发展历史和变化过程，突出反映时代特点及地域特色。

二、本志上限追溯事物发端，下限至 2020 年，大事记、志首图照及荣誉等延至 2021 年。

三、本志记述地域范围以 2020 年末广福村行政区划为限。因历史原因，对涉及与本志设定区域不同的相关内容，亦予适当记述。

四、本志采用述、记、志、传、图、表、录诸种体裁，以志为主。采用章、节、目、子目的结构形式，横排竖写，纵横结合。

五、全志采用规范语体文。志首设总序、序、图照、凡例、概述、大事记；主体设 12 章，主要记述村域自然、政治、经济、文化、社会等方面的历史和现状，志尾设附录、编后记。概述、章下序有叙有议，叙议结合；大事记以编年体为主，结合运用纪事本末体。

六、本志行文中的地名、政区名及机构名等均使用当时称呼。名称多次运用时，首次出现用全称并括注简称，以后用简称。文中凡未用全称的“省、县、市、镇、区”，则分别专指江苏省、昆山县、昆山市、玉山镇、昆山高新区。

七、本志人物遵循生不立传的原则，主要收录对本村有重大影响或有较大贡献者，亦记载少数对地方经济社会发展有较大影响的客籍人士。人物传略以卒年为序，人物简介和人物表以生年为序。荣誉收录昆山市（县）级及以上的先进个人和先进集体。

八、1912 年以前的纪年采用历史纪年，括注公元纪年。1912 年以后一律用公元纪年。本志中的“解放前、后”，以 1949 年 5 月 13 日昆山全境解放为界；凡称“党”又未注名何种党派，均指中国共产党；“中华人民共和国成立前、后”，以 1949 年 10 月 1 日为界。凡未注明世纪的年代，均为 20 世纪的年代。

九、本志计量单位，中华人民共和国成立前沿用旧制，中华人民共和国成立后使用国家统一计量单位。考虑到村民的使用习惯，记述中保留“亩”和“斤”等单位的使用。

十、本志资料取自昆山市档案馆和昆山高新区档案室档案、史志，村委会档案，相关书籍、报刊及口述资料。文中有关统计数据，以昆山市和昆山高新区统计部门统计数据为主，部分采用村委会统计数据。所有入志资料均经考证核实后选用，除必要外，一般不再注明出处。

目　录

第三章 人 口

第四章 农 业

第五章 村域经济

第六章 村庄建设

第七章 村民生活

第八章 精神文明

概　述

广福村位于昆山高新区（玉山镇）北部，距昆山市城区中心 2.6 千米。村域东沿小河岸河与昆山高新区濂园社区相邻，南隔张家港河与昆山高新区泾河村、大渔村相望，西沿陶店河与巴城镇红杨河村相接，北倚玉湖与昆山高新区五联村、杜桥村交错相连。村域东西最长距离 1.9 千米，南北最宽距离 1.7 千米，总面积 3 平方千米，其中水域面积 0.37 平方千米，占总面积的 12.4%。至 2013 年，因昆山高新区民营科技园（简称“民营科技园”）及城乡一体化建设征用土地，12 个自然村全部动迁消亡，90%以上的村民迁至广福锦园与锦隆佳园集居小区居住。2020 年，广福村有 14 个村民小组，村民 231 户，户籍人口 849 人，人均纯收入 58 812 元；村级总资产净额 4 988.79 万元，其中，村合作社资产 1 731.04 万元，村集体资产 3 257.75 万元；村级经济总收入 783.54 万元，其中，村合作社收入 206.41 万元，村集体资产收入 577.13 万元。广福村先后荣获省市级荣誉（含昆山市级）40 多项。

一

“广福村”并不是历史上的传统地名。1949 年 5 月 13 日昆山解放时，“广福”只是当地人的一个愿望，并不是某个自然村的名称。1950 年 1 月，昆山县划 94 个小乡，设有广福乡，村域隶属城郊区。是年起，广福乡引导村域内农民组建互助组、成立初级农业生产合作社（简称“初级社”），走农业生产集体化的道路。1956 年 1 月，广福乡内的红星、灯塔、光明 3 个初级社联合成立红星高级农业生产合作社（高级农业生产合作社简称“高级社”）。1958 年 10 月，红星高级社与胜利高级社合并，组成胜利生产大队（生产大队简称“大队”），隶属马鞍山人民公社。1959 年 6 月，胜利大队分拆成胜利、红星两个大队，村域归红星大队，辖 12 个自然村，隶属城北人民公社。20 世纪 50—70 年代，红星大队的主要工作是抓农田水利建设及粮食生产。1982 年 3 月，昆山县进行地名普查，为避免县域内重名，红星大队更名为广福大队。1983 年 6 月，政社分设，广福大队更名为广福村，设村民委员会（简称“村委会”）与经济合作社，隶属城北乡。20 世纪 80—90 年代，广福村“两委”（村党支部委员会、村民委员会）的主要工作是抓农业生产服务，发展村办企业。2000 年 8 月，昆山市行政区划调整，城北镇并入玉山镇，广福村隶属玉山镇。2012 年，昆山高新区与玉山镇合并，广福村隶属昆山高新区（玉山镇），村域范围不变。广福村“两委”的主要工作是抓村级经济发展，办好辖区公共事业。

广福村村域（红星大队）自 1959 年建制以来，村民积极响应党和国家的号召，走社会主义道路，发展农业生产。尤其是改革开放以后，广福村村民在党支部、村委会的带领下，团结一致、艰苦创业，战胜了一个又一个困难，走出了一条富民强村之路，在“两个文明”（物质文明、精神文明）建设中取得了骄人的业绩。一个曾经因人们愿景而取名的广福（红星）大队，变成了经济强、百姓富、环境美、文明程度高的广福村。1991—2020 年，广福村获昆山市级以上荣誉 40 多项，其中：1999 年，获评“江苏省卫生村”；2006 年，获评苏州市“实践‘三个代表’　实现‘两个率先’先锋村”；2013 年，获评“江苏省民主法治示范村”；2019 年，获评“江苏省文明村”；2020 年，获评“苏州市农村人居环境整治示范村”。

二

广福村村域历史上是以农业生产为主的传统村落，农作物主要有水稻、三麦（大麦、小麦、元麦）、油菜。中华人民共和国成立前，村域内无农田水利设施，生产方式落后，产量低、收入少，水稻单产不足 200 公斤。中华人民共和国成立后，村域内进行土地改革，实行农业合作化，发挥集体生产优势，开展农田水利建设，推广农业科技，发展农业机械化。20 世纪 50 年代，成立红星高级社时，村域内建设了斜港电力排灌站，改变了村民的传统耕种方式。20 世纪 60 年代，红星大队干部群众团结一致、艰苦奋斗，大搞农田基本建设，平整土地、改良土壤，发展电力排灌事业，红星南站、北站相继配置，村域内形成了粮食旱涝保收、稳产的基本格局。1967 年，红星大队水稻亩产 256 公斤，农业产值 21.67 万元。20 世纪 70 年代，红星大队党支部、管委会全面动员，全民参与，进一步治水改土，调整圩区规模，建设红星联圩，在风雷河两侧开挖丰产河，形成独立配套完整的沟渠灌溉系统。1973 年，红星大队水稻亩产 480 公斤，农业产值 29.21 万元。1983 年，大队改为建制村，推行家庭联产承包责任制，增强了村民的种田积极性，农业生产效率、效能得到充分发挥；广福村成立农机队，大型农业机械统一管理、规范服务，植保、施肥统一布置，年农业产值达 40 多万元。20 世纪 90 年代初，广福村按照国家政策，实施土地流转，培育农业种植大户，年农业产值突破百万元。1995 年，广福村农业规模经营进入高峰，共有规模经营户 12 家。1996 年，广福村有耕地 1 634 亩，水稻亩产 550 公斤，农业产值 253.88 万元，为历史最高。1998 年起，广福村调整农业产业结构，从单一的粮油作物种植业向粮油作物、水产、花卉、苗木、蔬菜等多种品类发展，开挖鱼塘养殖淡水鱼虾，办花卉种植基地、销售鲜花，使得粮油收入在农业产值中的占比减到 80%以下。进入 21 世纪，由于民营科技园开发，339 省道、寰庆路等主要道路建设，广福村的土地被大面积征用，村域经济结构发生重大变化，农业生产中的农耕光景成为历史。

三

20 世纪五六十年代，广福村域经济结构为单一农业经济，没有副业，更无工业。1977 年，红星大队创办城北人民公社第一家队办电子企业——昆山红星电子元件厂。该厂主要生产印制线路板，为电器生产厂提供配套零件，在高峰期该厂年产值达 40 万元，创造利润 8 万元，拥有职工 76 名，后又开设两个分厂。20 世纪八九十年代，由于产业结构调整，广福村实行农业、副业、工业“三业”并举，村级经济发展有了新的突破。广福村增添广福预制场、昆山城北环保厂、昆山城北助剂厂 3 家村办企业，不但为村里的部分劳动力提供了就业机会，还为村集体经济增加了收入。20 世纪 90 年代，广福村新开昆山三联工程机械厂，主要生产铝合金、塑钢门窗，产品销路较好。1996 年，按照国家宏观经济政策调整的相关规定，广福村对昆山城北助剂厂、昆山三联工程机械厂两家企业实行转制，其他村办企业均关停。同时，广福村引进私营企业办厂，租赁经济随之逐渐兴起。先后有昆山恒发电线厂、城北印刷厂、昆山中苑毛条厂、昆山船舶修造厂、昆山经苏机械厂等私营企业驻村，租用村里土地或厂房，既盘活了村里的存量资产，又解决了部分村民的就业问题。2001—2007 年，广福村共投资建设 7 个租赁资产项目，先后建造厂房 1.51 万平方米、货场 4 万平方米、码头 4 万平方米、房屋 410 平方米。广福村依托 339 省道及张家港河内河航道的优势，发展第三产业，使村级经济实力不断壮大，集体租赁经营成为村域经济的主要特色。2020 年，广福村可租赁资产有标准厂房及闲置房屋，共 7 515 平方米，年租赁收入 252.53 万元。是年，村级集体总收入 783.54 万元，总资产 5 218.56 万元，净资产 4 988.79 万元。

村级经济的发展，加快了村域基础设施建设。20 世纪 50 年代，村域内村民在党的领导下治水改土、修筑圩堤，使生产生活环境大有改观。20 世纪 60 年代，村域内实现农田灌溉机电化，修筑渠道，建砖混结构农用桥，改善村民出行道路，为住户通上照明电。20 世纪 70 年代，村域开浚风雷河，始筑土质机耕路，异地规划建设新村庄，村民可以骑自行车出门，村民居住条件提升。20 世纪 80 年代，广福村主干道路全线贯通，机耕路铺上碎石子。广福村在红星北站建了一座小型自来水厂，使村民得以用上自来水。20 世纪 90 年代，村级公路网格化，全部道路畅通硬化，汽车可以开到村民家门口；广福村实施环境保洁常态化，成功创建省级卫生村。进入 21 世纪，随着贯穿村域的 339 省道、寰庆路等主干道公路的建设及鹿城大桥的落成，广福村融入城镇区域，道路四通八达；昆山公交 5 路、9 路、15 路、60 路等 7 条线路先后在村域内开通站点；广福锦园、锦隆佳园等 6 个动迁安置小区在村域内落地建成，村民陆续迁入。至 2020 年，村域内有各级道路 18 条（总长 11.65 千米）；有各类桥梁 12 座（80%以上为钢筋水泥结构）；住宅小区宜居便民、现代时尚，设施配套齐全，村容村貌整洁优美。

四

中华人民共和国成立后，村域内实行土地改革，先后成立初级社、高级社，走上了农业生产集体化道路。村民有了自己的土地，村民基本解决了温饱问题。

人民公社成立后，红星大队发动干部群众将兴修水利与防治血吸虫病相结合，大搞农田整治，使得粮油产量稳定，村民的生产、生活逐步改善。20 世纪 70 年代中期，村域内掀起了第一轮“五栌头翻七栌头”的建房热潮。改革开放后，广福村农业实行联产承包，摆脱了“以粮为纲”的单一生产模式，推行农业、工业、副业“三个轮子”一起转。村民有了生产经营的自主权，生活水平大大提升。20 世纪 80 年代后期，广福村又掀起了“平房翻楼房”的建房热潮。至 1995 年，村民全部住进新楼房，家家有电视，户户通电话。

进入 21 世纪，随着新农村建设与城乡一体化步伐的加快，昆山市瞄准率先实现小康水平的奋斗目标。广福村干部群众积极响应号召，提出“强村富民奔小康”的口号，大力发展“三有工程”（人人有技能、个个有工作、家家有物业），使经济收入大幅度增长，村民年人均收入从 2004 年的 13 610 元提升到 2012 年的 29 641 元。党的十八大以后，昆山经济快速发展，村民享受了改革开放的成果，享有养老保险、医疗保险、征地补偿、动迁安置补偿及最低生活保障等。2014 年起，昆山市实行农村基本养老保险与城镇职工养老保险并轨，医疗保险等社会保障制度不断完善。广福村村民与城市居民一样可以领取退休养老金，住院看病可按规定报销。2018 年，广福村制定出台了《昆山高新区广福村医疗普惠补助实施方案》，为大病患者进行两次报销，消除因病致贫现象。2020 年，村民人均纯收入达 58 812 元，多数村民住进动迁新村和自建房小区，实现了“幼有所育，学有所教，业有所就，劳有所得，老有所养，病有所医，弱有所扶，贫有所济，住有所居”。

五

中华人民共和国成立前，村域内文化教育、医疗卫生资源极其贫乏，村民没有娱乐活动，缺医少药，只有少数富裕人家的孩子进私塾读书。中华人民共和国成立后，村域内文教体卫事业逐步发展。1956 年起，农业合作社开办俱乐部，业余文艺爱好者自编文艺节目为群众演出；村域内始办扫盲班，后创办耕读小学，为大年龄孩子及青年人补习文化知识；小河岸全日制民办小学逐步走上正轨，开班形成规模。20 世纪 60 年代，红星大队成立毛泽东思想文艺宣传队，在节日里为群众演出样板戏，同时成立篮球队，让喜欢体育的农民青年有了组织。1968年，红星大队办起合作医疗，培养赤脚医生（不脱产，农忙时下田劳动，不发工资、只记工分的乡村医生），解决村民的常见病治疗及流行性疾病预防问题。直到20世纪80年代末，村卫生室在广福村民医疗保健方面发挥了不可替代的作用。20世纪90年代后期，借助创建卫生镇、卫生村的力量，村医疗卫生、道德观教育及群众体育水平全面提升。2020年，广福村建有社区卫生服务站，医保、农保实现全覆盖，村民刷卡就医。

2000年以后，广福村加大对群众文化活动开展与娱乐场所建设的投入，建立村民文化娱乐中心，设有图书阅览室、老年棋牌室、电化教育室、舞蹈排演厅等，在室外配置健身器材、门球场、篮球场等活动设施，还组建了一支老年门球队，做到四季活动常态化。2004年，广福村获评“全国亿万农民健康促进行动”苏州市先进村。2005年起，广福村建立奖学金制度，对当年度考取大专以上层次学校的学生给予一次性经济资助。2012年，广福村被苏州市文化广电新闻出版局评为“2010—2011年度苏州市公共文化服务优秀村”。2013年，广福村获“江苏省和谐社区建设示范村”称号。2014年起，广福村开展新时代文明实践站创建活动，开办“道德讲堂”，评比“新风户”，整治环境，倡导文明新风尚，使村民生活质量全面提升。至2020年，广福村有大学生141名，研究生11名，高中以上文化程度人口占总人口的22.8%。

广福村历史悠久，民风淳朴。在这块充满生机的土地上，勤劳的广福人自强不息，世代耕耘，涌现出不少乡贤志士。他们以出众的智慧和才能，为建设家乡、保卫祖国牺牲自我、贡献力量。村域内有助人为乐的民医，有驰骋战场的军人，有为民谋福的干部，有进行科技创新的专家，也有入党50多年的老党员等。他们在各自的领域奋力拼搏，默默地贡献着自己的力量，做出了不朽的业绩，获得了诸多荣誉。发生在村域里的事中，既有动人心魄的壮举，又有平淡无奇的小事，它们都是社会发展的缩影。

编纂志书，把那代人的集体记忆载入史册，也是广福村抚今追昔的体现，能在村民的记忆中留下难忘的印记。

大事记

宋朝—清朝

北宋至和二年（1055），昆山重筑昆山塘，村域青壮年男劳力参与。

明嘉靖十七年（1538），积善乡在昆山县西北，村域属积善乡第二保。

清雍正二年（1724），昆山县分置昆山、新阳两县，村域属新阳县积善乡第二保。

清道光六年（1826），村域属新阳县积善乡第二保二都宇区16图和宙区16图。

清同治九年（1870），在村域小河岸河邑人重建斜港桥。该桥为1孔石拱桥，面宽2.4米，长15.4米。

中华民国

1912年，新阳县并入昆山县，村域分属玉山市界、陆家桥乡界。

1921年，村域内建小河岸私塾1所，校址设在清水港自然村。

1929年，昆山县划为10个区，村域属第九区（巴溪区）。

1934年5月22日，村民在村域小河浜内，采集到日本血吸虫的中间宿主——钉螺。

6月，昆山县改划为8个区、65个乡镇，村域属第一区青墩乡。

1941年7月，在日伪“清乡”期间，村域31户农户的120余间民房被烧。

1942年2月，昆山县重划为9个区、63个乡镇，村域属第二区青墩乡。

1945年，昆山设8个区、64个乡镇，村域属第一区（鹿城区）青墩乡。

1947年2月，昆山实行新县制，划为3个区、8个直属乡镇，村域属巴城区青墩乡。

12月，青墩、北澞两乡合并，始建城北乡，村域属城北乡。

1949年5月，昆山解放，城北乡人民政府成立，村域属城北乡。

6月20日至8月初，村域连续阴雨，河道水位高达3.65米（以吴淞零点为基础）。村域田间农作物受淹，灾情严重。

中华人民共和国

1949年

11月，昆山全县改划为10个区，村域属巴城区城北乡。

1950年

1月，昆山全县改划为94个小乡、7个区属镇。原城北乡撤销，改划城北、广福、大渔3个乡，村域属城郊区广福乡，沈凤飞任广福乡乡长。

是月，农民协会成立，凡雇农、贫农、下中农均可申请加入农民协会。

2月，昆山县文教科派员开办广福乡初级小学公立学校。

9月，翁纪民任广福乡乡长。

秋，村域内始建民兵中队，负责乡民兵组织、联防、社会治安等工作。

是月，昆山县土地改革（简称“土改”）工作队进驻广福乡，土改运动开始，至翌年5月结束。

冬，村域内开办夜校冬学班，农会干部和青年骨干入校学习。

是年，村域内成立中共广福乡（小乡）委员会。

是年，村域内成立妇女代表会，设正、副主任各1名。

1951年

6月，昆山县调整区划，撤城郊区，广福乡改属巴城区，村域属巴城区广福乡。

是年，村域内始建中国新民主主义青年团支部委员会。

1952年

2月，华东军政委员会卫生部组织的医疗组到广福乡二联村进行血吸虫病化验、治疗工作。

是年，村域内289户农户组建53个农业生产互助组。

1953年

1月，村域内创办红星、灯塔、光明3个初级社。

11月，项文俊任广福乡乡长，村域属广福乡。

12月20日，村域内开始实行粮食统购统销政策。

1954年

3月3日，村域内超额完成粮食统购3.8万斤。

6月29日，广福乡乡长项文俊参加昆山县第一届人民代表大会。

11月，村域内成立广福信用合作社（简称“信用社”）。

是年，中共广福乡支部委员会成立，陈水官任党支部书记。

1955年

5月，昆山县电影队首次到广福乡放映影片。

11月，村域内实行粮食“三定一奖”到户制度，即定产、定购、定销和超产奖励制度。

12月，村域内开展以包工、包费用、包产和超产奖励为中心的第一次整社、整党运动。

1956年

1月，村域内红星、灯塔、光明3个初级社联合成立红星高级社。

是月，陈来亭任红星高级社第一任党支部书记。

2月，村域内在全县率先实行“四固定”（土地固定、劳力固定、农具固定、耕畜固定）和“三包一奖”（包工、包费用、包产、超产降本奖励）制度。

3月，昆山县并区并乡，原城北、毛竖、广福3个小乡合并为城北乡，村域属环城区城北乡。

是月，红星高级社开办农民俱乐部。

1957年

6月25—28日，阴雨连绵，日降雨量达104.4毫米，村域稻田受涝严重，一部分稻田重新播种。

是月，村域内开展“除四害（除苍蝇、蚊子、老鼠、麻雀）”卫生突击活动。

8月，村域内安装10只舌簧喇叭，开通有线广播。

10月，斜港桥机电站开工建设，至翌年5月竣工，灌溉村域部分农田。

1958年

春，村域内开办城北农业中学。学校地址在广福小河岸，学生有26名。

6月，村域被列为县血吸虫病防治站（简称“血防站”）使用酒石酸锑钾3天疗法（边劳动、边治疗）试点村。

7月，省血吸虫病防治研究所在村域内进行“钉螺死亡率”科学实验。

10月，红星高级社与胜利高级社合并，成立胜利大队，属马鞍山人民公社。

1959年

6月，昆山县撤销马鞍山人民公社，分建城北、城南、玉山3个人民公社。胜利大队分拆成胜利、红星2个大队。村域隶属城北人民公社红星大队。

是月，浦杏桂任红星大队党支部书记。

是月，红星大队办公地址设在夏浜自然村。

是月，夏爱根任红星大队大队长。

9月，村域内建斜港套闸，翌年4月竣工。该套闸为昆山县第一座套闸。

1960年

6月，村域连续降雨4天，日降雨量达122.2毫米，致大部分稻田受涝，部分田地颗粒无收。

是月，红星大队办公地址迁至九千溇自然村。

1961年

12月30日，红星大队有11个生产队推行以生产队为基本核算单位的做法。

是年，红星大队团支部组织团员拜农民为师，学习农业生产技术，种植试验田。

1962年

3月，人民公社调整规模，城北公社分拆成城北、新镇2个人民公社，红星大队隶属城北人民公社。

9月5—6日，受14号台风影响，村域内连降暴雨，降雨量达217.4毫米。红星大队农田受涝面积达1 200多亩，部分田地颗粒无收。

是年，范草溇河边红星大队第11生产队所在区域建杜桥排灌站。杜桥排灌站负责红星、杜桥、莫家3个大队的农田灌排。

是年，红星大队贯彻中共中央《农村人民公社工作条例（草案）》，即“农业六十条”，恢复农业“三包一奖”制度，确立以生产队为基本核算单位。

1963年

5月8日下午2时30分，红星大队遭冰雹袭击，部分农田颗粒无收。

8月，红星大队推荐第7生产队女青年赵梅仙参加昆山县举办的卫技人员培训班，半年后结业，担任大队保健员。

1964年

2月，红星大队成立广福乡红星农科队，并配备大队农技员。

4月，红星大队成立武装基干民兵连，生产队为持枪民兵基干排。

春，红星大队第8生产队开始试种10%双季稻（至1969年全大队推广种植双季稻）。

夏，红星大队在各自然村开挖深井2~3口，供农户饮水用。

9月，谢银娟等14名苏州知识青年到红星大队插队落户，为村域第一批“上山下乡”的知青。

11月，红星大队开办耕读小学。该小学有教师1名、学生8名。

1965年

1月，城北人民公社召开农业生产先进代表大会，红星大队徐惠玉等6人出席会议。

4月下旬，红星大队组建贫下中农协会（简称“贫协”）。

9月，红星大队以生产队为单位全面开展查螺灭螺和粪便归口管理工作，全民防治血吸虫病。

是年，红星大队通电，第1~8生产队村民开始使用电灯照明。

1966年

是年，村域内东部小河岸河上建东方红桥。该桥为东西走向，是水泥砖石拱桥，面宽3米、长45米。

是年，红星大队成立保健室，培训“赤脚医生”，筹办农村合作医疗。

1967年

5月，红星大队第3生产队拥有一台手扶拖拉机，是全大队第一个拥有手扶拖拉机的生产队。

12月，红星大队第2生产队组建一支业余篮球队，是全大队第一个群众体育队。

1968年

是年，红星大队在大礼堂附近建造红星站（后称“红星南站”），次年建成。红星站用于灌溉第6、7、8、9生产队的水稻田。

是年，昆山实行殡葬改革。第2生产队（夏浜自然村）的贾夫卿是红星大队第一个在火葬场火化的村民。

1969年

2月5日，红星大队易名为红星大队革命委员会，浦杏桂任主任委员。

是年，红星大队在红星站西侧建礼堂，大队部迁至西蒋泾自然村。

是年，杜桥排灌站移建至红星大队第10生产队的川心泾幸福桥边。

1970年

12月，李永亮任红星大队党支部书记。

是年，根据上级号召，各生产队在公场边建造1~2个高5米、直径为3米的椭圆仓囤粮。

1971年

7月24日，红星大队遭冰雹袭击，早稻受灾减产。

1972年

是年，红星大队以生产队为单位，给社员重划自留地（田）。

1973年

1月，邵义林任红星大队党支部书记。

8月27日，红星大队妇女主任王桂英参加昆山县第六次妇女代表大会。

是年，红星大队统一规划社员宅基地，标准为一户一宅，面积0.3亩。

是年，红星大队在陶店河与张家港河口建红星西排灌站，负责红星大队第7、8、9、10生产队的农田灌溉排涝。

1974年

2月，红星大队在大礼堂内为3对新人举行集体婚礼。

是年，红星大队第10生产队的邵福兴家庭年终分红1 038元，是红星大队首个年终分红现金超千元的农业户。

1975 年

5 月 9 日，水稻专家陈永康到红星大队指导单季稻育秧。

6 月 24 日至 7 月 4 日，村域连降暴雨 10 天，降雨量达 374.5 毫米，最高洪峰达 3.42 米（以吴淞零点为基准），15%的稻田面积受损，部分草房倒塌。

11 月 22 日，红星大队 55 名青壮年投入浏河第二期拓浚工程。该工程至次年 1 月 8 日竣工。

是年，城北人民公社组织民工开挖疏浚风雷河，畅通红星大队中片西北部泄洪道。

1976 年

7 月 28 日，唐山发生里氏 7.8 级地震。红星大队动员社员晚上到搭建的简易防震棚内休息。

9 月 9 日，毛泽东主席逝世，9 日至 18 日，红星大队组织干部群众到大队部大礼堂进行悼念活动。

9 月下旬，红星大队第 7 生产队购买一台“上海”牌 20 英寸黑白电视机，是红星大队首家有电视机的生产队。

11 月，红星大队第 2 生产队陈进龙家庭易地建房，是第一家从夏浜村搬迁至风雷河新村的瓦房户。

1977 年

7 月 4 日，村域内突降冰雹，并伴有 11 级大风，局部出现龙卷风，有房屋被刮倒，受灾严重。

是月，红星大队邵义林等 39 人参加城北人民公社“战三抢（抢收、抢种、抢管）”先进代表大会。

8 月，红星大队创办昆山红星电子元件厂，负责人为张国元。该厂是城北人民公社第一家队办电子企业。

11 月 25 日，昆山县玉山镇市河拓浚工程开工，红星大队 126 名民工参加。

是月，红星大队建设用地集中规划建设新型村庄。按照农村宅基地政策标准，村民搬迁至新址。

1978 年

11 月，红星大队抽调 75 名青壮男劳动力，参加苏州地区第二期太浦河疏浚开挖工程。该工程于年底竣工。

是月，红星大队筑风雷河至斜港桥机耕路。该机耕路路基宽 6 米、高 0.8 米、长 960 米。

1979 年

9 月，红星大队插队知识青年全部落实上调政策，回城分配工作。

是月，红星大队幼儿园开班，地址设在小河岸自然村。

是年，红星大队第 13 生产队王根兴、第 6 生产队张余泉两个家庭翻建楼房，是红星大队第一批建造楼房户。

1980 年

1 月，红星大队各生产队实行定额记工到人的劳动记酬办法。

5 月 9 日，水稻专家陈永康到红星大队指导单季稻育秧。

9 月，幼儿园搬到红星大队风雷河边的老年活动室，取名红星幼儿园。

是年，红星大队有 16 对结婚的夫妇，为村域内第一批领取“独生子女父母光荣证”的村民。

1981 年

2 月，王金华任红星大队大队长。

5 月，红星大队为村民登记换发新户口簿。

1982 年

3 月，红星大队更名为广福大队。

7 月 1 日，第三次全国人口普查开始。广福大队积极开展普查工作。

10 月，广福大队有 10 个生产队种植蘑菇，采用“砻糠拌河泥”覆土新技术。

1983 年

3 月，广福大队全面实行家庭联产承包责任制（分田到户，包产到户）。

是月，广福大队成立农村信用服务站。

6 月，政社分设，乡（镇）管村体制实行，广福大队更名为广福村。

8 月，王金华任广福村党支部书记。

是月，王金华任广福村村委会主任。

1984 年

2 月，广福村设立肥药站，张国元为负责人。

是年，广福村筹资修筑广福路。广福路长 960 米，宽 4 米，是村域内第一条村级公路。

是年，村域内开办广福预制场，浦炳生为负责人。

是年，村域内开办昆山城北环保厂，王维章为负责人。

是年，广福村生产队更名为广福村村民小组。

1985 年

5 月，陈雪球任广福村村委会主任。

6 月，广福村水稻田全面推广应用化学除草新技术。

11 月，广福村第 12 村民小组（双柴溇）开挖 20 亩鱼塘。

12 月 31 日，广福村村民王桂英家庭获评昆山县“五好家庭”。

1986 年

8 月，广福村创办昆山城北助剂厂，夏银生为负责人。

是年，城北乡与广福村联办广福砖瓦厂，厂址设在川家库自然村。翌年 4 月该厂转为乡办厂。

1987 年

4 月 4 日，广福村第 14 村民小组公场发生火灾，陈雪生等 8 户农户的 56 亩水稻的稻柴垛均被烧毁。

11 月，浦炳生任广福村党支部书记。

是月，村委会和广福砖瓦厂共同出资修筑砂石公路，广福路经风雷河向北延伸至广福砖瓦厂。

是月，广福村筑斜港桥向北经小河岸小学西转至风雷河砂石公路。该公路长 2 千米。

1988 年

5 月 3—4 日，村域内遭受两次狂风暴雨，14 个村民小组遭冰雹袭击，680 亩小麦、530 亩油菜受灾。

1989 年

8 月，广福村老年协会成立，浦杏桂任会长。

是年，广福村筹资筑通村委会与各自然村之间的乡村道路。

1990 年

5 月，广福村老年活动室创办，位于广福幼儿园旁，面积 44 平方米。

9 月 10 日，广福村被列为昆山市农业现代化试点村。

11 月 20 日，城北乡撤乡建镇，实行镇管村体制，广福村隶属城北镇。

是年，广福村在广福路两侧开发工业区（面积 20 亩），建厂房 6 幢共 5 000 平方米。

是年，广福村与杜桥村在红星北站建一座小自来水厂，广福村全村因此通上自来水。

是年，广福村村委会主任陈雪球被江苏省司法厅授予先进个人荣誉，并颁授三等奖证书。

1991 年

8 月，钱凤娥任广福村村委会主任。

1992 年

1 月，广福村被中共昆山市委员会授予“1991 年度村级两个文明建设先进村”称号。

7 月 20 日，昆山市城北广福经济发展公司成立，注册资金 50 万元，法定代表人为浦炳生。

10 月，广福村与杜桥村联合，在青墩苗起办深井小自来水厂。

是年，广福村投资将广福路风雷河至斜港桥段的 960 米砂石路面改建成水泥路。

是年，广福村创办昆山纺机厂城北分厂，浦炳生为负责人。

1993 年

是年，广福村投资将广福路风雷河至砖瓦厂的 2.1 千米路面改建硬化为水泥路。

是年，广福村被中共昆山市委员会、昆山市人民政府授予“集体脱贫致富先进村”称号。

是年，广福村被中共昆山市委员会、市政府授予“昆山市计划生育表彰单位”称号。

1994 年

5 月，昆山纺机厂城北分厂更名为昆山三联工程机械厂。

1995 年

1 月 27 日，广福村被中共昆山市委员会、昆山市人民政府授予“1994 年度‘六有十无’双文明村”称号。

是月，广福村进行风雷河清淤，疏浚河道 1.52 千米。

2 月，陈建平任广福村党支部书记。

1996 年

2 月 28 日，陈建平当选广福村村委会主任。

是年，广福村对接镇自来水公司供水总管网，改善村民饮用水质。

是年，广福村开发建成昆山广福花卉苗木基地，为昆山市首家用大棚培育鲜花的村。

是年，广福村创建电话村，有一半以上家庭安装程控电话机。

是年，广福村被中共昆山市委员会、昆山市人民政府授予“昆山市经济发展先进村”称号。

1997 年

5 月，广福村党支部组织党员干部观看“1997 迎香港回归祖国图片”展览。

是年，广福村给 60 周岁及以上的老年人发放慰问品。

1998 年

2 月，城北镇出资疏浚风雷河，广福村段有 2.1 千米，其中楼板护坡 1.4 千米。

7 月，广福村实行第二轮土地承包确权，按村户籍人口调整责任田，发证 210 户。

9 月，昆山市进行农村宅基地、房产确权，为 208 户村民颁发产权证。

是年，广福村启动创建“江苏省卫生村”，对风雷河两岸村民实施改厕政策。

是年，广福村对第 8、14 村民小组的河道进行淤泥清理。

1999 年

1 月 28 日，夏明当选广福村村委会主任。

6 月 28 日至 7 月 1 日，村域内连降暴雨，降雨量达 238.5 毫米，外河水位升至 3.95 米，超过警戒水位，150 亩村域农田受淹。

是年，广福村被江苏省爱国卫生运动委员会授予“江苏省卫生村”称号。

是年，广福村开挖鱼塘 790 亩，养殖虾、蟹等水产。

是年，广福村在风雷河上建广福路风雷河桥。该桥为钢筋水泥平桥，桥面宽 10 米、长 15 米。

是年，广福村在斜港桥至风雷河段筑广福路广福段混凝土路。该路长 960 米，宽 6 米。

2000 年

春，因规划修建 339 省道，广福村第 4、13 村民小组的 6 户村民最先动迁至胜利小区。

8 月 8 日，昆山市进行行政区划调整，城北镇并入玉山镇，村域属玉山镇。

是年，村域自来水管道接入昆山市自来水供水总网，村域用水由昆山市第二自来水厂供给。

是年，因 339 省道建设等原因，小河岸、夏浜两个自然村开始动迁。至 2003 年，两村庄消亡。

是年，村土地被镇政府征用，实行“3·6·9”（责任田 300 元/亩，口粮田 600 元/亩，自留田 900 元/亩）补偿制度。

2001 年

2 月，因民营科技园等建设，丁家浜自然村开始动迁，至 2010 年村庄消亡。

3 月，广福村办公地临时搬迁到风雷河自然村。

是月，因 339 省道等建设，西蒋泾自然村开始动迁，至 2013 年村庄消亡。

9 月 25 日，陈建平当选广福村村委会主任。

是年，广福村在夏浜路口与杜桥村隔界筑寰庆路广福段混凝土路。该路段长 1 000 米，宽 12 米。

是年，广福村在小河岸河至张家港河路段建造 339 省道沥青高架。该高架长 1 500 米，宽 22.5 米。

是年，广福村在寰庆路段建造900平方米办公楼。

是年，广福村在风雷河西侧、西蒋泾河北建造标准厂房4栋，面积5 000平方米。

是年，广福村在村域张家港河上建鹿城大桥。该桥为钢筋水泥平桥，桥面宽80米，长505米。

是年，广福村在村域小河岸河寰庆路、339省道路段，先后建造3座钢筋水泥平桥，桥面宽15~25米，跨长25~50米。

是年，锦隆佳园小区开始规划建造。至2016年6月，第1—8期房屋全部竣工。

2002年

3月，广福锦园小区开工建设，于2005年5月竣工。

11月，怡苑洋房小区开工建造，2004年10月竣工，小区占地面积2.88万平方米。

8月，邵林任广福村村委会主任。

是年，广福村村办公地临时移迁至广福路中苑毛条厂。

是年，广福村被中共昆山市委员会、昆山市人民政府授予昆山市“2001年度双文明建设先进村”称号。

是年，广福村启动“三有工程”（人人有工作、个个有技能、家家有物业）建设。

是年，因广福锦园小区建设，小港稍自然村动迁，村庄消亡。

是年，因锦隆佳园小区建设，角里自然村开始动迁，翌年村庄消亡。

是年，广福村开始实施农村居民养老保险制度，有249名村民参保。

2003年

3月，广福村组织党员干部及村民代表参加市组织的“万人看昆山，齐心奔小康”活动。

4月至6月，广福村按照上级要求，落实责任措施，开展防治“非典”工作。

9月，夏明任中共广福村支部委员会书记。

是年，因民营科技园建设，庄基浜自然村开始动迁，至2005年村庄消亡。

是年，因建设昆山鑫源环保热电有限公司等，风雷河自然村开始动迁，至2007年村庄消亡。

2004年

7月27日，昆山市广福物业配套有限公司成立，注册资本50万元，法定代表人为邵林。

8月，广福村投资105万元，沿张家港河兴建货运码头。

是年，广福村在庄基浜自然村建非标厂房1 000平方米。

2005年

4月，广福村开展风雷河清淤，疏浚河道1.52千米。

7月，荣丰锦园小区开建，次年12月竣工，占地面积1.51万平方米。

是年，广福村投资500万元，建设货运码头及非标厂房。

是年，广福村在丁泾路北、团结河西的强安路25号规划投资建设标准厂房3栋，面积7 105平方米。

是年，村域自然村内新建公厕6座。

是年，村域内各自然村路面开始全面硬化。

是年，风雷河自然村、川家厍自然村排设下水管道。

是年，广福村给本村考取大学的新生一次性发放奖学金，大专生500元，本科生1 000元。

2006年

3月，村委会办公地址迁至广福锦园188号。

5月，广福村被中共苏州市委员会授予“实践‘三个代表’ 实现‘两个率先’先锋村”称号。

7月，广福村党支部被中共昆山市委员会评为“先进基层党组织”。

12月，广福村被中共苏州市委农村工作办公室授予“苏州市农村集体财务规范化管理示范单位”称号。

是年，昆山市城管局派干部进广福村驻点，开展“基石工程”扶贫工作。

是年，根据上级规定，村民动迁不再安排宅基地置换，改用货币与安置房进行补偿。

是年，广福村成立残疾人协会（简称“残协会”），由村主任兼任残协会主席。

2007 年

3 月，广福村被中共昆山市委员会、昆山市人民政府授予“2006 年度富民强村先进单位”称号。

是月，昆山公交线 15 路延伸至村域。村域内设寰庆路公交首末站、寰庆路夏浜路、茂迪路公交站点。

是年，广福村投资在川家厍自然村建非标厂房 2 000 平方米。

是年，广福村在村域风雷河 339 省道处建一座钢筋水泥平桥，桥面宽 36 米，长 15 米。

2008 年

1 月 26—29 日，村域连下 3 天暴雪，地面积雪达 20 厘米以上，致村域厂房受损，川家厍 1 号厂房被压塌。

3 月，广福村被中共昆山市委员会、昆山市人民政府授予“2007 年度农村工作先进集体”称号。

4 月，邵林任广福村党支部副书记，全面主持工作。

10 月 20 日，昆山市玉山镇广福富民合作社成立，法定代表人为邵林。

是月，广福村被江苏省苏州工商行政管理局、苏州市消费者权益保护委员会授予“苏州市农村（社区）消费维权工作先进投诉站”称号。

是年，广福村在村域风雷河上建小河岸路风雷河桥。该桥为钢筋水泥平桥，桥面宽 10 米，长 20 米。

2009 年

1 月，邵林任广福村党支部书记。

9 月 28 日，昆山市玉山镇广福农村社区股份合作社成立，次年 9 月改为昆山市玉山镇广福农村社区股份专业合作社。

2010 年

5 月，因昆山高新区可再生能源基地建设，川家厍自然村动迁，村庄消亡。

10 月，广福村被苏州市人民政府授予“苏州市保护消费者合法权益工作先进集体”称号。

2011 年

1 月，广福村被苏州市依法治市领导小组办公室、苏州市司法局、苏州市民政局评为“民主法治村”。

2012 年

1 月，广福村被中共昆山市委员会、昆山市人民政府授予“2010—2011 年度昆山市文明单位”称号。

是月，广福村被中共昆山市委员会、昆山市人民政府授予“昆山市文明村”称号。

是年，广福村村委会建造 200 平方米便民服务大厅，内设 5 个服务窗口。

是年，按照上级要求，广福村开展新农村建设，配备垃圾箱、垃圾清运车，进行河道清理、村庄环境美化。

是年，广福村被苏州市文化广电新闻出版局评为“2010—2011 年度苏州市公共文化服务优秀村”。

2013 年

5 月，广福村被江苏省依法治省领导小组评为“江苏省民主法治示范村”。

6 月，村域内白鹭名邸小区开工建造，2015 年年底竣工。

12 月 8 日，王建林当选广福村村委会主任。

是月，广福村被江苏省民政厅评为“江苏省和谐社区建设示范村”。

是年，广福村在村域内小河岸西路至陶店路路段筑玉湖南路水泥路，该路长 810 米，宽 4. 4 米。

2015 年

5 月，广福村根据上级规定，实施农村社区股份专业合作社集体产权制度改革，进行股权量化、固化。

是月，广福锦园小区村民户户用上管道天然气。

6 月，广福村被中共苏州市委员会授予“先锋村”称号。

8 月，广福村对西蒋泾河进行清淤，疏浚河道 100 米。

9 月，广福村被苏州市精神文明建设指导委员会评为“2012—2014 年度文明村”。

是年，昆山中环建成，村域内路长 2 千米。

是年，广福村在村域内陶店河上建玉湖北路陶店河桥。该桥为钢筋水泥平桥，桥面宽 16 米，长 45 米。

是年，广福村在村域内寰庆路至陶店河路段筑玉湖北路沥青路，该路长 950 米，宽 11 米。

2016 年

是年，广福村在村域玉湖上建玉湖石拱桥。该桥为花岗石双孔拱桥，桥面宽 4.3 米，长 68 米。

是年，广福社区股份专业合作社集体资产实行股权固化。

2017 年

4 月，广福村志愿者团队成立，张伟瑾任队长。

6 月 2 日，广福村党支部组织党员到张家港市参观学习。

6 月 14 日，昆山市副市长金建宏到广福村调研，走访党员代表陈雪球、群众代表丁云仙家庭。

6 月 15 日，广福村投资 20 万元，将广福锦园小区门球场、篮球场改造成停车场。

11 月 6 日，广福村召开村民代表听证会，讨论出台《广福村医疗补助实施方案》。

是年，广福村在西蒋泾河与张家港河交界处，建蒋泾浜排灌站，配备 28 英寸（1 英寸等于 2.54 厘米）水泵 2 台，总功率 80 千瓦。

是年，西蒋泾河综合整治工程被列入昆山高新区 2017 年黑臭河道整治重点项目，疏浚老河道 252 米，清理淤泥 993 立方米。

2018 年

4 月 9 日，广福村召开村民代表听证会，通过改造广福村公共服务中心事项的决策。

4 月 28 日，广福村党支部围绕“学讲话、悟初心”主题教育，组织全体党员参观苏州革命博物馆。

9 月，广福村被苏州市精神文明建设指导委员会评为“2015—2017 年度文明村”。

11 月 21 日，广福村召开村民代表听证会，通过村农村集体资产流转交易方案及农村土地租赁经营权流转交易方案。

12月，广福村新时代文明实践站成立，地址设在广福村服务中心。

是年，广福村推进清洁村庄行动，对不符合消防、安全、环保要求的“散、乱、污”场地进行全面清理，拆除违章搭建，建设雨污分流工程。

是年，昆山交通发展控股集团有限公司在村域广福路西端建公交停车场。

2019年

6月，广福村投资46万余元，将广福锦园小区北侧绿化带改造成停车场。

7月13日，邵林当选广福村村委会主任。

是月，广福村投资约81万元，启动广福锦园环境提升工程。

8月，根据《昆山市农村人居环境整治“红黑榜”考核办法（试行）》文件精神，广福村投资约29万元，启动自然村人居环境提升工程。

9月，广福村投资6.4万元重建农家书屋。

12月，广福村被江苏省精神文明建设指导委员会评为“江苏省文明村”。

是月，广福村修订、实施《昆山高新区广福村医疗普惠补助实施方案》。

2020年

1月25日，广福村成立“群防群控抗新冠”工作领导小组，邵林任组长，张伟瑾任副组长，组建防控新冠病毒志愿者队伍。

5月8日，广福村成立村志编纂工作领导小组，邵林任组长，王建林任副组长。

6月30日，广福村注销广福村社区股份专业合作社，成立昆山市玉山镇广福村股份经济合作社，法定代表人为邵林。

7月29日，昆山市委副书记、市长周旭东到广福村查看房屋翻建等情况。

9月，广福村组建第七次全国人口普查领导小组，邵林任组长，张伟瑾任普查指导员。

12月，广福村被苏州市委农村工作领导小组授予“苏州市农村人居环境整治示范村”称号。

2021年

4月15日，广福村召开第十三次妇女代表大会，陈晓红当选广福村妇联主席。

4月28日，广福村召开党员大会，选举邵林为中共玉山镇第十五次党员代表大会代表。

6月21日，广福村举行“织平安网·筑幸福家”主题活动暨卫星消防站启用仪式，昆山高新区（玉山镇）党工委、昆山市公安局、昆山市“331”机制办及村（社区）领导出席活动。

6月29日，广福村党支部书记邵林向王桂英、王春荣2位党龄在50年以上的老党员颁发“光荣在党50年”纪念章。

7月1日，广福村组织党员收看庆祝中国共产党成立100周年大会电视实播，学习习近平总书记在庆祝中国共产党成立100周年大会上的重要讲话精神。

8月23—27日，为助力全市进行全员核酸检测演练活动，广福村组织志愿者进行上门宣传、服务，预约登记注册等。

12月8日，广福村召开昆山市第8选区（玉山镇第24选区）市镇两级人大代表选举大会，张建文、陈玉刚当选玉山镇第二十届人大代表。

第一章 村情概览

广福村位于昆山高新区（玉山镇）北部，东沿小河岸河与昆山高新区濂园社区相邻，南隔张家港河与昆山高新区泾河村、大渔村相望，西沿陶店河与巴城镇红杨河村相接，北有玉湖，与昆山高新区五联村、杜桥村交错相连。村域四季分明，气候宜人；属阳澄湖低洼平原区，地势开阔平坦；雨量丰沛，水资源及动植物资源丰富。全村总面积 3 平方千米，其中水域总面积 0.37 平方千米，占总面积的 12.4%。2013 年村域自然村全部消亡（90%以上的村民动迁意味着自然村消亡）。2020 年，广福村有 14 个村民小组，农户 231 户，户籍人口 849 人，外来人口 2 312 人。

第一节 建置区划

一、建置沿革

据《城北镇志》记载，北宋至和二年（1055），村域青壮年男劳力参与昆山塘重筑。

据明嘉靖《昆山县志》载，明嘉靖十七年（1538）积善乡在县西北，村域属积善乡第二保。

清雍正二年（1724），昆山县分置昆山、新阳两县，同城分治，村域属新阳县积善乡第二保。

清道光六年（1826），新阳县积善乡第二保二都辖宇区 14、15、16、17、42 图，宙区 16、17、18、19 图，洪区 18、19、20、43 图，荒区 21、44 图，日区 26、27 图，村域分属宇区 16 图和宙区 16 图。

清宣统元年（1909），昆山、新阳两县推行地方自治，翌年废乡、保、都，划城乡 18 界，即 1 市 17 乡。1912 年，昆山、新阳两县合并，仍名昆山，1 市 17 乡不变，村域分属玉山市界、陆家桥乡界。

1929 年，江苏省将昆山县划为 10 个区、339 个乡、39 个镇，陆家桥与周墅两乡合并，村域属第九区（巴溪区）。

1934 年 6 月，昆山县改划为 8 个区、65 个乡镇，村域属第一区青墩乡。

1937 年 11 月 15 日，日军占领昆山。翌年 7 月，全县改划为 10 个区。1941 年 1 月，恢复 8 区、65 个乡镇。村域属第一区青墩乡。

1941 年 7 月，日伪“清乡”期间，娄江以北 16 个乡镇被划归第一期“清乡”委员会昆山特别区公署管辖，16 个乡镇分为 4 个“清乡”区、23 个乡，村域属第三区青墩乡。1942 年 1 月，第一期“清乡”结束，“清乡”区撤销。

1942 年 2 月，昆山县重划为 9 个区、63 个乡镇，村域属第二区青墩乡。是年年底，昆山县改划为 11 个区、72 个乡镇，村域属第一区（巴城区）青墩乡。

1945 年 9 月，战前区划恢复。昆山县划为 8 个区、64 个乡镇，村域属第一区（鹿城区）青墩乡，下浜（夏浜）自然村设第二保保公处。

1947 年 2 月，昆山实行新县制。12 月，青墩、北濞两乡合并，始建城北乡。村域属城北乡。

1949 年 5 月，昆山解放。是月，城北乡人民政府成立，村域隶属关系未变。

1950 年 1 月，昆山县划为 94 个小乡、7 个区属镇。原城北乡撤销，改划为城北、广福、大渔 3 个小乡，属城郊区，村域属城郊区广福乡。

1951 年 6 月，昆山县调整区划，撤城郊区，广福乡改属巴城区，村域属巴城区广福乡。

1956 年 1 月，村域内成立红星高级社。3 月，昆山县并区并乡，划分为 5 个区、5 个镇、36 个乡，原城北、毛竖、广福 3 个小乡并为城北乡。8 月至 12 月，昆山县撤区并乡，划为 5 个县属镇、17 个乡，城北乡直属昆山县，红星高级社属城北乡。

1958 年 4 月，昆山县再次并乡，划为 17 个乡镇，红星高级社属城北乡。10 月，玉山、城南、城北 3 个乡镇合建马鞍山人民公社。红星高级社与胜利高级社合建胜利大队，村域属马鞍山人民公社胜利大队。

1959 年 6 月，昆山县撤销马鞍山公社，分建城北、城南、玉山 3 个人民公社。胜利大队分建成新的红星大队、胜利大队，村域属城北人民公社红星大队。

1962 年 3 月，人民公社调整规模，城北人民公社划出白塘、光荣等 11 个大队，另建新镇人民公社，村域仍属城北人民公社。

1982 年 3 月，红星大队更名为广福大队。

1983 年 6 月，政社分设，城北乡复建，广福大队更名为广福村，属城北乡。

1990 年 11 月 20 日，经江苏省人民政府批准，城北乡撤乡建镇，实行镇管村体制。村域为城北镇广福村。

2000 年 8 月，经江苏省人民政府批准，城北镇并入玉山镇，村域为玉山镇广福村。

2006年，经江苏省人民政府批准，国家发展和改革委员会核准，在玉山镇全境范围成立省级开发区——昆山高科技产业园区。2010年9月，经国务院批准，昆山高科技产业园区升级为全国首家县级市国家高新技术产业开发区（简称“昆山高新区”），玉山镇建制仍然保留。广福村隶属昆山高新区（玉山镇），至2020年，广福村隶属关系未变。

二、村落演变

20世纪50年代，红星大队下辖12个自然村，按户数排列，分别是角里、夏浜、川家库、西蒋泾、陆家宅基、小港稍、浦家宅基、丁家浜、贾家宅基、小河岸、庄基浜、九千溇。20世纪50年代红星大队下辖自然村人口及地理位置如表1-1所示。1975年，城北人民公社组织民工在红星大队中部开浚南北向中心河（后名风雷河）。该河北通川家库河，南出张家港河，纵贯村域全境。1977年始，红星大队结合政府调整农村宅基地政策，对社员建房用地进行集中规划，按照“一户一宅，一份宅基地0.3亩”的标准，组织建房，搬迁新址，建设新型村庄。第1、3、4生产队新村位于小河岸河边，第2、5、6、7、8、11、13生产队新村位于风雷河边，第9、10生产队新村位于陶店河边。因新村建设发展，20世纪90年代，村域自然村布局发生变化，根据镇派出所记录，此时广福村有自然村9个，按人口规模排列，分别是风雷河、川家库、丁家浜、小河岸、夏浜、西蒋泾、庄基浜、角里、小港稍。与20世纪50年代相比，陆家宅基、浦家宅基、贾家宅基、九千溇4个自然村相继消亡，风雷河自然村出现，并替代角里自然村成为村域人口规模最大的自然村。2000年，因339省道和民营科技园建设，夏浜村开始动迁，为村域第一个动迁的自然村。2010年，因昆山高新区可再生能源基地建设，川家库村开始动迁，为村域最迟启动动迁的自然村。2013年，村域自然村全部消亡，广福村消亡自然村情况如表1-2所示，90%以上的村民迁入寰庆路两侧的广福锦园、锦隆佳园小区。

表 1-1 20 世纪 50 年代红星大队下辖自然村人口及地理位置一览表

自然村名称	户数/户	人数/人	地理位置
角里	21	68	西蒋泾河南岸
夏浜	18	76	夏浜河西岸
川家厍	13	58	川家厍河两岸
西蒋泾	12	52	西蒋泾河北岸
陆家宅基	12	46	度塘港北
小港稍	11	41	小港稍河北岸
浦家宅基	9	36	西蒋泾河南
丁家浜	7	33	陶店河东
贾家宅基	7	28	夏浜河附近
小河岸	5	19	小河岸西岸
庄基浜	4	17	张家港河北岸
九千溇	3	12	九千溇北岸

广福村域全貌（2020 年 10 月，张银龙摄）

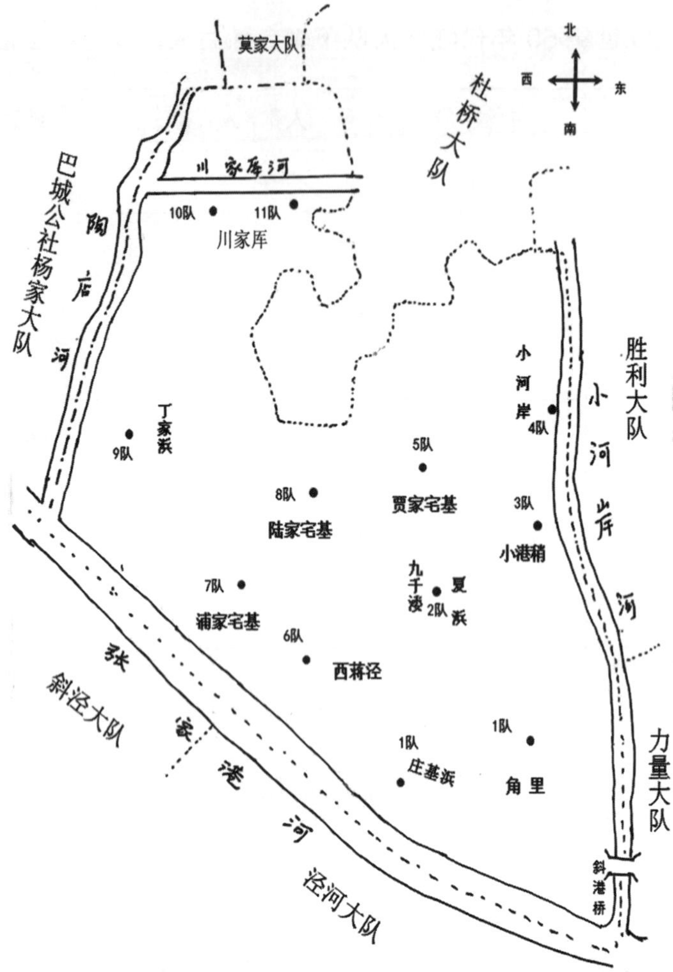

20世纪70年代初红星大队自然村落及生产队分布示意图

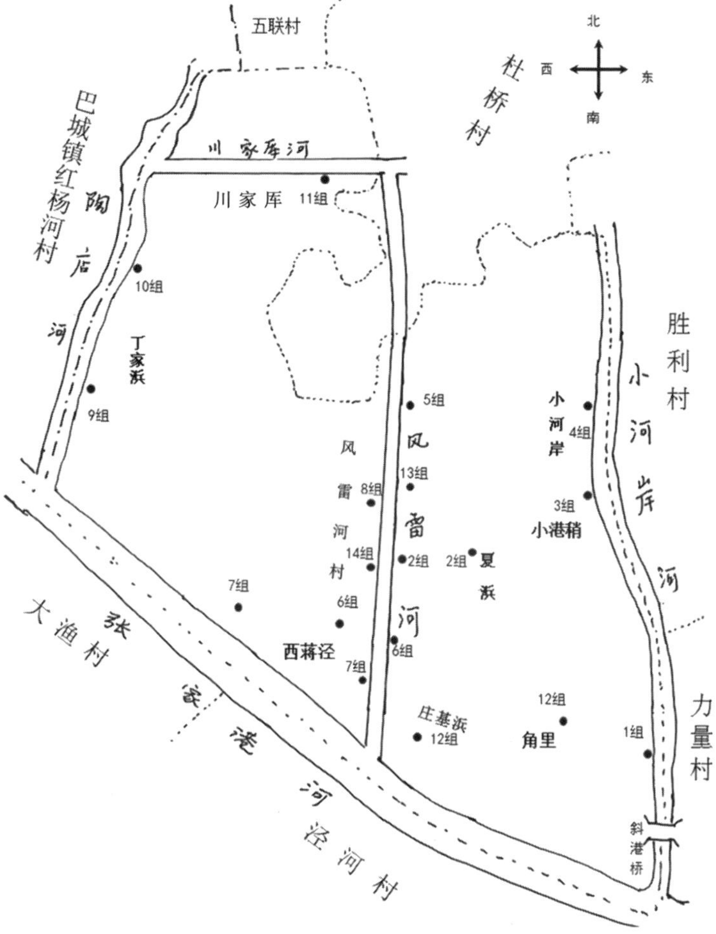

20世纪90年代广福村自然村落及村民小组分布示意图

表 1-2　截至 2020 年广福村消亡自然村情况一览表

自然村名称	户籍户数/户	户籍人数/人	劳动力人数/人	原区域面积/亩	宅基地面积/亩	动迁原因	开始动迁年份	村庄消亡年份	村民新迁小区
川家厍	30	137	77	441. 37	12. 0	昆山高新区可再生能源基地建设	2010	2010	广福锦园、锦隆佳园
丁家浜	21	94	53	222. 53	8. 4	民营科技园建设、昆山高新区可再生能源基地建设	2001	2010	广福锦园、锦隆佳园
小港稍	12	48	27	126. 94	4. 8	广福锦园小区建设	2002	2002	广福锦园
夏浜	20	92	51	158. 77	8. 0	339 省道建设、民营科技园建设	2000	2003	广福锦园、锦隆佳园、胜利小区
角里	14	52	31	167. 11	5. 6	锦隆佳园小区建设	2002	2003	广福锦园、锦隆佳园
风雷河	76	358	204	662. 97	30. 4	昆山鑫源环保热电有限公司及配套道路建设、茂迪（苏州）新能源有限公司建设	2003	2007	广福锦园、锦隆佳园
西蒋泾	18	75	44	386. 37	7. 2	339 省道建设、民营科技园建设	2001	2013	广福锦园、锦隆佳园

续表

自然村名称	户籍户数/户	户籍人数/人	劳动力人数/人	原区域面积/亩	宅基地面积/亩	动迁原因	开始动迁年份	村庄消亡年份	村民新迁小区
小河岸	22	76	46	162.33	8.8	339省道建设、民营科技园建设	2000	2003	广福锦园、锦隆佳园、胜利小区
庄基浜	16	58	33	139.77	6.4	民营科技园建设	2003	2005	广福锦园、锦隆佳园

说明：截至2020年，除小河岸自然村2户、庄基浜自然村1户外，广福村自然村村民全部动迁。

三、行政区划

（一）广福村

广福村区域面积3平方千米，位于昆山高新区北部，东沿小河岸河与昆山高新区濂园社区相邻，南隔张家港河与昆山高新区泾河村、大渔村相望，西沿陶店河与巴城镇红杨河村相接，北与昆山高新区五联村、杜桥村交错相连。

1953年，村域有红星、灯塔、光明3个初级社。1956年1月，3个初级合作社合并，成立红星高级社。1958年10月，红星高级社与胜利高级社合建胜利大队，属马鞍山人民公社。1959年6月，马鞍山人民公社分建城南、城北、玉山人民公社，胜利大队分建新红星、胜利大队，村域属红星大队。红星大队辖14个生产队，办公地址在夏浜自然村。

1960年，红星大队办公地址迁至九千溇自然村。1962年3月，人民公社调整规模，城北人民公社分建城北、新镇人民公社，红星大队属城北人民公社。是年，红星大队有14个生产队，农户209户，人口691人，劳动力361人，耕地总面积2 584亩，其中集体耕地2 421亩、自留地163亩。1969年2月5日，红星大队易名为红星大队革命委员会。是年，大队部迁至第6生产队西蒋泾自然村。

1974年，红星大队有11个生产队，农户241户，人口947人，劳动力475人，集体耕地2 272.9亩。1978年12月至1979年3月，红星大队有3个生产队拆分出新的生产队。1980年，红星大队有14个生产队，农户232户，人口902人，其中男性435人、女性467人，正半劳动力608人，耕地总面积2 461.55亩，其中集体耕地2 265.5亩。1982年地名普查时，为避免县内大队重名，又因村域原属广福小乡，故红星大队更名为广福大队。1983年，政社分设，广福大队更名广福村，属城北乡。是年，广福村耕地总面积2 435.4亩，其中集体耕地2 247.9亩，自留田187.5亩，次年各生产队更名为村民小组。

1990年11月20日，城北乡撤乡建镇，实行镇管村体制，广福村属城北镇。是年，广福村有14个村民小组，农户238户，人口902人，劳动力542人，全村耕地总面积1 968.93亩，工农业总产值231万元。1999年，广福村有14个村民小组，农户230户，人口726人，土地承包面积1 398.36亩，年工业产值

3 510 万元，销售额 3 016.5 万元，利润 55.72 万元。

广福路与 339 省道交叉口全景（2020 年 10 月，张银龙摄）

2000 年 8 月，城北镇并入玉山镇，广福村隶属玉山镇。2001 年，村域 339 省道、寰庆路、夏浜路等主要道路开工建设，民营科技园三区、五区规划建设覆盖全境，村域耕地大面积被征用，民房大规模动迁，村办公地暂迁至风雷河自然村第 7 村民小组。是年初，全村耕地面积锐减至 196 亩。2002 年，广福村村委会办公地迁至广福路中苑毛条厂内（第 6 村民小组）。2003 年 5 月，寰庆路村办公楼新建落成，村委会迁入。2006 年 3 月，村委会迁至广福锦园 188 号办公。截至 2018 年，广福村累计动迁农户 201 户，动迁占比达 98.5%。2020 年，广福村有 14 个村民小组，农户 231 户，户籍人口 849 人，外来人口 2 312 人，村级经济总净资产 4 988.85 万元，其中村合作社净资产 1 731.10 万元，村集体净资产 3 257.75 万元。村级经济总收入 783.54 万元，其中村合作社收入 206.41 万元，村集体收入 577.13 万元。是年，广福村经济股份合作社每股分红 500 元。

（二）村民小组

1959 年 6 月，红星大队成立，下设 14 个生产队。1963—1965 年，红星大队有生产队 15 个。1965 年红星大队生产队干部情况如表 1-3 所示。1966 年，红星大队生产队调整为 11 个。1978 年 12 月，第 1 生产队拆分出第 12 生产队。1979 年 3 月，第 2、8 生产队分别拆分出第 13、14 生产队。1982 年，红星大队更名为广福大队，生产队设置不变。1983 年，广福大队更名为广福村，实行家庭联产承包责任制，为便于统一管理农事，将第1、12生产队，第2、6、7生产队，第3、4、13生产队，第5、8、14生产队，第9、10、11生产队组成5个生产联队。1984年，生产队更名为村民小组，联队划分不变。20世纪90年代初，联队划分取消。2020年，广福村有14个村民小组。

表1-3　1965年红星大队生产队干部情况一览表

队别	队长	会计	队别	队长	会计
1	沈宝泉	王振明	9	莫凤歧	陈彦达
2	沈凤飞	刘龙泉	10	赵祖仁	陈雪生
3	丁凤祥	—	11	王春荣	冯祖定
4	陈俊龙	王介明	12	贾海宝	马颜生
5	周爱生	顾培荣	13	张仲良	张解文
6	夏阿毛	顾兆良	14	徐炳兴	邵义林
7	张坤泉	张锦元	15	张阿弟	王伯生
8	陈宝林	翁炳兴			

第1村民小组　位于原角里自然村。1963—1965年，为红星大队第1、2生产队。1966年，第1、2、3生产队合并为红星大队第1生产队。1978年12月，第1生产队拆分为第1、12生产队。1980年，第1生产队有15户、61人，其中男32人、女29人，耕地面积154.3亩。1982年，改名为广福大队第1生产队。1983年6月，改名为广福村第1生产队。1984年，改名为广福村第1村民小组。1998年，第1村民小组土地确权面积60.55亩。2002年，因民营科技园建设，第1村民小组开始动迁，是年动迁结束，村民迁入广福锦园小区。2020年，第1村民小组有户籍人口49人，其中男20人、女29人，无耕地，村民收入主要靠务工、物业租赁等途径获得。

第2村民小组　位于原夏浜自然村。1963—1965年，为红星大队第4生产队。1966年始，第4、15生产队合并为红星大队第2生产队。1979年3月，第2生产队拆分为第2、13生产队。1980年，第2生产队有17户、69人，其中男37人、女32人，耕地面积151.77亩。1982年，改名为广福大队第2生产队。1983年6月，改名为广福村第2生产队。1984年，改名为广福村第2村民小组。1998

年，第 2 村民小组土地确权面积 97.2 亩。2001 年，因民营科技园建设，第 2 村民小组开始动迁，至 2007 年动迁结束，村民迁入广福锦园、锦隆佳园小区。2020 年，第 2 村民小组有户籍人口 60 人，其中男 29 人、女 31 人，无耕地，村民收入主要靠务工、物业租赁等途径获得。

第 3 村民小组　位于原小港稍自然村。1963—1965 年，为红星大队第 5 生产队。1966 年始，调整为红星大队第 3 生产队。1980 年，第 3 生产队有 13 户、40 人，其中男性 22 人、女性 18 人，耕地面积 122.14 亩。1982 年，改名为广福大队第 3 生产队。1983 年 6 月，改名为广福村第 3 生产队。1984 年，改名为广福村第 3 村民小组。1998 年，第 3 村民小组土地确权面积 67.5 亩。2004 年，因民营科技园建设，第 3 村民小组开始动迁，至 2006 年动迁结束，村民迁入广福锦园、锦隆佳园小区。2020 年，第 3 村民小组有户籍人口 46 人，其中男 28 人、女 18 人，无耕地，村民收入主要靠务工、物业租赁等途径获得。

第 4 村民小组　位于原小河岸自然村、小河岸河西岸。1963—1965 年，为红星大队第 6 生产队。1966 年始，调整为红星大队第 4 生产队。1980 年，第 4 生产队有 11 户、43 人，其中男 21 人、女 22 人，耕地面积 142.12 亩。1982 年，改名为广福大队第 4 生产队。1983 年 6 月，改名为广福村第 4 生产队。1984 年，改名为广福村第 4 村民小组。1998 年，第 4 村民小组土地确权面积 105.3 亩。2000 年，因民营科技园建设，村民开始动迁，至 2015 年结束，4 户村民迁入胜利小区，其余村民迁入广福锦园、锦隆佳园小区。2020 年，第 4 村民小组有户籍人口 40 人，其中男 22 人、女 18 人，无耕地，村民收入主要靠务工、物业租赁等途径获得。

第 5 村民小组　位于原风雷河自然村北部、风雷河东岸。1963—1965 年，为红星大队第 12 生产队。1966 年始，调整为红星大队第 5 生产队。1980 年，第 5 生产队有 16 户、61 人，其中男 28 人、女 33 人，耕地面积 179.05 亩。1982 年，改名为广福大队第 5 生产队。1983 年 6 月，改名为广福村第 5 生产队。1984 年，改名为广福村第 5 村民小组。1998 年，第 5 村民小组土地确权面积 137.6 亩。2008 年，因昆山高新区可再生能源基地建设，村民开始动迁，至 2010 年动迁结束，村民迁入广福锦园、锦隆佳园小区。2020 年，第 5 村民小组有户籍人口 41 人，其中男 22 人、女 19 人，无耕地，村民收入主要靠务工、物业租赁等途径获得。

第6村民小组 位于原西蒋泾自然村、西蒋泾河北岸。1963—1965年，为红星大队第7生产队。1966年始，调整为红星大队第6生产队。1980年，第6生产队有18户、76人，其中男37人、女39人，耕地面积188.05亩。1982年，改名为广福大队第6生产队。1983年6月，改名为广福村第6生产队。1984年，改名为广福村第6村民小组。1998年，第6村民小组土地确权面积99亩。2003年，因民营科技园建设，村民开始动迁，至2014年动迁结束，村民迁入广福锦园、锦隆佳园小区。2020年，第6村民小组有户籍人口83人，其中男44人、女39人，无耕地，村民收入主要靠务工、物业租赁等途径获得。

第7村民小组 位于原风雷河自然村南部、风雷河西岸。1963—1965年，为红星大队第11生产队。1966年始，调整为红星大队第7生产队。1980年，第7生产队有17户、68人，其中男30人、女38人，耕地面积197.45亩。1982年，改名为广福大队第7生产队。1983年6月，改名为广福村第7生产队。1984年，改名为广福村第7村民小组。1998年，第7村民小组土地确权面积99亩。2001年，因民营科技园建设，村民开始动迁，至2003年动迁结束，村民迁入广福锦园、锦隆佳园小区。2020年，第7村民小组有户籍人口66人，其中男29人、女37人，无耕地，村民收入主要靠务工、物业租赁等途径获得。

第8村民小组 位于原风雷河自然村中部、风雷河西岸。1963—1965年，为红星大队第9生产队。1966年，第9、10生产队合并为红星大队第8生产队。1979年3月，第8生产队拆分为第8、14生产队。1980年，第8生产队有17户、56人，其中男31人、女25人，耕地面积171.15亩。1982年，改名为广福大队第8生产队。1983年6月，改名为广福村第8生产队。1984年，改名为广福村第8村民小组。1998年，第8村民小组土地确权面积95.4亩。2008年，因昆山高新区可再生能源基地建设，村民开始动迁，至2010年动迁结束，村民迁入锦隆佳园小区。2020年，第8村民小组有户籍人口70人，其中男32人、女38人，无耕地，村民收入主要靠务工、物业租赁等途径获得。

第9村民小组 位于原丁家浜自然村。1963—1965年，为红星大队第8生产队。1966年始，调整为红星大队第9生产队。1980年，第9生产队有25户、94人，其中男40人、女54人，耕地面积233.1亩。1982年，改名为广福大队第9生产队。1983年6月，改名为广福村第9生产队。1984年，改名为广福村第9村民小组。1998年，第9村民小组土地确权面积68.4亩。2001年，因民营科技园建设，村民开始动迁，至2008年动迁结束，村民迁入广福锦园、锦隆佳园小区。2020年，第9村小组有户籍人口97人，其中男47人、女50人，无耕地，村民收入主要靠务工、物业租赁等途径获得。

第10村民小组　位于原川家库自然村西部。1963—1965年，为红星大队第14生产队。1966年始，调整为红星大队第10生产队。1980年，第10生产队有16户、66人，其中男29人、女37人，耕地面积235.16亩。1982年，改名为广福大队第10生产队。1983年6月，改名为广福村第10生产队。1984年，改名为广福村第10村民小组。1998年，第10村民小组土地确权面积60.5亩。2009年，因昆山高新区可再生能源基地建设，村民开始动迁，至2010年动迁结束，村民迁入广福锦园、锦隆佳园小区。2020年，第10村民小组有户籍人口64人，其中男28人、女36人，无耕地，村民收入主要靠务工、物业租赁等途径获得。

第11村民小组　位于原川家库自然村东部。1963—1965年，为红星大队第13生产队。1966年始，调整为红星大队第11生产队。1980年，第11生产队有17户、72人，其中男33人、女39人，耕地面积198.81亩。1982年，改名为广福大队第11生产队。1983年6月，改名为广福村第11生产队。1984年，改名为广福村第11村民小组。1998年，第11村民小组土地确权面积100.8亩。2009年，因昆山高新区可再生能源基地建设，村民开始动迁，至2010年动迁结束，村民迁入广福锦园、锦隆佳园小区。2020年，第11村民小组有户籍人口63人，其中男26人、女37人，无耕地，村民收入主要靠务工、物业租赁等途径获得。

第12村民小组　位于原庄基浜自然村。1963—1965年，为红星大队第3生产队。1966年，第1、2、3生产队合并为红星大队第1生产队。1978年12月，第1生产队拆分建第12生产队。1980年，第12生产队有18户、68人，其中男38人、女30人，耕地面积162.51亩。1982年，改名为广福大队第12生产队。1983年6月，改名为广福村第12生产队。1984年，改名为广福村第12村民小组。1998年，第12村民小组土地确权面积49.6亩。2003年，因民营科技园建设，村民开始动迁，至2005年动迁结束，村民迁入广福锦园、锦隆佳园小区。2020年，第12村民小组有户籍人口63人，其中男28人、女35人，无耕地，村民收入主要靠务工、物业租赁等途径获得。

第 13 村民小组 位于原夏浜自然村。1963—1965 年，为红星大队第 15 生产队。1966 年，第 4、15 生产队合并为红星大队第 2 生产队。1979 年 3 月第 2 生产队拆分建第 13 生产队。1980 年，第 13 生产队有 17 户、70 人，其中男 29 人、女 41 人，耕地面积 151.87 亩。1982 年，改名为广福大队第 13 生产队。1983 年 6 月，改名为广福村第 13 生产队。1984 年，改名为广福村第 13 村民小组。1998 年，第 13 村民小组土地确权面积 110 亩。2000 年，因民营科技园建设，村民开始动迁，至 2007 年动迁结束，3 户村民迁入胜利小区，其余村民迁入广福锦园、锦隆佳园小区。2020 年，第 13 村民小组有户籍人口 45 人，其中男 22 人、女 23 人，无耕地，村民收入主要靠务工、物业租赁等途径获得。

第 14 村民小组 位于原风雷河自然村北部、风雷河西岸。1963—1965 年，为红星大队第 10 生产队。1966 年，第 9、10 生产队合并为红星大队第 8 生产队。1979 年 3 月，第 8 生产队拆分建第 14 生产队。1980 年，第 14 生产队有 16 户、58 人，其中男 28 人、女 30 人，耕地面积 174.05 亩。1982 年，改名为广福大队第 14 生产队。1983 年 6 月，改名为广福村第 14 生产队。1984 年，改名为广福村第 14 村民小组。1998 年，第 14 村民小组土地确权面积 85 亩。2005 年，因民营科技园建设，村民开始动迁，至 2013 年动迁结束，村民迁入广福锦园、锦隆

锦隆佳园小区（2020 年 10 月，张银龙摄）

佳园小区。2020 年，第 14 村民小组有户籍人口 62 人，其中男 31 人、女 31 人，无耕地，村民收入主要靠务工、物业租赁等途径获得。

四、自然村

角里 传说因村庄位于广福村东南角，昆山方言称此为“角落里”，故得名，是广福村第 1、12 村民小组村民原居住地。村庄为东西走向，位于西蒋泾河南岸，东起小河岸河，西至江苏凯宫机械股份有限公司（简称“凯宫机械”）东围墙，南为广福路，北至寰庆路。

该自然村形成于 1949 年前。20 世纪 50 年代，角里是红星大队人口最多的自然村，因 70 年代后期红星大队新村建设，部分村民迁往小河岸自然村，人口减少。2000 年，角里人口规模在广福 9 个自然村中排名第 8。2003 年，因锦隆佳园小区规划建设，村庄消亡。是年，村域面积 167.11 亩，其中宅基地 5.6 亩，有 14 户、52 人。至 2020 年，村民先后迁入广福锦园、锦隆佳园小区，原址现为锦隆佳园小区。

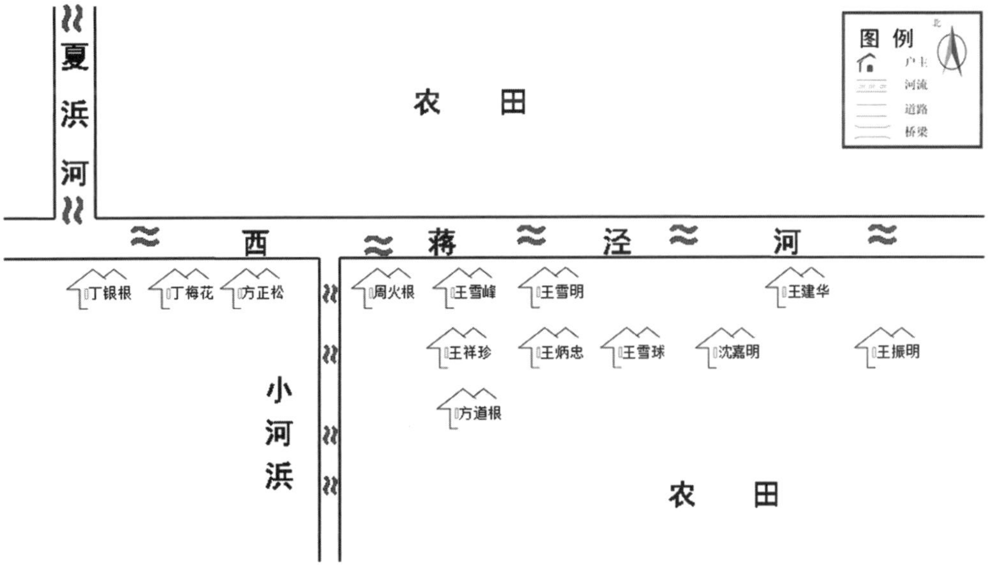

2000 年角里自然村住户分布示意图

夏浜 因村庄东临夏浜河而得名，又称“下浜”，是广福村第 2、13 村民小组村民原居住地。村庄位于广福村东南，呈南北向长条形，长 300 米，东起寰庆路，西至风雷河，南为夏浜路，北至339省道。

该自然村形成于1949年前。20世纪五六十年代，该村是红星大队办公地。2000年，因339省道规划建设，村民开始动迁。是年，村域面积258.77亩，其中耕地250.77亩、宅基地8亩；有20户、92人，其中男46人、女46人。2003年，因民营科技园规划建设，村庄动迁消亡。至2020年，村民先后迁入广福锦园、锦隆佳园、胜利小区，原址现为民营科技园。

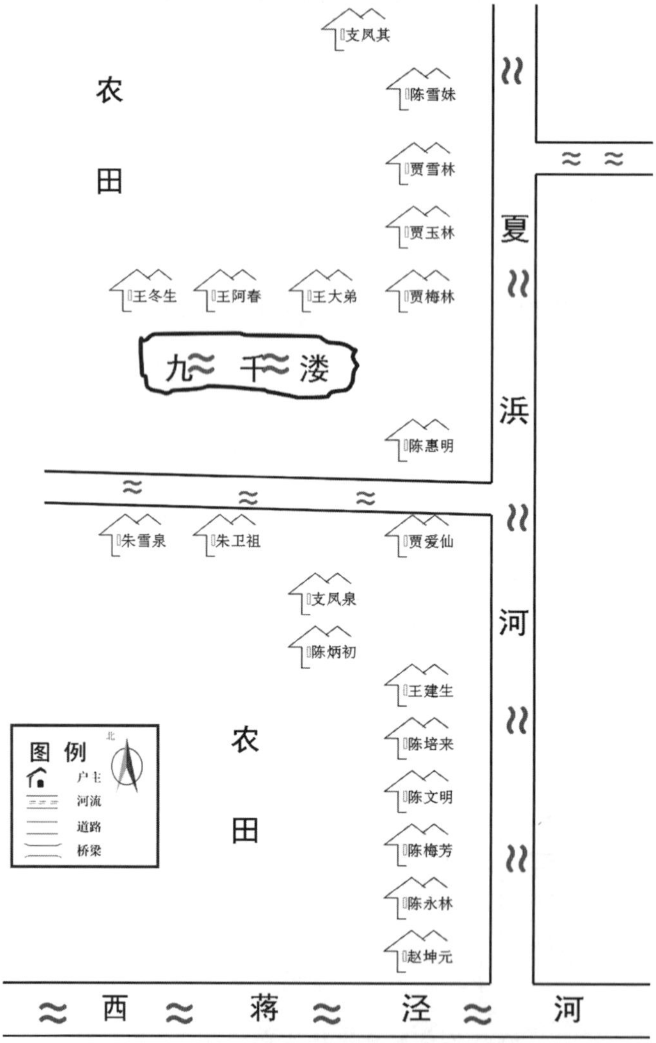

2000年夏浜自然村住户分布示意图

小港稍 因村庄南临小港稍河而得名，是广福村第3村民小组村民原居住地。村庄位于广福村东部，呈东西向长条形，长300米，东为小河岸河，西至寰庆路，南为寰庆路，北至339省道。

该自然村形成于1949年前。2002年，因广福锦园小区规划建设动迁，村庄消亡。是年，村域面积126.94亩，其中耕地122.14亩，宅基地4.8亩；有12户、48人，其中男23人、女25人。至2020年，村民先后迁入广福锦园小区，原址现为广福锦园小区。

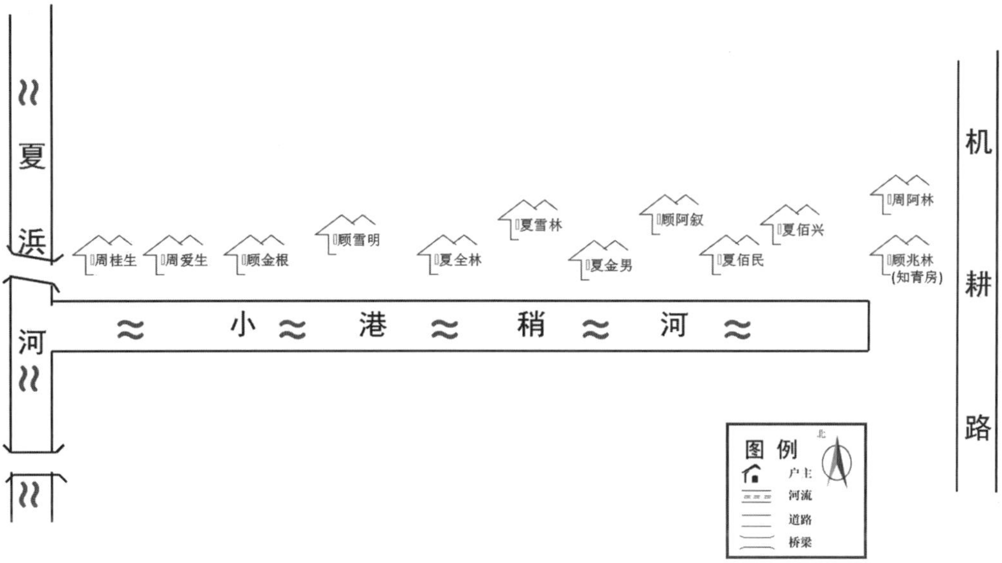

2000年小港稍自然村住户分布示意图

小河岸　因村庄东临小河岸河而得名，是广福村第4村民小组村民原居住地。村庄位于广福村东部，东为小河岸河，西为民营区，南起张家港河，北为杜桥村。

该自然村形成于1949年前。20世纪50年代，小河岸仅有5户人家。70年代后期始，红星大队新村建设，角里、小港稍自然村居民迁居小河岸自然村，小河岸自然村人口增多。2000年，因339省道建设，村庄开始动迁。是年，村域面积162.33亩，其中宅基地8.8亩；有22户、76人。2003年，因民营科技园建设，90%以上的村民动迁，村庄消亡。至2020年，村民先后迁入胜利、广福锦园、锦隆佳园小区，原址现有力量小学。

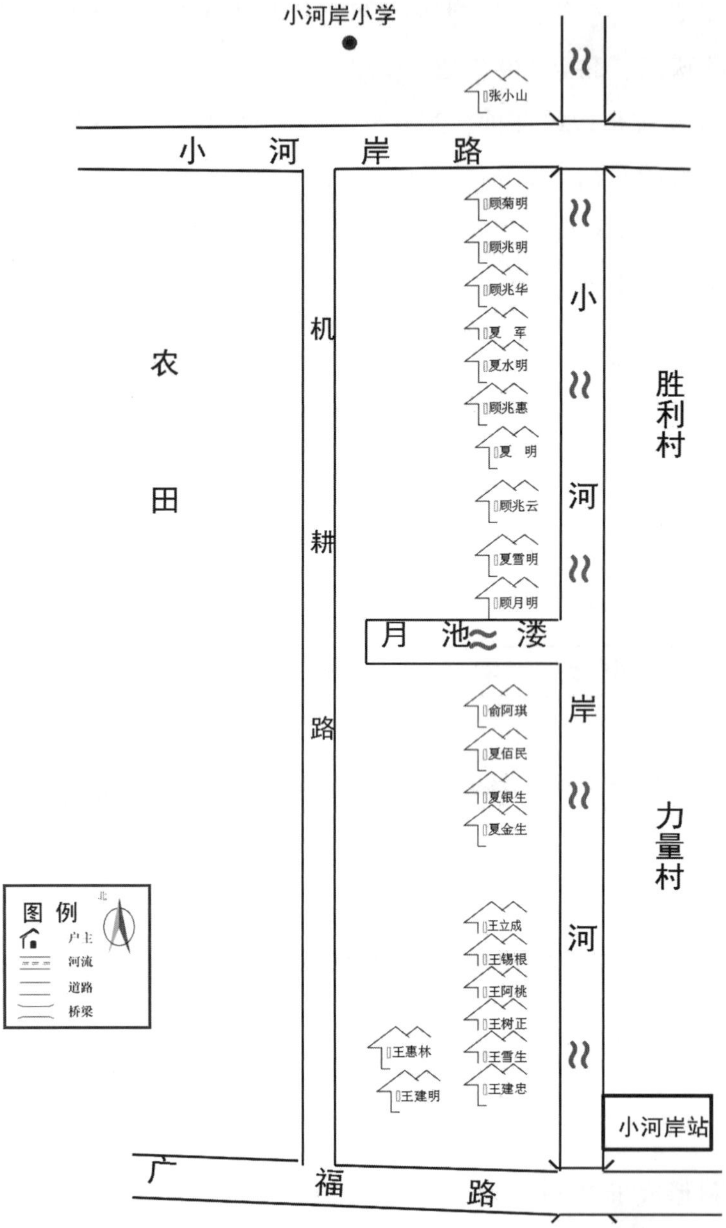

2000 年小河岸自然村住户分布示意图

风雷河 因村庄位于风雷河两侧而得名，是广福村第 2、5、6、7、8、13、14 村民小组村民原居住地。村庄位于广福村中部，为南北走向，南起张家港河，北至川家厍河。

该自然村形成于 20 世纪 70 年代后期，村民主要来自原夏浜、陆家宅基、贾家宅基、浦家宅基等自然村。2000年，风雷河自然村是广福村人口最多的自然村。2003年，因昆山鑫源环保热电有限公司及配套道路建设，村庄开始动迁。是年，村域面积662.97亩，其中宅基地30.4亩；有76户、358人。至2007年，因茂迪（苏州）新能源有限公司（简称“茂迪新能源”）开工建设，村庄全部动迁消亡。至2020年，原村民先后迁入广福锦园、锦隆佳园小区，原址现有茂迪新能源、凯宫机械等企业。

1998年的风雷河（广福村村委会提供）

2011年风雷河西侧
第14村民小组（广福村村委会提供）

2011年风雷河东侧
第5村民小组（广福村村委会提供）

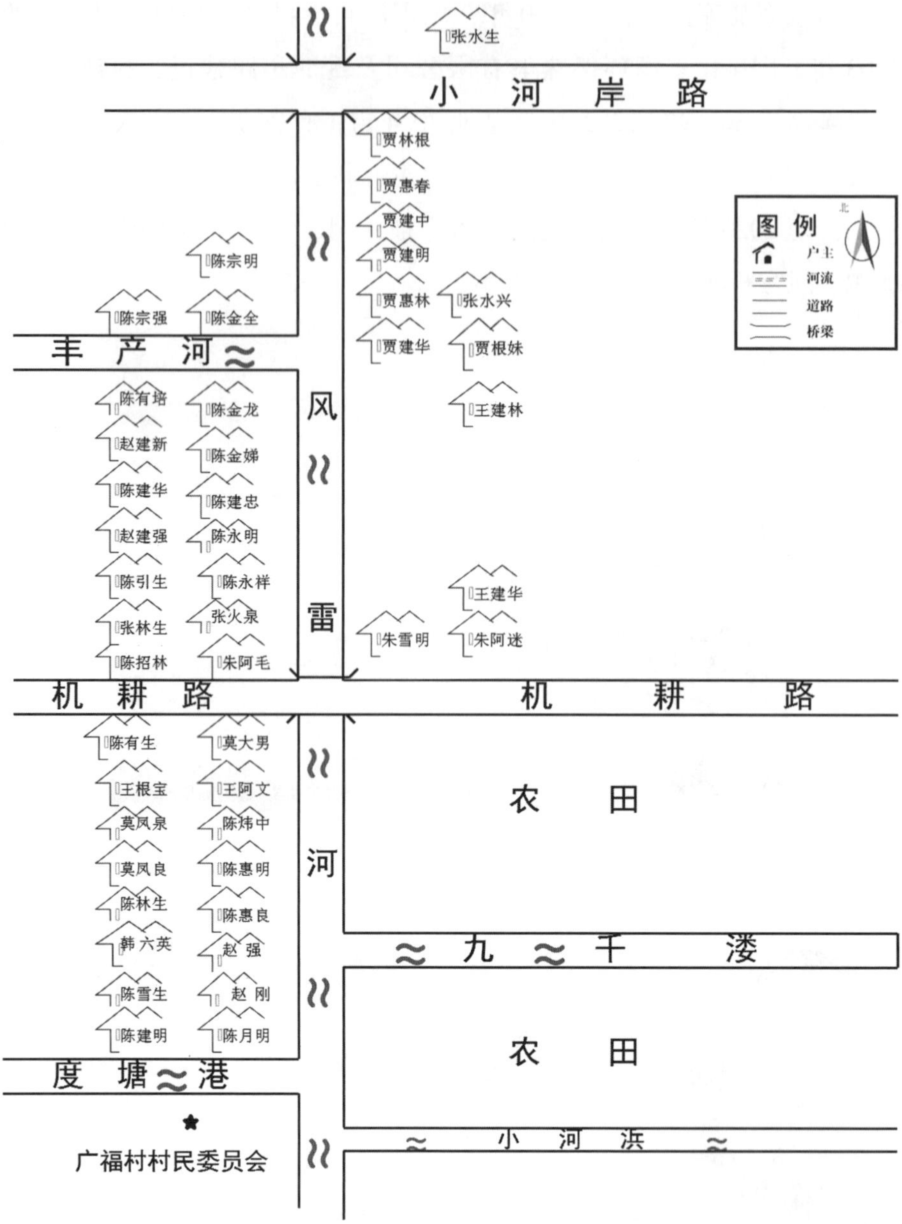

2000年风雷河自然村（北）住户分布示意图

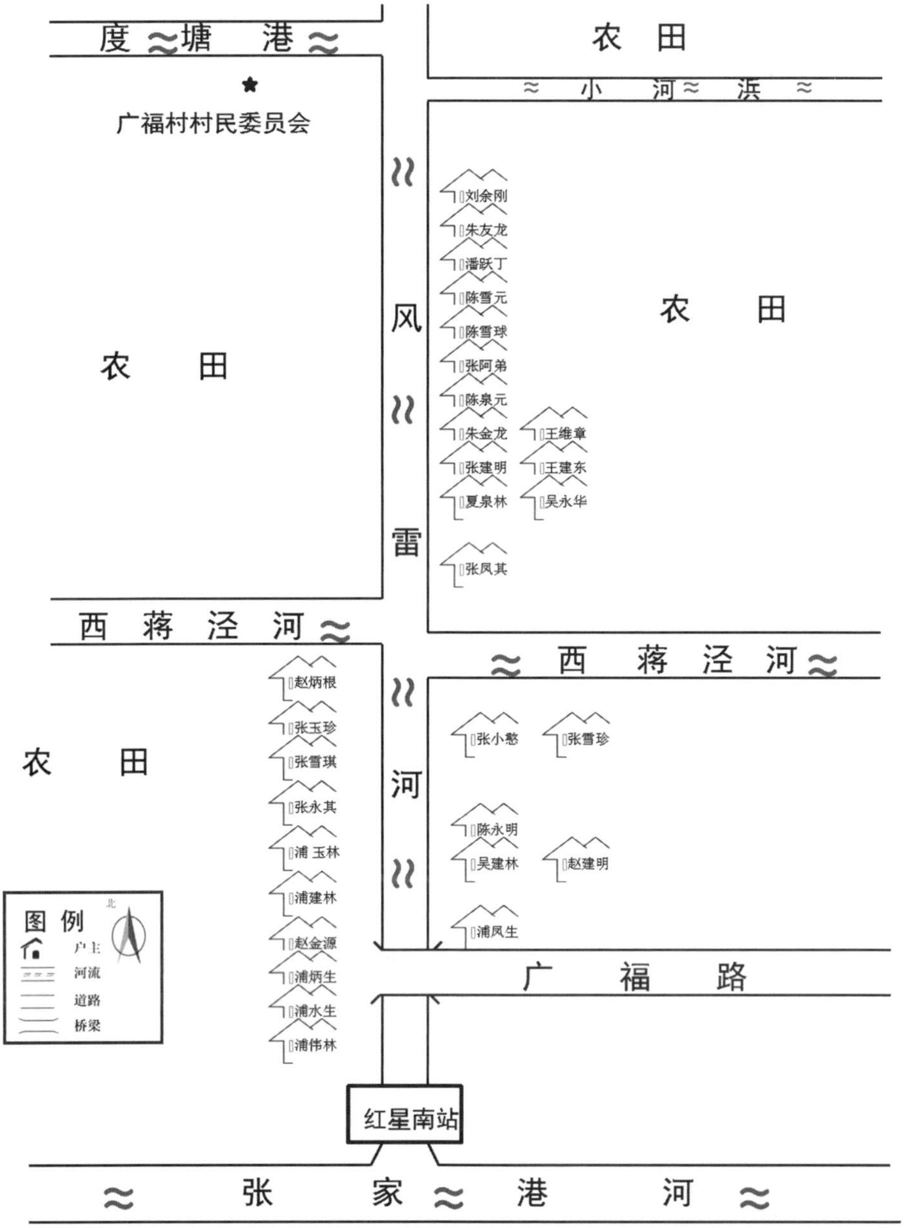

2000年风雷河自然村（南）住户分布示意图

西蒋泾　据传，历史上此地曾出过一名将军，“将军”与“蒋泾”谐音，此人又居住于村庄之西，故名。西蒋泾自然村是广福村第6村民小组村民原居住地。村庄位于广福村西南，为东西走向，东起风雷河，西至张家港河，南始西蒋泾河，北至339省道。

该自然村形成于1949年前。1969年始，西蒋泾自然村为红星大队管理委员会及政社分设后的广福村村委会办公地。2001年3月，因建339省道，村庄开始动迁，村委会办公地迁出。是年，村域面积386.37亩，其中宅基地7.2亩；有18户、75人。到2013年，因民营科技园建设，村庄动迁消亡。至2020年，村民先后迁入广福锦园、锦隆佳园小区。原址现为绿化景观地带。

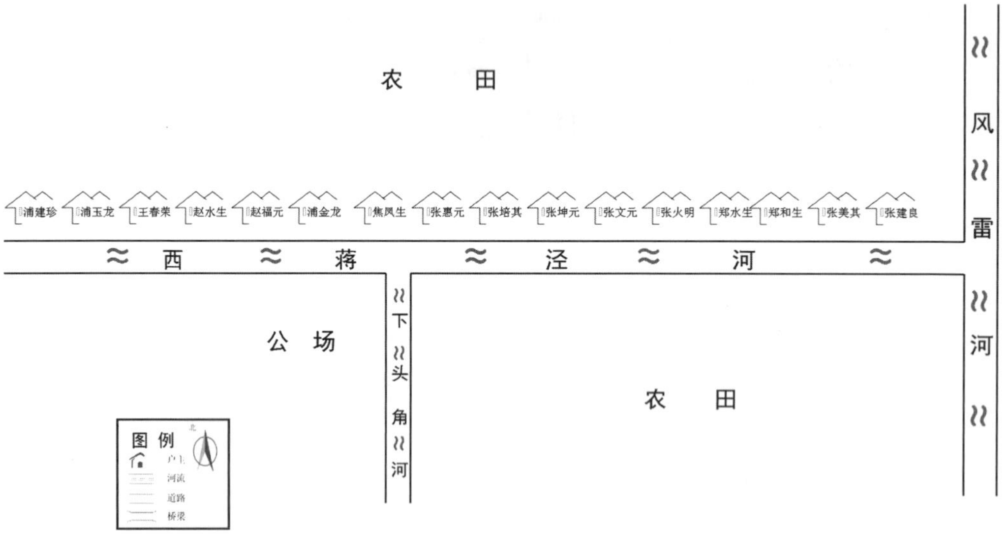

2000年西蒋泾自然村住户分布示意图

丁家浜 因村庄住户分布呈“丁”字形而得名，是广福村第9村民小组村民原居住地。村庄位于村域西部，东起新能源路，西至陶店河，南为张家港河，北至玉湖北路。

该自然村形成于1949年前。2001年2月，因民营科技园规划建设动迁，村庄消亡约50%。是年，村域面积222.53亩，其中耕地214.13亩、宅基地8.4亩；有21户、94人，其中男49人、女45人。2010年，又因昆山高新区可再生能源基地建设，村庄动迁消亡。至2020年，村民先后迁入广福锦园、锦隆佳园小区，原址现为茂迪生态能源基地。

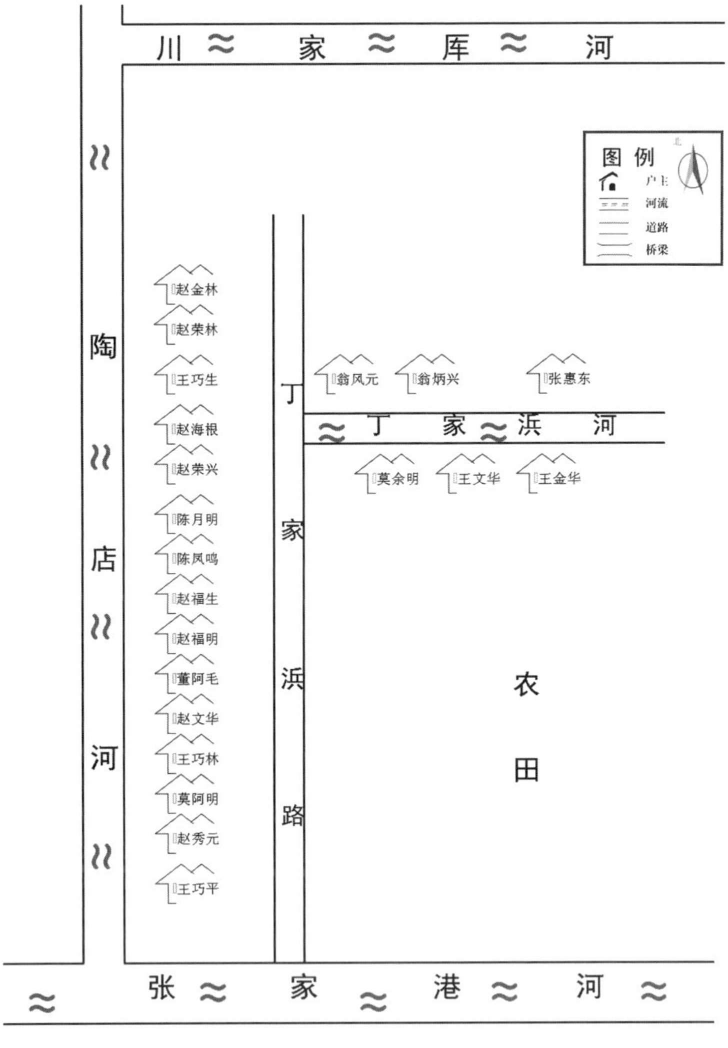

2000 年丁家浜自然村住户分布示意图

川家库　因村庄依傍川家库河而得名，是广福村第 10、11 村民小组村民原居住地。村庄位于广福村西北，呈东西向长条形，长 350 米，东为兴有路，西至陶店河，南为玉湖北路，北过川家库河。

该自然村形成于 1949 年前。2010 年 5 月，因昆山高新区可再生能源基地规划建设动迁，村庄消亡。是年，村域面积 441.3 亩，其中耕地 429.3 亩，宅基地 12 亩；有 30 户、137 人，其中男 63 人、女 74 人。至 2020 年，村民先后迁入锦隆佳园小区，原址现为白鹭名邸小区。

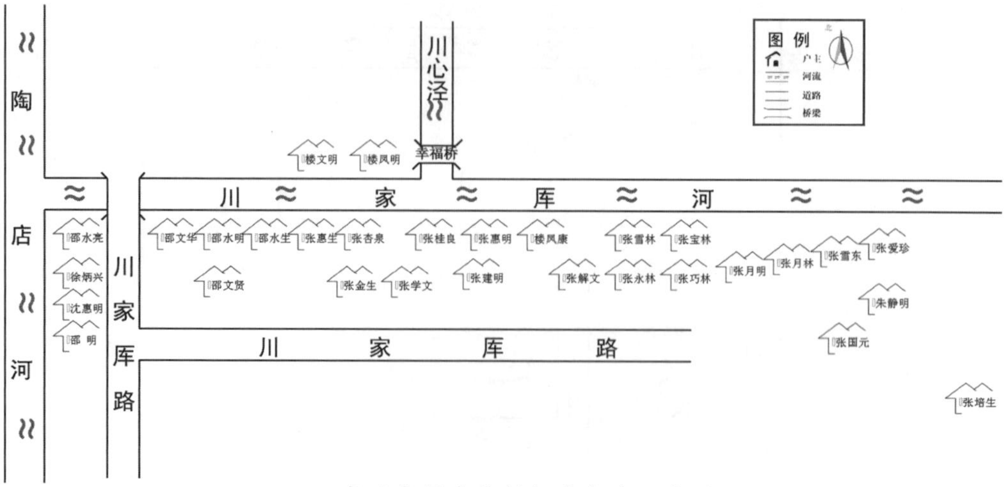

2000年川家库自然村住户分布示意图

庄基浜　传说古时有蟑鸡（白骨顶鸡）栖息于此，谐音“庄基”，由此得名。庄基浜自然村是广福村第12村民小组村民原居住地。村庄位于广福村东南，东为仓储公司围墙，西至风雷河，南起张家港河，北至广福路北。

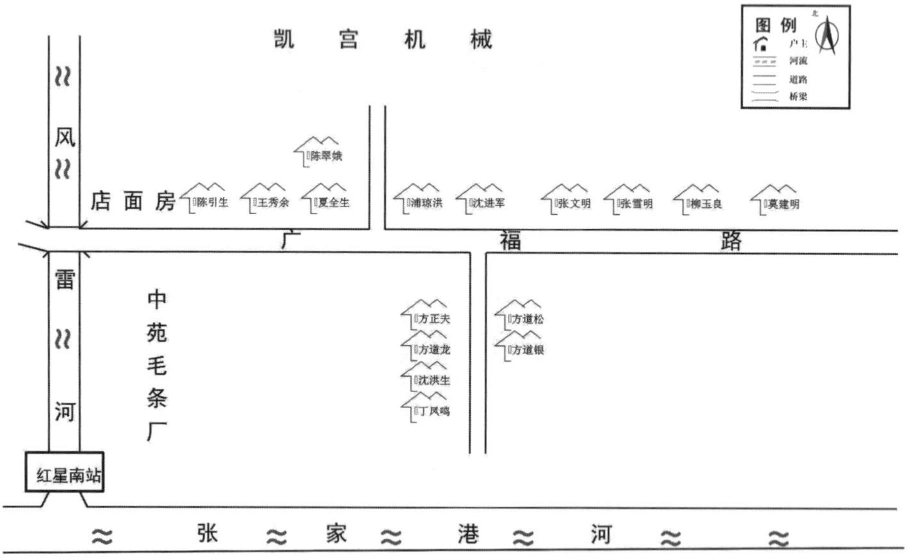

2000年庄基浜自然村住户分布示意图

该自然村形成于1949年前。2003年，因民营科技园建设开始动迁。是年，村域面积139.77亩，其中宅基地6.4亩，有16户、58人。2005年，90%以上的村民动迁，村庄消亡。至2020年，村民先后迁入广福锦园小区。原址现为张家港河沿岸绿化景观带。

上述自然村示意图是凭村干部记忆制作的21世纪初的村庄分布概况，地理方位中的路河、村，以及自然村户数，均以条目中文字为准。

第二节 自然环境

一、地形地貌

广福村属阳澄湖低洼平原区，地势开阔平坦，地面高程极低，最高高程为吴淞零点（下同）3.80米，最低高程2.30米，平均高程2.90米。村域内遍布河、港、泾、浜、溇，形成众多碟形洼地。1964年，村域有大小溇潭170余个。20世纪70年代，村域红星联圩资料显示，联圩总面积3 480亩，耕地面积2 461亩，水域面积249亩，占联圩总面积的7.2%，70%以上的耕地田面高程为2.8~3.8米，其余耕地田面高程为2.3~2.8米。20世纪90年代至21世纪初，虽然有11条河流因回填消失，但由于广福村西北开挖玉湖，水域面积不减反增。2020年，广福村南有国家五级内河航道张家港河，中有339省道暨昆山城市中环（北）高架路，北有面积达488.58亩的玉湖（广福约占80%）。村域东西最长距离1.9千米，南北最宽距离1.7千米，总面

玉湖湿地公园（2020年5月，广福村村委会提供）

积 3 平方千米，水域面积占 12.4%。

二、河流

（一）边界河湖

张家港河　为广福村南与泾河村、大渔村的界河。该河形成于明朝之前，明朝称西斜塘，后名常熟塘。1968 年，改为现名张家港河。村域内进行河道整治，疏浚拓宽，将张家港河建成国家六级内河航道。航道北始于沙洲县张家港（长江边），南下昆山，东折入上海港。在河道整治工程中，村域庄基浜、陶店两座古石桥被拆除。20 世纪 80—90 年代，张家港河道两岸修建护坡。2000—2003 年，张家港河经历两期河道整治，升级为国家五级内河航道。2020 年，张家港河全长 106 千米，河面平均宽度 40 米，过水断面 55～100 平方米，村域河段东起小河岸河，西至陶店河，长 1.8 千米。

村域张家港河风光（一）（2020 年 5 月，广福村村委会提供）

村域张家港河风光（二）（2020 年 5 月，广福村村委会提供）

小河岸河 为广福村东与城北街道濂园社区的界河，旧称小濞浦。为南北流向，北为庙东河，南为小河岸站，全长 2.01 千米，平均河口宽 21.8 米，平均河底宽 16 米。村域河段北起广福村与杜桥村边界，南至小河岸站，长 1.6 千米。

陶店河 即大渔塘广福段，是广福村西与巴城镇红杨河村的界河，旧称川心泾河。2000 年，建玉山民营联圩时，陶店河被纳入大渔塘河。历史上该河是村域泄洪和航行要道，北承川家库河、大濞河（现大渔塘北段），南入张家港河，被视作大渔塘河的一部分。2010 年，因白鹭名邸小区建设，川家库河西段填埋消失，陶店河与大渔塘河隔断。2017 年，陶店河向西北绕玉湖小学地块开挖新河道再次与大渔塘河连通，陶店河新延伸的东西向新开河道成为广福村北向与五联村的界河。2020 年，陶店河南起张家港河，北至广福村与五联村边界，长约 1.39 千米。

白鹭湾陶店河风光（2020 年 10 月，张银龙摄）

玉湖 为广福村东北与杜桥村的人工界湖。20 世纪 70—80 年代，红星大队北部有天然湖泊，名长脚溇，又称北荒田河。长脚溇东西最长 300 米，南北最宽 30 米，面积约 13.5 亩。长脚溇西边是红星大队第 9 生产队丁家浜自然村农田，东南是红星大队第 14 生产队陆家宅基自然村农田，北边是红星大队第 10、11 生产队川家库自然村农田，东北为杜桥大队第 7 生产队范草溇自然村农田。1986 年，城北乡与广福村在川家库自然村联办广福砖瓦厂（1987 年 4 月投产时转为乡办），开始在长脚溇附近取土制坯，长脚溇面积由此不断扩大。1996年12月，广福砖瓦厂转制，2年后关闭。20世纪末，因339省道修筑、民营科技园基础建设，在此挖泥取土，水域面积继续扩大，面积达375亩左右。因湖面常有白鹭停栖于此，人们称其为白鹭湾湖。2010年始，该地规划建设玉湖生态公园，白鹭湾湖正式取名为玉湖，并再次开挖加深，湖面拓宽。2020年，玉湖总面积488.58亩，80%属于广福村。玉湖南路东西向贯穿湖面而过，将玉湖分为南北两片水域，面积之比约为1∶2。

村域玉湖湿地公园（一）
（2020年10月，张银龙摄）

村域玉湖湿地公园（二）
（2020年10月，张银龙摄）

（二）村域河流

风雷河　1975年，为泄洪排涝，确保农业丰收，城北人民公社组织民工，在红星大队中部开浚南北向中心河——风雷河，其中三分之一是原有老河道疏浚，三分之二是新开挖河道。风雷河北通川家库河，南出张家港河，全长1.55千米，河面宽13.5米，底宽3米。该河曾于1995年、2006年、2014年3次疏浚。2020年，风雷河南起红星南站，北至庙东河（原东川家库河），长1.51千米，宽13米，底宽7米，水域面积29.45亩，与1975年相比，河道长度、宽度略有变化。

蒋泾浜　又称西蒋泾河，位于广福村南部。该河属于广福村防洪蓄水调节河道，形成于1949年前。20世纪80年代，蒋泾浜东起小河岸河，西至原浦家宅基自然村，长0.8千米。1998年8月，风雷河以东至小河岸河段填埋消失。2001年，339省道建成，蒋泾浜西段部分河道消失。是年，蒋泾浜东起风雷河，西至339省道，全长0.29千米，河面宽15米。2017年，蒋泾浜从339省道向西开挖延伸至大渔塘广福段（陶店河），新延伸河道长0.75千米。2020年，蒋泾浜东起风雷河，西至大渔塘广福段（陶店河），全长1.015千米，平均宽12米，河底高程0米，河口高程3.5米，边坡1∶1.5，水域面积18.27亩。

西蒋泾河（2012年6月，楼小芳摄）

川家库河　历史上川家库河贯穿广福村西北原川家库自然村，为东西流向，东起小河岸，西至陶店河（现大渔塘广福段）。2010年，川家库河的川心泾河与陶店河（现大渔塘广福段）之间河段，因白鹭名邸小区建设填埋。水利部门将南北向川心泾河段（南起川家库河，北至大渔塘）纳入川家库河，将原川家库河东段纳入庙东河。2020年，川家库河南起庙东河（原东川家库河）老红星北站闸，向西转北至大渔塘，长400米，宽20米，水域面积12亩。

中环河　位于广福村东北部，河道呈“L”形，起点为庙东河（原东川家库河），终点到团结中心河，长735米，面宽13米，水域面积14.33亩，为广福村过境河流。

（三）消失河流

20世纪六七十年代，村域河流消失的主要原因是农田水利建设。1979年，黄泥溇回填消失，该河东起丁家浜河，西至长脚溇，长1千米，宽20米。1996—2000年，因窑厂制砖和道路修筑取土、民营科技园开发、村民动迁和商住小区建设等，村域共有11条河流先后相继消失。1996—2000年广福村村域主要消失河流情况如表1-4所示。2000—2020年，无河流消失。

表1-4 1996—2000年广福村村域主要消失河流情况一览表

河流名称	流向	起止	长度/米	宽度/米	消失年份	消失原因
长脚泼	南北	川家库农田—黄泥泼	300	30	1996	取土
夏浜河	南北	蒋泾河—张公泼	800	20	1997	回填
包家泼	南北	广福路—西蒋泾河	500	20	1999	回填
龙耳朵河	东西	张公泼—风雷河	200	20	1999	回填
小港稍河	东西	小河岸河—夏浜河	400	20	1999	回填
张公泼	东西	夏浜河—张公泼	800	50	1999	回填
度塘港	南北	夏浜河—下头头角河	1 000	30	2000	回填
三千泼	东西	夏浜河—三千泼	200	10	2000	回填
九千泼	东西	风雷河—九千泼	300	30	2000	回填
下头头角河	南北	西蒋泾河—陆家宅基	800	20	2000	回填
庄基浜河	南北	张家港河—广福路	150	25	2000	回填

三、气候

广福村气候属于亚热带季风海洋性气候，四季分明，气候温和，雨量充沛。夏季炎热多雨，冬季寒冷干燥，春秋两季气候宜人。

春季　日平均温度连续5天稳定在10 ℃以上时为入春，一般自3月上中旬到5月初为春季。其间亦时常有日平均温度低于5 ℃的“倒春寒”天气，同时也会出现短时最高温度接近30 ℃的极端天气。正常年景的春季雨日在10～20天，平均降雨量在260毫米上下，占全年总降雨量的15%左右，常规年降雨量一般不太大，正所谓“春雨绵绵贵如油”。

夏季　日平均气温连续5天在22 ℃以上为入夏，一般自6月上中旬至9月中旬为夏季，历时95天，其中7月中下旬至8月上旬为盛夏，年极端最高气温在35 ℃～38 ℃，2010年8月13日极端最高气温达39.2 ℃。夏季总降雨量在410毫米上下，占全年总降雨量的38.5%～40%。每年初夏通常伴有一段集中降雨期，俗称“梅雨”或“黄梅天”。梅雨季节前期一般多阴雨天气，后期多雷阵雨天气，出梅后有一段副热带高压控制的高温炎热天气。8—9月多台风天气，时有暴雨。平均伴有2.8次强台风。据气象资料记载，1994年是台风最多的年份，有7次台风过境。

秋季　日平均气温连续5天在22 ℃以下为入秋，一般自9月18日至11月18日为秋季，历时62天，是一年四季中最短的季节。秋季常年平均气温为17.8 ℃，也有个别年份气温偏高，9月上旬还会出现30 ℃以上的高温天气，俗称“秋老虎”。随着副热带高压主体逐渐南撤，秋季常常呈现“一场秋雨一场凉”的自然降温现象，降雨量一般在200毫米上下。

冬季　日平均气温持续5天在10 ℃以下为入冬。冬季是一年四季中最长的季节，一般自11月下旬至次年3月上旬，历时120~130天。初冬常受北方强冷空气影响，气温骤降，常年最冷时段在1月上中旬至2月上旬，极端最冷天气在1月中旬，日平均气温为2.6 ℃。据气象资料记载，1977年1月31日最低温度为-11.7 ℃。冬季受大陆冷高压控制，日照短，多刮西北风，寒冷少雨。冬季是全年降雨量最少的季节，降雨量通常在120~150毫米。进入21世纪以后，冬季整体上呈现出“暖冬”的特征。

四、自然灾害

水灾　1949年6月20日至8月初，村域雨涝成灾，水位高达吴淞零点3.65米，“低田禾稻没顶，高田行舟割穗”。1952年秋，下大雨、暴雨各3次，农田可行舟，三成农田无收，其余减产四至五成不等。1954年，暴雨连月，水位达吴淞零点4.03米，河水倒注，出现百年罕见大洪灾，村域农田尽淹。是年，村域动用人力水车9部、牛力水车5部，排涝60天。1957年6月，大雨如注，连降4日，雨量104.4毫米，52.58%稻田受涝，34.64%的稻田减产，部分田地颗粒无收。1960年6月，降雨4天，日降雨量达122.2毫米，63.14%的稻田受涝，39.68%的稻田减产，部分田地颗粒无收。1962年9月5日、6日两天降雨217.4毫米，红星大队稻田受涝面积达1 200多亩，约占稻田总面积的50%，35.46%的稻田减产，部分田地颗粒无收。1964年6月24日至27日，降雨67.4小时，总降雨量达203毫米。其中，27日14小时降雨126毫米，外河水位涨至3.3米，积水16.5厘米以上的稻田占36%。红星大队组织人员，奋力排涝，使稻田减产面积降至1.6%。1975年6月24日至7月4日连续10天降暴雨，雨量374.5毫米，最高洪峰达吴淞零点3.42米。红星联圩及时封闭闸门、预降水位，抗洪排涝。15%的水稻面积受淹，其间有部分草房倒塌。1999年，6月28日至7月1日，连降暴雨，降雨量达238.5毫米，外河水位升至3.95米，超3.5米警戒水位。洪水越过围堤，致使村域150亩农田受淹，造成经济损失8 000元左右。

旱灾 1959年5—9月，百余日连续晴热。红星大队群力抗旱，村域内未遭旱害。1967年7—10月，百余日未下雨，致农作物生长受阻，粮食减产。1979年9—11月，40余天未下雨。红星大队加强电力灌溉，缓解旱情，村域内未遭损失。

风灾 1962年9月5日、6日14号台风过境，为特大飓风，伴降暴雨，造成村域部分农房倒塌。1977年7月4日下午，村域突降冰雹，伴有11级大风，局部出现龙卷风，有房屋被刮倒，受灾严重。

雹灾 1963年5月8日下午2时30分，冰雹袭击村域。冰雹粒大如拳，部分地带冰雹积累厚度达10厘米，三麦、油菜、蚕豆等农作物受灾。据灾后统计，红星大队是城北人民公社受灾最严重的四个大队之一，三麦、油菜、蚕豆等夏熟作物普遍减产，部分农田颗粒无收。1971年7月24日，红星大队遭冰雹袭击。冰雹粒大如核桃，小似豆粒，早稻受灾减产。

雪灾 2008年1月26—29日，村域持续72小时降暴雪，地面积雪深达20厘米以上，川家库、庄基浜、鹿城大桥三地共12座厂房受不同程度损害，其中川家库1号厂房被压塌，造成直接经济损失10万元。面对灾情，广福村村干部组织村民自救，购买铁锹、自制扒雪工具，铲除屋顶积雪。广福村耗资4 000余元购买圆木100多根，对受损厂房进行加固，消除安全隐患；清扫道路积雪，确保村民出行安全。

虫灾 1961年，村域内发生螟害，水稻白穗率达7.84%，中稻白穗率高达20.67%。1949年、1955年、1975年、1985年稻飞虱盛发，侵袭面广，危害严重。

第三节 自然资源

一、土地资源

1950年，村域所在的广福乡（含广福村、原胜利村）进行耕地登记清查，总面积7 062.94亩，人均耕地4.35亩。

1962年，红星大队耕地总面积2 584亩，其中集体耕地2 421亩，社员自留地163亩，人均耕地3.74亩。1976年，红星大队耕地总面积2 448.5亩，其中集体耕地2 271亩（均为水田），自留田177.5亩（水田126.5亩，旱地51亩），人均耕地2.59亩。1980年，红星大队耕地总面积2 461.55亩，其中集体耕地2 265.5亩，自留地196.05亩，人均耕地2.72亩。

1983年，广福村耕地总面积2 435.4亩，其中集体耕地2 247.9亩，自留田187.5亩，人均耕地2.66亩。1990年，广福村耕地总面积1 968.93亩，人均耕地2.18亩。1998年土地确权时，广福村耕地总面积1431.9亩，其中确权发证承包田1 235.85亩，自留地196.05亩，人均耕地1.87亩。

2000年年初，广福村耕地总面积1 209.6亩，其中水田1 146.1亩、旱地63.5亩。当年规划修筑寰庆路征用耕地32.3亩，民营科技园开发征用耕地754.2亩，玉山镇开发取土及修筑339省道取土征用耕地198.1亩，合计984.6亩。是年末，广福村实有耕地减至225亩（口粮田58亩，自留田水稻田103.5亩，自留田旱地63.5亩），人均耕地0.32亩。2001年，广福村耕地总面积196亩，人均耕地0.28亩。2002年，广福村耕地全部被征用。之后，村域仅出现临时性复垦的零星耕地，不列入耕地指标。具体耕地面积情况如表1-5所示。

表 1-5　1962—2001 年广福村（大队）耕地面积选年统计表

单位：亩

年份	总面积	集体耕地面积	自留地面积
1962	2 584.00	2 421.00	163.00
1966	2 614.15	2 418.00	196.15
1971	2 417.50	2 272.70	144.80
1976	2 448.50	2 271.00	177.50
1980	2 461.55	2 265.50	196.05
1983	2 435.40	2 247.90	187.50
1990	1 968.93	1 772.88	196.05
1995	1 698.85	1 502.80	196.05
1998	1 431.90	1 235.85	196.05
2000	225.00	58.00	167.00
2001	196.00	—	—

二、动植物资源

（一）植物资源

粮食类　水稻（籼稻、粳稻、糯稻）、三麦（小麦、大麦、元麦）、玉米、红薯（山芋）、马铃薯、芋艿、绿豆、赤豆、乌豇豆等。

油料类　油菜、花生、大豆、芝麻、向日葵、蓖麻等。

蔬菜类　青菜、鸡毛菜（小白菜）、大白菜、卷心菜（包菜）、菠菜、韭菜、苋菜、蕹菜（空心菜）、香菜、荠菜、蓬蒿、大头菜、苜蓿（俗名金花菜）、紫云英（俗名花草）、雪里蕻、药芹、萝卜、胡萝卜、大蒜、小娘葱、胡葱、洋葱、香葱、莴笋、竹笋、藕、茄子、扁葫、西红柿、茭白、慈姑、冬瓜、黄瓜、丝瓜、生瓜、草瓜、毛豆、蚕豆、豌豆、豇豆（青豇、白豇、红豇、花豇、盘香豇）、刀豆（四季豆）、扁豆（白扁、青扁、红扁）、紫角叶、蘑菇、香菇、平菇等。

瓜果类　西瓜、香瓜、雪瓜、酥瓜、桃、梨、橘、葡萄、枇杷、菱、荸荠

（马蹄）、草莓等。

花卉类 鸡冠花、凤仙花、菊花、芍药、美人蕉、文竹、南天竹、一串红、牵牛花、天鹅绒、唐昌蒲、千日红、月季、茉莉、蔷薇、玫瑰、迎春、蜡梅、春梅、玉兰、广玉兰、白兰花、蟹爪兰、山茶、桂花、石榴、牡丹、海棠、夹竹桃、六月雪、紫薇、剑麻等。

林木类 河杨、枫杨、垂柳、杞柳、桑、榆、榉、楝、松、柏、水杉、刺槐、泡桐、梧桐、银杏、香樟、构树（俗称榖树）、棕榈、女贞、黄杨、法国冬青等。

竹类 慈孝竹、红头竹、蒲基竹、石竹（又名实竹）等。

草本类 陆生草本类有枸杞、马兰头、马齿苋、金钱草、蒲公英、益母草、菖蒲、野艾、车前子、半边莲、野菊、野蔷薇、箬叶、爬山虎；水生草本类有水花生、水浮芦、浮萍、水藻、水生灯芯草等。

（二）动物资源

畜类 猪、牛（水牛、黄牛）、羊（山羊、绵羊）、兔、狗、猫。

禽类 鸡、鸭、鹅、鸽子、鹌鹑。

鱼类 青鲩、草鱼鲩、鳙鱼、鲢鱼、鲫鱼、鲤鱼、鳊鱼、红鲆鱼、白丝鱼、川鲦、鳑鲏、塘鳢鱼、乌鱼、鲇鱼、鳗鱼、鳝鱼。

兽类 鼠（家鼠、田鼠）、野兔、獾、刺猬、黄鼠狼。

鸟类 麻雀、燕子、乌鸦、喜鹊、子规、八哥、雉（野鸡）、野鸭、野鸽、黄鹂、白头翁、鹰。

爬行类 蛇（水蛇、蝮蛇、赤链蛇、青梢蛇、秤星蛇、竹叶青）、壁虎、蜥蜴、龟、鳖。

两栖、软体、甲壳类 青蛙、金条叶蛙、蟾蜍、蜗牛、蜒蚰、河蚌、螺蛳、田螺、虾、蟹。

昆虫类 蚕、蝶、蜂（蜜蜂、胡蜂、赤眼蜂、细腰蜂）、叶蝉、知了、螳螂、蜻蜓、蟋蟀、蜈蚣、蚊、蝇、虻、蚂蚁、蜘蛛、蝈蝈、纺织娘、天牛、蚜虫、萤火虫、蠓虫、蝼蛄、蚱蜢、蝗虫、地鳖。

第二章 村级组织

1949年5月昆山解放时，“广福”只是当地人的一个美好愿望。1950年1月，昆山县划为94个小乡，其中广福乡辖7个村落，隶属城郊区。是年起，广福乡引导村域内农民组建互助组，成立初级社，走农业生产集体化道路。1956年1月，由红星、灯塔、光明3个初级社联合成立红星高级社。1958年10月，红星高级社与胜利高级社合并，组成胜利大队。1959年6月，胜利生产大队分拆成胜利、红星2个大队，村域隶属城北人民公社红星大队。1982年3月，红星大队更名广福大队。1983年6月，政社分设，广福大队更名广福村，隶属城北乡。2000年8月，昆山市行政区划调整，城北镇并入玉山镇，广福村隶属玉山镇。2010年，国家批准昆山市成立昆山高新技术产业开发区，广福村隶属昆山高新区（玉山镇）。截至2020年，广福村隶属关系及行政区划未变。

第一节　基层党组织

一、党支部

1953年，广福村域归属巴城区广福乡时没有党组织。1954年，中共广福乡支部委员会成立，为村域最早的党组织，陈水官任党支部书记。是年，党支部优先在贫下中农子女的青年骨干中挑选、培养、发展党员。1955—1956年，村域党支部先后发展徐炳兴、夏爱根、王桂英和张水香4位青壮年加入中国共产党。

1956年1月，村域红星高级社成立，陈来亭担任第一届党支部书记。1959年6月，胜利大队分拆成胜利、红星两个大队。浦杏桂任红星大队党支部书记。1970年12月，李永亮任红星大队党支部书记。1973年1月，邵义林任红星大队党支部书记。

村干部合影（2005年10月，广福村村委会提供）

1983年8月，王金华任广福村党支部书记。1987年11月，浦炳生任广福村党支部书记。1995年2月，陈建平任广福村党支部书记。2003年9月，夏明任广福村党支部书记。

2004年11月，广福村党支部进行换届选举，产生新一届党支部委员会，夏明当选党支部书记，陈金龙、赵建琴、邵林当选党支部委员。

2007 年 6 月 28 日，广福村党支部进行换届选举，产生新一届党支部委员会，夏明当选党支部书记，赵建琴、邵林、陈林生、赵金林当选党支部委员。2008 年 4 月，上级党委任命邵林为广福村党支部副书记，2009 年 1 月任命其为书记。

2010 年 6 月 26 日，广福村党支部进行换届选举，产生新一届党支部委员会，邵林当选党支部书记，赵建琴、楼小芳当选党支部委员。

2013 年 8 月 24 日，广福村党支部进行换届选举，产生新一届党支部委员会，邵林继续当选党支部书记，赵建琴、楼小芳、陈玉刚、王建林当选党支部委员。

2016 年 9 月 24 日，广福村党支部进行换届选举，产生新一届党支部委员会，邵林连任党支部书记，王建林当选党支部副书记，赵建琴为组织委员，楼小芳为宣传委员，陈玉刚为纪检委员。

1956—2020 年广福村（红星大队）历届党支部委员会任职情况如表 2-1 所示。

表 2-1　1956—2020 年广福村（红星大队）党支部委员会任职情况一览表

支部名称	姓名	职务	任期
红星高级社	陈来亭	书记	1956 年 1 月至 1959 年 6 月
红星大队	浦杏桂	书记	1959 年 6 月至 1970 年 12 月
红星大队	周文电	副书记	1960 年至 1961 年
红星大队	邵义林	副书记	1966 年至 1968 年
红星大队	徐炳兴	副书记	1969 年至 1970 年
红星大队	李永亮	书记	1970 年 12 月至 1973 年 1 月
红星大队	邵义林	副书记	1970 年 12 月至 1972 年 12 月
红星大队	邵义林	书记	1973 年 1 月至 1983 年 8 月
红星大队	朱卫祖	副书记	1975 年 2 月至 1978 年 6 月
红星人队	工金华	副书记	1978 年 7 月至 1983 年 7 月
广福村	王金华	书记	1983 年 8 月至 1987 年 11 月

续表

支部名称	姓名	职务	任期
广福村	浦炳生	书记	1987 年 11 月至 1995 年 2 月
广福村	陈金龙	副书记	1987 年 11 月至 1995 年 2 月
广福村	陈建平	副书记	1994 年 9 月至 1995 年 2 月
广福村	陈建平	书记	1995 年 2 月至 2002 年 8 月
广福村	夏　明	副书记	2002 年 8 月至 2003 年 9 月
广福村	夏　明	书记	2003 年 9 月至 2008 年 3 月
广福村	陈金龙	支部委员	2004 年 11 月至 2007 年 6 月
广福村	赵建琴	支部委员	2004 年 11 月至 2010 年 6 月
广福村	邵　林	支部委员	2004 年 11 月至 2008 年 4 月
广福村	陈林生	支部委员	2007 年 6 月至 2010 年 6 月
广福村	赵金林	支部委员	2007 年 6 月至 2010 年 6 月
广福村	邵　林	副书记	2008 年 4 月至 2009 年 1 月
广福村	邵　林	书记	2009 年 1 月至 2013 年 8 月
广福村	赵建琴	支部委员	2010 年 6 月至 2013 年 8 月
广福村	楼小芳	支部委员	2010 年 6 月至 2013 年 8 月
广福村	邵　林	书记	2013 年 8 月至 2016 年 10 月
广福村	赵建琴	组织委员	2013 年 8 月至 2016 年 10 月
广福村	楼小芳	宣传委员	2013 年 8 月至 2016 年 10 月
广福村	陈玉刚	纪检委员	2013 年 8 月至 2016 年 10 月
广福村	王建林	支部委员	2013 年 8 月至 2016 年 10 月
广福村	邵　林	书记	2016 年 10 月至今
广福村	王建林	副书记	2016 年 10 月至 2020 年 12 月
广福村	赵建琴	组织委员	2016 年 10 月至 2020 年 12 月
广福村	楼小芳	宣传委员	2016 年 10 月至今
广福村	陈玉刚	纪检委员	2016 年 10 月至今

说明：2016 年 9 月广福村党支部换届选举，10 月发文确认。

2020 年 12 月，广福村党支部共有党员 39 名。依据各居住小区的党员人数，从有利于工作、生产、学习等实际需要考虑，党支部将党员划分为 3 个党小组。

第1党小组有党员13名。楼小芳任组长，组员有赵建琴、陈林生、赵福生、赵炳根、赵福明、浦水生、楼凤康、王春荣、王桂英、王树正、何平、浦炳生。

第2党小组有党员11名。张伟瑾任组长，组员有邵林、陈晓红、朱友龙、夏雪强、夏奕、王国华、陈伟、刘积玲、方杰、钱凤娥。

第3党小组有党员15名。陈玉刚任组长，组员有王建林、陈金龙、邵文贤、陈建明、陈惠明、夏银生、郑红兵、赵金林、汤新光、王阿春、俞阿琪、王金华、陈雪球、徐玉龙。

二、党员发展

20世纪50年代，红星大队（高级社）党支部发展党员7名。20世纪60年代，红星大队党支部发展党员4名。20世纪70年代，红星大队党支部发展党员5名，至1978年年底共有党员15名。20世纪80年代，广福村党支部发展党员4名。20世纪90年代，广福村党支部发展党员4名，至1997年共有党员17名。

2000—2012年，广福村党支部发展党员4名。至2012年12月，广福村党支部共有党员30名。2019年，广福村党支部多次召开会议，讨论培养入党积极分子事宜。

广福村党支部召开会议
（2019年3月，广福村村委会提供）

2020年12月，广福村党支部共有党员39名（表2-2），其中在职18人、退休21人。从性别上看：女性党员9名，占党员总数的23%；男性党员30名，占党员总数的77%。从年龄上看：30~40周岁党员4名，41~50周岁党员6名，51~60周岁党员11名，60周岁以上党员18名。从学历上看：研究生学历党员1名，大学本科学历党员2名，大学专科学历党员8名，中专、高中学历党员7名，初中及以下学历党员21名。

表 2-2　2020 年广福村党员情况一览表

序号	姓名	性别	出生年月	入党时间	组别
1	王桂英	女	1932 年 11 月	1955 年 12 月	9
2	王春荣	男	1933 年 12 月	1966 年 2 月	7
3	王树正	男	1942 年 4 月	1972 年 2 月	1
4	赵福明	男	1951 年 10 月	1974 年 8 月	9
5	王阿春	男	1951 年 2 月	1974 年 6 月	13
6	楼凤康	男	1952 年 3 月	1977 年 10 月	11
7	赵炳根	男	1951 年 11 月	1977 年 10 月	7
8	王金华	男	1954 年 10 月	1977 年 10 月	9
9	陈金龙	男	1952 年 9 月	1979 年 10 月	8
10	陈雪球	男	1951 年 10 月	1980 年 10 月	2
11	浦炳生	男	1952 年 12 月	1985 年 7 月	7
12	邵文贤	男	1954 年 8 月	1985 年 7 月	10
13	郑红兵	男	1965 年 8 月	1986 年 8 月	6
14	钱凤娥	女	1963 年 5 月	1986 年 10 月	7
15	何　平	女	1945 年 8 月	1987 年 6 月	3
16	陈建明	男	1964 年 10 月	1986 年 8 月	14
17	汤新光	男	1968 年 8 月	1989 年 1 月	11
18	浦水生	男	1949 年 12 月	1989 年 11 月	7
19	赵福生	男	1949 年 11 月	1989 年 11 月	9
20	陈惠明	男	1953 年 3 月	1989 年 11 月	14
21	夏银生	男	1962 年 2 月	1986 年 10 月	3
22	朱友龙	男	1966 年 2 月	1990 年 5 月	2
23	陈林生	男	1957 年 9 月	1995 年 5 月	14
24	赵金林	男	1965 年 8 月	1996 年 4 月	9
25	赵建琴	女	1969 年 4 月	1996 年 11 月	6
26	俞阿琪	男	1952 年 1 月	1991 年 1 月	3

续表

序号	姓名	性别	出生年月	入党时间	组别
27	邵　林	男	1974 年 2 月	1998 年 5 月	10
28	王国华	男	1977 年 8 月	1998 年 6 月	1
29	夏　奕	女	1970 年 11 月	1999 年 5 月	9
30	楼小芳	女	1979 年 9 月	2006 年 7 月	11
31	陈晓红	女	1987 年 3 月	2008 年 6 月	14
32	王建林	男	1963 年 2 月	2009 年 6 月	13
33	陈　伟	男	1988 年 11 月	2009 年 10 月	8
34	陈玉刚	男	1975 年 7 月	2010 年 7 月	8
35	方　杰	男	1989 年 6 月	2010 年 8 月	12
36	刘积玲	女	1975 年 12 月	2011 年 6 月	2
37	徐玉龙	男	1963 年 8 月	2011 年 6 月	10
38	张伟瑾	女	1985 年 9 月	2011 年 6 月	跨村
39	夏雪强	男	1968 年 12 月	2012 年 6 月	4

三、党务工作

20 世纪 50 年代中后期，红星大队（高级社）党支部响应党中央号召，发动贫下中农，走集体化道路。党员带头、团结村民，办农业生产合作社，结合农田水利建设开展查灭钉螺及血吸虫病防治工作。1954 年 3 月，《广福乡二联村血吸虫病防治工作调查报告》被列为昆山县血防站典型案例报告。

20 世纪 60 年代，红星大队党支部教育党员拥护“鼓足干劲，力争上游，多快好省地建设社会主义”总路线，贯彻人民公社实行的“一大二公”方针；党员们发扬“一不怕苦，二不怕死”的精神，种田为革命，吃苦在前，发挥榜样作用。1964 年 1 月，中共城北人民公社委员会将《红星大队以学习中央文件为动力，全面开展冬季积肥运动》文件中的经验向全公社推广，并上报昆山县委。

20 世纪 70 年代，在“文化大革命”期间，基层党组织受到冲击。红星大队革委会响应号召，做好“抓革命、促生产”的政治教育，要求党员队长在“农业学大寨”运动中发挥作用。1975 年 11 月，城北人民公社将《红星大队第一生产队发动群众，结合秋种大搞方正农田建设》的发言材料转发各基层单位。

20世纪80年代，中国进入社会主义建设新时期，农村体制改革，农业全面实行联产承包责任制。广福村党支部坚决贯彻落实党和国家出台的一系列政策、措施，教育与要求党员在联产承包责任制中发挥示范、带头作用。16名党员各自与劳力薄弱农户结对帮扶，稳定农业生产责任制。

20世纪90年代，国家进入深化改革、全面发展阶段。广福村党支部一方面教育引导党员带头办实体，走致富之路，另一方面加强勤政廉政建设，提高党员自身素质。广福村党支部完善“三会一课”（党支部党员大会、党支部委员会会议、党小组会、党课）制度；按照上级部署，开展“党员形象大讨论”“致富思源、富而思进”“宗旨、政策、法制三项教育”等专题活动。1995年，广福村被昆山市委、市政府授予“1994年度‘六有十无’双文明村”称号。

进入21世纪，广福村党支部贯彻执行党中央的方针、政策，加强反腐倡廉、作风建设、从严治党，在党员中开展“三个代表”重要思想、“党员先进性教育”、“学习实践科学发展观”及“两学一做（学党章党规、学系列讲话、做合格党员）”等主题活动，要求党员“争树好形象，争做新贡献”，在创新、创业、创先中担当作为。2006年，广福村党支部获“先进基层党组织”称号。2008年，获评“昆山市党员干部现代远程教育示范站点”及“2007年度农村工作先进集体”。2010年起，村党支部每年利用建党节，开展多种主题教育，组织党员募捐，慰问老党员及困难家庭，给群众送关怀；开展党课远程电化教育与革命历史红色教育；年底党内进行民主测评，党支部书记及村“两委”班子人员述职述廉（双述双评），汇报“德、能、勤、绩、廉、法”履行情况，听取党员与村民代表评议。2013年2月，广福村党支部被中共昆山高新技术产业开发区工作委员会评为“高新区2021年度学习型党组织”。2015年，广福村党支部获“苏州市先锋基层党组织”称号。2016年，广福村党支部书记邵林主持召开村“两委”班子会议10次，先后对“民主评议党员”“年度经济预决算”“春节困难家庭慰问”“贯彻昆山市农村工作会议精神”“学习习近平总书记重要讲话”“物业管理环境整治”等专题工作进行研究布置。广福村党支部还与昆山高新区社会事业局党支部结对共建。2017年起，广福村党支部持续开展“不忘初心、牢记使命”主题教育。2019年，广福村党支部多次组织党员学习，提高其政治站位。是年12月，江苏省精神文明建设指导委员会授予广福村“江苏省文明村”称号。

广福村党支部开展专题党课
（2019年11月，广福村村委会提供）

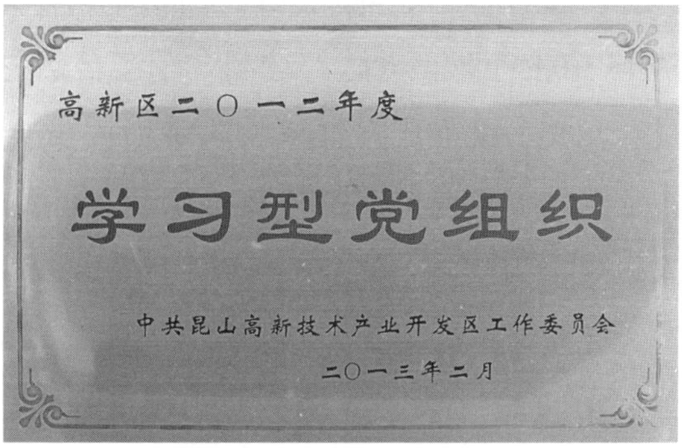

广福村党支部获评“高新区二〇一二年度学习型党组织”（2013年，广福村村委会提供）

第二节　行政组织

一、村民（大队）委员会

1952年，广福乡（村域早期的行政机构）的289户农户组建了53个农业生产互助组，约占总户数的80%。1953年，广福乡在上级政府的指导下，动员农民由互助组转建初级社，是年，村域建红星、灯塔、光明3个初级社。1956年冬，3个初级社组联合建成红星高级社，设管理委员会主任、监察主任、会计、妇女主任、民兵营长（兼治保主任）各1名，党支部书记陈来亭兼任主任。1958年10月，马鞍山人民公社成立，红星高级社与胜利高级社合并，建立胜利大队。1959年6月，昆山县下属区划调整，胜利大队分建为红星大队、胜利大队，村域属红星大队，隶属城北人民公社。红星大队建立大队管理委员会，设大队长、大队会计、民兵营长（兼治保主任）、妇女主任各 1 名。夏爱根任大队长，韩金梅任会计，大队部设在夏浜自然村。

1962 年 3 月，城北人民公社调整规模。红星大队仍归属城北人民公社，下辖 14 个生产队，大队部迁至九千溇自然村。1969 年 2 月，城北人民公社革命委员会发文，批准成立红星大队革命委员会：由浦杏桂任主任委员，王巧林任副主任委员，夏爱根、王桂英、徐炳兴、贾品林任委员，暂缺 3 名委员（委员会人数规定为 9 人）。是年，大队办公地迁移至风雷河附近的西蒋泾自然村，还建造大礼堂及卫生室。

20 世纪 70 年代，李永亮、邵义林先后担任红星大队革命委员会主任（兼任党支部书记），贾品林、陈金龙先后担任大队会计。至 1979 年，红星大队共有 14 个生产队、232 家农户。

1982 年 3 月，红星大队改名为广福大队，王金华任大队长。1983 年 6 月，广福大队更名为广福村。是年 8 月，广福村召开全体村民大会，选举产生第一届村委会，王金华当选村委会主任。1985 年 5 月，广福村村委会进行换届选举，陈雪球当选主任。1987 年 7 月，广福村进行第三届村委会换届选举，陈雪球当选主任，直至 1990 年 6 月因工作调动离任。陈雪球在防止民间纠纷激化、调解基层群众矛盾纠纷中工作表现突出，于 1990 年 3 月被江苏省司法厅授予“先进个人”荣誉，并颁授三等奖证书。

广福村村委会（1998 年，广福村村委会提供）

20 世纪 90 年代，中央号召深化农村改革，推进村级经济全面发展，实行村干部任期目标考核。广福村村委会结合实际开展工作，引导村民发展多种经营，抓住镇办砖瓦厂驻村机遇，推进建设村级社会事业。1998 年，广福村获评“昆山市卫生村”。1999 年，广福村获评“江苏省卫生村”。其间，钱凤娥、陈金龙、陈建平、夏明 4 人先后任广福村村委会第四、五、六届村主任。

2000 年 8 月，城北镇并入玉山镇，广福村隶属玉山镇，进入了城乡一体化建设新阶段。自 2002 年 8 月至 2013 年 12 月，邵林连续四届担任广福村村委会主任。广福村村委会把握时机，有效整合人、财、物，加快村公共基础设施建设步伐，新建村部办公场所，完善村民活动中心，规划建设村民住宅小区，使村庄面貌彻底改变。2004 年，广福村获评“昆山市农村精神文明建设先进村”。2007 年，广福村获评“2006 年度富民强村先进单位”。2013 年，广福村获评“江苏省和谐社区建设示范村”。

广福村召开第九届村委会选举大会（2008 年，广福村村委会提供）

2013 年 12 月，广福村进行第十一届村委会换届选举，王建林当选主任；2016 年 12 月，广福村进行第十二届村委会换届选举，王建林当选为主任。2019 年 3 月，王建林由于年龄原因，辞去广福村第十二届村委会主任职务。2019 年 7 月 13 日，在广福村第十二届村委会主任补选大会上，邵林当选村委会主任，并任村党支部书记。1962—2020 年，广福村村主任（大队长）、副主任任职情况如表 2-3 所示。1966 年、1982 年、2020 年村民小组长（生产队长）任职情况如表 2-4、2-5、2-6 所示。

表 2-3　1962—2020 年广福村村主任（大队长）、副主任任职情况一览表

姓名	性别	职务	任期
夏爱根	男	红星大队大队长	1959 年 6 月至 1967 年 12 月
夏爱根	男	红星大队革委会副主任	1968 年 1 月至 1969 年 12 月
王巧林	男	红星大队革委会副主任	1969 年 2 月至 1972 年 1 月
徐炳兴	男	红星大队革委会副主任	1970 年 1 月至 1972 年 1 月
王金华	男	红星、广福大队大队长	1981 年 2 月至 1983 年 7 月
王金华	男	广福村村委会主任	1983 年 8 月至 1985 年 5 月
陈雪球	男	广福村村委会主任	1985 年 5 月至 1990 年 6 月
钱凤娥	女	广福村村委会主任	1991 年 8 月至 1994 年 3 月
陈金龙	男	广福村村委会主任	1995 年 12 月至 1996 年 3 月
陈建平	男	广福村村委会主任	1996 年 3 月至 1997 年 12 月
夏　明	男	广福村村委会主任	1998 年 1 月至 2000 年 6 月
陈建平	男	广福村村委会主任	2001 年 12 月至 2002 年 8 月
邵　林	男	广福村村委会主任	2002 年 8 月至 2013 年 12 月
王建林	男	广福村村委会副主任	2010 年 12 月至 2013 年 12 月
王建林	男	广福村村委会主任	2013 年 12 月至 2019 年 3 月
陈玉刚	男	广福村村委会副主任	2013 年 12 月至 2020 年 12 月
邵　林	男	广福村村委会主任	2019 年 7 月至今

表 2-4　1966 年红星大队各生产队队长情况一览表

队别	队长	队别	队长	队别	队长
1	沈凤飞	5	贾海宝	9	陈宝林
2	陈进龙	6	张坤泉	10	徐炳兴
3	周爱生	7	王春荣	11	张仲良
4	夏祖元	8	陈品祥		

表 2-5 1982 年广福大队各生产队队长情况一览表

队别	队长	队别	队长	队别	队长
1	王振明	6	张炳琪	11	张永林
2	陈雪球	7	浦炳生	12	方道根
3	夏银生	8	陈永良	13	王大弟
4	夏水泉	9	赵福生	14	陈惠明
5	贾林根	10	邵水生		

表 2-6 2020 年广福村各村民小组组长情况一览表

组别	组长	组别	组长	组别	组长
1、12	王振明	5	贾素英	8、14	陈永良
2、13	王维章	6	张炳琪	9	赵福明
3、4	顾兆云	7	浦水生	10、11	陈梅子

广福村党群服务中心（2020 年 10 月，张银龙摄）

二、经济合作社

1983 年，昆山农村实行体制改革，政社分设，撤生产大队，建行政村。是年 3 月，村域内农业生产实行家庭联产承包责任制。是年 6 月，广福村成立经济合作社，陈雪球任社长，赵炳根任副社长。经济合作社在村党支部的统一领导下，统筹协调村级农业、工业、副业发展，主管村民农业生产、多种经营等，在业务上受乡（镇）农业公司（农技推广站）的指导。是年，根据上级部署，广福村成立联队，设联队队长及会计职务，协调管理14个村民小组的“两金一费”（公积金、公益金、管理费）的收缴及经济核算。同时，与城北乡供销社合作，成立广福村肥药站，满足农户购买农药、化肥不出村的需求。是年，成立广福村农村信用服务站。农户粜粮收入、存款转账无须去城镇信用社办理，可直接在该服务站收付现金，极为方便。1991年，广福村被昆山市委、市政府授予“人均出售粮油先进村”荣誉。

1993年，中共城北镇委员会、城北镇人民政府联合发布《关于积极推进农业规模经营的实施意见》。广福村经济合作社积极响应，发动12家农户，在自愿、适度、扶持的原则下，建农业规模生产大农户。1996年，广福村依照城北镇人民政府《关于进一步完善发展规模经营的意见》，推行两田分离，开鱼塘、发展水产养殖业，增加集体经济收入。村经济合作社动员村民调整种植结构，组织有能力的11家农户扩大规模经营，在农机耕作、植保、资金使用、产后服务等方面优先为其提供保障，取得了良好的规模效益。1999年，广福村获评“城北镇村级经济先进集体”。

2001年起，由于大量的开发征地，村域农田面积锐减，农业生产退出，村经济合作社管理职能转变，服务功能改变。是年，经济总收入89.66万元，总支出72.05万元。2004年7月，昆山市广福物业配套有限公司成立，注册资本50万元。2006年，广福村获评“苏州市农村集体财务规范化管理示范单位”。2008年10月，昆山市玉山镇广福村富民合作社成立，入社132户，股金总额296万元。2009年9月，昆山市玉山镇广福农村社区股份合作社成立，2010年9月改为昆山市玉山镇广福农村社区股份专业合作社，入社263户，量化集体净资产320.62万元。2016年，广福农村社区股份专业合作社集体资产实行股权固化。2018年，广福村村集体经济及社区股份合作社总收入781.64万元。2020年6月，为贯彻落实昆山市农村集体经济组织登记赋码工作，广福村新成立昆山市玉山镇广福村股份经济合作社，注销原昆山市玉山镇广福农村社区股份专业合作社。是年，广福村村集体经济和股份经济合作社总收入783.54万元。1962—2020年广福村（大队）会计、合作社社长任职情况如表2-7所示。

表 2-7 1962—2020 年广福村（大队）会计、合作社社长任职情况一览表

姓名	性别	职务	任期
韩金梅	男	红星大队会计	1959 年 6 月至 1966 年 1 月
贾品林	男	红星大队会计	1966 年 2 月至 1975 年 12 月
陈金龙	男	红星大队、广福村会计	1976 年 1 月至 1985 年 5 月
张培其	男	广福村会计	1985 年 6 月至 1986 年 6 月
陈金龙	男	广福村会计	1986 年 7 月至 1989 年 9 月
邵文贤	男	广福村会计	1989 年 10 月至 2006 年 8 月
赵建琴	女	广福村会计	2006 年 9 月至 2019 年 5 月
楼小芳	女	广福村会计	2019 年 6 月至今
陈雪球	男	广福村合作社社长	1983 年 3 月至 1985 年 5 月
浦炳生	男	广福村合作社社长	1985 年 5 月至 1987 年 7 月
陈金龙	男	广福村合作社社长	1987 年 8 月至 1994 年 2 月
陈林生	男	广福村合作社社长	1994 年 3 月至 1996 年 3 月
陈金龙	男	广福村合作社社长	1996 年 4 月至 2012 年 9 月
邵　林	男	广福村合作社社长	2012 年 10 月至 2017 年 4 月
陈玉刚	男	广福村合作社社长	2017 年 5 月至今

三、村民自治组织

1983 年 8 月，广福村村民依法选举产生第一届村委会。1988 年 12 月，全国人大常委会颁布《中华人民共和国村民委员会组织法（草案）》。广福村认真学习贯彻，并对照相关法律法规，对民主选举及村民自治制度进行修订、完善，在办理本村公共事务与公益事业行政活动过程中，实行民主决策、民主管理、民主监督，调解村民之间的各类纠纷，维护村域的社会治安稳定，保障村民安居乐业。20 世纪 80 年代，村委会有工作制

广福村召开村民代表会议
（2019 年 8 月，广福村村委会提供）

度、管理章程，村经济收支及财务有公示。20 世纪 90 年代，广福村建立议事规程与村民监督机制，推行以“村务公开、民主议事”为主的“三公开、四民主”。2000 年以后，广福村实行“阳光村务”，监督“三重一大”（重大决策、重大活动、重大项目及大额开支），建立由村民代表参与的监督领导小组。2000 年 12 月，广福村获评“昆山市村民自治模范村”。2004 年，广福村获评玉山镇“2003 年度社会治安安全村”。

广福村召开第三次村民代表会议（2019 年 7 月，广福村村委会提供）

广福村召开广福锦园小区防盗窗改装听证会（2019 年 11 月，广福村村委会提供）

2006 年 2 月，广福村成立创建“民主法治示范村”领导小组，用 8～10 个月时间全面推进村民主法治建设。2007 年 3 月，广福村获得昆山市依法治市领导小组颁发的“昆山市民主法治示范村”荣誉。2008 年起，广福村实施村民代表听证会制度，凡村里的重大决策、重大活动、重大项目及大额开支，都要召开公开听证会，由村民代表（分固定、临时两个小组）参加讨论、表决，再报上级单位批准实施。是年 2 月，广福村投资 50 万元建造非标准厂房，举行村民公开听证会。2009 年，广福村就标准厂房出租及实施村民医疗救助等五项决策分别召开听证会。是年，广福村开展创建苏州市“民主法治示范村”行动，加大法治宣传教育力度，巩固提高“平安家庭”建设工程水平。2010 年 5 月，广福村 2009 年村级资金收支决算和 2010 年收支预算经村民代表听证表决通过。2011 年 1 月，广福村获得苏州市“民主法治村”称号。2012 年 3 月，广福村获评昆山高新区“2011 年度司法行政工作先进集体”。2013 年 5 月，广福村获得“江苏省民主法治示范村”称号。

2015 年，广福村召开村民代表听证会 5 次。2020 年，广福村召开村民代表听证会 7 次。是年，广福村村委会为加强农村基层民主法治建设，规范村民自治组织工作，增强村民的自治意识、民主意识和参与意识，保证各项村务工作正常进行，依据《中华人民共和国村民委员会组织法》等有关法律法规，结合村风民俗，重新修订《广福村村民自治章程》（2020 年版）（见附录），并经村民代表会议讨论通过。村民自治章程对村民的权利和义务、村委会管理、村民协商议事、集体经济组织运行、村民会议和村民代表会议的召开、村务公开和民主监督的内容与形式，以及土地管理和集体资产的经营管理、村域精神文明建设、村民福利待遇等事项做了详细规定。

广福村召开村民代表听证会

（2020 年 4 月，广福村村委会提供）

广福村村干部及工作人员合影

（2020 年 10 月，张银龙摄）

第三节　群团组织

一、共产主义青年团

1951 年，村域广福乡始建中国新民主主义青年团支部委员会，受同级党组织领导。青年团在土地改革、农业合作化、抗美援朝中，配合乡党支部宣传党的各项方针政策；在走集体化道路、发展农业生产中起积极带头作用，特别是在农民扫盲教育、移风易俗中发挥了党的助手作用。1957 年 5 月，中国新民主主义青年团改名为中国共产主义青年团，简称“共青团”。是年秋，共青团城北乡委员会建立。1959 年 6 月，红星大队成立团支部，王桂英任团支部书记。

20 世纪 60 年代，红星大队团支部做好党支部的助手，带领团员“学毛选、学雷锋”，掀起“向雷锋同志学习，做好人好事不留名”的热潮，发动青年骨干，组建农业生产突击队，为科学种田做贡献。“文化大革命”初期，郑水生任红星大队团支部书记，但团组织活动基本中止。20 世纪 70 年代初，红星大队团组织活动恢复，吸收和发展青年骨干入团进入常态化。1979 年，红星大队有共青团员 42 名。其间，张国元、赵福生、赵炳根 3 人先后任红星大队团支部书记。

20 世纪 80 年代，随着农业生产承包责任制的推进与完善，农村劳动力逐渐向乡村企业转移，农村基层共青团工作也由务农转向务工。广福村团支部的工作重心转变成为村办企业的青年职工服务，开展“五讲四美三热爱”（讲文明、讲礼貌、讲卫生、讲秩序、讲道德；心灵美、语言美、行为美、环境美；热爱祖国、热爱社会主义、热爱中国共产党）教育，发现和培养技术能手，鼓励其争当“新长征突击手”“致富能手”。其间，王雪芬、钱凤娥 2 人先后担任广福村团支部书记。

20 世纪 90 年代，广福村团支部结合新农村建设，与村民兵营、妇联一起，组建“为民服务队”，开展村庄清洁、环境整治行动。其间，赵建琴、夏奕 2 人先后担任广福村团支部书记。

广福村团支部与力量小学开展结对活动
（2020 年 11 月，广福村村委会提供）

2000 年以后，广福村进入城乡一体化管理。广福村团支部借助便民服务中心、新时代文明实践站开展工作，吸收青年骨干建立志愿者队伍，为辖区老年人、未成年人、残疾人提供帮助。2009 年 9 月，共青团广福村支部进行换届选举，楼小芳当选团支部书记，张伟瑾、陈少杰当选团支部委员。2014 年 3 月，张洁担任广福村团支部书记。2019 年 3 月，张伟瑾担任广福村团支部书记。1959—2020 年广福村（大队）团支部书记任职情况如表 2-8 所示。

表 2-8　1959—2020 年广福村（大队）团支部书记任职情况一览表

姓名	支部名称	任期	姓名	支部名称	任期
王桂英	红星大队	1959 年至 1965 年	钱凤娥	广福村	1984 年 9 月至 1992 年 9 月
郑水生	红星大队	1965 年至 1967 年	赵建琴	广福村	1992 年 9 月至 1997 年 3 月
张国元	红星大队	1968 年至 1973 年	夏　奕	广福村	1997 年 3 月至 2004 年 12 月
赵福生	红星大队	1973 年至 1975 年	楼小芳	广福村	2005 年 6 月至 2014 年 3 月
赵炳根	红星大队	1976 年至 1979 年	张　洁	广福村	2014 年 3 月至 2019 年 3 月
王雪芬	广福大队	1980 年 1 月至 1984 年 9 月	张伟瑾	广福村	2019 年 3 月至今

二、妇女联合会

1950 年，广福小乡建立妇女代表联合会（简称“妇代会”）。1954—1956 年，在红星、灯塔、光明初级社，以及红星高级社中，设妇女委员。1959 年，红星大队建立妇代会组织，王桂英任妇代会主任，在集体生产中组织女青年突击队。

1964 年 10 月，妇代会改称农村基层妇女代表大会，王桂英继续任红星大队妇代会主任，配有 5 名妇代会委员；各生产队设妇代小组，设妇女队长一职。大队妇代会的任务是配合党支部培养、提高妇女的政治觉悟，引导妇女积极参加集体生产劳动和农业科学田间实验，教育妇女勤俭持家、培养好下一代，关怀、关心老人、儿童的身体健康等。在农业生产、水利建设、血吸虫病防治（简称血防）工作中，妇女骨干真正发挥了“半边天”的作用。

20世纪70年代，王桂英任红星大队副业主任，贾雪妹任妇女主任。1975年，根据《妇联基层组织工作条例》，红星大队仍保留妇代会组织。1977年，村域内重新开展妇女工作和活动。1978年，昆山县农村健全妇女委员会成立，设妇女主任、副主任、委员若干名，贾雪妹任红星大队妇女主任。1981年，中共中央书记处把培养下一代的责任和工作任务交给全国各级妇联，物质文明建设、精神文明建设以及维护妇女儿童合法权益成为妇联的三大工作任务。是年9月，王雪芬任广福大队妇女主任。1984年10月，钱凤娥任广福村妇女主任。1994年3月，赵建琴任广福村妇女主任。

广福村妇联被授予“十佳巾帼志愿者团队”称号（2012年，广福村村委会提供）

2000年，广福村妇代会更名为广福村妇联，广福村妇联在广福村党支部的领导下，重点抓好关心妇女、儿童，计划生育，以及文明家庭、新风户评选等工作，开设“家长学校”，创建“美丽庭院”，受到群众认可。2006年9月，楼小芳任广福村妇女主任。2012年3月，广福村妇联被昆山高新区妇女联合会授予“十佳巾帼志愿者团队”称号。是年10月，广福村召开第十一次妇女代表大会，楼小芳当选新一届妇联主任。2017年，根据上级要求，广福村妇联改称广福村妇女联合会，设专职主席1名、兼职副主席3名、执行委员9名。是年，楼小芳任广福村妇女联合会主席，至2020年12月由陈晓红接任。1959—2020年广福村（红星大队）妇女主任任职情况如表2-9所示。

表2-9　1959—2020年广福村（红星大队）妇女主任任职情况一览表

姓名	职务	任期	姓名	职务	任期
王桂英	红星大队妇代会主任	1959年6月至1972年1月	钱凤娥	广福村妇女主任	1984年10月至1994年3月

续表

姓名	职务	任期	姓名	职务	任期
贾雪妹	红星大队妇女主任	1972 年 1 月至 1981 年 9 月	赵建琴	广福村妇女主任	1994 年 3 月至 2006 年 9 月
王雪芬	广福村妇女主任	1981 年 9 月至 1984 年 9 月	楼小芳	广福村妇联主任、妇女联合会主席	2006 年 9 月至 2020 年 12 月

第四节　其他组织

一、民兵组织

村域民兵组织始建于 1950 年，隶属广福乡民兵中队。1959 年 6 月，红星大队建民兵营，生产队建民兵连，17～45 周岁的男性均列入民兵队伍。1964 年，城北人民公社建立武装基干民兵营，红星大队建立武装基干民兵连，各生产队建立基干民兵排，设排长 1 名。“文化大革命”期间，红星大队武装基干民兵连撤改为红星大队民兵营，分为武装基干民兵和普通民兵两种。20 世纪 70 年代中期，红星大队民兵营根据上级武装部规定，分设基干民兵与普通民兵两个编连，加一个武装民兵排，17～35 周岁的男性均列入民兵队伍，生产队成立民兵排（均为男性）。1981 年 9 月，为贯彻落实中央军委总参谋部和总政治部下达的文件精神，城北人民公社人武部将武装、基干、普通三种民兵，重新调整为基干民兵和普通民兵两种，其中普通民兵的年龄为 18～35 周岁，基干民兵的年龄只限于 18～28 周岁。2010 年起，农村建制村设民兵连，18～25 周岁的男性青年和 30 周岁以下的退伍军人编为基干民兵，26～35 周岁男性编为普通民兵。

村域民兵营（连）组织在上级军事部门和村党支部的双重领导下开展工作，贯彻“三落实”（政治落实、组织落实、军事落实）指示，完成上级下达的各项执行任务；抓好民兵军事训练，做好民兵思想、政治工作，搞好国防教育；参加“两个文明”建设，维护社会治安，发挥民兵在生产建设中的突击作用；自觉配合党支部，积极动员村内适龄青年参军，按质按量完成兵员输送任务，报效国家。20 世纪 50 年代，村域民兵参与保卫人民政府、保卫地方治安胜利果实，时刻警惕敌对分子和阶级敌人的破坏活动。20 世纪 60 年代，红星大队民兵营分批选派基干民兵参加上级人武部组织的战术训练，提升实战本领；组织民兵挖防空洞、筑反修滩，备战备荒。20 世纪 70 年代，红星大队民兵营响应中央号召，确立“召之即来，来之能战，战之能胜”的战备观念，教育民兵发扬既是生产队又是战斗队的作风，提高警惕，随时准备参军参战，保卫祖国。20 世纪 80 年代，武装民兵调整后，按照平时民兵训练与战时兵员动员相结合的方针，广福村民兵营每年做好预备役登记及专业技术人员登记工作，组织基干民兵学政治、学军事、学文化、学经营管理，做“四有”民兵。20 世纪 90 年代，广福村基干民兵（预备役编制）组成应急分队，每年由市人武部分批安排去基地集中训练；在抗洪救灾时，民兵营组织突击队，冲锋在前、加筑圩堤。2002 年起，广福村基干民兵数量保持在 10 名左右，其中退伍军人约占 90%，每年训练任务完成率、考核合格率达 100%。2005—2012 年，广福村民兵营（连）多次被玉山镇人民武装部评为“双带双扶”优胜组织单位、民兵预备役先进单位，2011 年获“昆山市先进基层民兵营（连）”称号。2020 年，广福村有基干民兵（预备役）3 名，普通民兵 62 名。在抗击新冠病毒疫情中，民兵们发挥了主力军作用，在做好本职工作的同时，自觉加入志愿者队伍，成为社区防控的骨干力量。

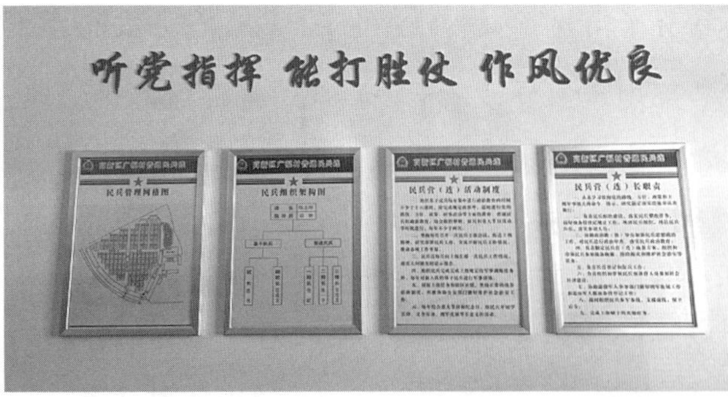

民兵之家（2020 年 10 月，张银龙摄）

自 20 世纪 60 年代起，村域民兵营（连）长均兼任治保主任，负责地方联防及日常社会治安维护工作；民兵营（连）教导员由村（大队）党支部书记担任。2019 年起，广福村设置退伍军人事务服务站，其主要职能：做好村退伍军人的组织关系、行政关系、供给关系的转接和档案移交工作；做好村退伍军人和其他优抚对象的来访接待工作，及时报告有关政策落实情况；完成上级退伍军人事务主管部门交办的其他各项工作。1958—2020 年广福村（红星大队）民兵营（连）长任职情况如表 2-10 所示。

表 2-10　1958—2020 年广福村（红星大队）民兵营（连）长任职情况一览表

姓名	任期	姓名	任期
张学文	1958 年至 1962 年	夏全生	1984 年至 1989 年
陈宝林	1962 年至 1963 年	王建明	1989 年至 1996 年
陈阿初	1963 年至 1971 年	邵文贤	1996 年至 1999 年
王树正	1971 年至 1973 年	夏　明	1999 年至 2000 年
张国元	1973 年至 1976 年	邵　林	2000 年至 2010 年
赵炳根	1976 年至 1984 年	陈玉刚	2010 年至 2020 年

二、老年协会

1989 年 8 月，广福村建立老年协会，浦杏桂任会长。1991 年起，广福村老年协会兼负关心下一代工作委员会的工作。1993—2011 年，广福村老年协会由陈金龙担任会长，2011—2014 年，由邵文贤担任会长；2014—2019 年，由陈林生担任会长；2019—2020 年，由王建林担任会长。

广福村老年协会下设老年协会小组长，有例会制度，主要职责是协助村委会做好维护老年人合法权益工作；会长兼任关心下一代工作委员会副主任，协助村委会主任管理村青少年校外辅导站，组织开展有益于青少年健康成长的各种形式的社会活动。广福村老年协会组织建设了老年人活动场所，制定老年人维权工作制度、未成年人工作制度及未成年人工作台账，并给村里学子发放助学金，鼓励他们努力读书、报效祖国。2005 年起，对于考取全日制大专院校的村籍学生，村级基金奖励每人 500 元；对于考取全日制本科院校的村籍学生，村级基金奖励每人 1 000 元。2007 年 12 月，广福村被昆山市关心下一代工作委员会授予“全市关心下一代工作‘五有五好’先进单位”称号。

2005年起，广福村村“两委”在《村规民约补充规定》中对老年人福利发放做了明确规定，福利金额也逐年适度增加。至2020年：重阳节慰问金，60~79周岁老年人每人200元，80周岁及以上老年人每人300元；对于当年满60周岁、70周岁、80周岁及90周岁的老年人，在每人生日当天发放祝寿金200元；春节慰问金，60~69周岁老年人每人200元，70~79周岁老年人每人300元，80~89周岁老年人每人500元，90周岁及以上老年人每人800元。广福村老年协会还负责对亡故村民进行吊唁，送去花圈及慰问金（给年龄在90周岁以下的亡故村民的家属送1 600元慰问金，给年龄在90周岁以上的亡故村民的家属送2 100元慰问金）。

第三章　人　口

中华人民共和国成立前，村域内自然灾害频发，人口出生率、死亡率高，医疗水平低，人均寿命不高。中华人民共和国成立后，随着经济的发展及医疗保健的落实，村域内人口数量增长迅速。1963 年起，村民响应国家号召，提倡晚婚、晚育。1979 年起，村域内实行计划生育，人口增长速度放缓。20 世纪 80 年代，随着下放人员和知青返城，加上“农转非”，人口变动较大。1982 年后，广福村在人口数量、人口素质、家庭经济收入、子女受教育程度等方面都有很大变化，村民人均寿命明显增长，60 周岁以上人数每年递增。2016 年起，村委会按照国家规定实施二孩政策，当年领独生子女证人数为零。2010—2020 年，村域内人口自然增长率最高达 15. 52‰，最低降至 -12. 01‰，人口出现负增长。1950—2020 年，村域内人口性别比例基本平衡，女性稍高于男性。2020 年，据城北派出所统计，全村户籍人口共 828 人，其中男性 396 人、女性 432 人。

第一节　人口规模

一、人口变动

据统计，1950年广福乡成立时有11个自然村，总人口474人，其中角里68人、夏浜76人、小港稍41人、小河岸19人、贾家宅基28人、西蒋泾52人、浦家宅基36人、陆家宅基46人、丁家浜33人、川家厍58人、庄基浜17人。1959—1961年，受自然灾害影响，人口呈负增长。1962年，红星大队总人口691人，其中下放落户的29人，比1950年的人口总量增加217人，呈上升趋势。1962—1978年，人口增长较快，除自然因素外，也受一些社会因素变动影响，先后有下放人员、知识青年及其他人员等落户，其中，1964—1969年有52名知识青年"上山下乡"到红星大队插队落户。20世纪70年代后期，因知识青年返城、计划生育政策的实施，村域内人口数量下降。20世纪80年代后期至90年代初期，由于转入城镇户口、升学、婚嫁、工作调动等因素，村域内人口变动较大。1982年，广福大队总人口917人。1988年，广福村总人口900人，比1982年减少17人，人口出现负增长。1990年，广福村总人口902人，与1988年相比增加2人，人口变动呈微小波动趋势。进入21世纪，城北与玉山两镇合并后，随着城镇一体化的发展、外来企业的入驻和商业街的形成，外来务工、经商人员入村租住，广福村外来人口显著增加，人口波动较大，但户籍人口波动不大。据昆山高新区城北派出所统计：2000年广福村户籍人口697人，2020年广福村户籍人口828人。2010—2020年广福村户籍人口变动情况如表3-1所示。

表 3-1 2010—2020 年广福村户籍人口变动情况一览表

单位：人

年份	总人口	出生		死亡		迁入	迁出	自然增长	
		人数	出生率/‰	人数	死亡率/‰			人数	增长率/‰
2010	809	4	4.94	4	4.94	2	1	0	0.00
2011	809	7	8.65	7	8.65	0	0	0	0.00
2012	817	12	14.69	6	7.34	2	0	6	7.34
2013	828	6	7.25	0	0.00	5	0	6	7.25
2014	835	15	17.96	10	11.98	2	0	5	5.99
2015	834	4	4.80	3	3.60	0	2	1	1.20
2016	829	7	8.44	12	14.48	0	0	-5	-6.03
2017	846	14	16.55	1	1.18	4	0	13	15.37
2018	839	6	7.15	7	8.34	1	7	-1	-1.19
2019	837	5	5.97	7	8.36	0	0	-2	-2.39
2020	828	5	6.04	15	18.12	1	0	-10	-12.08

说明：数据来源于昆山高新区城北派出所，与村中统计数据略有出入。

二、户籍人口

1950 年，村域有 11 个自然村，户籍人口为 474 人（119 户）。1962 年，红星大队户籍人口为 691 人（209 户）。1982 年，第三次全国人口普查时，广福大队户籍人口为 917 人（239 户）。1988 年，广福村户籍人口为 900 人（241 户）。1990 年，第四次全国人口普查时，广福村户籍人口为 902 人（238 户）。2000 年，第五次全国人口普查时，广福村户籍人口为 697 人（226 户）。2010 年，第六次全国人口普查时，广福村户籍人口为 809 人（201 户）。2020 年，广福村户籍人口为 828 人（231 户）。1982—2020 年广福村（大队）户籍人口如表 3-2 所示。

表 3-2　1982—2020 年广福村（大队）户籍人口选年表

年份	总人口/人	其中		占总人口比例/%	
		男/人	女/人	男	女
1982	917	442	475	48.20	51.80
1990	902	454	448	50.33	49.67
2000	697	335	362	48.06	51.94
2002	692	331	361	47.83	52.17
2005	702	337	365	48.01	51.99
2007	806	390	416	48.39	51.61
2008	817	391	426	47.86	52.14
2010	809	389	420	48.08	51.92
2012	817	393	424	48.10	51.90
2015	834	400	434	47.96	52.04
2018	839	401	438	47.79	52.21
2020	828	396	432	47.83	52.17

说明：数据来源于昆山高新区城北派出所。

三、外来人口

改革开放后，随着村级经济的不断发展，外来人口也随之流入村内，特别是在 2000 年后，外来人口大幅增加。据统计：2010—2020 年，村域内外来人口最少的年份是 2010 年，有 9 328 人；2011—2013 年，外来人口数量每年递增，最高峰在 2013 年，达 12 200 人。2014 年起，随着企业受“263”（两减六治三提升）、“331”等专项环境整治工作的影响，外来人口数量呈下降趋势。2020 年，广福村有外来人口 9 980 人。2010—2020 年广福村外来人口情况如表 3-3 所示。

表 3-3 2010—2020 年广福村外来人口统计表

年份	外来人口/人	年份	外来人口/人
2010	9 328	2016	10 790
2011	11 350	2017	10 900
2012	11 705	2018	11 240
2013	12 200	2019	10 756
2014	11 642	2020	9 980
2015	11 360		

说明：数据来源于昆山高新区城北派出所。

第二节 人口结构

一、性别与年龄

性别 1982 年，第三次全国人口普查时，广福大队有户籍人口 917 人，其中男性 442 人、女性 475 人，分别占总人口的 48.2%和 51.8%。1990 年，第四次全国人口普查时，广福村有户籍人口 902 人，其中男性 454 人、女性 448 人，分别占总人口的 50.33%和 49.67%。2000 年，第五次全国人口普查时，广福村有户籍人口 697 人，其中男性 335 人、女性 362 人，分别占总人口的 48.06%和 51.94%。2010 年，第六次全国人口普查时，广福村有户籍人口 809 人，其中男性 389 人、女性 420 人，分别占总人口的 48.08%和 51.92%。2020 年，第七次全国人口普查时，广福村有户籍人口 828 人，其中男性 396 人、女性 432 人，分别占总人口的 47.83%和 52.17%。从以上统计数据可以看出，村域内 70 年来人口的性别比例基本平衡，总体上女性稍多于男性。

年龄 20 世纪 80 年代之前，村域内儿童和 60 岁以下人口的占比较高，60 岁以上的人口较少。随着计划生育政策的贯彻落实，人口出生率开始下降。据资料统计，1982 年广福村户籍人口 917 人，其中 0~6 周岁 78 人，7~14 周岁 144 人，15~59 周岁 639 人，60~69 周岁 35 人，70~79 周岁 19 人，80 周岁以上 2 人，60 周岁及以上人员占比为 6.11%。1965 年红星大队各生产队人口情况如表 3-4 所示。

表 3-4 1965 年红星大队各生产队人口情况统计表

队别	户数/户	人口/人	劳动力/人	队别	户数/户	人口/人	劳动力/人
1	9	37	17.0	9	16	43	26.0
2	9	32	18.5	10	15	59	28.5
3	11	41	21.0	11	15	53	33.0
4	12	45	29.0	12	12	52	27.0
5	—	—	—	13	14	51	30.0
6	11	41	22.0	14	19	65	34.0
7	18	72	34.0	15	19	61	28.0
8	16	75	45.0				

说明：1. 年龄在 18~60 岁的正常男女为正劳力。年龄不满 18 周岁或超过 60 周岁，以及有残疾的男女，因不能从事重体力劳动称为半劳力。2. 第 5 生产队资料空缺。

改革开放后，随着村民生活质量提高、医疗卫生水平提升及计划生育政策的实施，村域内人口年龄结构变化很大，人口老龄化趋势明显。2020 年，广福村总人口 828 人，其中 60~69 周岁 131 人，70~79 周岁 90 人，80~89 周岁 47 人，90 周岁及以上 8 人，村里最长寿的老人贾惠珍 97 岁，60 周岁及以上人口占全村总人口的 33.33%。从 1982—2020 年的广福村（大队）人口统计数据来看，60 周岁及以上人数每年递增，占比从 6.11%上升至 33.33%。1982—2020 年广福村（大队）60 周岁及以上老人情况如表 3-5 所示。2020 年广福村 90 周岁及以上老人名录如表 3-6 所示。

表 3-5 1982—2020 年广福村（大队）60 周岁及以上老人选年统计表

单位：人

年份	年末总人口	60 周岁及以上老人人数	占总人数的比例/%	按年龄结构划分			
				60～69 周岁	70～79 周岁	80～89 周岁	90 周岁及以上
1982	917	56	6.11	35	19	2	—
2010	809	194	23.98	99	70	24	1
2011	809	200	24.72	99	73	26	2
2012	817	208	25.46	105	69	29	5
2013	828	213	25.72	108	66	34	5
2014	835	229	27.43	120	65	38	6
2015	834	240	28.78	124	67	44	5
2016	829	243	29.31	125	68	46	4
2017	846	261	30.85	131	78	48	4
2018	839	260	30.99	131	77	48	4
2019	837	271	32.38	130	87	45	9
2020	828	276	33.33	131	90	47	8

说明：数据来源于广福村村委会。

表 3-6 2020 年广福村 90 周岁及以上老人统计表

姓名	性别	出生年月	年龄/岁	组别
贾惠珍	女	1924 年 3 月	96	13
周爱生	男	1928 年 5 月	92	3
陈金男	女	1928 年 11 月	92	8
张坤林	男	1928 年 12 月	92	6
陈梅金	女	1929 年 2 月	91	8
沈爱妹	女	1929 年 8 月	91	6
赵爱金	女	1929 年 11 月	91	9
张大姐	女	1930 年 4 月	90	3

广福村90周岁及以上老人合影（2020年10月，张银龙摄）

二、姓氏

2020年，广福村有户籍人口828人，共有63个姓氏，均为单姓。其中，张姓村民人数最多，为171人，其次为王姓89人、陈姓81人、赵姓59人。各姓氏按人数排列如表3-7所示。

表3-7　2020年广福村户籍人口姓氏一览表

姓氏	人数	姓氏	人数	姓氏	人数	姓氏	人数	姓氏	人数	姓氏	人数	姓氏	人数
于	1	金	2	倪	3	缪	3	高	6	韩	9	邵	24
卢	1	范	2	唐	3	钱	4	章	6	陆	10	顾	26
任	1	温	2	宋	3	姚	4	李	7	楼	11	贾	27
何	1	程	2	郑	3	陶	4	丁	8	徐	12	夏	31
郁	1	谈	2	邹	3	黄	4	杨	8	莫	14	浦	35
傅	1	时	2	柳	3	汪	5	周	8	吴	15	赵	59
凌	1	余	2	薛	3	蒋	5	翁	8	方	15	陈	81
谭	1	孙	2	曹	3	支	6	刘	9	朱	16	王	89
严	2	汤	2	潘	3	俞	6	董	9	沈	18	张	171

三、文化程度

中华人民共和国成立前，村域内很少有人能上学，村民的文化水平很低，成年人中文盲和半文盲较多。中华人民共和国成立后，党和政府关心人民群众，重视农民文化教育。20 世纪 50 年代，村域内开办扫盲班，提高农民识字程度。20 世纪 60 年代，村域内办了耕读小学，文盲和半文盲人数逐年减少。20 世纪 80 年代，随着九年制义务教育的实行、中小学教育的全面普及，村民的文化水平明显提高。

1982 年，广福大队高中文化程度 41 人，占总人口的 4.47%；初中文化程度 230 人，占总人口的 25.08%；小学文化程度 478 人，占总人口的 52.13%；文盲或半文盲 286 人，占总人口的 31.19%。

1990 年，广福村大学本科及专科文化程度 2 人，占全村总人口的 0.22%；中专文化程度 8 人，占全村总人口的 0.89%；高中文化程度 60 人，占全村总人口的 6.65%；初中文化程度 279 人，占全村总人口的 30.93%；小学文化程度 363 人，占全村总人口的 40.24%；半文盲 237 人，占全村总人口的 26.27%。

1999 年，广福村大学本科及专科文化程度 7 人，占全村总人口的 1.01%；中专 11 人，占 1.59%；高中 46 人，占 6.64%；初中 222 人，占 32.03%；小学 249 人，占 35.93%；半文盲 158 人，占 22.80%。

2020 年，全村研究生文化程度 11 人，占全村总人口的 1.33%；大学本科及专科 141 人，占 17.03%；中专 132 人，占 15.94%；高中 137 人，占 16.55%；初中 148 人，占 17.87%；小学 213 人，占 25.72%；半文盲 46 人，占 5.56%。

由于国家普及九年制义务教育和发展各级各类教育事业，高中、大学本科、大学专科学历人口迅速增加。1982 年至 2020 年，村域内中专及以上文化程度人口在总人口中的比重从零上升到 34.30%；高中文化程度人口占比从 4.47%上升到 16.55%；初中文化程度人口占比从 25.08%下降到 17.87%；小学文化程度总人口占比从 52.13%下降到 25.72%。

第三节　人口政策

一、计划生育

中华人民共和国成立前，由于村民受传统思想的影响，认为多子多福，早婚和早育普遍流行，一户家庭生 4～5 个孩子是正常现象，有的甚至生 7～8 个。但农村医疗水平低，儿童成活率不高。

中华人民共和国成立后，20 世纪 50 年代中期，推行“光荣妈妈”政策，对多生育子女的家庭给予奖励，这一时期出现生育高峰。1963 年，红星大队响应国家号召，提倡晚婚晚育，生育夫妇采取结扎避孕措施。1971 年，红星大队推广口服避孕药。1972 年，红星大队成立计划生育领导小组，由大队长和妇女主任负责具体工作。1973 年，规定晚婚年龄为男 25 周岁，女 23 周岁，妇女 24 周岁以上生育为晚育。提出“结婚晚一点、间隔稀一点、生得少一点、养得好一点”的要求，提倡每对夫妇生育两个孩子为宜，两胎间隔 48 个月以上，并号召党员、干部带头实施节育措施。1974 年，红星大队按上级要求全面实行避孕药具免费供应，按规定给予实施节育手术者休息日、免收一切手术费等政策。1978 年，国家提倡“一对夫妇生育子女最好一个，最多两个”。是年，红星大队落实中央文件精神，规定：对于领有独生子女证的独生子女，其自留地按双份划给，并对独生子女入托、入学、医药费等方面给予优惠；对于持证夫妇双方，可优先安排一个进社队企事业单位就业，给予按计划生育的育龄妇女 56 天产假；对于实行节育手术的育龄妇女，给予其适当的休息日；男女双方均为晚婚者，各增加一周的婚假，婚假期间工资照发；晚育者于规定产假外增加 15 天产假，难产者产假延长 10 天，共为 66 天，产假期间工资照发。持独生子女父母光荣证夫妇，因年老丧失劳动力而生活困难者，可获得经济补助。1979 年 10 月，红星大队开始推行“一对夫妇只生一个孩子”政策，对凡愿意终生只生一个孩子，并落实节育措施、领取独生子女证的夫妇，经公社批准，每年发给独生子女父母奖励金 30 元。1982 年起，进社办企业职工独生子女父母奖励金增至每年 40 元，从获证当年发至小孩 14 周岁止。2016 年实施两孩政策后，独生子女父母奖励金不再发放。

1980 年 9 月 25 日，中共中央发表《关于控制我国人口增长问题致全体共产党员、共青团员的公开信》。红星大队的党（团）员、干部积极响应，带头行动，推动了人口控制工作，使人口自然增长率逐年下降。1994 年，广福村派专人对全村计划生育信息进行微机管理。村妇女主任赵建琴被城北镇政府和城北镇计生委评为“计划生育微机管理优秀填卡员”。1999 年，广福村开展“婚育新风进万家”活动，发挥宣传先导作用，完善“政府搭台，部门联手，城乡联动，群众参与”的新型生育文化机制。2000 年，广福村村委会利用广播会议、“9·25”纪念日等做好计划生育宣传教育工作，还配备 4 名宣传员，做好信息管理工作；将每月 25 日定为“例会日”，结合知情选择，做好随访工作，降低人流率。2001 年起，玉山镇计划生育办公室实行居住地管理，对村域内育龄妇女进行立档管理，掌握孕情信息。2006 年 3 月，广福村被玉山镇人民政府评为“2004—2005 年度玉山镇人口与计划生育”先进集体。2008 年，广福村建立“村生育文化中心”“生育文化特色户”，结合科普知识宣传启动“5·29”（计生协会会员集中活动日）、“7·11”（世界人口日）、“10·28”（男性健康日）等活动日活动，向育龄夫妇宣传先进思想、文明观念、政策法规和科普知识；提高出生人口素质，实施“计划生育、生殖健康促进工程”，推进和规范避孕方法知情选择，降低育龄妇女人流率；将药具管理纳入规范化管理轨道；坚持服务“六必访”（新婚夫妇必访、怀孕妇女必访、产后妇女必访、节育手术后必访、患妇科疾病妇女必访、患不孕症夫妇必访）。2011 年 3 月，广福村被玉山镇人民政府评为“2008—2010 年度人口计生工作”综合先进集体。2013 年，广福村利用宣传栏、宣传资料、“计划生育协会之家”等将计划生育宣传教育融入村文化建设，利用节假日开展“婚育新风进万家”“关爱女孩”等宣传活动。是年，广福村计划生育协会共发放宣传资料 456 份，免费发放避孕药具 578 份。

二、二孩政策

1980年后，昆山县政府做出照顾生育第二胎的规定，批准条件：独生子女有非遗传性残疾，不能成为正常劳动力或可能严重影响婚配的；丧偶家庭，另一方系初婚或未育的；再婚家庭，再婚前一方只有一个孩子（含收养），另一方系初婚或未育的；婚后五年未育，经过批准收养一个孩子后自己又怀孕的；夫妇一方两代单传，或夫妇双方均为独生子女，只有一个孩子的；农村夫妇一方为独生子女，只有一个孩子的；农村有女无子户，一女招婿，只有一个女孩的；农村中一女一子户，其子只有一个女孩的；农村中兄弟两个以上，只有一个生育一个孩子，其他兄弟均无生育条件的。广福村村委会坚决贯彻执行国家计生法律法规及上级政策，其间没有夫妇申报生育二胎。

1989年11月，昆山市政府又制定《昆山市计划生育实施细则》（简称《细则》），规定再生一孩的女方年龄及相关手续。1994年，广福村村委会做好“再生一孩”的有关审批手续，接受群众监督。1997年9月，《昆山市计划生育暂行办法》规定，可再生一个孩子的夫妻，女方要达到晚婚年龄26周岁，或者再婚家庭女方未生育，由夫妻双方申请经批准，方可再怀孕生育。此后，又增加符合下列条件可再生一个孩子的规定：一方为二等乙级因公致残的军人、武装警察、治安民警、见义勇为人员，或者一方为烈士的独生子女，只生育了一个孩子；夫妻为主要从事种植业或养殖业的农村居民，一方被县级以上医疗鉴定机构鉴定为非遗传性一级或者二级肢体残疾，只生育了一个女孩的；夫妻双方均为归国华侨，或者中国香港特别行政区、中国澳门特别行政区、中国台湾地区居民，回内地定居不满六年且只生育了一个孩子，或者夫妻双方所生育的孩子均不在内地定居的；外省迁入昆山市公民，迁入前已取得当地县（市、区）人口和计划生育部门批准再生育一个孩子的证明并已怀孕的可以生育，若在办理迁移手续时尚未怀孕，即使持有其户籍地所发再生一个孩子证明，该证明也不再有效。符合《江苏省人口与计划生育条例》规定可再生一孩的，按法律程序申请办理并领取生育证后方可再生育。此外，政府对符合病残儿再生一个孩子的也做出了相应规定。村计生协会对符合生二孩条件的两对夫妇，把好调查关，严格审查申请报告，审批手续坚持本人申请，由5名以上群众评议，上报镇计生办核定。

2013 年 11 月,《中共中央关于全面深化改革若干重大问题的决定》提出启动实施一方是独生子女的夫妇可生育两个孩子的政策；12 月，中共中央、国务院印发《关于调整完善生育政策的意见》。2015 年 10 月，十八届五中全会决定全面放开二孩政策，只要是合法的夫妻就享有生育二孩的权利，不再受“单独二孩”政策或“双独二孩”政策的限制。至此，实施了 30 多年的独生子女政策正式宣布终结。2016 年 12 月 31 日，国家发布《中共中央 国务院关于实施全面两孩政策　改革完善计划生育服务管理的决定》。2016 年，广福村村委会按照文件精神贯彻实施二孩政策，实行生育登记服务制度，生育两个以内（含两个）孩子的夫妻，不必进行审批，由家庭自主安排生育。2016—2020 年，广福村有 9 人生育二孩。2010—2020 年广福村育龄妇女生育情况如表 3-8 所示。

表 3-8　2010—2020 年广福村育龄妇女生育情况一览表

单位：人

年份	育龄妇女总数	已婚数	出生人数		
			男	女	独生子女
2010	187	146	2	2	2
2011	181	142	4	3	5
2012	167	134	7	5	7
2013	154	126	1	5	3
2014	148	124	9	6	5
2015	144	122	4	0	1
2016	131	108	2	5	0
2017	128	106	6	8	5
2018	119	100	3	3	4
2019	116	96	2	3	3
2020	117	96	3	2	4

说明：2012 年，有 2 名妇女分别生育双胞胎。

三、外来人口生育管理

改革开放后，随着经济发展，广福村外来人员逐渐增多，给计划生育管理带来困难。广福村村委会按照国家对流动人口计划生育管理的相关政策和《江苏省流动人口计划生育管理暂行规定》文件要求，建立外来人员计划生育台账，做到一个不漏、情况明确。1992 年 9 月和 1997 年 6 月，昆山市政府先后出台《关于加强流动人口计划生育管理的意见》及修订案，对村委会的管理职责做了相应的规定，本着“谁主管谁负责，谁用工谁负责，谁的属地谁管理，谁得益谁管理”的原则，理顺管理关系，明确责任归属，健全考核机制，按人员流向、从业性质和属地情况进行归口管理，制定措施，落实责任。1992 年起，广福村村委会与外来人员签订计划生育合同，建立外来人员计划生育台账，坚持依法管理，把外来人员计生工作列入村的目标管理中，在综合考评先进时实行一票否决制；实行流动人口计划生育证明查验，对于无计生证明的流入人员，要求其回原籍及时办理婚育证。

2003 年起，广福村村委会根据上级计生部门的要求，组织开展各种宣传及系列服务活动，包括发放各类计生小知识折页，开展结对交友“小手牵大手”“六个一”等主题教育活动。为流动人口提供免费技术服务，对持《苏州市非户籍人口计划生育管理服务卡》的居民，提供“六免一奖”服务：一年 2 次免费孕环情检查；免费上（取）环、皮埋、结扎；免费进行人工终止妊娠术；两年 1 次免费生殖道感染（RTI）普查；免费发放避孕药具；免费进行计划生育手术并发症诊治；给予落实避孕节育长效措施者奖励，还提供平时免费随访服务等。2009 年，国务院发布《流动人口计划生育工作条例》，广福村村委会根据上级要求，做好流动人口婚育情况、生育信息登记表，并进行生育宣传教育，联合社区民警等开展流动人口大排查。同年，广福村村委会又创新双向管理服务机制，推行“四同”（同宣传、同管理、同服务、同考核）服务管理模式，实现流动人口基本公共服务均等化。

第四章　农　业

广福村农作物种植主要有水稻、三麦、油菜。中华人民共和国成立前，村域内无农田水利设施，生产方式为封建土地所有制。中华人民共和国成立后，村域内进行土地改革，实行农业合作化，开展农田水利建设，推广农业新科技，发展农业机械化。20 世纪 60 年代，村域内发展电力排灌事业，平整土地，建设旱涝保收、稳产高产的基本农田，推广种植双季稻。20 世纪 70 年代，村域内调整圩区规模，建红星联圩，开挖丰产河，形成独立配套完整的沟渠灌溉系统。1983 年，广福村推行家庭联产承包责任制；成立农机队，统一管理大型农业机械，规范服务。1995 年，广福村农业规模经营进入高峰。1998 年 7 月，广福村进行第二轮土地承包确权，农户领到集体土地承包经营证书。1999 年，广福村产业结构从单一的粮油种植产业向粮油、水产、花卉、苗木、蔬菜等多种产业调整。进入 21 世纪，由于民营科技园开发，339 省道、寰庆路等主要道路建设，耕地被大面积征用，广福村不再种植水稻、三麦、油菜等农作物。

第一节 农业生产关系

一、土地改革

中华人民共和国成立前，村域实行封建土地私有制，各阶层占有土地状况悬殊。土改前，广福乡（包括现广福村、原玉山镇胜利村，本节下同）各阶层共拥有土地总面积 3 265. 85 亩。地主富农 22 户，占总户数的 5. 45%；拥有土地 936. 65 亩，占总面积的 28. 68%；户均 42. 58 亩，人均 7. 94 亩。贫农 186 户，占总户数的 46. 04%；拥有土地 404. 31 亩，占总面积的 12. 38%；户均 2. 17 亩，人均 0. 61 亩。雇农 17 户，没有土地。土改前广福乡各阶层占有土地情况如表 4-1 所示。

表 4-1　土改前广福乡各阶层占有土地情况一览表

单位：亩

阶层	户数/户	人数/人	占有土地	自耕地	出租田	人均
地主	8	40	496. 00	409. 21	86. 79	12. 40
富农	14	78	440. 65	248. 42	192. 23	5. 65
中农	179	820	1924. 90	1845. 82	79. 08	2. 35
贫农	186	664	404. 31	380. 67	23. 64	0. 61
雇农	17	23	0. 00	0. 00	0. 00	0. 00
合计	404	1 625	3 265. 86	2 884. 12	381. 74	2. 01

1950 年 11—12 月，广福乡土改工作全面展开。第一阶段：宣传发动群众，贯彻“依靠贫、雇农，团结中农，中立富农”的土改工作路线。第二阶段：完

成地主、富农、中农、贫农、雇农的阶级成分划分。广福乡共404户农户，其中有地主8户、富农14户、中农179户、贫农186户、雇农17户。第三阶段：对于没（征）收的土地，分别按出田户、进田户的人口，统一计算人均得地标准。先分给出田户（俗称先分户，含地主、富农和少数中农），人均4亩以上，多的达6亩以上。后分给进田户（俗称后分户，主要为贫农、雇农和部分中农），人均3.5亩以上，多的达4.5亩，少数雇农可得双份土地。先分户的得地标准略高于后分户。第四阶段：对耕牛、农具、房屋及家具、粮食四大财产进行重新分配，贫农、雇农、中农为主要分进户。1951年春，土改进入第五阶段，由县土改工作队复查验收，颁发县人民政府签发的土地证。后土改工作结束。

二、农业合作化

1953年2月15日，中共中央发布《关于农业生产互助合作的决议》，引导农民走互助合作道路，解决广大贫雇农缺劳力、少农本等困难，防止贫富分化，维护农民既得利益。互助组从一开始的临时性生产互助，很快发展为有临时性和常年性两种形式。1952—1954年，村域所在广福乡互助组织有很大发展，参与农户占比从43.2%增至80.8%。1952年、1954年广福乡互助组发展情况如表4-2所示。

表4-2 1952年、1954年广福乡互助组发展情况一览表

年份	常年组/个	常年组户数/户	临时组/个	临时组户数/户	总互助组/个	总数/户	占比/%
1952	4	21	35	148	39	169	43.2
1954	13	85	40	204	53	289	80.8

1953年，在互助组的基础上，村域内办起红星、灯塔、光明3个初级社。初级社统一经营、统一管理，克服单干或组成互助组时不好克服的困难。1954年，村域遭遇特大洪灾。3个初级社的群众在夏爱根、陈来亭、浦杏桂的带领下，发挥集体抗洪优势，奋战60天，让灾情损失降到最低。

1956年1月初，村域内3个初级社联合成立红星高级社。是年，红星高级社有319人，三麦种植面积1 176亩，其中小麦1 095亩，大麦、元麦81亩；油菜种植面积421亩；蚕豆种植面积46亩；水稻种植面积2 796.6亩。红星高级社既是一个经济实体，又是一个基层行政单位，设正主任、副主任、会计各1名，委员若干名。另有监察委员会，由3~5人组成。1956年3月，红星高级社实行土地、劳力、耕畜、农具“四固定”和“三包（包工、包本、包产）一奖赔（超产奖励，减产赔偿）”制度。该制度规定：高级社土地归集体所有，不得买卖；耕牛和大中型农具折价归社；取消土地分红，实行定额记工，按劳计酬；年终，由社委会统一分配，再按“三包”情况，结算到队。红星高级社成立第一年，农副业生产得到很大发展，夏熟小麦“三包”单产85公斤，比1955年增产9.6%，农户收入显著增加。高级社成立前的1955年夏熟，农户顾兆华种地5亩，收小麦325公斤、油菜5公斤，共折合人民币59.8元，扣除成本11元，净收入48.8元。1956年1月初，顾兆华加入红星高级社，到6月21日，累计参加高级社195个劳动日；按当年高级社夏熟预分方案，每个劳动日分0.32元，顾兆华合计收入62.4元，比1955年同期纯收入增加27.87%。

三、人民公社

1958年9月10日，城北乡、玉山镇、城南乡合并，成立马鞍山人民公社。同年10月，红星、胜利高级社合建胜利大队，属马鞍山人民公社。是年，村域所在的胜利大队实行组织军事化、生产战斗化、生活集体化、公社一级核算管理，取消社员自留地，平调集体和社员私人财物。1959年6月，马鞍山人民公社撤销，分建城北人民公社，胜利大队分建新的红星大队、胜利大队，村域属城北人民公社红星大队。1960年12月，根据1959年中央郑州会议和《中共中央关于坚决纠正平调错误、彻底退赔的规定》，红星大队被纳入城北人民公社的整社试点，进行算账退赔。截至1961年春，红星大队及各生产队算账退赔工作结束。

1962年，根据中共中央发布的《农村人民公社工作条例（修正草案）》和《关于改变农村人民公社基本核算单位问题的指示》，村域内确立公社、大队、生产队三级所有，以队（生产队）为基础，即以生产队为基本核算单位的管理体制。是年，红星大队有14个生产队，209户、691人，劳动力361人，耕地总面积2 584亩，其中集体耕地2 421亩、自留地163亩。1963—1965年，红星大队有15个生产队。1965年红星大队各生产队粮油种植情况如表4-3所示。

表4-3 1965年红星大队各生产队粮油种植情况一览表

单位：亩

队别	集体农田面积	水稻种植面积	三麦种植面积	油菜种植面积	队别	集体农田面积	水稻种植面积	三麦种植面积	油菜种植面积
1	112	112	38.7	11	9	176	176	75.0	20
2	90	90	40.0	7	10	186	186	75.0	18
3	102	102	44.0	15	11	176	176	83.0	25
4	126	126	53.0	15	12	170	170	63.0	19
5	—	—	—	—	13	164	164	57.0	14
6	137	137	53.0	13	14	223	223	63.0	18
7	209	209	90.0	25	15	169	169	65.0	15
8	238	238	88.5	21					

说明：第5生产队资料空缺。

1966年，红星大队的生产队缩减至11个，之后一度取消社员自留地，废除定额记工，推行“大寨式”标兵记分制度，即每个生产队评出男女正半劳力（基本劳力和辅助劳力）标准得分的社员各1名，其他社员得分对照标兵分上下浮动。此方法一度让社员积极性受挫。1972年后，红星大队恢复定额记工制度，重新划分社员自留地。

20世纪70年代红星大队农技员在油菜田合影（王金华提供）

1978年12月，红星大队第1生产队拆分为新的第1、12生产队。1979年3月，红星大队第2生产队拆分为新的第2、13生产队，红星大队第8生产队拆分为新的第8、14生产队。1980 年，红星大队有 14 个生产队，农户 232 户，人口 902 人，其中男性 435 人、女性 467 人，正半劳力（基本劳力和辅助劳力）608 人；耕地总面积 2 461.53 亩，其中集体耕地 2 265.5 亩。1982 年 3 月，红星大队更名为广福大队。

1983 年 6 月，政社分设，以生产队为基本核算单位的管理体制终止，恢复乡村行政建置。广福大队改名为广福村，属城北乡，村中组建广福村村委会及广福村经济合作社。

四、家庭联产承包责任制

1983 年 3 月，广福村全面推行家庭联产承包责任制，即分田到户，包产到户。实行两田分开制度，即人分口粮田，劳分责任田，60 周岁以上老人和在校学生只分口粮田，不分责任田。分田到户后，3～5 年不变。农户承包的耕地，所有权归集体，农户无权买卖，只有使用权。承包后，农户自主经营，自负盈亏，不再由生产队核算分配，但必须完成国家下达的征购、超购、议购任务，另需上缴“两金一费”，即向村委会上缴公积金、公益金和管理费。是年，广福村有 14 个村民小组，农户 231 户，户籍人口 912 人，其中劳动力 524 人。全村有耕地 2 247.9 亩，其中口粮田 456 亩、责任田 1 791.9 亩，劳动力人均责任田 3.39 亩。1991—1998 年，广福村按照“大稳定，小调整”原则，先后两次调整农民承包的土地，妥善地解决因建设用地、农户人口劳力变化引起的人地矛盾。

五、土地确权登记

1998 年 7 月，中共昆山市委颁布的《关于稳定完善农村土地承包关系发放经营权证书的实施意见》（简称《意见》）指出，凡 1998 年 7 月 31 日在籍农业人口均可享有土地承包权，并都要颁发由昆山市人民政府统一印制的“集体土地承包经营权证书”，国家集体建设用地不在确权发证之列。此外，《意见》指明，延长承包期，确权三十年，颁发证书，旨在“明确所有权、稳定承包权、搞活使用权”，坚持“三权”分离，做到“要种田的农户有田种，农民不想种的田有人种”。是年，广福村有 227 户、758 人，土地承包总面积 1 398.36 亩，其中口粮田 436.99 亩。对照文件，广福村有 210 户可参加第二轮土地承包确权发证，确权耕地总面积 1 235. 85 亩，不符合确权发证的耕地面积有 162. 51 亩。符合确权发证的耕地中，承包权调整进田 19 户，调整出田 80 户，涉及耕地面积 59. 67 亩。确权后的土地转包给经营者，须签订土地使用流转协议书和规模经营承包协议书。是年，广福村签订土地经营权流出协议农户 199 户，签订土地经营权流进协议农户 17 户，涉及耕地面积 868. 88 亩；规模经营农户 13 户，涉及耕地面积 915. 13 亩。1998 年广福村第二轮土地承包确权发证情况如表 4-4 所示。

表 4-4　1998 年广福村第二轮土地承包确权发证情况一览表

组别	确权发证户数/户	确权面积/亩	规模经营数/户	规模经营承包面积/亩
1	10	60. 55	1	56. 08
2	19	97. 20	1	60. 25
3	13	67. 50	1	57. 15
4	10	105. 30	1	57. 78
5	14	137. 60	1	109. 91
6	19	99. 00	1	36. 96
7	12	99. 00	1	80. 24
8	18	95. 40	2	136. 23
9	20	68. 40	1	92. 12
10	14	60. 50	1	41. 44
11	19	100. 80	1	123. 43
12	16	49. 60	0	0. 00
13	13	110. 00	1	63. 54
14	13	85. 00	0	0. 00
合计	210	1 235. 85	13	915. 13

说明：规模经营承包户可跨组承包。

六、土地规模经营

随着农业机械化水平提高、务农劳动强度减弱、镇村工业发展，务农劳动力日渐转向务工、务商、务副，村域内出现承包成片土地进行农业规模经营的农业大户。1995 年，广福村有规模经营户 12 户，承包耕地面积 1 038.58 亩。1996 年，广福村有规模经营户 11 户，承包耕地面积 1 027.65 亩，其中责任田 1 001.85 亩、口粮田 25.8 亩，户均承包 93.42 亩，最多 1 户承包了 157.37 亩耕地。是年，广福村规模经营户粮食定购合同任务 25.1 吨，油菜合同定购任务 7.24 吨，分别完成全村定购任务的 100%和 40.39%。1998 年年初，广福村规模经营耕地面积 961.37 亩。是年 8 月，土地确权后，广福村规模经营耕地面积调整为 915.13 亩，规模经营户 13 户。1999 年，中共昆山市委、市政府做出决定，调整农业产业结构，提高农民收益水平，调动农民生产积极性。这是继家庭联产承包责任制后的又一次经营体制改革。是年，广福村 1 398.36 亩粮田面积中，参与农业产业结构调整的粮田面积有 960 亩，占比为 68.65%，被调整的粮田用于开挖鱼塘（790 亩）、蔬菜种植（85 亩）、花卉种植（22 亩）、苗木种植（63 亩）。1999 年，广福村有规模经营户 15 户，承包耕地面积 825.21 亩，规模经营内容不再以粮油种植为主。2001 年，由于民营科技园开发、339 省道等村域主要道路建设，耕地被大量征用，广福村不再有粮油种植规模经营户，仅有个别水产养殖、花卉种植规模经营户。

第二节　作物栽培

一、水稻

（一）品种

中华人民共和国成立前，村域种植水稻以籼稻为主，有六十日籼、救公饥、脱壳白、大头龟、帽子头等品种。粳、糯稻有石稻、一时兴、麻筋糯、细柴糯、香粳糯、野晚稻等品种。

1955 年起，村域内实行以“三改”（籼改粳、早改晚、沤改旱）为主要内容的耕作制度改革。1956 年，红星高级社响应昆山县人民委员会号召，种植双季稻，以绿肥为前茬，连种两季水稻，当年推广试种 179 亩，前季种植早沙粳品种，后季种植老来青等品种。是年，红星高级社水稻种植总面积达 2 796.6 亩，两年后双季稻停种。20 世纪 50 年代末，籼稻所剩无几，中、晚粳稻面积扩大。

20 世纪 60 年代，红星大队水稻品种以农垦 58 号（世界稻）为主。20 世纪 60 年代中期，红星大队逐渐恢复双季稻种植。1965 年，红星大队水稻种植面积达 2 278 亩，农垦 58 号品种占 80%以上。

20 世纪 70 年代初，红星大队以种足、种好双季稻为前提，大面积更换品种。籼、糯稻品种繁多，浙江绍兴、嘉兴和江苏吴江等地的后季品种大批流入，一度造成种子多、乱、杂的现象。社员反映“品种浑淘淘，种性摸不牢，产量难提高”。经多年筛选，至 1974 年，水稻品种相对简化和稳定。双季稻品种：前作稻以二九青、原丰早、矮南早、广六矮 4 号等品种为主；后作稻以东亭 3 号、农桂早 37、农虎 23 号、扬糯 204 等品种为主。单季稻则以广二矮为主。1974 年，红星大队水稻种植面积达 2 117 亩。

20 世纪 80 年代初，村域内取消双季稻种植，恢复以单季晚稻和三麦、油菜一年两熟为主的种植制度。水稻品种进一步简化、纯化。1980 年，水稻以昆稻 2 号、昆农选 16 为主（占单季稻面积的 85%左右）。是年，红星大队水稻种植面积达 2 258 亩，其中杂优稻 800.4 亩，单季稻 785.1 亩，其余为双季稻，占比为 30%。

1990 年，单季稻以早单八、早秀水为主，搭配种植秀水 04；糯稻主要是太湖糯。20 世纪 90 年代中期后，村域内推广太湖粳 2 号、武运粳 7 号水稻。1995 年，广福村种植水稻 1 634.98 亩。2000 年，水稻种植面积为 426.56 亩。2001 年末，水稻种植面积仅为 198 亩。2003 年后，水稻种植停止。

1965—1982 年红星大队水稻种植面积及产量情况如表 4-5 所示。

表 4-5 1965—1982 年红星大队水稻种植面积及产量情况统计表

年份	面积/亩	总产/公斤	年份	面积/亩	总产/公斤
1965	2 278.0	567 484.0	1974	2 117.0	993 275.2
1966	2 066.0	562 757.7	1975	2 266.9	805 909.9
1967	2 376.5	608 823.7	1976	2 266.0	968 828.3
1968	2 275.0	566 816.3	1977	2 265.0	841 957.1
1969	2 223.0	785 630.4	1978	2 260.0	1 005 700.0
1970	2 293.0	708 995.6	1979	2 260.0	918 904.7
1971	2 086.0	902 820.8	1980	2 258.0	947 174.6
1972	1 949.1	776 521.4	1981	2 105.0	751 379.8
1973	2 170.0	1 042 891.2	1982	2 242.0	928 636.4

（二）栽培

村域内水稻栽培主要采用育秧、移栽方法。

中华人民共和国成立时，村域内水稻栽培为旧式育秧，即沿田埂翻土成沟，各类品种杂处一田，其间以脚印相隔。每亩大田用种量约为 6 公斤，每亩秧田播种稻谷 125～150 公斤，落谷较密。育秧过程：清明后浸种、催芽；谷雨播种，秧板上有水层，俗称水落谷；小满前后移栽大田，株行距为 15×26 厘米，亩栽 1.65 万穴左右。

20 世纪 50 年代，推广合式秧田，秧板宽 1.5 米，秧板间开宽沟。提倡落谷稀，一亩秧田播种 60 公斤左右，秧田与大田面积之比为 1∶10。稻种采用泥水或盐水选种。移栽时开始经绳莳秧，把行头固定，株行距为 15×20 厘米，亩栽 2 万余穴。

20 世纪六七十年代，耕田复种指数不断提高，秧田面积扩大，单季常规稻播种量有所回升。双季前作稻多用绿肥田或冬闲田做通气秧田，也有采用场地育秧方式的，早播者覆以塑料膜。双季后作稻多用麦茬田上水，翻沟土，覆盖成秧田；播种后，覆以麦壳，严防秧板积水。移栽时，双季前作稻秧苗带土移栽，亩栽 5 万穴。双季后作稻的移栽密度稍稀于前作稻。单季粳稻移栽，株行距为 10×16.5 厘米，亩栽 4 万穴左右。杂交稻移栽，株行距为 26×17 厘米，亩栽

1.5 万穴左右。

在每年秧苗移栽时节，红星大队部会建一块莳秧样板田，并召开大会，组织社员现场参观，要求每个生产队按样板田标准开工莳秧，动员社员高质量完成水稻移栽任务。城北人民公社会开展一年一次的莳秧比赛。比赛规模为 10~20 人不等，现场扯起“秧标”（“秧标”是冠军奖品，为当时农村做工的服装——腰裙）。参赛者获得“秧标”的那一刻，热闹气氛达到高潮。各大队挑选莳秧能手参赛。红星大队贾品林、贾惠珍、陈秀珍等参加过不同年份的公社莳秧比赛，其中贾品林曾获头名“秧标”，其他参赛者也获得过毛巾、肥皂等奖品。

1980 年 5 月 9 日，全国劳动模范、水稻专家陈永康到红星大队指导单季稻育秧工作。之后，村域内以种植常规单季稻为主，栽插密度和基本苗种量均有回落，逐步向“小壮高”（小群体、壮个体、高积累）方向发展，单季粳稻的移栽密度回落到亩栽 2.5 万穴。

20 世纪 90 年代，村域内推广水稻轻型栽培，采用多种育秧新技术，主要有：肥床旱育秧，用于手插；露地双膜育秧，用于机插；塑盘小苗育秧，用于抛秧。1996 年，村域内部分大农户成功实践水稻直播。水稻轻型栽培的移栽期一般早于传统移栽期 5~13 天。传统水稻移栽通常于 6 月 23—25 日前结束，而抛秧稻的抛栽、肥床旱育稻的稀植和大田直播，原则上分别在 6 月 15 日、6 月 20 日和 6 月 10 日前完成。

（三）施肥

中华人民共和国成立前，村域稻田基肥以白河泥为主，较为富裕的农户施放花草（紫云英）、猪窠灰和饼肥（豆饼）。追肥以大粪为主，多数稻田不施追肥。

20 世纪 50 年代，村域内在实施籼稻改粳稻的同时，推行在“处暑”施化肥作孕穗肥，增产效果显著。

20 世纪 60 年代，村域内全面推广陈永康创造的“三黄三黑”施肥技术，主要是施足基肥，底面兼顾，看苗施发棵肥，重施长粗肥，普施孕穗肥。村域内单季稻，亩均施肥量折合标准肥（以 21%的含氮量为标准）30 公斤左右。基肥与追肥比例为 7 : 3。主要的基肥有绿肥、猪窠灰、“三水一绿”（水花生、水浮莲、水葫芦和绿萍)、草塘泥等。化肥亩用量在20公斤左右。

20世纪70年代，村域内农户种植双季稻。双季稻生育期短，要求早发棵，以施基肥为主。每季稻亩均施肥量折合标准肥40公斤左右。前作稻施肥要求：前期轰得起，中期稳得住，后期不早衰。后作稻施肥要求：重施攻前头，后期保青秀。水稻使用的化肥多为氮肥，有硫酸铵、硝酸铵、氯化铵、碳酸氢铵和尿素等。

20世纪80年代，村域内全面推广秸秆还田，化肥深施与面施相结合。化肥品种趋向多元化复合肥料，亩用量约130公斤。

20世纪90年代，农户已不施有机肥，改为在播种前一天加施碳酸氢铵、专用复合肥和生物钾。在作物一叶一心时施“断奶肥”，适时适量；常规单季晚稻育秧另施多效唑。移栽前，巧施“接力肥”，重施“起身肥”。对于大田基肥，在采用秸秆还田的同时，推广施三元复合肥、碳酸氢铵和生物钾。移栽成活后，早施促蘖肥。施长粗肥应适时看苗，因田、苗而异。在水稻生长后期（抽穗初期至齐穗期)，施拔节孕穗肥。

(四）病虫害防治

村域内水稻病虫害主要有稻瘟病、稻纹枯病、二化螟与三化螟虫害、稻飞虱虫害、稻纵卷叶螟虫害等。

稻瘟病　20世纪五六十年代，农户用西力生或赛力散拌石灰粉防稻瘟病。20世纪70年代，先后使用稻瘟净、春雷霉素防治。1984年，村域内实行“综合防治，以防为主”，以多菌灵、稻瘟灵等药剂保护，后用井冈霉素于破口期施药，兼治稻曲病、胡麻叶斑病。20世纪90年代到21世纪，农户通过选用抗病力强的品种，稀插、培育壮秧，加多菌灵、克井防治稻瘟病。克井防治即在水稻破口期用克井药物喷洒一次，隔5天后喷洒第二次。

稻纹枯病　20世纪60年代中期前，稻纹枯病仅在少数重肥的粳稻上发生，不做防治。20世纪70年代，稻纹枯病为主要病害。村域内采取搁田控制加药剂防治的“水控药防”策略，使用的农药有苏化911、苏农6401、稻脚青、退菌特等。20世纪80年代起，村域内采取综合防治，用井冈霉素取代砷制剂，效果显著，砷污染消失。20世纪90年代后，采取宽行移栽、合理轮作、适时适度“烤田”政策，加5%井冈霉素防治。

二化螟与三化螟虫害 20世纪50年代前期，二化螟与三化螟虫害主要采用人工防治，防治方法有秧田产卵、点灯诱蛾、剪枯心、拔白穗、掘稻根等四季治螟方法。1957年，村域内开始推广用“666”毒土法防枯心，泼浇防白穗。20世纪60年代，使用混合粉（甲六粉或乙六粉）代替“666”毒土法防枯心，泼浇防白穗。推行避螟改制，将中粳、晚粳晚播晚栽，力避螟虫产卵高峰，将中稻安排于早茬口，使之于螟虫盛孵前齐穗，有效地防治了螟害。20世纪70年代，用苏化203有机磷农药加晶体敌百虫防治螟害。20世纪八九十年代，用杀虫脒、甲胺磷、虫杀手等农药防治螟害。

稻飞虱虫害 20世纪五六十年代，农户采用“滴油（柴油）扫杀法”防治稻飞虱虫害，即往稻田中灌深水，行间拖油瓶（滴油），用竹竿抖动稻禾，使稻飞虱涉水沾油窒息而死。20世纪60年代后期，改用“666”、敌百虫药剂防治。20世纪70年代，用农药“666”、叶蝉散、混灭威防治。20世纪80年代，村域内推行“治三压四”防治策略，用有机磷农药主治三代虫害，采用大水泼浇，或用高压喷雾机喷雾；用混灭威或叶蝉散加糠人工撒施或喷粉器喷药治四代虫害。20世纪80年代后期，农户普遍用弥雾机拉管喷粉。20世纪90年代前期，以扑虱灵替代有机磷杀虫剂。扑虱灵杀虫活性高、药效期长，一次用药即可控制全期虫害。20世纪90年代后期，农户又改用更为高效、低毒（对环境危害小）的蚍虫啉、一遍净、一片青与其他药物复合应用来防治稻飞虱虫害。

稻纵卷叶螟虫害 20世纪六七十年代，农户使用“223”乳剂和低浓度“666”、敌百虫等粉剂防治稻纵卷叶螟虫害，后改用混合粉防治。20世纪80年代，用有机磷农药防治二代虫害，用杀虫脒防治三代虫害。20世纪90年代，以杀虫双代替杀虫脒，后改用虫杀手防治。

二、三麦

（一）品种

20世纪50年代前后，村域内小麦主要有六柱头、茧子团等品种，早熟、耐瘠，但品质差、产量低。大麦有红茎大麦等品种，元麦有立夏黄等品种。1956年，红星高级社三麦种植面积为1 176亩，其中小麦1 095亩，大麦、元麦81亩。

20世纪60年代初，村域内小麦有无锡白麦、万年2号等品种。大麦、元麦品种与20世纪50年代相同。1965年，小麦华东6号、苏麦1号、望麦17号等良种取代了原有品种。是年，红星大队三麦共种植888.19亩，其中大麦、元麦22.15亩，占三麦种植面积的2.49%。

20世纪70年代，村域内小麦品种以扬麦1号、扬麦2号、昆麦672、宁麦3号为主。为搭配好双季稻三熟制茬口，村域内更新了大麦、元麦品种。大麦品种有214、早熟3号，元麦品种有矮早3、浙114、海麦1号、昆麦481、昆麦492。1974年，红星大队三麦种植面积为1 040亩。

20世纪80年代，村域内小麦品种以昆麦672和扬麦、宁麦为主，大麦品种以沪麦4号、早熟3号为主，元麦品种以海麦1号为主。1980年秋冬，红星大队三麦播种面积为1 250.5亩，其中小麦967.5亩、元麦165.2亩、大麦117.8亩。大麦、元麦种植面积占三麦种植总面积的22.63%。

1990年，村域内停种大麦、元麦，单种小麦，小麦主要品种是扬麦5号、扬麦4号。20世纪90年代中期，小麦品种有扬麦5号、扬麦9号、扬麦10号、苏麦6号。1995年，广福村秋冬播种小麦831亩。2000年，广福村秋冬播种小麦100亩。2003年，广福村停种小麦。1965—1982年红星大队三麦种植面积及产量情况如表4-6所示。

表4-6　1965—1982年红星大队三麦种植面积及产量情况统计表

年份	面积/亩	总产/公斤	年份	面积/亩	总产/公斤
1965	888.2	89 343.0	1974	1 040	171 329.6
1966	818.0	63 525.9	1975	940	88 783.0
1967	759.88	62 336.8	1976	940	99 969.0
1968	689.5	76 982.7	1977	1 040	61 880.0
1969	949.0	168 684.8	1978	940	189 945.8
1970	925.5	80 796.2	1979	1 040	256 360.0
1971	1 025.0	125 255.0	1980	1 029	284 925.0
1972	756.0	104 343.1	1981	1 154	195 891.5
1973	1 040.0	98 742.8	1982	1 173	281 989.2

（二）栽培

中华人民共和国成立前，村域内三麦栽培粗放，狭坨阔沟，播种量少，每亩播种量为3.5公斤左右，土地利用率低，有“一斗麦种三亩地”的说法，亩产在50公斤以下。20世纪50年代，播种量增至每亩13~15公斤，栽培沿用旧法，产量不高。20世纪60年代，村域内改进三麦栽培方式，采用一坨一沟，施基肥，下种后压麦，减少露籽，降低地下水位，使产量不断提高。20世纪70年代，推广沙洲县“塘桥式”三麦高产栽培技术，采用阔坨深沟，每亩播种量为小麦15公斤、元麦13公斤、大麦18公斤。20世纪80年代初，村域内开始推行免耕麦，俗称板田麦，播种后须“四补”（补沟、补泥、补苗肥、补除草剂）。免耕麦栽培方法省工省本，增产幅度大，每亩播种量达12.5~14公斤。1989年，村域内普及套播麦，简易省工，在水稻收割前5~7天播种，共生期为7~10天；每亩播种量从15公斤逐渐减少至10公斤左右，人工撒播。20世纪90年代以后，村域内板田麦和套播麦两种栽培技术并存，直到2003年停种小麦。

（三）施肥

中华人民共和国成立前，村域内农户种三麦很少施基肥。冬季，少数农户追施一次猪窠、牛粪，多数农户在麦沟中耕2条犁路，耕翻泥块，于春节前后把经冰冻风化的泥块拍细覆盖麦苗。20世纪50年代，施基肥的农户依然不多，但会在压麦泥前普遍施上一次腊肥。20世纪60年代，村域内推广水草河泥作为三麦基肥，猪窠、牛粪或其他杂肥为腊肥，来春用化肥作为返青肥。20世纪70年代，采用沙洲“塘桥式”分层施肥法，即底肥施草塘泥，中层施化肥和磷肥，腊肥施粪肥或氨水，经震压或拍麦，浇水河泥浆，开春打洞穴施化肥用作返青肥。20世纪80年代，免耕麦播种后施碳铵和磷肥，开沟盖子后追施腊肥，进行拍麦；开春后施返青肥，以施化肥为主。20世纪90年代以后，套播麦按“氮磷结合，施足苗肥，补施腊肥或返青肥，普施拔节孕穗肥，巧施剑叶肥”的方法施肥。

（四）病虫害防治

村域内三麦病虫害以麦类纹枯病、赤霉病、白粉病、麦类蚜虫虫害为主。

麦类纹枯病　20世纪80年代，农户用5%井冈霉素防治，有效抑制麦类纹枯病病害。20世纪90年代以后，通过选用抗病力强的品种，合理轮作、密植，加5%井冈霉素防治。

赤霉病 20世纪60年代前后，农户使用石硫合剂、二硝散农药防治赤霉病，但防效甚差。20世纪70年代，农户使用多菌灵，采用小空径喷雾防治赤霉病，防效显著。20世纪80年代，弥雾机不断增加。农户采用“主动出击、立足预防”的策略，有效控制病害。20世纪90年代以后，选用抗病力强的品种，进行消毒播种，在生长期适时排水、降温，另加多菌灵、粉霉净等农药综合防治赤霉病。

白粉病 1982年以前，农户在小麦扬花期防赤霉病时喷施多菌灵兼治白粉病。1983年起，采用粉锈宁单治，效果显著。20世纪90年代以后，选用抗病力强的品种，合理密植，增施磷钾肥，另加20%的粉锈宁或粉霉净综合防治白粉病。

麦类蚜虫虫害 20世纪80年后期，套播麦推广后麦类蚜虫危害严重，一般在苗期和抽穗后，以苗期单治、穗期兼治控制。20世纪90年代以后，农户通过铲除农田及周围禾本科类杂草，另加甲胺磷、一片净、乐果、快杀灵等农药进行综合防治。

三、油菜

（一）品种

中华人民共和国成立前，村域内油菜大多是野麻菜（芥菜型油菜）。20世纪50年代前期，油菜品种仍以农家土种为主，农户自选自留。1956年，红星高级社油菜种植面积为421亩。20世纪50年代末，晚熟甘蓝型油菜，即胜利52号（朝鲜油菜）逐渐替代土种油菜。1965年，红星大队油菜种植面积为235.8亩，甘蓝型油菜约占73%。1974年，红星大队油菜种植面积为340亩，晚熟甘蓝型油菜为主要品种。进入20世纪80年代，油菜品种则以“821”和宁油系列优良品种为主。1980年，红星大队油菜种植面积为606.5亩。20世纪90年代以后，汇油50号成为广福村的主要油菜种植品种，其种植面积约占当年夏熟油菜种植面积的45%。1995年，广福村油菜种植面积为663.5亩。2000年，广福村油菜种植面积为300亩。2002年，油菜种植停止。1965—1982年红星大队油菜种植面积及产量情况如表4-7所示。

表 4-7　1965—1982 年红星大队油菜种植面积及产量情况表

年份	面积/亩	总产/公斤	年份	面积/亩	总产/公斤
1965	235.8	9 167.9	1974	340.0	31 405.8
1966	230.9	11 143.2	1975	340.0	17 555.9
1967	251.3	11 270.8	1976	294.0	29 370.6
1968	191.0	4 959.3	1977	340.0	8 160.0
1969	269.0	19 717.7	1978	337.0	38 867.9
1970	276.0	20 769.0	1979	340.0	38 363.9
1971	337.5	24 973.3	1980	321.0	34 989.0
1972	291.0	33 988.8	1981	600.0	58 950.0
1973	286.0	18 425.6	1982	742.0	80 766.7

（二）栽培

村域油菜栽培方式以育苗移栽为主。20 世纪 50 年代，农户打潭移栽。先做埨头，后用菜花石锤打潭，每潭 1 株，每亩栽 3 600 株左右。20 世纪 60 年代，改为套肋移栽。扩大埨畦，每亩栽 6 000 株左右。20 世纪 60 年代后期至 70 年代中期，每亩套肋移栽 7 000~8 000 株。20 世纪 70 年代末，村域试行免耕移栽，俗称板田菜子，技术要领是“一铲一条缝，一把磷肥送，一穴两棵菜，一脚踏密缝”。一般是先种油菜后开沟，在多雨年份先开部分沟，等田干爽后再种。每 3~4 条（行）油菜开一条竖沟，横头开横沟，中间开腰沟，沟宽 20 厘米，形成高畦，沟泥坌细壅根。20 世纪 80 年代后，村域内全面推行免耕移栽，每亩栽苗 8 000~10 000 株。

（三）施肥

20 世纪 50 年代，村民移栽油菜时，以穴施粪塘泥为基肥，偶用鸡窠灰，冬天施大粪做腊肥。20 世纪 60 年代，在套肋时放猪窠灰或草塘泥做油菜基肥。追肥时，前期施大粪，后期放硫酸铵。20 世纪 70 年代，将用磷、碳酸铵和菜饼等制成的混合肥做基肥，有“无磷不种菜”之说。腊肥为化肥深施，即在干旱年份将化肥或氨水兑水泼浇，既施肥又抗旱。开春施抽苔肥和临花肥。20 世纪 90 年代以后，村域内大面积推广用氮磷钾三元复合肥做基肥，并实行“春肥腊施”，来年施抽苔肥。

（四）病虫害防治

村域油菜病虫害有霜霉病、菌核病、蚜虫病等。

霜霉病 20 世纪五六十年代，用波尔多液防治。20 世纪 70 年代后，村民选用抗病力强的品种，耕地轮作，给种子消毒，适时播种，辅以多菌灵农药防治。

菌核病 20 世纪五六十年代，用波尔多液防治。20 世纪七八十年代，村民注重药剂防治，分别在盛花期、终花期喷多菌灵药液，防治效果显著。20 世纪 90 年代以后，选用抗病力强的品种，耕地轮作，给种子消毒，适时播种，辅以多菌灵、油丰灵、粉霉净等农药综合防治。

蚜虫病 20 世纪 50—70 年代，用乐果、敌百虫农药防治。20 世纪 80 年代，用甲胺磷农药防治。20 世纪 90 年代以后，村民选用抗病力强的品种，耕地轮作，给种子消毒，适时播种，另加甲胺磷、一片净、乐果、快杀灵等农药综合防治。

第三节 农田水利

一、农田整治

平田整地 20 世纪 50 年代初，村域田块大小不等，高低不平，方向不一，田埂弯曲，漏田多，田角多，还有不少“天井田”“镬底田”“小围垦田”，影响农田灌排和耕作。20 世纪 60 年代，结合农田灌溉工程建设，红星大队开始进行平田整地，裁直、改筑大小田埂，拆坟墩，填溇潭河浜，填田边沟塘，构筑便于丘灌丘排、耕作管理的田块。全大队累计拆除荒坟 100 多个，增扩耕地 10 余亩。20 世纪 70 年代，红星大队执行公社治水改土规划，大搞农田基本建设，以园田化要求平田整地，做到“格田成方，丘灌丘排”“土地方整化，寸水棵棵到”。在风雷河开浚、丰产河开挖后，将废弃河道填没还耕，挖废土地平整回收。1971—1978 年，红星大队平整回收土地 70.5 亩。至 1980 年，红星大队 2 461.53 亩耕田全部被建成旱涝保收的优质粮田。1971—1978 年红星大队土地平整回收情况如表 4-8 所示。

表 4-8　1971—1978 年红星大队土地平整回收情况一览表

单位：亩

项目内容	建学校	开浚风雷河	开挖干渠	红星西站	知青点	企业用地	丰产河	居民点	公房公场
压废	1.8	30	18	1	4	2	39.6	6.6	15.0
平整回收	0.0	18	12	0	0	0	38.0	0.0	2.5

说明：压废土地以实际压废面积计算；平整回收指老河、溇、塘等回填。

复耕复垦　20 世纪 60 年代至 70 年代中期，因兴修水利，大搞农田基本建设，红星大队挖废、压废不少良田，虽然通过填潭、拆坟、围垦荒滩增加了一些耕地面积，但总体而言，耕地还是减少了许多。1962—1980 年，红星大队减少农田 138.77 亩。20 世纪 80 年代初期，广福村响应乡政府的土地复耕号召，要求凡因筑渠、修路，或填宅基、开鱼塘被挖废的耕地必须填没，增加粮田。1992 年、1994 年、1995 年，广福村复垦土地面积分别为 5.3 亩、16.42 亩、6.9 亩。1997 年，广福村完成村域历史上规模最大的土地复垦工程，原广福窑厂 150 亩挖废土地复耕复垦，投入资金近百万元。1998 年，广福村复垦土地 23.5 亩。进入 21 世纪，村域无农田复垦。

二、圩闸建设

（一）圩堤

1950 年，昆山县人民政府提出“民圩民办”。1950 年 2—4 月，村域内常熟塘堤岸得到修复、加固，堤顶宽 0.6～1 米，堤高 3.90～3.98 米。1951—1955 年，村域所在广福乡实行修堤复圩工程，对防御洪涝灾害起到一定的作用。1956 年后，每年冬春，村域按照城北乡（后称城北人民公社）要求，调集劳力修筑、加固圩堤。20世纪70年代中期，红星大队开展农田基本建设，要求“圩堤堤高超过历史最高水位1~1.5米”。除正常修筑圩堤外，为村域内主要干河段圩堤构筑了石护坡或楼板护坡。1990年，广福村累计有圩堤5.26千米、石护坡1.5千米。1991年11月，广福村按“堤高吴淞零点以上4.7米，堤宽3米，其内坡1∶2，外坡1∶1”的要求，对村域200米防洪圩堤进行全面加固整修，共挖土方700立方米。1998年冬至2000年春，广福村投资28.82万元，修筑圩堤护坡。1999年，在上级水利部门的帮助下，张家港河1.8千米石驳岸、陶店河300米楼板护坡，以及其他有安全隐患的堤岸得到整修加固。是年，村域圩堤堤坝平均顶宽4米，堤高吴淞高程5米，总长度6.1千米，其中张家港河石驳岸长1.8千米，陶店河楼板护坡0.3千米、土筑堤坝0.7千米，川家库河南岸土堤坝0.8千米、北岸土堤坝0.6千米，川心泾河两岸土堤坝共0.6千米，小河岸河西岸土堤坝1.3千米。

2000年后，玉山镇把位于民营科技园内的五联、胜利、红星3个联圩合并成民营联圩。此后，村域小河岸河、川家库河等成为民营联圩的圩内河道，因此，村域圩堤长度有所减少。2020年，广福村圩堤长3.19千米，其中张家港河圩堤长1.8千米，陶店河圩堤长1.39千米。

（二）联圩

20世纪50年代前期，昆山县将若干小圩并成大圩，村域归属胜利联圩。1958—1960年，昆山又一次掀起并联圩热潮，村域归属斜港大联圩。1963年开始，昆山兴建“三闸”，整治圩内水系并兴建部分排涝站，对动力不足、排涝能力低的大联圩进行分圩。在20世纪60年代中期，斜港大联圩分拆出胜利、五联等联圩，村域归属胜利联圩。20世纪70年代初，水利事业调整，圩区建设重点为内部配套。村域从胜利联圩分出，建红星联圩。1990年，红星联圩东起小河岸河，西至陶店河，南始张家港河，北至川家库河，圩堤长5.26千米，其中石护坡长1.5千米；总面积3 480亩，耕地面积2 461亩，水域面积249亩，受益面积2 181.9亩，70%以上的耕地田面高程（吴淞零点）2.8~3.8米。圩内设排灌站3座，配3台灌排水泵，抗排能力为日降雨量240毫米，有套闸1座。

2000年后，五联、胜利、红星3个联圩合并成民营联圩。2020年，民营联圩东起皇仓泾河，西到陶店河，南起张家港河，北到新塘河，面积22 880亩。

（三）堰闸

堰闸是圩区咽喉，属圩区重要配套建筑。历史上，村域通向外河的圩内主要河口都筑有堰基，汛来筑堰，汛去开堰。1946 年，村域有庄基浜、双人溇、陶店、川心泾等多条堰基。

1959 年 9 月，斜港套闸建设动工，翌年 4 月竣工，总投资 1.82 万元，受益面积 9 219 亩，涉及胜利联圩（包括红星、力量、胜利 3 个大队）、五联联圩（包括杜桥、丁泾、莫家、五联 4 个大队）。此闸为昆山县第一座套闸，闸址在小河岸南端，由苏州专署水利局设计，采用石结构木质叠梁、门臼式一字门。上闸首宽 8 米，顶高 4.5 米；下闸首宽 6 米，顶高 4 米。闸室可供 15 吨以下船只进出。

20 世纪 70 年代红星大队建红星联圩，将红星北站移建至风雷河北近川家库河口，红星南站移建至风雷河南近张家港河口，分别建套闸 1 座，斜港套闸对村域的调水防汛功能消失。1993 年，广福村翻建红星南站，同时翻建套闸 1 座。该套闸为钢筋水泥结构，装有电动开关装置，闸孔数量为 1 孔，总净宽为 4 米，顶宽 0.2 米，高度为 7 米。副闸闸孔数量为 1 孔，总净宽为 4 米，顶宽 0.2 米，高度为 7 米。2006 年，广福村移建红星北站，同时移建防洪闸 1 座。水闸为钢筋水泥结构，闸门高度为 7 米，装有电动开关装置，闸孔数量为 1 孔，总净宽为 5 米，顶宽 0.2 米，高度为 7.0 米。2017 年，广福村在西蒋泾河向西延伸与张家港河交界处，建蒋泾浜站，同时建单孔 6 米伸缩式钢防洪闸 1 座，上顶高程为 4.5 米。2020 年，广福村有套闸 1 座、防洪水闸 2 座。

三、机电排灌

（一）泵站

20 世纪 50 年代前期，村域内农田排灌主要靠“三车”（人力水车、牛力水车、风力水车）。1957 年 10 月 3 日，24 英寸轴流泵电力排灌站在村域东南斜港桥动工建设。当年 12 月，引水工程告竣。翌年春，排灌站主体工程竣工。装机 2 台，共 66.24 千瓦，灌溉面积 8 550 亩，耗资 8.84 万元。排灌区东达皇仓泾河，南临常熟塘（张家港河），西抵川心泾河（陶店河），北至川家库、庙东河，覆盖红星、力量、胜利、杜桥 4 个高级社。斜港电力排灌站为昆山县首座轴流泵站，启用之后，村域农耕受益明显。1958 年 6 月 28 日，《昆山县报》刊登《电力排灌站发挥了巨大作用——从城北乡看电力排灌的好处》，文中介绍：1957年，红星高级社水稻种植面积 2 927 亩，夏种秧大田每亩施基肥 20 担猪窠，每亩莳秧 1. 6 万棵。1958 年，实现电力排灌后，水稻种植面积不变，秧大田每亩施基肥 45 担，每亩莳秧 3 万棵。与 1957 年相比，施肥和莳秧的工作量明显增多，但夏种结束时间反而提早 5 天，且完成质量好。

1962 年，范草溇河边、红星大队第 11 生产队所在地建杜桥排灌站，主要负责红星、杜桥、莫家 3 个大队的农田灌溉排涝。1968 年，根据县水利部门提出的“机电并举，以机为主，小型为主”原则，红星大队在度塘港（原红星大队大礼堂）附近，开建红星站（后称红星南站），1969 年建成，配备 30 千瓦电机 1 台、20 英寸水泵 1 台。红星站负责红星大队第 6、7、8、9 生产队的农田灌溉排涝，排灌面积约 900 亩。是年，杜桥站移建至红星大队第 10 生产队川心泾幸福桥边，改名为红星北站。

1973 年，红星大队在陶店河与张家港河口建红星西排灌站，负责红星大队第 7、8、9、10 生产队的农田灌溉排涝，配备 13 千瓦水泵 1 台。红星西排灌站灌溉面积 426 亩。1974 年年末，红星北站迁移至风雷河北近川家厍河口，配备 17 千瓦水泵 1 台，灌溉面积 695 亩。1975 年，红星南站迁移至风雷河南近张家港河口，配备 30 千瓦水泵 1 台，灌溉面积 1 031 亩。

1993 年，红星南站在原地翻建，配备 30 千瓦和 55 千瓦电机各 1 台、20 英寸和 32 英寸水泵各 1 台、125 千伏变压器 1 台，灌溉面积 1 070 亩，排涝面积 2 418 亩。1990 年红星联圩电力排灌设备和效益情况如表 4-9 所示。1999 年红星联圩电力排灌设备和效益情况如表 4-10 所示。

表 4-9　1990 年红星联圩电力排灌设备和效益情况统计表

站名	首建年份	经营性质	水泵数量/台	功率/千瓦	灌溉面积/亩	排涝面积/亩
红星南	1969	全民	1	30	1 031	3 480
红星北	1962	全民	1	17	695	
红星西	1973	集体	1	13	426	

说明：1962 年红星北站首建时名为杜桥站。

表 4-10　1999 年红星联圩电力排灌设备和效益情况统计表

站名	新（翻）建年份	经营性质	水泵数量/台	动力/千瓦	灌溉面积/亩	排涝面积/亩
红星南	1993	全民	2	85	533	3 480
红星北	1974	全民	1	22	294	
红星西	1973	集体	1	15	204	

2000 年，红星西站拆除。2002 年，因工业开发和道路修筑，农田排灌设施严重受损，为解决第 1、2、3、14 村民小组 145 亩稻田的排灌问题，广福村增设小站泵 3 处，投入 2.95 万元，共配备水泵 3 台、电箱 3 个及若干电杆电线等配套设施。2003 年，因无水稻种植，村域小站泵被撤销。2005 年 8 月，因无农田灌溉任务，红星南站改为纯排涝站，拆除旧水泵 1 台，剩余水泵 1 台，功率为 55 千瓦。2006 年，红星北站沿川家厍河向西 300 米，迁移至川心泾河口，1 月动工开建，至 2007 年 10 月建成，配备水泵 2 台，主要用于汛期排涝，总投入为 350 万元。

2017 年，广福村在新开挖的西蒋泾河与张家港交界处建蒋泾浜站，配备 28 英寸水泵 2 台，总功率为 80 千瓦。2020 年，广福村有红星南、红星北、蒋泾浜 3 座电力纯排涝站。2020 年广福村电力排涝设备和效益情况如表 4-11 所示。

表 4-11　2020 年广福村电力排涝设备和效益情况统计表

站名	新（翻）建年份	经营性质	水泵数量/台	动力/千瓦	排涝面积/亩
红星南	1993	全民	1	55	4 500
红星北	2006	全民	2	130	
蒋泾浜	2017	全民	2	80	

红星南站（2020年10月，张银龙摄）

（二）沟渠

村域渠道工程与电力排灌站建设同时起步。1957年开工建斜港电力排灌站时，始筑渠道。20世纪60—70年代，红星南站、北站、西站相继建立，村域形成配套完整的沟渠系统。1975年风雷河开浚后，红星大队掀起了以开挖“三沟”为重点的农田水利建设热潮。总沟（又称百脚沟、丰产河）、排水沟和隔水沟，合称“三沟”，是预降内河水位及农田治渍的重要配套工程。1976—1977年，红星大队共开挖丰产河4条，总长2.8千米（其中0.3千米利用老河道），完成土方2.8万立方米。丰产河河面宽7米，底宽1~2米，底高达吴淞零点-0.5米。1976—1977年红星大队开挖丰产河情况如表4-12所示。

表4-12　1976—1977年红星大队开挖丰产河情况统计表

名称	现在组别	开挖年份	土地位置	长度/米	宽度/米	深度/米	土方体积/米^3
丰产河1	1	1976	风雷河东	600	7	3	6 750
丰产河2	2	1976	风雷河东	400	7	3	4 500
丰产河3	8	1977	风雷河西	900	7	3	10 125
丰产河4	9	1977	风雷河西	900	7	3	6 750

说明：丰产河4有300米利用老河道。深度指河岸到河底的垂直距离。

1991年，广福村整修渠道2条，共500米，完成土方2 000立方米；整修“三沟”150条，完成土方7 500立方米。21世纪，随着民营科技园开发和广福锦园、锦隆佳园等小区的建设，广福村的沟渠系统受损，不再承担排灌任务。

（三）排涝

村域属昆北低洼圩区，因自然、社会等因素，历史上倍受洪涝灾害威胁。中华人民共和国成立前，在汛期，村民仅靠挑土筑堰，阻止外河水倒灌，若遇连续暴雨，只能望洋兴叹。

1954年7月初，村域农田全部被淹。在夏爱根、陈来亭、浦杏桂的发动带领下，村民筑常熟塘圩岸500米，分片抗洪排涝。贾家宅基、西蒋泾、浦家宅基、陆家宅基、丁家浜自然村村民到浦家宅基西双人溇排涝，动用5部人力水车，每半小时人员替换1次，每天20人轮流作业；动用2座牛力水车，每2小时人员轮换1次。川家厍自然村村民到东川家厍周文电宅边排涝，动用1座牛力水车、2部人力水车，每天用工20人。角里、庄基浜、夏浜、小港稍、小河岸自然村村民到观水缺口排涝，动用2部人力水车、2座牛力水车，每天用工20人。村民坚持60天连续奋战，圩内水位平均每天下降约3厘米，直到灾情结束。

1957年始，村域发展电力排灌，抗洪排涝能力大大增强。20世纪60—70年代，村域内建3座电力排灌站和相应防洪闸，更新增添抗排设备，在实践中创造出“汛来全面封坝闭闸，预降内河水位，增强抗排能力”的防汛排涝经验，故虽有水患而不成大灾。截至1979年，红星大队根除易涝耕地2 000余亩。

1990年，广福村有排灌站3座、水泵3台，总功率为59.6千瓦，平均排灌流量为2.75米^3/秒。日降雨量100毫米，排灌站22小时可排出积水；日降雨量50毫米，排灌站12小时可排出积水。1996—1997年，村域红星联圩有圩口闸2座、排涝站3座，按标准预降水位1.8米。1999年6月28日晚，昆山突降暴雨，降雨量达150毫米以上，河道水位暴涨，外河水位达吴淞零点3.9米，超3.5米警戒水位。洪水越过第9、10、11村民小组所在的陶店河圩堤。村干部迅速行动，积极组织100余名村民前往，用蛇皮袋5 000余只，修筑堤坝1 000余米。6月30日，村民在丁家浜附近的陶店河堤岸发现两个涵洞，情况危急。广福村村干部带领10余名村民下水堵塞，排除险情。红星南站、红星西站、红星北站全部投入抢险排涝。其间，广福村还临时动用2台柴油机抽水泵，奋战3天3夜，用去柴油约600升。经过多方合力抢救，有力缓解了灾情，将损失降到了最低。是年，150亩农田受淹，经济损失约8 000元。

进入21世纪，村域红星联圩与胜利、五联联圩合建昆山高新区民营联圩。民营联圩地面高程大部分在吴淞零点2.9米以下，闸门常年关闭，圩区预降水位。汛期圩内水位达2.6米时，广福村启动联圩内主要排涝泵站预降水位至2.2米，以应对突发性强降雨天气，做到防患于未然。2013年，广福村有防汛抢险队员15名，储备防汛抢排6寸（1寸≈3.33厘米）潜水泵2台、4寸潜水泵1台。

第四节　农机具

一、传统农具

中华人民共和国成立前后，村域传统农具按生产作业性质分，有翻耕整地、播种积肥、中耕除草、收割脱粒、灌溉排涝、农业运输、农产品加工共7类60余种。20世纪50年代，收割脱粒用镰刀、木扁担、脚踏轧稻机、稻床等；农田灌排主要靠“三车”，即牛力水车、人力水车和风力水车（又称风车）；耕翻土地主要用木犁、耙、铁搭。1978年，红星大队有畜力农具36件，其中犁21个、耙15个。随着时代的发展和耕作方式的改变，至21世纪，稻床、木犁、水车等农具逐渐被淘汰，镰刀、木扁担、铁搭、锄头等农具一直使用至村域农业生产停止。20世纪50年代村域常见传统农具如表4-13所示。

表 4-13 20 世纪 50 年代村域常见传统农具一览表

类型	农具名称
耕翻整地	牛犁、耙戽、铁搭、大铁搭（菱叶齿）
播种积肥	菜花柱、沉豆棒、罱网、塘扒、粪桶、粪勺、土竦、扁担
中耕除草	耥、锄头、耘稻马良（竹马）
收割脱粒	镰刀、木扁担、稻勾绳（担绳）、稻床、鞭盖、手风车、脚踏轧稻机
灌溉排涝	人力水车（手牵车、脚踏车）、牛力水车、风力水车
农业运输	船（橹、篙、篷、跳板）、山笆、栲栳（挽子）、麻袋、斛、簸箕（畚箕）、栈条
农产品加工	木砻、臼（摇臼、椿臼）、石磨

二、农业机械

灌排机械 1958 年春，斜港电力排灌站建成，装机 2 台，总功率为 66.24 千瓦，由红星、力量、胜利、杜桥 4 个高级社合用。1962 年，红星大队 2 471 亩水田全部采用电力排灌。20 世纪 60 年代末至 70 年代初，红星大队先后建起红星南站、红星北站、红星西站 3 座电力排灌站，有水泵 3 台，总功率为 60 千瓦，电力灌溉面积 2 461 亩，排涝面积 3 480 亩。1974 年、1975 年，红星北站和红星南站分别移址翻建。1993 年，红星南站在原址翻建。1999 年，广福村有电力排灌站 3 座、水泵 4 台，总功率为 122 千瓦，电力灌溉面积 1 031 亩，排涝面积 3 480 亩，确保了农田旱涝保收。2000 年，红星西站拆除。2006 年，红星北站移址改建。2017 年，蒋泾浜站新建。2020 年，广福村有泵站 3 座，属于纯排涝型，配备水泵 5 台，总功率为 265 千瓦，排涝受益面积覆盖全村。

拖拉机 1967 年 5 月，红星大队第 3 生产队的一头耕牛患病。在城北人民公社兽医站治疗时，耕牛突然病亡，兽医站补偿大队一台 8 匹手扶拖拉机，此为红星大队历史上首台拖拉机。20 世纪 70 年代初，拖拉机在红星大队推广。1983 年，广福村有手扶拖拉机 14 台。20 世纪 90 年代，广福村有中型拖拉机 2 台、手扶拖拉机 6 台。21 世纪，因无耕田需求，村民不再使用拖拉机。

脱粒机 20 世纪 50 年代中期，村域开始推广铁木结构的脚踏脱粒机（又称轧稻机）。1962年，红星大队有脚踏脱粒机29台。1964年，红星大队第13生产队和第14生产队（现第10、11村民小组）首次联合购买滚动式电动脱粒机1台。是年，全大队有脚踏脱粒机21台。1966年，红星大队第1生产队购买稻麦两用大型脱粒机1台，并以“大包筒”锥形脱粒机（俗称铁老虎）替代人力打秸头，用大型排风扇扬谷除杂。1983年年初，广福村村集体有脱粒机28台。实行家庭联产承包责任制后，脱粒机折价归农户所有。随着家庭联产承包责任制的深入推进，2~3人操作的小型脱粒机逐步普及，一般1~2个家庭拥有1台。1990年，广福村共拥有脱粒机200台。20世纪90年代中期，广福村采用中型拖拉机，收割脱粒一步到位，仅用于脱粒的脱粒机逐渐被淘汰。

其他农机 20世纪60年代初，红星大队与力量、胜利两个大队联合，依托斜港电力排灌站，开办粮食饲料加工厂，先后购买老式砻谷车、碾米车和新式碾米车、粉碎机，既加工粮食（米、面、粉），又加工饲料和柴糠（建筑材料）。1962年，红星大队有喷粉机7台。20世纪70年代，木质农船逐渐为水泥船所取代。红星大队第7生产队首先开始装挂浆机，使水泥船成为机动船。这种船以农运为主。红星大队第6生产队购买小轮船1艘，用于到上海罱河泥和其他农业运输。1983年，广福村有集体农船41条，实行家庭联产承包责任制后把农船转让给农户。是年，广福村筹措资金，购买2条17吨机动船，建运输队，对外开展运输服务。1987年年底，运输队解散。进入21世纪，由于农业生产停止，以上农机随之消失。

三、农机管理与服务

20世纪六七十年代，村域红星南站和红星北站属全民单位，红星西站属集体单位，相应的排灌机械归国家或大队集体所有；脱粒机、拖拉机等农机归生产队集体所有。每个电力排灌站都配备专门人员，受公社水利站专业指导，负责机械设备的使用、保养和维修；每个生产队配备管水员。对于拖拉机、脱粒机等农机管理，大队配备农机管理员，接受公社机电管理站业务培训，负责全大队的农机管理与维修。生产队配备拖拉机手，负责拖拉机的使用、维修、保养，一般还兼管柴油机、挂浆机、脱粒机的使用、维修、保养。另外，生产队还配备业余电工和机修员，负责电动机、电风扇和农用电路的管理、保养、维修。重大故障一般由大队农机管理员、公社农机管理服务站专业人员或专业修配工厂处理。

1983 年，村域内全面推行家庭联产承包责任制，并由村经济合作社组织牵头，成立村农机队。拖拉机等大型农机的维修由村农机队统一负责。农机队配备一名专职机务员（兼任队长），配备农机手和相应数量的农业机械。村域 3 座电力排灌站负责农田排水及灌溉，各设站主任 1 名，配备机电工、管水员，负责水利设施和排灌机械的使用与维修。小型农机的使用、维修由农户家庭自行负责。农机队一般在农忙前接受镇农机站业务培训，负责大型农机具的检修。农忙时，农机队投入农机服务，在镇农机站的指导下，进行故障处理和维修，在农忙结束后，再进行保养。1997 年，村农机队依据城北镇政府文件，规范农机作业标准：中拖旋耕机，每台作业 400 亩；联合收割机，每台作业 250 亩；水稻割晒机，每台作业 150 亩；中拖开沟机，每台作业 250 亩；手拖开沟机，每台作业 150 亩。进入 21 世纪，因粮油作物种植停止，广福村的村集体农业机械全部转让，电力排灌站改为纯排涝作业，不再需要农机服务，农机队撤销。

第五章　村域经济

20世纪50年代，村域水稻单产约200公斤、小麦单产约60公斤，年产值合计每亩50~60元。20世纪60年代，红星大队与邻近大队合办粮食饲料加工厂；农业产值20万元左右，粮油收入占比为80%以上。20世纪70年代，农业产值从20多万元增长到30多万元。1977年，红星大队创办城北人民公社第一家队办电子企业——昆山红星电子元件厂。20世纪80年代，村域农、副、工三业并举，农业全面实行家庭联产承包责任制，开挖精养鱼塘进行水产养殖，创办3家村办企业。20世纪90年代，产业结构调整，私营企业进驻村域，租赁经济随之兴起。1995年，广福村粮油收入在农业产值中的占比首次缩小至80%以下。1996年，村办企业完成转制。21世纪，集体租赁经营成为村域经济主要特色，广福村共投资建设租赁资产项目7个，建成厂房、货场、码头等。2020年，广福村村级集体总收入783.54万元，总资产5 218.56万元，净资产4 988.79万元。

第一节　农业收入

一、粮油作物收入

1949年、1952年，村域所在广福乡水稻单产分别为140公斤、200公斤，每亩产值30~45元。1953年，广福乡早稻单产210公斤，中稻单产240公斤，小麦单产60公斤，平均每亩年产值在60元以内。1967年，红星大队农业产值21.62万元，扣除支出后纯收入13.49万元。其中，水稻种植面积2376.5亩，产量608.8吨，产值15.78万元；三麦种植面积759.88亩，产量62.3吨，产值1.74万元；油菜种植面积251.30亩，产量11.3吨，产值0.48万元。

1973年，红星大队农业产值29.2万元，扣除支出后纯收入17.89万元。其中，水稻种植面积2 170亩，产量1 042.9吨，产值21.12万元；三麦种植面积1 040亩，产量98.7吨，产值2.14万元；油菜种植面积286亩，产量18.4吨，产值1.44万元。

1980年，红星大队农业产值38.74万元，扣除支出后纯收入22.88万元。其中，水稻种植面积2 258亩，产量947.2吨，产值21.86万元；三麦种植面积1 029亩，产量284.9吨，产值7.93万元；油菜种植面积321亩，产量35吨，产值2.5万元。1967—1980年红星大队粮油作物产值情况如表5-1所示。

表 5-1 1967—1980 年红星大队粮油作物产值选年统计表

单位：万元

年份	产值				
	合计	水稻	三麦	油菜	其他
1967	21.62	15.78	1.74	0.48	3.62
1970	23.61	17.28	1.78	0.97	3.58
1972	27.83	18.05	3.02	2.26	4.50
1973	29.20	21.12	2.14	1.44	4.50
1975	25.34	17.76	2.19	1.06	4.33
1978	32.52	20.11	4.58	2.40	5.43
1980	38.74	21.86	7.93	2.50	6.45

说明："其他"是指稻草、麦草、菜萁、花草等收入总和。

1983 年冬，广福村全面推行家庭联产承包责任制，按"人分口粮田、劳分责任田"办法，明确"三定"政策，即定粮油产量、定口粮、定交售粮油任务，包干到户。农户与广福村签订土地承包合同，合同规定：农户必须完成国家粮食征购、定购任务，自愿交售议购粮后自主支配；油菜籽完成定购任务后，按出油率返还食油；农户按承包土地面积缴纳水电费、机耕费和集体提留款后，经济收入全部归农户所有。是年，广福村有耕地 2 247.9 亩，其中责任田 1 791.9 亩、口粮田 456 亩；年粮食承包产量指标 113.04 万公斤，其中水稻 88.18 万公斤、三麦 24.86 万公斤；完成国家集体粮食任务 76.35 万公斤；农户自留粮食 36.69 万公斤，其中种子 0.55 万公斤、口粮 28.52 万公斤、饲料粮 7.62 万公斤。1983 年广福村农业承包指标数据如表 5-2 所示。

表 5-2 1983 年广福村农业承包指标数据统计表

单位：公斤

组别	水稻面积/亩	水稻产量指标	三麦面积/亩	三麦产量指标	年粮食产量	国家集体粮食任务	农户自留粮
1	137.6	56 850.0	82.8	16 116.0	72 966.0	47 366.0	25 600.0
2	139.7	55 102.0	82.8	16 205.0	71 307.0	42 713.5	28 593.5
3	109.5	42 857.0	60.1	12 143.5	55 000.5	37 725.0	17 275.5
4	137.2	54 057.5	72.1	15 112.5	69 170.0	52 381.0	16 789.0
5	157.3	64 637.0	90.1	18 586.5	83 223.5	57 583.5	25 640.0
6	173.7	68 953.0	107.8	19 222.0	88 175.0	58 819.0	29 356.0
7	191.2	76 733.0	113.4	21 169.5	97 902.5	69 499.0	28 403.5
8	155.1	61 699.0	79.1	16 776.0	78 475.0	52 923.0	25 552.0
9	191.3	74 798.0	112.9	21 588.5	96 386.5	58 024.0	38 362.5
10	216.7	81 301.5	126.4	23 280.0	104 581.5	78 149.0	26 432.5
11	176.6	69 103.5	98.8	18 685.0	87 788.5	58 927.0	28 861.5
12	148.5	59 275.0	81.9	16 926.0	76 201.0	49 834.5	26 366.5
13	141.1	54 170.0	79.9	15 515.5	69 685.5	43 860.0	25 825.5
14	159.4	62 310.0	88.8	17 292.0	79 602.0	55 743.0	23 859.0

20 世纪 90 年代，广福村发展农业规模经营，农业规模经营户与村里签订农业承包合同。1995 年，广福村有规模经营户 12 户，承包耕地面积 1 038.58 亩。1996 年，广福村有规模经营户 11 户，承包耕地面积 1 027.65 亩；有粮食定购合同任务 25.1 万公斤（水稻 21.775 万公斤、三麦 3.325 万公斤），油菜定购合同任务约 0.72 万公斤，分别占全村粮食定购任务的 100%、油菜定购任务的 40.39%。1996 年广福村农业规模经营户粮油定购任务如表 5-3 所示。

表 5-3　1996 年广福村农业规模经营户粮油定购任务一览表

经营户	责任田面积/亩	口粮田面积/亩	耕田总面积/亩	粮食总任务/公斤	三麦任务/公斤	水稻任务/公斤	油菜任务/公斤
孙成叶	64. 24	2. 40	66. 64	16 094. 50	2 132. 00	13 962. 50	469. 00
陈培来	64. 46	1. 80	66. 26	16 149. 50	2 139. 50	14 010. 00	467. 00
夏柏明	143. 13	1. 80	144. 93	35 859. 50	4 750. 00	31 109. 50	1 021. 00
鲁修山	51. 20	2. 40	53. 60	12 827. 50	1 699. 50	11 128. 00	377. 50
陈友弟	96. 44	3. 60	100. 04	24 162. 00	3 200. 50	20 961. 50	705. 00
张炳其	69. 29	2. 40	71. 69	17 359. 50	2 299. 50	15 060. 00	505. 00
徐大文	78. 34	2. 40	80. 74	19 627. 00	2 600. 00	17 027. 00	569. 00
陈永良	76. 87	2. 40	79. 27	19 259. 00	2 551. 00	16 708. 00	558. 50
陈金娣	78. 84	1. 80	80. 64	19 752. 50	2 616. 50	17 136. 00	568. 50
徐大平	157. 37	2. 40	159. 77	39 427. 00	5 223. 00	34 204. 00	1 126. 00
张永林	121. 67	2. 40	124. 07	30 482. 00	4 038. 50	26 443. 50	875. 00

1996 年，广福村农业产值 253. 88 万元，为历史最高。是年，村域水稻种植面积 1 634 亩，稻谷产量 898. 7 吨，产值 150. 98 万元；小麦种植面积 831 亩，产量 220. 3 吨，产值 32. 6 万元；油菜种植面积 663. 5 亩，产量 68. 5 吨，产值 18. 5 万元。

1998 年，广福村根据上级有关文件，进一步稳定完善农村土地承包关系，发放“集体土地承包经营权证书”，进行土地确权。确权后的土地转包给经营者，须签订土地使用流转协议书和规模经营承包协议书。是年，广福村 199 户农户签订土地经营权流出协议，17 户农户签订土地经营权流进协议，涉及耕地面积 868. 88 亩；13 户农户签订规模经营承包协议，涉及耕地面积 915. 13 亩，粮油收入全部由农户支配。

2000 年，广福村农业承包面积 386. 54 亩，其中口粮田 208. 49 亩、责任田 178. 05 亩；副业承包面积 1 183. 80 亩，其中蔬菜种植 84 亩，花木 130. 5 亩，养鱼364.3亩，养虾316亩，特养289亩；上交农业税2.12万元，各项承包费用4.27万元，其中公平负担费2.42万元，以资代劳费1.6万元，副业上交费0.25万元（不含副业合同定额上交部分）。

2001年，村域内停种小麦。是年，广福村农业产值27.2万元。其中，水稻种植面积198亩，产量108吨，产值13.6万元；油菜种植200亩，产量25吨，产值4.4万元。2003年，村域内停种粮油作物。是年，广福村农业产值16.2万元，收入主要来自蔬菜和花卉种植。1990—2002年广福村农业及粮油作物产量、产值如表5-4所示。

表5-4　1990—2002年广福村农业及粮油作物产量、产值统计表

年份	总产值/万元	水稻		小麦		油菜	
		产量/吨	产值/万元	产量/吨	产值/万元	产量/吨	产值/万元
1990	92.01	899.80	50.73	177.30	8.87	96.00	14.52
1991	86.83	924.00	50.64	156.00	7.07	88.20	11.63
1992	113.18	1040.10	66.20	139.10	8.62	116.50	15.84
1993	122.01	905.00	81.45	148.16	10.37	79.07	11.85
1994	175.97	807.50	117.90	137.00	14.62	40.20	10.21
1995	195.45	811.70	118.50	172.00	22.38	42.30	11.42
1996	253.88	898.70	150.98	220.30	32.60	68.50	18.50
1997	229.20	697.80	113.01	235.60	33.93	75.40	20.36
1998	205.65	802.40	126.78	112.50	15.30	20.00	5.60
1999	184.39	699.20	85.30	198.80	21.87	68.50	14.39
2000	93.27	258.60	31.55	52.50	4.20	37.50	6.38
2001	27.20	108.00	13.60	—	—	25.00	4.40
2002	24.25	50.00	5.30	—	—	12.00	2.11

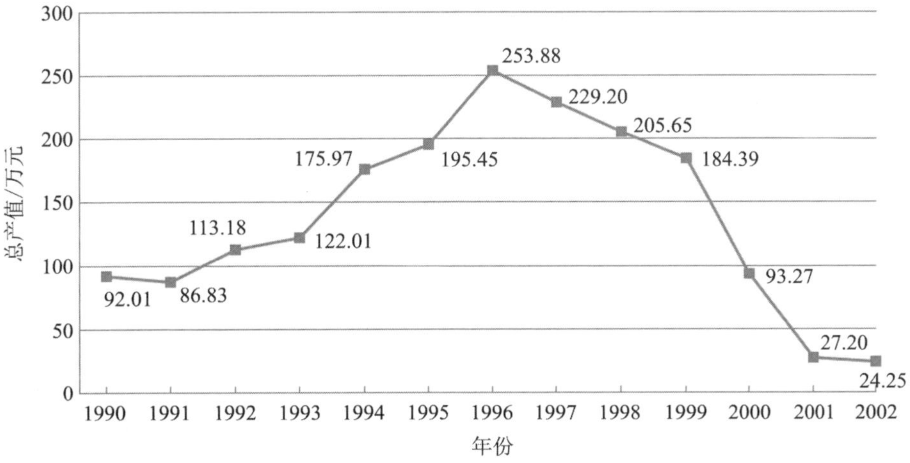

1990—2002 年广福村农业产值变化趋势图（编纂组提供）

二、畜禽养殖收入

中华人民共和国成立前，村域畜禽养殖数量不多，养殖种类主要有猪、牛、羊、鸡、鸭、鹅。猪为土猪，羊以山羊居多，牛以水牛为主。除水牛用于农用耕地外，其他畜禽主要用于村民自食。

20 世纪 50 年代，集体畜禽养殖生产开始发展。20 世纪 60 年代至 70 年代初，畜禽养殖时兴时衰。1965 年，红星大队集体养猪收入 4 948.04 元。1967 年，红星大队第 9 生产队养殖种鸭，收入 450 元。1975 年，红星大队各生产队开展集体养猪，收入 5 371.72 元。1978 年 6 月，红星大队有耕牛 20 头；存栏生猪 505 头，其中集体所有 221 头。是年年底，全大队集体养猪收入 7 481.02 元。第 8 生产队饲养种鸭产蛋 295 公斤，收入 295 元；养禽收入 105.19 元。第 10 生产队饲养家禽，收入 703.77 元。

1980 年年底，红星大队有存栏生猪 392 头，当年出圈生猪 1 091 头；存栏耕牛 22 头、绵羊 16 只；存栏家禽 1 508 只，当年出售家禽 1 350 只。是年，红星大队集体养猪收入 1.06 万元，实现历史性万元突破。第 7 生产队养鹅收入 758.15 元，第 13 生产队养鸭收入 1 631.67 元。1983 年，实行家庭联产承包责任制后，村域内停养耕牛。

1990 年，广福村出售生猪毛重 61.8 吨，产值 21.63 万元；出售山羊 10 只，产值 0.1 万元；出售家禽 36 500 只，产值 50.8 万元；出售禽蛋 9 吨，产值 4.78

万元。1994 年，广福村出售生猪毛重 146 吨，产值 116.8 万元，为村域历史上养猪最高产值。是年，广福村出售山羊 626 只，产值 11.27 万元；出售家禽 45 471 只，产值 72.75 万元；出售禽蛋 8 吨，产值 4.4 万元。2003 年，村域畜禽养殖停止。1991—2002 年广福村生猪养殖产值如表 5-5 所示。1991—2002 年广福村家禽养殖产值如表 5-6 所示。

表 5-5　1991—2002 年广福村生猪养殖产值统计表

单位：万元

年份	总产值	其中生猪出售	年份	总产值	其中生猪出售
1991	24.36	23.56	1997	59.40	50.40
1992	48.64	44.45	1998	25.79	25.79
1993	57.20	54.80	1999	26.10	25.20
1994	128.07	116.80	2000	32.77	32.50
1995	50.80	40.00	2001	35.11	34.21
1996	59.12	37.20	2002	35.00	34.00

表 5-6　1991—2002 年广福村家禽养殖产值统计表

单位：万元

年份	总产值	其中家禽出售	年份	总产值	其中家禽出售
1991	32.82	29.38	1997	27.65	25.50
1992	37.84	32.92	1998	33.63	31.89
1993	35.64	29.34	1999	27.23	25.20
1994	77.15	72.75	2000	8.97	7.55
1995	30.40	27.00	2001	5.09	3.65
1996	28.61	26.02	2002	5.09	3.65

三、水产养殖收入

中华人民共和国成立前，村域河道无水产养殖，村民或附近渔民捕捉的都是野生的鱼、虾、蟹。20 世纪 50—60 年代，红星大队部分生产队开展河沟养鱼。1965年，全大队共有5个生产队开展河沟养鱼，产量321.8公斤，合计收入257.46元。在“文化大革命”前期和中期，集体河沟养鱼停止，后期恢复。1972年，红星大队第1、6、9、10、11生产队进行河沟养鱼，合计收入796.1元。1978年，红星大队第1、5、6、8、9、10、11生产队进行河沟养鱼，合计收入1 014元。

1983年，广福大队副业组投资3.5万元，利用第12生产队双柴溇的低田，开挖精养鱼塘30亩，主要养殖青鱼、草鱼、鲢鱼（花鲢、白鲢）等品种，当年总收入1.5万元。

1990年，广福村水产养殖总面积163.65亩，其中精养面积17.3亩、河沟养殖面积146.35亩。是年，鱼类产量8.5吨，产值3.4万元。1992年，按城北镇政府“谁养谁开挖，承包期五年”的开挖鱼塘规定，广福村利用低洼田、边角田块开挖精养鱼塘10亩。1995年，广福村养鱼面积310亩，鱼类产量186.4吨，产值165.9万元，为村域历史上鱼类养殖最高产值。1996年，广福村开始养殖河虾。是年，养虾面积119.4亩，产量7吨，产值33.32万元。1999年，农业产业结构调整，广福村新开精养鱼塘790亩，全村水产养殖面积达1 070亩。

2000年，广福村开始养殖河蟹。是年，广福村有水产养殖户64户，水产养殖面积1 090亩，产值378.6万元，为村域历史上水产养殖最高产值。其中，养鱼面积168亩，产量84吨，产值65万元；养虾面积416亩，产量20.8吨，产值70.72万元；养蟹面积506亩，产量20.24吨，产值242.88万元。之后，由于339省道建设和民营科技园开发建设，大批鱼塘被征用，水产养殖规模开始萎缩。2003年，广福村水产养殖面积400亩，产值154.6万元。其中，养鱼面积180亩，产量160吨，产值113.6万元；养虾面积200亩，产量10吨，产值30万元；养蟹面积20亩，产量1吨，产值11万元。1990—2003年广福村水产养殖产量及产值如表5-7所示。

表 5-7　1990—2003 年广福村水产养殖产量及产值一览表

年份	鱼类		虾类		蟹类	
	产量/吨	产值/万元	产量/吨	产值/万元	产量/吨	产值/万元
1990	8.50	3.40	—	—	—	—
1991	15.00	6.75	—	—	—	—
1992	11.30	5.21	—	—	—	—
1993	100.00	50.00	—	—	—	—
1994	158.00	127.83	—	—	—	—
1995	186.40	165.90	—	—	—	—
1996	115.00	103.50	7.00	33.32	—	—
1997	120.00	96.00	7.00	33.32	—	—
1998	88.00	79.60	10.30	49.03	—	—
1999	84.00	69.70	10.80	54.00	—	—
2000	84.00	65.00	20.80	70.72	20.24	242.88
2001	76.00	37.23	20.00	68.00	9.70	93.37
2002	170.00	129.74	12.00	42.30	20.00	210.00
2003	160.00	113.60	10.00	30.00	1.00	11.00

四、果蔬种植收入

青梗种植　中华人民共和国成立前后，村域农户在宅前屋后、河坡滩涂、田岸堤埂等边角地种植果蔬。20 世纪 50 年代中后期，村域内开办集体食堂，开辟蔬菜地，配专人种植蔬菜瓜果，供食堂日常所用。20 世纪 60 年代初，村域内大种胡萝卜、大头菜，以瓜菜替代补充粮食。1962 年，村域内重新划分自留地，社员家庭自主种植果蔬，供自家食用。1967 年，红星大队第 6 生产队集体种植大白菜、西瓜，收入 2 064.14 元。20 世纪 70—80 年代，村域内粮食供应缓和，果蔬种植面积扩大，品种增多，产量提升，社员把多余的果蔬拿到附近北窑集市出售，增加收入。1980 年，红星大队第 6、7、9 生产队集体种植西瓜，合计 13 亩，产量 6 500 斤，产值 5 200 元。

1998 年，广福村果蔬种植累计产值 20.46 万元。其中，蔬菜（含菜田瓜）种植面积 70 亩（含复种），产量 70 吨，产值 10.5 万元；果用瓜种植面积 12.5 亩，品种为西瓜、香瓜、甜瓜，产量 25 吨，产值 3.6 万元；水果种植面积 19 亩，品种为橘子、桃子、梨等，产量 32 吨，产值 6.36 万元。1999 年起，因征地，村域果用瓜和水果种植停止。2000 年，蔬菜种植产值创历史最高。是年，广福村常年蔬菜地 84 亩，蔬菜（含菜田瓜）种植面积 166 亩（含复种），产量 150 吨，产值 22.5 万元。2004 年，蔬菜种植停止。1990—2003 年广福村蔬菜（含菜田瓜）种植产量及产值如表 5-8 所示。

表 5-8 1990—2003 年广福村蔬菜（含菜田瓜）种植产量及产值一览表

年份	产量/吨	产值/万元	年份	产量/吨	产值/万元
1990	6.00	0.28	1997	70.00	9.38
1991	13.20	0.61	1998	70.00	10.50
1992	6.00	0.32	1999	80.00	12.00
1993	6.00	0.60	2000	150.00	22.50
1994	33.00	6.60	2001	150.00	9.80
1995	7.30	8.00	2002	80.00	9.84
1996	65.00	7.80	2003	15.00	1.20

蘑菇种植　1980 年红星大队第 9、13、14 等生产队开始种植蘑菇，每个生产队种植 2 000 平方米左右；是年，第 9 生产队蘑菇产量 1 600 公斤，收入 2 743.29 元。1982 年，广福大队安排 2 名管理人员负责蘑菇种植，以生产队为单位，新建或用猪棚改建蘑菇房，派人去外地学习蘑菇种植技术；是年种植蘑菇的生产队增至 9 个，合计种植面积 1.93 万平方米，产量 7 732 公斤。蘑菇产出季节，镇供销社每日统一收购，各生产队种植蘑菇全年总收入约 2.61 万元。1983 年，村中实行家庭联产承包责任制后，集体种植蘑菇停止。1982 年广福大队蘑菇种植情况如表 5-9 所示。

表 5-9　1982 年广福大队蘑菇种植情况一览表

队别	面积/米²	产量/公斤	产值/元
1	—	—	—
2	—	—	—
3	2 000	800	2 263.04
4	—	—	—
5	2 500	1 000	3 589.50
6	2 900	1 160	3 602.42
7	2 200	880	970.23
8	—	—	—
9	1 980	792	1 781.79
10	2 300	920	2 760.00
11	2 050	820	3 255.77
12	1 800	720	2 529.54
13	—	—	3 000.00
14	1 600	640	2 388.64

五、花卉种植收入

历史上，村域内花卉种植极少，偶有村民栽种几株凤仙花、桂花、月季等，仅供观赏。1996 年 5 月，广福村组织人员到南京、上海寻找市场，并聘请专家论证，引进鲜花品种，搞基地种植试点。6 月，广福村投资 6 万元，在第 14 村民小组办起昆山市第一家鲜切花种植基地（面积 4 亩），建标准大棚 6 个，种植满天星、玫瑰、山草、菖兰等品种，是为昆山市大棚种植鲜花先例。鲜切花种植基地生产的鲜花，在昆山市北门路有专门店面销售，部分鲜花还销往上海永嘉路花卉市场、江桥花卉市场。是年 12 月底，鲜花销售超 2 万元，利润 1 万元。

1997 年，广福村走“以花兴村”农业产业化发展道路，打造花卉种植“一村一品”特色，将鲜切花种植基地迁至第 12 村民小组庄基浜自然村农田（面积 30 亩），追加投资 15 万元，新建标准大棚 25 个，主要种植康乃馨、玫瑰、情人草、勿忘我等花卉品种，当年收支持平。1998 年，广福村将鲜切花种植基地承包给私人自主经营，引进投资人吴桂林，投入 300 万元，将基地面积扩大到 120 亩。该基地除了种植花卉外，还种植绿化、盆栽苗木，成为昆山市最大的村级花木基地，村年租金收入 15 万元。1999 年起，广福村种植花卉 22 亩、苗木 63 亩，村集体鲜切花种植基地租金收入每年 10 万元。2006 年 12 月，广福村规划建设锦隆佳园住宅小区，鲜切花种植基地因土地征用消失。

六、其他副业收入

“打小练” 广福村及附近居民将造纸过程中纸浆的前期原料纸脚称为“小练”，“打小练”即把稻草打磨成纸脚。20 世纪 70 年代后期，红星大队第 4 生产队由在昆山造纸厂工作的本队社员仲宝生牵头，与造纸厂发生业务往来，把“小练”出售给造纸厂，增加集体收益。由于“小练”又是石灰粉刷建筑墙面的必要添加材料，因此 1979 年，第 4 生产队把“小练”出售给建筑工地上的集体经营户，经济收入更加可观，“打小练”也从第 4 生产队扩展到第 8 生产队。1980 年，第 4 生产队“打小练”全年收入 8 090.77 元。1983 年，实行家庭联产承包责任制后，“打小练”由集体转为家庭私人经营，范围也扩大到更多的村民小组。20 世纪 90 年代初，“打小练”在村域内消失。

搞运输 20 世纪 70 年代，红星大队部分生产队通过搞运输增加集体收入，主要运输建筑材料。1972 年，红星大队第 6 生产队搞运输收入 1 929.75 元。1983 年，广福村筹集资金 2 万元，购买 2 条 17 吨机动船，成立运输队。运输队有 6 名工作人员，主要为昆山面粉厂运输小麦、麦麸、糠等货物，也曾为昆山药货厂装运原料。运输费用由村向业务单位结算，每年收入 2 万元左右，除去运输队的人员工资等基本支出，其余资金补贴村农机队，用于农机保养和维修、农机队队员部分工资等支出。1987 年年底，运输队停止营业。

第二节 工业经济

一、村办企业

20世纪60年代初，红星、胜利、力量3个大队依托斜港电力排灌站，合办粮饲加工厂，为社员加工粮食、饲料及建筑用柴糠。1977年，红星大队创办城北人民公社第一家队办电子企业——昆山红星电子元件厂。20世纪80年代，红星大队先后成功创办广福预制场、昆山城北环保厂、昆山城北助剂厂、广福炒货厂、昆山三联工程机械厂5家企业。

20世纪80年代中期，村办工业企业实行在村党支部领导下的厂长负责制。村办企业与村签订“五定一奖”（定人员、定报酬、定产值、定销售、定利润，发超利润奖）经济合同。企业的用工、经营、集资、分配、奖金发放等，须报村审批。1987年，城北乡党委、乡政府决定扩大企业自主权，即企业有自主招工权、自主组阁权、自主经营决策权、自主调度资金权。1988年，昆山红星电子元件厂、昆山城北助剂厂、昆山城北环保厂、广福预制场4家村办工业企业全部实行厂长承包责任制。企业和村签订经济指标承包合同。合同定产值、定销售、定利润、定“三项资金”（应收账款、预付账款、存货）占比、定上交资金、定厂长和职工的基本工资及奖金结算办法。企业年终分配须经村审定。

20世纪90年代初，广福村依照相关政策逐渐对村办企业实施关停或转制，其间关掉昆山红星电子元件厂、广福预制场、昆山城北环保厂及广福炒货厂4家企业；1996年11月，昆山城北助剂厂、昆山三联工程机械厂转制。至此，企业承包管理形式终止，广福村村办企业消失。

昆山红星电子元件厂　1975年，红星大队与红星小学联合创办校办厂“五七”标牌厂，主产电扇标牌、电扇面板。1977年，校办厂拆分，红星大队利用拆分所得的资金、人员，创办昆山红星电子元件厂。该企业为城北人民公社第一家队办电子企业，注册资金5万元，高峰期年产值40万元，利润8万元，有职工76人。1979年，该企业设分厂——红星大队线路板厂。1983年，再设分厂——红星标牌厂。该企业曾为中华人民共和国第六机械工业部提供环氧树脂线路板产品，为苏州长城电扇厂、苏州香雪海电冰箱厂等大型企业提供标牌产品。1990年。该企业关停。

昆山红星电子元件厂历任厂长：张国元（1977—1982年）、王维章（1983年）、夏金男（1984—1986年）、王振明（1987—1988年）、夏银生（1989—1990年）。

广福预制场 1984年，广福预制场创办，注册资金2万元。该企业高峰期年产值50万元，利润2万元，有职工15人。主要产品为水泥管，销往昆山周边乡镇的水利站，用于水利建设；也曾销往上海金星电视机厂昆山分厂，用于基础设施建设。另一种主要产品是水泥楼板，出售给附近及周边地区的居民，用于民房建设。1990年，该企业关停。

广福预制场历任厂长：浦炳生（1984年）、贾玉林（1985年）、陈有培（1986—1990年）。

昆山城北环保厂 1984年，昆山城北环保厂创办，注册资金2万元。该企业高峰期年产值30万元，利润2万元，有职工8人。主要生产环保分离器、化工原料储存器等产品，曾为上海煤气公司提供产品。1991年，该企业关停。

昆山城北环保厂历任厂长：王维章（1984—1987年）、夏银生（兼）（1987—1989年）、夏全生（1989—1991年）。

昆山城北助剂厂 1986年，昆山城北助剂厂创办，注册资金5万元。该企业高峰期年产值100万元，利润15万元，有职工10人。主要生产多种印染助剂，曾为昆山本地、苏州相城、吴江震泽以及无锡惠山玉祁等地的印染厂提供产品。1996年11月，该企业转制。是年，该企业占地面积871.2平方米，房屋建筑面积338.4平方米，有职工8人。当年10月，账面净资产33.63万元。

昆山城北助剂厂历任厂长：夏银生（1986—1989年）、夏泉林（1989—1996年）。

昆山三联工程机械厂 1992年，广福村创办昆山纺机厂城北分厂，为昆山纺机厂生产配套产品。1994年5月，昆山纺机厂城北分厂变更为昆山三联工程机械厂，企业性质仍为村办企业，注册资金20万元。该企业高峰期年产值80万元，利润2万元，有职工20人。主要生产铝合金、塑钢门窗。1996年11月，该企业转制。是年，昆山三联工程机械厂厂区占地面积364.6平方米，房屋建筑面积343.32平方米，有职工7人。当年10月，账面净资产68.36万元。

昆山三联工程机械厂历任厂长：浦炳生（1992—1994年）、包光中（1994—1995年）、陈有培（1995—1996年）。

二、驻村企业

1987年4月，广福砖瓦厂投产，成为村域内第一家驻村镇办企业。该企业占地面积18.51万平方米，建筑面积7 573.1平方米，有职工350人，固定资产原值350万元。1987年，在广福砖瓦厂的资助下，广福路沿风雷河延伸，修筑到广福砖瓦厂，给村民出行提供了方便。该企业高峰期有职工700多人，其中广福村村民200余人，约占全村劳动力的一半。1996年，广福砖瓦厂转制。1998年，广福砖瓦厂关停。

20世纪80年代的广福砖瓦厂（一）
（王金华提供）

20世纪80年代的广福砖瓦厂（二）
（王金华提供）

20世纪90年代，先后有昆山恒发电线厂、城北印刷厂、昆山中苑毛条厂、昆山船舶修造厂、昆山经苏机械厂等私营企业驻村。这些企业租用村里的土地或厂房，解决了部分村民的就业问题。

2000年8月，昆山城北民营经济投资区易名为民营科技园。是年，驻村大型民企江苏凯宫机械股份有限公司成立，当年投产。2001 年 1 月，根据民营经济发展需要，玉山镇政府在村域规划建设民营三区、五区。民营三区总面积 0.93 平方千米，土地全部源自广福村。民营五区总面积 1.84 平方千米，土地主要源自广福村。2003 年，落户民营三区的大型民企凯宫机械，批租土地 67.1 亩，投入资金 3 050 万元。2008 年 9 月，大型外资驻村企业茂迪（苏州）新能源有限公司投产，注册资本 5 400 万美元，投资总额 1.14 亿美元。2020 年，广福村有各类驻村企业 401 个。数量排名前三的行业大类有生产类（190 个）、商贸类（107 个）、社会服务类（45 个），详情见表 5-10。大批驻村企业的到来，为村域租赁经济的发展带来了机遇。

表 5-10　2020 年广福村驻村企业分类统计表

行业大类	数量/个	对应行业小类分布
生产	190	金属五金 116 家、电子电器 31 家、轻工机械 8 家、建筑建材 3 家、仪器仪表 3 家、工艺美术 2 家、服装纺织 1 家、其他生产企业 26 家
商贸	107	超市 2 家、商店 7 家、其他商贸企业 98 家
社会服务	45	废品收购店 1 家、加油站 1 家、美容美发店 9 家、事务所 1 家、其他服务企业 33 家
旅游餐饮	41	餐馆 40 家、酒吧 1 家
交通运输	4	货运公司 2 家、公交公司 1 家、停车场 1 个
科教	4	托幼园所 2 所、小学 2 所
文化	3	文化企业 3 家
娱乐	3	网吧 3 家
寄递物流	2	快递公司 2 家
金融	1	投资公司 1 家
医疗卫生	1	诊所 1 家

中环两侧广福村辖区驻村企业（2020 年 10 月，张银龙摄）

广福路（北）凯宫机械厂区
（2020 年 10 月，张银龙摄）

昆山中苑毛条厂车间
（1998 年，广福村村委会提供）

第三节　租赁经济

一、资产租赁

1991 年，昆山船舶修造厂和城北印刷厂入驻广福村；1992 年，昆山中苑毛条厂入驻广福村；1993 年，昆山恒发电线厂入驻广福村；1996 年，昆山经苏机械厂入驻广福村。驻村企业的发展，催生了村域的资产租赁经济。1998 年，广福村资产租赁实际到账收入 36.7 万元。1998 年广福村资产租赁收入情况如表 5-11所示。

表 5-11 1998 年广福村资产租赁收入情况一览表

单位：万元

租赁项目	租赁资产	合同金额	到账金额
昆山恒发电线厂	土地 2 亩，厂房 500 平方米	2.63	2.63
昆山中苑毛条厂	土地 14 亩，厂房 1 000 平方米	4.00	4.00
昆山经苏机械厂	土地 1.5 亩，厂房 600 平方米	10.00	10.00
昆山船舶修造厂	土地 2 亩	0.50	0.50
城北印刷厂	土地 0.2 亩，厂房 60 平方米	0.50	0.20
昆山三联工程机械厂	土地 2 亩，厂房 800 平方米	0.72	0.13
昆山城北助剂厂	土地 1.5 亩，厂房 300 平方米	1.80	1.80
花场	土地 70 亩	9.05	9.05
鱼塘	鱼塘 40 亩	8.39	8.39

21 世纪初，广福村利用 339 省道、张家港河途经村域所带来的交通物流优势，提出“以路兴村，以港兴村”的经济发展战略。2001 年，广福村在风雷河西侧、西蒋泾河北建造标准厂房 4 栋，面积 5 000 平方米。是年年底，厂房出租。2002 年，广福村资产租赁收入 135 万元。2004 年，广福村投资 105 万元，沿张家港河兴建货场、码头（占地面积共 8 万平方米），完工后，分包出租给建筑材料运输企业。是年，广福村又在庄基浜建造非标准厂房 1 000 平方米，出租给相关企业。2005 年，广福村资产租赁收入近 500 万元，涉及出租合同 100 多份。是年，广福村在丁泾路北、团结河西的强安路 25 号，规划投资建设标准厂房 3 栋，面积 7 105 平方米。2006 年，强安路标准厂房竣工，用于向外出租。是年，广福村村委会办公地从寰庆路办公楼搬迁至广福锦园内，原办公楼的 410 平方米房屋用于向外出租。2007 年，广福村在川家库投资建设非标准厂房 2 000 平方米，用于向外出租。是年，广福村有资产租赁合同 98 份，合同金额 348.35 万元，其中：货场租赁合同 29 份，金额 45.8 万元；场地租赁合同 29 份，金额

76.54 万元；厂房租赁合同 12 份，金额 170.78 万元；房屋租赁合同 13 份，金额 29.12 万元；鱼塘租赁合同 1 份，金额 2 万元；其他资产租赁合同 14 份，金额 24.11 万元。

2008 年 7 月始，因政府建设规划需要及环境整治，风雷河西侧标准厂房开始拆除，租赁企业搬迁至强安路 25 号的新标准厂房。2009 年，因张家港河沿线环境整治，货场、码头被拆除。2010 年，因建设玉湖生态湿地公园，川家库厂房被拆除。2012 年，广福村有资产租赁合同 14 份，合同金额 151.55 万元，租赁标准厂房 9 466 平方米，其他房屋 2 822 平方米，到账金额 123.75 万元，到账率为 82%。2013—2019 年，租赁到账率为 100%。2019 年，因非标厂房整顿及环境整治，庄基浜的厂房被拆除。

2020 年，广福村可租赁标准厂房 7 105 平方米，实际出租 6 916 平方米；可租赁房屋 410 平方米，全部出租；土地出租 14.4 亩；租赁合同累计 10 份，合同金额 252.53 万元，到账率 100%。2001—2020 年广福村可租赁资产情况如表 5-12 所示。2012—2020 年广福村资产租赁情况如表 5-13 所示。

表 5-12　2001—2020 年广福村可租赁资产情况一览表

资产名称	地址	建造年份	面积/米^2	情况简介
标准厂房	风雷河西、西蒋泾河	2001	5 000	2008 年 7 月始，因政府规划及环境整治厂房拆除、搬迁，至 2012 年结束
办公楼	寰庆路	2002	410	2020 年，合同租金 2.8 万元/年
货场	沿张家港河	2004	40 000	2009 年，因张家港河沿线环境整治被拆除
码头	沿张家港河	2004	40 000	2009 年，因张家港河沿线环境整治被拆除
非标厂房	庄基浜	2004	1 000	2019 年，因非标厂房整顿及环境整治被拆除
标准厂房	强安路 25 号	2005	7105	2020 年，合同租金为 226.02 万元/年
非标厂房	川家库	2007	2 000	2010 年，因建设玉湖生态湿地公园被拆除

表 5-13 2012—2020 年广福村资产租赁情况一览表

年份	合同数/份	合同金额/万元	标准厂房/平方米	其他房屋/米^2	土地/亩	到账金额/万元
2012	14	151.55	9 466	2 822	16.4	123.75
2013	19	154.13	7 096	2 322	21.6	154.13
2014	24	156.04	10 072	2 012	28.5	156.04
2015	20	164.65	7 096	2 472	20.8	164.65
2016	22	185.35	7 096	2 362	26.9	185.35
2017	19	190.10	7 096	2 262	27.7	190.10
2018	9	150.63	8 857	1 310	0.0	150.63
2019	10	252.53	6 916	410	14.4	252.53
2020	10	252.53	6 916	410	14.4	252.53

寰庆路北段景观
（2020 年 10 月，张银龙摄）

锦隆佳园北区景观
（2020 年 10 月，张银龙摄）

位于强安路的某企业（2020 年 10 月，张银龙摄）

二、货运码头

2004年8月，广福村投资105万元，沿张家港河兴建货运码头。货运码头占地面积8万平方米，其中货场4万平方米，码头建筑面积4万平方米。2005年1月，货运码头运营。广福村主要以租赁的形式把货运码头给承租户经营，按照租赁面积收取租金，承担变压器、电力线路等公共设施设备保障。一年约有承租户50户，主要装运建筑用砖头、石子、黄沙等货物，年货运量100万吨，能满足附近建筑工地所需。2006年，货运码头有设备固定资产50万元，年租金45.8万元。2009年，因张家港河沿线环境整治，货运码头被拆除。

2009—2020年广福村集体经济情况如表5-14所示。

表5-14　2009—2020年广福村集体经济情况一览表

单位：万元

年份	全年收入						年末总资产	净资产
	总计	经营收入	发包收入	投资收入	补助收入	其他收入		
2009	512.84	35.16	468.00	—	7.50	2.18	2 603.00	1 218.00
2010	512.00	11.40	439.50	50.96	7.54	2.60	3 815.00	1 474.00
2011	384.86	33.00	296.00	45.96	7.54	2.36	3 852.00	1 323.00
2012	435.80	—	324.10	79.71	29.79	2.20	3 381.00	1 488.00
2013	516.75	—	319.30	154.40	31.15	11.90	2 371.00	1 154.00
2014	611.95	—	319.10	244.20	31.15	17.50	3 144.00	2 063.00
2015	622.39	—	317.00	246.20	31.09	28.10	3 893.92	3 016.89
2016	616.95	—	299.30	258.30	32.65	26.70	4 567.21	3 795.62
2017	634.18	—	312.80	258.40	33.88	29.10	4 794.99	4 142.55
2018	473.05	156.00	15.87	258.50	1.20	41.48	5 075.50	4 817.02
2019	873.27	274.00	—	279.90	280.60	38.77	5 328.77	5 083.82
2020	783.54	196.14	—	193.78	331.29	62.33	5 218.56	4 988.79

说明：全年总收入、年末总资产、净资产均为村委会和社区合作社两者数据总和。

第六章　村庄建设

中华人民共和国成立前，村域道路为简易土路，雨天泥泞难行；桥梁简陋，以竹木桥为主。中华人民共和国成立后，村域响应国家号召，开展爱国卫生运动与环境整治。20 世纪 60 年代，村域修筑渠道，建砖混结构农用桥，渠岸成为出行道路，村民将草房翻建为瓦房。20 世纪 70 年代，村域开浚风雷河，始筑土质机耕路，异地规划建设新村庄，村民开始将平房翻建为楼房。20 世纪 80 年代，主干公路广福路全线贯通，翻建楼房逐步进入高潮。20 世纪 90 年代，村域构筑村级公路网络，汽车开到家门口，家家用上自来水，环境保洁常态化。进入 21 世纪，村级公路水泥硬化完成；339 省道、寰庆路等高等级主干公路落成；动迁安置小区开工建设；公交线路、公交站点开通。2020 年，广福村有各级道路 18 条，总长 11.65 千米；有各类桥梁 12 座，80%以上为钢筋水泥结构；住宅小区设施配套齐全；村容村貌整洁优美。是年，广福村获“苏州市农村人居环境整治示范村”称号。

第一节　基础设施

一、道路桥梁

（一）道路

20世纪50年代，为防水患，村域筑高、加宽内外圩岸，构成往来行人主干道，但晴天行走尚可，雨天泥泞不堪。20世纪60年代中后期，村域实行农田灌溉机电化，修筑渠道，渠岸成为出行道路。1978年11月，红星大队筑风雷河至斜港桥土质机耕路，路基宽6米，高0.8米，长960米。以生产队为单位分配土方任务，红星大队共挖土方5 700立方米，3天完工。1984年，广福村对土质机耕路铺设4米宽砂石道碴，形成村域历史上第一条初级公路——广福路。1987年，广福砖瓦厂和广福村共同出资，修筑广福路向北沿风雷河延伸至广福砖瓦厂砂石公路2.1千米。同时，广福村修筑自斜港桥向北经小河岸小学西转至风雷河的砂石公路2千米。是年，广福村公路全长5.06千米，全为砂石公路。1992年，广福路风雷河至斜港桥段960米砂石路面改建成水泥路面。1993年，广福路风雷河至砖瓦厂2.1千米路面硬化为水泥路面。2000—2001年，广福村先后有339省道、寰庆路等5条主要道路开工建设，

广福村的道路设施（2020年10月，张银龙摄）

第 9、10、11 村民小组的村级公路被浇制成水泥路面。2011—2014 年，广福村先后有新能源路、陶店路、玉湖南路、玉湖北路等主要道路开工建设。2020 年，广福村共有各类道路 18 条，总长 11.65 千米，全部为沥青或混凝土路面。10 米宽以上的道路有 5 条，长 4.92 千米，其中含 22.5 米宽高架快速路 1 条，长 1.5 千米。2020 年广福村道路情况如表 6-1 所示。

强安路（2020 年 10 月，张银龙摄）

寰庆路（2020 年 10 月，张银龙摄）

表 6-1　2020 年广福村道路一览表

单位：米

名称	走向	起止	路面材质	长度	宽度	建成年份
角里路	南北	广福路—寰庆路	混凝土	540	6.0	2008
风雷河路	南北	339 省道—小河岸路	混凝土	600	7.0	2013
夏浜路	东西	寰庆路—风雷河	混凝土	386	8.0	2002
茂迪路	东西	风雷河—新能源路	沥青	600	14.0	2008
新能源路	南北	339 省道—小河岸路	沥青	220	8.0	2011
陶店路	南北	玉湖南路—玉湖北路	沥青	590	7.0	2013
小河岸东路（广福段）	东西	小河岸河—寰庆路	混凝土	450	10.0	2001
小河岸路西路	东西	寰庆路—风雷河路	沥青	150	6.0	2008
玉湖南路	东西	小河岸西路—陶店路	石板水泥	810	4.4	2013
玉湖北路	东西	寰庆路—陶店河	沥青	950	11.0	2015

续表

名称	走向	起止	路面材质	长度	宽度	建成年份
富城路	南北	中环路南北	混凝土	860	7.0	2001
兴友路	南北	城北路—玉湖北路	混凝土	370	7.0	2001
川家库路	东西	兴友路—天诚路	混凝土	130	7.0	2001
天成路	南北	工厂区—工厂区	混凝土	210	6.0	2001
339 省道广福段	东西	小河岸河—张家港	沥青	1 500	22.5	2001
寰庆路广福段	东西	小河岸河—夏浜路口	混凝土	420	12.0	2001
	南北	夏浜路口—杜桥村村界	混凝土	1 000	12.0	2001
广福路广福段	东西	斜港桥—风雷河	混凝土	960	6.0	1999
	南北	风雷河—339 省道	混凝土	500	6.0	1999
中环路广福段	东西	小河岸河—杜桥村村界	混凝土	400	8.0	2008

说明：宽度是指主干道宽度，不含两侧人行道宽度。

（二）桥梁

1950 年，村域共有桥梁 12 座。其中，石平桥 3 座，分别是铁店桥、陶店桥、庄基浜桥；石拱桥 1 座，为斜港桥；木桥 2 座；竹桥 6 座。20 世纪 60 年代至 70 年代初，村域内始建砖砌双曲拱桥和水泥平板桥，先后建起了幸福桥、东方红桥、九大桥、劲松桥等。20 世纪 70 年代末到 80 年代，村域内先后在小河岸河、风雷河、川家库河上建水泥桁架拱桥。1990 年，广福村有桥梁 12 座，其中砖拱桥 2 座、水泥拱桥 10 座。12 座桥中有 11 座是农用桥，有 1 座是航道桥。1992—1993 年，村中砂石公路硬化，桥梁翻建拓宽。1992 年，广福村在风雷河上翻建宽 4.5 米、跨度为 12 米的公路桥 1 座；在川家库河上翻建宽 4.5 米、跨度为 12 米的公路桥 1 座。2001 年，广福村在张家港河上建鹿城大桥。鹿城大桥长 505 米，为昆山市最长的简支梁桥。之后广福村有 10 座各式桥梁新建或翻建。截至 2020 年，广福村有桥梁 12 座，如表 6-2 所示，其中钢筋水泥结构的桥梁占 83%，10 米以上宽的桥梁占 58%。

表 6-2　2020 年广福村桥梁一览表

单位：米

桥名	所跨河流/水域	类型	结构	长度	跨度	宽度	建造或翻建年份
东方红桥	小河岸河	拱桥	水泥砖石	45	22	3.0	1966
广福路风雷河桥	风雷河	平桥	钢筋水泥	15	12	10.0	1999
寰庆路小河岸河桥	小河岸河	平桥	钢筋水泥	30	15	15.0	2001
小河岸路桥	小河岸河	平桥	钢筋水泥	45	15	20.0	2001
339 省道小河岸河桥	小河岸河	平桥	钢筋水泥	50	22	25.0	2001
鹿城大桥	张家港河	平桥	钢筋水泥	505	100	80.0	2001
339 省道风雷河桥	风雷河	平桥	钢筋水泥	15	12	50.0	2007
小河岸路风雷河桥	风雷河	平桥	钢筋水泥	20	12	10.0	2008
玉湖北路风雷河桥	风雷河	平桥	钢筋水泥	27	20	15.0	2015
玉湖北路陶店河桥	陶店河	平桥	钢筋水泥	45	30	16.0	2015
玉湖石拱桥	玉湖	拱桥	花岗石	68	60	4.3	2016
斜港桥	小河岸河	平桥	钢筋水泥	8	5	6.0	2020

1. 现存桥梁选介

鹿城大桥　为村域最长桥梁，也是 339 省道的主要桥梁。该桥位于广福村南部，横跨张家港河，为南北走向。该桥始建于 2000 年，建成于 2001 年，为昆山市最长的简支梁桥。2013—2014 年，因筑昆山中环快速路，该桥东西两侧另建辅助桥梁。该桥全长 505 米，跨度为 100 米，宽 80 米（含辅助桥梁宽）。

斜港桥　为村域历史最悠久的桥梁。该桥位于广福村东南部的第 1 村民小组，横跨小河岸河，为东西走向。该桥始建年份不详，由清同治九年（1870）邑人重建，为 1 孔石拱桥，高 3.1 米，宽 2.4 米，长 15.4 米，跨度为 4.3 米。因建村域第一座防洪闸，1958 年，该桥梁被拆除。1959 年，红星大队在桥梁原址向北 10 米处建防洪闸，上搁钢筋混凝石条，可通行人，亦称斜港桥。1978 年，因修筑第一条机耕路，斜港桥翻建。2019 年，斜港桥再次翻建，2020 年建成。该桥为钢筋水泥结构，长 8 米，跨度为 5 米，宽 6 米。

东方红桥 为村域现存桥龄最长桥梁。该桥位于广福村东部第 4 村民小组，横跨小河岸河，为东西走向。该桥建于 1966 年，为砖混结构拱桥，中间有弧形主桥洞，桥身两侧近岸处分别有半圆形分洪小桥洞 2 个。主桥洞顶离水面 4 米，跨度为 22 米，桥长 45 米，宽 3 米。1989 年，因小河岸路小河岸桥落成，东方红桥不再有行人、车辆通行。

东方红桥（2020 年 10 月，张银龙摄）

玉湖石拱桥 为村域唯一双孔石拱桥。位于广福村西北部的玉湖湿地公园，为玉湖南路的一部分。2016 年，玉湖南路改造铺设石板路面时，动工兴建，属景观桥。该桥为东西走向，连接玉湖南路东西两端，桥体为花岗石，桥栏为钢质加玻璃结构，全长 68 米，宽 4. 3 米。桥体石质细腻，如汉白玉雕琢而成；桥身姿态优美，纵看如卧龙于湖中栖息，侧看如飞鹭掠湖面而过。

2. 已拆除桥梁选介

铁店桥 据《昆山市城北镇志》（1995 年版）载，该桥“在斜港桥北，宙区十六图，跨小濵浦”，即在广福村斜港桥北小港稍自然村附近，跨小河岸河。始建年份不详，为 1 孔石平桥，长 13 米，高 2. 1 米，宽 1. 4 米，跨度为 3. 5 米，1958 年被拆除。

庄基浜桥 位于张家港河北岸，跨庄基浜河南端。该桥建于清道光年间，为 1 孔石平桥，高 1. 7 米，宽 1. 4 米，长 3. 8 米，跨度为 3 米。1968 年，因张家港河疏浚拓宽被拆除。

劲松桥 位于广福村第1村民小组，跨张家港河。始建于1968年，为砖砌拱桥，长50米，宽4米，跨度为46米。20世纪80年代末，因属危桥被拆除。

陶店桥 又名九大桥，位于斜港桥西2千米处张家港北岸，跨陶店河。该桥始建年份不详，清同治九年（1870）由知县廖纶钊捐资重建，为1孔石平桥，高2.3米，宽1.4米，长15.1米，跨度为3.5米。1968年，因张家港河疏浚拓宽被拆除。1969年，红星大队在原址向北10米处建砖混结构拱桥，易名九大桥。1994年，该桥因属危桥被拆除。

幸福桥 位于原川家厍自然村北，横跨川心泾河（靠川家厍河），为东西走向。建于1973年，为混凝土结构拱桥，长30米，宽3米，跨度为20米。2008年，因北侧农田规划建设被拆除。

二、邮政、电信、网络

邮政 20世纪50年代，村民邮寄信函、包裹、汇款等均需去县城，而外来函件一般寄至县城东门、北大街、大西门等地某商号或亲友处转交。1960年，城北人民公社驻地设置邮政信箱，由县邮电局每日投收一次，村民可前往投递信件。1970年，城北人民公社设3条邮路，村域属西片邮路（含红星、庙泾、斜泾、大渔、友谊、杜桥6个大队），由县邮电局每日投收一次。1986年，城北乡建城北乡邮电代办所，城北乡内3条邮路不变，村域仍属西片邮路，由邮电代办所投递。1997年，城北邮政所升级为城北邮政支局，分4条邮路，村域属西片邮路（含广福、泾河、北渔、斜泾、大渔、三邻6个村）。2020年，广福村邮政业务全覆盖，由昆山市城北邮政支局负责，包括国内外函件、包裹投递和接收，邮政汇票和兑付，报刊订阅和递送。村域邮政编码为215316。

电话 20世纪60年代初，红星大队大队部装有手摇电话机。20世纪70年代末到80年代，每个队（村）办企业装有电话机1台。1986年，村民王金华安装全村第一部私人电话。1988年，村域电话线由铁丝线改为电缆线。1996年，广福村创建电话村，为村民申请安装程控电话机，每部电话机由村民出安装费3 500元。是年，有一半以上家庭安装了电话。1997年，广福村家庭电话安装率80%，达电话村标准。2000年前后，部分村民使用电信手提移动电话（俗称“小灵通”）。由于“小灵通”功能少、信号弱，三四年后被移动手机淘汰。进入21世纪，村民手机每隔3~5年升级换新。2020年，村域智能手机全面普及，一半以上村民用上5G手机。固定电话因受功能和使用空间限制，数量比20世纪90年代减少五分之一。

网络 20世纪90年代末至21世纪初，台式电脑进入广福村村民家庭。村民可向电信公司申请，通过电话线上网浏览新闻、发送电子邮件等。2005年，村民可以通过光缆进行宽带上网，网络速度流量加大，提供上网服务的企业除中国电信外，还有中国联通、中国移动等。2010年，广福村有家庭电脑110台，拥有电脑的家庭占总户数的55%。之后，笔记本电脑和智能手机逐渐流行，无线网络逐渐成为主要网络。2012年，广福村村民网络入户率达80%。2020年，青年村民除了用台式电脑连接网络外，还使用智能手机、笔记本电脑、电视机等电子产品上网，满足通信、购物、娱乐、交友、出行、学习等多方面需求。

三、供电、供水、供气

供电 20世纪50年代中期，昆山县先后架设低压线和6.6千伏高压线至村域斜港电灌站供电。20世纪60年代初，电力始用于脱粒。20世纪60年代中期以后，灌排、脱粒都由电力完成。20世纪70年代，村中家家户户用上电力照明。20世纪80年代，随着农用电范围扩大，队办工业发展壮大，农民生活水平提高，村域用电量迅速成倍增长。1991年，广福村建设城北镇首批用电标准村，对电杆、电线等用电设施设备进行升级改造，将农用脱粒电路和普通照明电路分开，配备专用电表箱，安装触电保护装置。2020年，村域供电由昆山高新区城北供电分局负责，村民日常生活、企事业单位营业生产的安全用电得到保障。

供水 20世纪60年代中期前，村民饮水来自住宅附近的河水。1965年夏天，红星大队开展血吸虫病防治活动，发动群众挖井，提倡饮水卫生。是年，每个生产队挖井2~3口。20世纪70年代后，为方便水井管理，红星大队提倡几户村民合挖水井或独户挖井，村域内开始出现数量众多的灶边井。20世纪80年代，90%以上村民自挖灶边井或宅基场地井，井深一般3~4米。1992年10月，广福村与杜桥村联合，在青墩庙（杜桥西站东）办深井小自来水厂。村民每户出资300元，村出资10万元，共同投资建设。是年，村域共铺设自来水管道2.29万米。1993年3月，因深井水品质不达标，自来水厂迁移至红星北站。是年，经昆山市爱国卫生运动委员会办公室验收，广福村被评为全市首批农村改水达标村。2000 年，广福村自来水管道接入昆山市自来水供水总网，由昆山市第二自来水厂供水。

供气 20 世纪 80 年代末 90 年代初，村域有村民开始购置煤气灶，用上罐装煤气，但因煤气价格比原有柴草高，村民做饭烧菜还是以土灶为主。2000 年后，村域大规模开发建设，村民动迁搬入小区，土灶拆除，煤气灶普及。2015 年 5 月，随着广福锦园小区供气管道工程完工，村民用上天然气。2020 年，村域天然气供给及设施安全维护由华润燃气有限公司负责。

第二节 交通运输

一、公路交通

2007 年 11 月，昆山公交线 15 路进入村域，设寰庆路公交首末站、寰庆路夏浜路、茂迪路公交站点。2011 年，寰庆路公交首末站、寰庆路夏浜路站建候车亭。2018 年，昆山交通发展控股集团有限公司在广福路西端、张家港河东建公交停车场。公交停车场占地面积约 2.78 万平方米，总建筑面积约 551 平方米，内有公交停车位 179 个、小车停车位 35 个。2019 年 6 月，公交停车场内建成昆山市首个公交专用、规模最大的充电站，可同时满足 40 辆混电或纯电动公交车的充电需求。2020 年，村域内有公交停车场 1 个；有昆山公交线路 7 条，分别是昆山公交 60 路、15 路、9 路、139 路、5 路、29 路、微巴 5 号线；有公交站点 7 个，分别是寰庆路公交首末站、寰庆路夏浜路站、茂迪路站、玉湖公园站、茂迪公司站、白鹭名邸站、寰庆路中环路站。公交运行时间从早上 6 点到晚上 10 点，所有公交线路票价都为 1 元。

广福村的60路公交站（2020年10月，张银龙摄）

二、水路交通

水路航道 据《江苏省昆山县地名录》记载，清咸丰六年（1856），浏河开挖，民工川流不息。村域川家库河河名由此而来。可见清朝时，川家库河是村域及附近地区的主要水路航道。村域南张家港河（旧称常熟塘）是昆北地区通向浏河必经航道，小河岸河（旧称小濮浦）和陶店河（旧称川心泾河）将川家库河与张家港河相连。小河岸河、张家港河、陶店河、川家库河是村域历史上的4条主要水路航道，呈“井”字形分布。1968年冬，张家港河拓浚后被列为国家内河六级航道，全长106千米，过境村域河段长2.1千米，可通航60~100吨的船舶。1975年，风雷河开浚，为南北流向，北起川家库河，南入张家港河，成为村域农船行驶的主要水路航道。2000—2003年，张家港河经历两次整治，升级为国家内河五级骨干航道，是张家港市、常熟市、苏北地区以及安徽等地与上海货物运输的主要通道，通航吨位为150~300吨。进入21世纪，公路运输日益发达，川家库河部分河段因填埋消失，风雷河、小河岸河、陶店河、川家库河逐渐失去水路航道功能。2020年，仅张家港河还发挥着水路航道作用。

水上运输 历史上村域生产和商贸靠水路出行。20世纪50年代，木船为境内农业生产主要运输工具，也是村民上集市赶集的主要交通工具。当时，村域西蒋泾自然村有10多户村民，用10多条船饲养鸬鹚近300只，靠鸬鹚捕鱼为生。农业生产实行合作化后，船只入社用于农业生产。1964年，红星大队有农用船 27 条，其中 1 条为水泥船，其他均为木船。20 世纪 70 年代初，农用船中水泥船数量增多，开始出现机动挂桨船。当时每年 4—5 月，红星大队各个生产队都要安排船只到上海罱黑泥，积有机肥。一般用 5 吨水泥船罱黑泥，往返一次水上行驶约 80 千米，时间为 2~3 天，村民生活起居均在船上。红星大队第 6 生产队还购买小轮船 1 艘，用于到上海等地罱黑泥和其他农业运输。1972 年，红星大队共有农用船 40 条，水泥船和木船数各半。1983 年，广福村有集体农船 41 条，实行联产家庭承包责任制后，作价转让给农户使用。是年，广福村购买 2 条 17 吨机动船，组建运输队，搞水上专业运输。1987 年，广福村全境通公路，水路交通逐渐萎缩。是年，村运输队水上运输停运。20 世纪 90 年代中期，广福村主要道路硬化，镇村两级公路通达每家每户，农民售粮用拖拉机或农用汽车更为方便快速，水上交通运输停止。

过境航线 清光绪二十六年（1900），英国商人开办上海至常熟的航线，经营轮船运输业务，航线途经村域南常熟塘（1968 年后称张家港河）。民国时期，村域有常熟—昆山、常熟—上海 2 条航线过境。中华人民共和国成立初期，村域有昆山—吴市（常熟）、浒浦—常熟—昆山 2 条航线过境。1959 年 1 月，昆山县公私合营轮船公司并入国营苏州专区轮船运输公司，称昆山轮船营业处，原有航线调整，设昆山—常熟航线。1962 年，昆山轮船营业处改称昆山轮船站。1963 年，增设昆山—东张（常熟）航线。1984 年，2 条过境航线停运。

第三节 住宅建设

一、农房翻建

1949 年，村域所在广福乡有农户 404 户，其中 226 户住茅草屋，占比为

55.94%。茅草屋泥墙柴扉，低矮破漏，居住环境恶劣。1963 年，红星大队社员开始把草房翻建为瓦房。20 世纪 70 年代中期，红星大队规划建设新型村庄。1976 年 11 月，红星大队第 2 生产队陈进龙率先从夏浜自然村搬迁至风雷河规划新村，建 4 间 1 转新瓦房。1978 年，有 3 户社员翻建新瓦房，共 12 间。1979 年，红星大队第 6 生产队张余泉、第 13 生产队王根兴是全大队首批新建楼房的农户，房屋为砖混结构的两层楼房。1990 年，广福村有 17 户农户翻建新楼房，共 118 间，建筑面积 4 130 平方米，房屋造价 61.95 万元。至 1990 年 12 月，广福村有农户 216 户，房屋总间数 1 298 间，建筑面积约 2.96 万平方米，房屋造价 286.15 万元，其中楼房户 108 户，占比为 50%，建筑面积约 2.22 万平方米，部分楼房开始安装卫生间，配备卫生设施。截至 1990 年年底，广福村民宅翻建情况如表 6-3 所示。1995 年，广福村有 4 户农户翻建新楼房，共 24 间，建筑面积 1 000 平方米，房屋造价 40 万元。是年，广福村有农户 230 户，房屋总间数 1 332 间，建筑面积 4.28 万平方米，房屋造价 1 294.52 万元，其中楼房户 136 户，占比为 59%，楼房总房间数 952 间，建筑面积 3.43 万平方米。2000 年，6 户村民被安置到胜利小区（新建动迁自建房）。2002—2005 年，97 户村民被安置到广福锦园小区（新建动迁自建房）。2006—2018 年，95 户村民被安置到锦隆佳园小区，住进住宅套房。

表 6-3　1990 年广福村民宅翻建情况一览表

组别	村民总户数/户	面积/米^2	已建楼房户		
			户数/户	面积/米^2	户占比/%
1	11	1 200	4	792	36.36
2	19	1 955	5	990	26.32
3	13	2 037	9	1 876	69.23
4	13	2 265	5	1 096	38.46
5	14	1 860	7	1 433	50.00
6	18	2 270	6	1 188	33.33
7	16	1 905	10	2 027	62.50
8	15	2 402	6	1 329	40.00

续表

组别	村民总户数/户	面积/米^2	已建楼房户		
			户数/户	面积/米^2	户占比/%
9	23	3 090	8	1 687	34.78
10	14	2 095	11	2 272	78.57
11	15	2 425	12	2 376	80.00
12	17	2 095	8	1 584	47.06
13	15	1 945	10	2 027	66.67
14	13	2 050	7	1 480	53.85

怡苑洋房小区
（2016年，广福村村委会提供）

广福村动迁小区东侧建筑
（2020年4月，张银龙摄）

二、动迁安置

2000年年初，因规划修建339省道，广福村第4村民小组、第13村民小组共6户村民，最先被动迁安置进胜利小区。2000年下半年，村中开始规划广福花苑新村（后改称广福锦园）建设，第7组、第9村民小组部分村民开始被动迁安置进该小区自建住房。2002年，广福锦园小区全面开工建设。至2005年，累计有97户村民被安置进该小区自建住房。2005年以后，政府取消农民动迁宅基地安置，改为商品房和货币安置补偿。2006年，村域有零星村民被安置到锦隆佳园小区。2007年，因茂迪（苏州）新能源有限公司开工建设，村域又进行了一次大规模动迁，安置小区为锦隆佳园小区。至2009年，动迁村民累计171户，占全村总户数的85.07%。至2018年，动迁村民累计198户，占比为

98.51%，之后广福村没有新动迁户。2009—2018年广福村村民动迁安置情况如表6-4所示。

表6-4　2009—2018年广福村村民动迁安置情况表

年份	总户数/户	累计动迁户数/户	动迁户占比/%	未动迁户数/户	当年动迁户数/户	全部动迁村民小组数/个
2009	201	171	85.07	30	26	7
2010	201	171	85.07	30	26	9
2011	201	181	90.05	20	10	10
2012	201	181	90.05	20	3	10
2013	201	184	91.54	17	3	10
2014	201	187	93.03	14	3	10
2015	201	189	94.03	12	2	10
2016	201	192	95.52	9	3	10
2017	201	194	96.52	7	2	10
2018	201	198	98.51	3	4	12

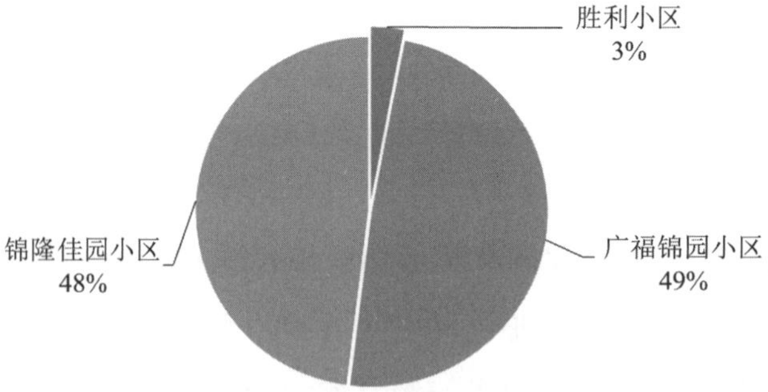

2020年广福村村民各动迁小区户数占比图（编纂组提供）

说明：广福锦园小区的动迁安置户主要来自第1、2、3、5、7、9、12村民小组，锦隆佳园小区的动迁安置户主要来自第4、6、8、10、11、13、14村民小组，胜利小区的动迁安置户来自第4、13村民小组，动迁户累计198户。

三、住宅小区

村域有广福锦园、锦隆佳园、荣丰锦园、怡苑洋房、白鹭名邸5个居民动迁居住区，于2002—2016年建成，其中广福锦园、锦隆佳园为广福村村民安置区。

广福锦园 小区名称中的“广福”源自广福村名，“锦园”意为锦绣家园，是广福村村民动迁安置的自建房小区。小区位于村域东中部，地处玉山镇寰庆路北侧，距玉山镇人民政府直线距离1.6千米。原址为广福村第2、3、4村民小组农田。2000年10月，小区由玉山镇政府规划建设。2005年5月，小区房屋施工结束。2010年，小区道路等公共设施施工结束。小区占地总面积6.27万平方米，绿化面积1万平方米。2020年，小区住户107户，其中广福村村民97户，人口387人。

锦隆佳园 小区名称中的“锦隆”意为锦绣兴盛，“佳园”意为美好家园。小区位于村域东南部，地处玉山镇寰庆路南侧，距玉山镇政府1.53千米。2001年开始规划建设。2016年6月，第1—8期房屋全部竣工。小区占地面积22万平方米，绿化面积10.5万平方米。2020年，小区住户2 320户，其中广福村村民95户，378人。

第四节 环境保护

一、人居环境整治

20世纪50—70年代，村域人居环境整治工作以抓环境卫生为主，开展以除“四害”（苍蝇、蚊子、老鼠、麻雀）为重点的爱国卫生运动，清扫房前屋后蚊蝇滋生场所。大队培养卫生保健员，负责环境卫生。结合积肥，进行灭螺、灭蝇、灭蚊。在夏秋两季定期进行室内室外大扫除，在房前屋后喷洒灭蝇、灭蚊药水。要求粪缸集中、加盖；增设流动厕所，指定管粪人员，维护环境卫生。

20世纪80年代初，村办工业兴起，社办企业驻村。村域内要求企业控制污染源，做好环境保护。20 世纪 80 年代后期，广福村将治理“脏、乱、差”与“五讲四美”活动结合起来，保持村庄环境清洁优美。

20 世纪 90 年代，广福村以创建卫生村为契机，开展道路建设、改水改厕，配备卫生保洁人员，实行环境卫生工作常态化。1995 年，广福村村庄绿化覆盖率 15%，完成无害化改厕 30 户，自来水入户率 100%。1998 年，广福村成为昆山市第二批农村改厕达标村、城北镇灭鼠达标村。1999 年，广福村获评“江苏省卫生村”。

2005 年起，广福村贯彻中共十六届五中全会“十一五”规划纲要的建议精神，推进社会主义新农村建设，人居环境整治成果显著。是年，广福村 9 个自然村，村村通公路。208 户人家，家家有卫生厕所，户户通有线电视，98%的村民住上楼房。道路硬化率、村庄绿化率、河道保洁率达 100%。2012 年，广福村路灯安装率、亮化率达 100%，燃气使用率达 100%，绿化覆盖率达 46%；广福村有垃圾箱 158 个、垃圾清运车 3 辆，村域内生活垃圾无害化清运率、处理率达 100%。

村民植树（一）（2012 年，广福村村委会提供）

村民植树（二）（2012 年，广福村村委会提供）

2016 年底，江苏省启动“两减六治三提升”（简称“263”）行动。“两减”即减少煤炭消费总量和减少落后化工产能；“六治”即治理太湖水环境、生活垃圾、黑臭水体、畜禽养殖污染、挥发性有机物污染和环境隐患；“三提升”即提升生态保护水平、提升环境经济政策调控水平、提升环境监管执法水平，打响碧水蓝天生态保卫战。2017 年，广福村拆除角里路临时公厕，原地建造标准化公厕；改造小区停车场，修复小区塌陷路面和损坏的窨井。2018 年，广福村响应苏州市委、市政府号召，开展“331”整治火灾隐患百日专项行动。

2018—2020 年，根据中央文件精神、江苏省“263”专项行动以及苏州市“331”专项行动的要求，广福村以建设美丽宜居村庄为导向，以垃圾清理、污水治理和村容村貌美化为主攻方向，以“263”“331”行动为突破口，积极开展农村人居环境整治三年行动，将人居环境整治推向新高度。先后开展风雷河雨污水分流及环境整治、动迁自建房小区广福锦园环境美化、原有自然村地块人居环境美化、广福锦园弄堂改造、苏州农村人居环境整治示范村创建、广福五联标准厂房钢结构屋面翻修 6 项人居环境整治、改造或创建工程。此外，广福村还实行垃圾分类，在广福锦园东、西门卫处新建垃圾分类亭，给村民配置垃圾分类桶；对垃圾分类亭、垃圾桶、公共厕所进行定期消杀，实现生活垃圾日产日清；在小区内设垃圾临时堆放点，实施定点收集、定点倾倒、定时清运、集中处理。在“263”专项行动中，广福村配合昆山高新区安全生产监督管理和环境保护局、社会事业局联合执法，拆除违章建筑，关停“散、乱、污”货场，责令“散、乱、污”企业搬离，推进覆绿改造。在“331”专项行动中，广福村组织网格长、网格员和志愿者，对企业、个体工商户、民房、群租户、货场、餐饮场所等开展消防安全检查；发放安全整改通知、安全告示牌、安全手册，监督签订企业安全生产责任书；收缴违规液化钢瓶，处理乱接乱用电线、电器，处理违停电瓶车；疏通消防通道，购买消防器材，免费发放给村民，将有消防隐患的防盗窗全部改装为安全逃生窗。2018—2020 年，广福村人居环境整治累计投入资金 480. 8 万元。2020 年 12 月，广福村被苏州市委农村工作领导小组授予“苏州市农村人居环境整治示范村”称号。2018—2020 年广福村人居环境整治项目资金投入情况如表 6-5 所示。

广福村的垃圾分类亭（2020 年 10 月，张银龙摄）

表 6-5　2018—2020 年广福村人居环境整治项目资金投入情况表

年份	项目内容	金额/万元
2018	广福锦园小区东、西进出口一体式自动识别车辆管理系统安装	6.0
	强安路 25 号五联厂房彩钢棚、五联非标准厂房违章建筑拆除	1.5
	风雷河雨污水分流及环境整治	10.0
	寰庆路北店面违章建筑拆除	5.0
	角里路货场环境整治	6.1
2019	广福锦园小区环境美化工程	81.0
	广福村自然村人居环境美化工程	29.0
	广福锦园小区充电棚接电工程	4.9
	广福锦园小区购买分类垃圾桶	3.2
2019	广福锦园小区东、西进出口各建造一座垃圾分类亭	2.8
	购买消防器材，免费发放给村民	2.3
	广福锦园小区民房一楼出租户房间防盗窗改装逃生窗	4.9
	张家港河沿线非标准厂房拆除及周边环境整治	1.8
	广福锦园小区停车场画线工程	1.3
	风雷河西侧（永海汽修）厂房拆除	1.6
2020	江苏省卫生村复审，广福锦园弄堂改造	76.0
	角里路公厕北侧停车场改造	3.4
	创建苏州市农村人居环境整治示范村环境美化工程	159.0
	五联标准厂房（4、5、6 幢）钢结构屋面翻修	78.0
	设立广福锦园小区消防车通道出入口和路面两侧醒目标志线、醒目标识牌	3.0

二、河道疏浚

1968 年，苏州地区水利局、交通局联合对流经村域的张家港河老河道进行拓宽浚深、裁弯取直。20 世纪 70 年代，红星大队把河道疏浚清淤作为建设稳产高产、旱涝保收农田的配套工程。1975 年，村民开浚风雷河，河长 1.55 千米，其中三分之一河段来自老河道清淤疏浚。1977 年，村民开挖丰产河，其中 300 米来自老河道清淤疏浚。1991—2000 年，广福村疏浚河道 4 条，长 3.8 千米，清出淤泥 1.62 万立方米。利用河道淤泥，填埋河道两侧的荒潭、低洼田块，改善河道水环境，增强河道蓄水能力，增加复耕面积。其中，1995 年 1 月，清理风雷河，疏浚河道 1.52 千米，清理淤泥 3 600 立方米，费用 8 万元；1998 年，广福村创建卫生村，对第 8、14 村民小组河道进行淤泥清理。2005 年 4 月，广福村投入 7 万元，疏浚风雷河河道 1.52 千米，清理淤泥 2 430 立方米，使水环境得到改善。2015 年 8 月，西蒋泾河清淤，疏浚河道 100 米，费用 7 万元。2017 年，西蒋泾河综合整治工程被列入昆山高新区黑臭河道整治重点项目，疏浚老河道 252 米，清理淤泥 993 立方米。

整洁的河道（2020 年 10 月，张银龙摄）

三、省级卫生村创建

1997 年 7 月，广福村制订创建省级卫生村工作计划，制订创建省级卫生村工作方案，召开村民动员大会。至 1998 年 10 月，广福村以创农村一流卫生环境为要求，先后投入 90 万元，硬化道路面积 5 000 平方米，铺设下水道1 400米，完成绿化整治、中心河道填土 17 000 立方米，配置草坪 2 000 平方米、花木

1 500 株，增添垃圾箱 23 个。是年，广福村自来水普及率达 100%，卫生知识入户率达 100%，“四苗”（卡介苗、脊髓灰质炎疫苗、百白破疫苗和麻疹疫苗）覆盖率达 100%，村民改厕率达 95% 以上。1999 年，广福村获“江苏省卫生村”称号。2000 年 6 月，广福村通过昆山市爱国卫生运动委员会“清洁村庄，清洁家园”达标考核验收。

2010 年、2015 年，广福村分别顺利通过江苏省卫生村 2 次复审。2020 年，根据《关于做好 2020 年卫生城、镇、村复审工作的通知》文件要求，广福村迎来江苏省卫生村第 3 次复审。广福村村委会对照文件，先后调整村爱国卫生运动委员会领导小组；完善各项卫生管理制度，每周开展卫生自查 1 次，每月进行卫生保洁督查 1 次；开展文明卫生户、卫生清洁户评比活动，达标率均在 92% 以上；抓好人居环境整治，开展健康知识宣传教育，督促村域企业保护环境、杜绝污染排放，进一步巩固省级卫生村创建成果。是年 11 月，广福村通过江苏省卫生村第 3 次复审。

四、“331”专项整治

2018 年起，广福村按照昆山高新区“331”（第一个“3”指的是容易引发火灾事故的出租房或群租房和电动自行车这三类突出隐患；第二个“3”指的是专项行动要对照执行的任务清单、履职清单和追责清单这三张清单；“1”指的是专项行动为期 100 天）专项工作要求，开展“331”专项行动。广福村购买消防器材，免费发放给村民；发放安全手册 450 余份，悬挂横幅 9 条，放置宣传展板 4 块；共检查企业、个体工商户 115 家，民房、群租户 130 户，货场 6 家，出动人员 35 批 120 余人次；发放“三合一”场所整改通知书 76 份，餐饮场所安全告示牌 32 个；拆除违章建筑 8 000 平方米，关停“散、乱、污”货场 3 家，责令 15 家“散、乱、污”企业搬离，规范管理文商旅地块约 26 000 平方米，整治小区房屋住改商 6 户。2019 年，广福村悬挂横幅 19 条，发放宣传资料 420 余份；对辖区“九小场所”、民房、企业进行排查，发现安全隐患 15 处，开出整改告知书 15 份；对村民房开展安全检查夜查 12 次；联合上级相关部门进行 3 次联合整治，拆除广告牌 28 块；拆除堵塞消防通道违章建筑 2 500 平方米。2020 年，广福村给广福锦园小区租房户配备“四小件”900 余套；在春节期间开展

“331”夜查工作，检查角里、风雷河自然村民房；发放城乡出租民房告知书25份、供水设施防冻友情提醒单25份；劝离租住人员5户共9人；出资给广福锦园小区107户村民公共区域全部配备应急消防器材，改装逃生窗487扇；进行液化气钢瓶整治3次，收缴170余个液化气钢瓶；安排村“331”行动小组每周进行1次夜查，整治消防通道堵塞现象，共完成150余辆室内电瓶车搬离工作；增设停车棚4处、电瓶车停车位150个；安排网格员对辖区内35家餐饮店面进行常态化管理，监督餐饮场所全部配备灭火毯、灭火器等消防器材。

第七章 村民生活

中华人民共和国成立前，村域村民以农耕为主，生产方式落后，生活贫困。中华人民共和国成立后，村域内实行土地改革，农民有了自己的土地，走上了农业生产集体化道路。人民公社成立后，红星大队发动干部群众将兴修水利与防治血吸虫病相结合，大搞农田整治，使村民的生产、生活条件逐步改善。20 世纪 80 年代，广福村实行家庭联产承包责任制，使农民摆脱了靠天吃饭的单一模式，村民的生活水平得到了提升。进入 21 世纪，随着城乡一体化的步伐加快，以及“强村富民”“生活奔小康”等一系列政策的出台实施，广福村村民的养老保险、医疗保险等社会保障制度逐渐完善，村民的生活质量逐渐提高。2009 年，广福村有 201 户村民，自来水饮用、卫生户厕、入住楼房及有线电视、手机电话拥有率均达到 100%。2020 年，全村大多数村民住进动迁新村和自建房小区，达到了“幼有所育，学有所教，业有所就，劳有所得，老有所养，病有所医，弱有所扶，贫有所济，住有所居”的目标。

第一节 收入和支出

一、村民收入

中华人民共和国成立前，村民以种田为生，生活贫困。中华人民共和国成立后，村域农业生产力逐步提高，年终集体分配收入。20 世纪 50 年代，村域劳动力年人均收入在 90 元左右。20 世纪 60 年代初，受三年困难时期影响，村域劳动力年人均收入在 75 元左右。20 世纪 60 年代中期，农业生产得到恢复，插队到第 10 生产队的知青叶中伟，1966 年分配总收入 360 元，分到现金 240 元，这在当时农村分红中是很高的。在“文化大革命”时期，由于基本政策未变，农民收入和生产队的粮油分配成正比，社员正常劳动，确保农业生产。

1971 年开始，村域农业生产调整，农民有了副业收入。1974 年，村民年人均收入上升明显，第 10 生产队社员邵炳兴家庭年终分红 1 038 元，是红星大队首个年终分红现金超千元的农业户。1977 年起，村域内逐渐开办了集体企业，有不少青年陆续进入社、队办厂，劳动力的年人均收入在 500 元左右。1983 年，国家实行家庭联产承包责任制，村民们争着到乡、村办工厂上班，在农忙时下田做农活，在农闲时外出务工，也有搞副业、做生意的专业户，收入明显提高。特别是城北乡在广福村内开办砖瓦厂后，村域 50%的劳动力就业、增收。1990 年后，农村产业结构发生多元化变动，工商业的发展使农民家庭收入构成发生质的变化。广福村村民年收入水平呈直线上升，劳动力年人均收入在 2 000 元左右。1997 年，广福村 224 户村民中有 140 户从事家庭副业，不少人在昆山市区做生意。

2000 年后，随着社会主义新农村建设的推进，一些外来企业入驻广福村，土地使用功能调整，给村域经济发展带来新机遇。广福村村委会利用集体资源，在张家港河边建码头、标准厂房及店面房，租赁给相关企业，既增加村级经济收入，又为村民拓宽创收渠道。至2002年年底，村域大量土地被征用。按照政策规定，村民年人均补偿1 193元，还有劳动力安置及粮食补助，增加了村民的福利性收入。2004年始，昆山市农村全面实施“三有工程”（人人有技能、个个有工作、家家有物业）。广福村加大对劳动者的素质、技能培训力度，引导“房东经济”（私房出租）发展，开发投资性收入，使村民有效增收，同时增加了弱势群体的保障性收入。2004—2006年，广福村村民家庭人均收入分别为13 610元、15 151元、17 012元。2010—2012年，广福村农民人均收入分别为23 409元、26 338元、29 641元。2019年，广福村231户村民，家庭财产性年收入平均为89 186元，村民人均纯收入为47 433元。2020年，全村231户村民，人均纯收入为58 812元。

二、消费支出

中华人民共和国成立之初，百业待兴，物资匮乏，村民消费水平低。20世纪五六十年代，村民的收入主要来源于农业，加上计划经济、凭证凭票供应商品，村民去镇上买商品很少，基本过着自给自足的生活，以解决温饱问题为主。1964年，红星大队第2生产队潘冠球家购买一台上海产“蝴蝶”牌家用缝纫机，其妻是当年村域内闻名四乡八邻的裁缝。20世纪70年代初，由于农业分配水平的提高，少数村民对生活有了企盼，热衷于购买上海产的手表、自行车、缝纫机、收音机等。1976年10月，村民潘冠球家购买一台12寸的黑白电视机，成为村里第一个拥有电视机的家庭。改革开放后，村民的生产经营多元化，经济收入也提高了，各种电器逐渐进入村民家庭。

20世纪80年代后，农村用电、饮水、住房、文化生活等发生了全面的改变。随着乡镇企业的兴起与服务业的萌发，广福村村民的物质生活与精神生活需求也发生了质的变化，生活消费水平大大提升。据城北乡广电部门统计，1985年，广福村农户拥有电视机84台、收音机108台。20世纪90年代，村民对穿着、饮食有了新理念，高档衣料、保健食品进入村民家庭。此外，家家有自行车、洗衣机，电冰箱与空调开始进入农家，村民购买手机、摩托车已成为趋势。多数村民结婚或办丧要摆宴席，并租用汽车。

进入21世纪，广福村村民的消费观念大转变，节日里买鱼、肉、饮料、果品、糕点成为习惯；有50%以上的村民，不但在衣食住行上舍得花费，还追求精神文化、医疗保健等方面的消费，购买娱乐产品、外出旅游成为新潮。2020年，广福村村民人均消费达到3万元左右，相当于20世纪80年代后期家庭一年的总收入，主要用于食品、住房、车辆、衣服、家电、网络、医疗保健及旅游玩乐等方面。80%的家庭有汽车，少数村民家庭拥有3辆汽车。

第二节　生活变迁

中华人民共和国成立后，由于经济社会的不断发展及党和政府的政策支持，村域内村民收入逐步增加，生活水平逐年提高，尤其是改革开放以后，村民的衣食住行发生了重大变化。

20世纪40年代村域内农民居住的草房（王金华提供）

一、住房

中华人民共和国成立之初，村域多数农房破旧，“天上下大雨，屋里下小雨”，近三分之一的村民居住的房屋以草房为主。草房的屋顶是稻草铺就的，怕被大风刮走。村民们把稻草绞成柴索，按一定间隔横竖编排，结成柴索网，罩在屋顶上。20世纪60年代末，村民们把草房翻建成五路头（五根梁木）平瓦房。一座房的面积为50~60平方米。1973年，红星大队统一规划社员宅基地，宅基地标准为每户0.3亩（约200平方米）。部分村民把原来的房屋翻建成七路头（七根梁木）“三间一转头”的瓦房。改革开放后，广福村经济规模大幅增长，村民的收入也随之增加。村民开始拆旧屋、建新房。1979 年，第 13 生产队社员王根兴与第 6 生产队社员张余泉两户，各耗资 8 000 多元，建造两上两下外加半间扶梯间的楼房，房子为水泥、砖、木、瓦结构。建房所用的砖瓦建筑材料基本上是用生产队分的稻草、油菜秸秆（菜箕梗）去附近的砖瓦窑厂交换、购买的。20 世纪 80 年代初至 90 年代初是村民建房的高潮期。大多数村民把平瓦房翻建成两上两下或者三上三下的楼板房，再加个灶头间。每户房屋建筑面积在 230 平方米左右，造价在 3 万~5 万元，并进行简单的装修，费用在 1 万~2 万元。2000 年后，村域加快新农村建设，部分村民动迁至胜利小区和广福锦园自建房小区，房型由政府统一规划、设计多套图纸，供村民自主选择建造，每套造价在 16 万元左右。2004 年年底，根据政策规定，政府对动迁村民采取安置补偿或货币结算的方式，有不少村民被安置到新建的集居小区。2010 年后，随着城乡一体化整体推进，村落整体搬迁，村民入住新小区。

锦隆佳园小区风貌（2020 年 10 月，张银龙摄）

二、服装

中华人民共和国成立之初，村民的衣服多用自己织的土布或者洋棉布缝制。村民几年才添一件新衣服。多数人家的衣服是补了又补，大人不穿的衣服改了给孩子穿。村民常讲，“新三年，旧三年，缝缝补补又三年”，“新老大，旧老二，缝缝补补给老三，老四老五穿破烂”。1954年起，棉布实行统购统销，每个村民每年获得18尺（1尺≈33.33厘米）布票，一年难得买一块布料做新衣。20世纪60年代，村里年轻人不分男女均以穿草绿色军装为主，男青年夏天以穿海军衫为自豪，中老年男人则以穿灰、蓝、青三色的中山装或人民装为主。20世纪70年代中期，除了棉布外，商店里开始出售化纤、混纺布，“的确良”成为热销品。村民在春节前购买布料做套新衣服过年。20世纪80年代初，改革开放后经济发展迅速，村民的收入涨幅大，年轻人追求穿喇叭裤、蝙蝠衫，还要配高跟皮鞋。80年代后期，女青年以穿健美裤、连衣裙、滑雪衫为时髦，男青年以穿西装、打领带、穿羊毛衫为时髦，村民的衣服颜色以白色、米色、粉色、藏青色为主。进入21世纪，随着生活水平的提高，村民穿戴理念为色彩鲜明、款式时尚、面料舒适。村民夏天主要穿真丝、纯棉面料的衣服，冬天穿着羊绒衫、羽绒服，佩戴首饰已十分常见。

三、出行

广福村村域是典型的水乡，境内河溇遍布。旧时，村民出门多是坐船，或者沿着河岸和田埂行走，路坑坑洼洼，行走不便，走到张家港河经大西门才算到城区，一个来回要半天时间。1978年11月，红星大队修建一条机耕路，取名“广福路”。一些村民开始购置自行车作为代步工具。1987年，广福村在城北乡广福砖瓦厂的资助下，修建了一条从斜港桥至广福砖瓦厂的碎石路，路面宽4米，全长4.5千米，解决了村民的出行难题，部分村民开始购买摩托车。进入21世纪，市、镇、村都加大基础设施建设，道路通到家门口，并且得到硬化、绿化、亮化。村民纷纷购买小轿车、摩托车、电瓶车。电瓶车成为村民普遍的代步工具。2020年，广福村拥有两三辆小轿车的家庭已不在少数。

四、饮食

中华人民共和国成立前，由于农作物的产量不高，外加受地主阶级的压迫和剥削，村民过着食不果腹的日子，常常靠野菜和糠饼充饥。中华人民共和国成立后，粮食供应情况逐步好转。村民日常以大米、面食为主食，以粗粮为辅食，一般为早晚吃米粥，中午吃米饭，农忙时下午会吃顿点心（多为面食或者粗粮），但平常很少吃到鱼肉之类的荤菜。20 世纪六七十年代，村民食用的蔬菜都为各家自留地种植，并且村民将吃不完的蔬菜腌制成咸菜；村民养的鸡、鸭、鹅等平时不宰杀，要到逢年过节才会宰杀以改善伙食。各家养的生猪要卖给供销社，赚钱贴补家用，也有少数村民在春节前杀过年猪，把一部分送给亲戚朋友或者卖给乡邻，把其余的腌制成腊肉，备着平时招待客人。党的十一届三中全会后，市场经济开始发展，农副产品日益丰富，村民可选择的食品种类增多，鱼、肉类荤菜变成了家常菜。2000 年后，随着生活质量的提高，村民的饮食要求也提高了，饮食注重养生，喝饮料、酒水讲究品质；平时注意荤素和粗细粮之间的搭配，餐桌上高脂肪、高热量的菜少了，低脂肪、高蛋白的菜多了。2010 年起，以前只有城里人才能吃到的食品，村里人冰箱里也常有了；节日里，村民常去外面聚餐，春节时去饭店吃年夜饭成为常态。

村民办酒席（一）（2020 年 10 月，陈晓红摄）

村民办酒席（二）（2020 年 10 月，陈晓红摄）

村民办酒席（三）（2020 年 10 月，陈晓红摄）

五、婚俗

20 世纪五六十年代村民结婚，男方备新房一间，内有床、镜台、衣柜等，给女方礼金 30~50 元及若干布料；女方陪嫁有一床被子、马桶，以及脚桶、脸盆等洗漱用品。结婚当天，男方穿中山装、棉布鞋，女方穿两用衫、绣花鞋。贫困人家喜宴往往办得简朴，只请亲友几桌人，亲朋好友送2~10元的礼金，婚宴菜肴用自养家禽和自种蔬菜制作；富裕的人家会摆上8~12个荤素菜肴，难得有人家办婚礼请丝竹鼓手。

20世纪七八十年代村民结婚，男方备新房一间，置办好床、五斗橱、大衣柜等，给女方礼金200~300元及手表等贵重物品；女方陪嫁有6~10条被子、12样桶器及脸盆等洗漱用品。结婚当天，男方穿呢制服或西装配领带、皮鞋，女方穿织锦衫袄或西装。婚宴菜肴品种增多，有“六荤盆、十大菜”，还有俗称“四囫囵”的全鸡、全鸭、鱼、东坡肉；桌上还有分发给同村乡亲的喜烟、喜糖。亲朋好友送10~50元的礼金，有的送大米或衣料。

20世纪九十年代村民结婚，男方备新房一套，并装修好、配组合家具，给女方5 000元左右的礼金及金银首饰；女方有陪嫁10~18条被子、电视机、洗衣机、沙发等家用电器及脸盆等洗漱用品。亲朋好友送500~2 000元的礼金。结婚当天，男方穿西装，女方穿婚纱或精美旗袍。双方家庭搭棚砌灶，婚宴菜肴丰富，甲鱼、黄鳝等成为婚宴的必用菜，水果、点心也开始上桌。

村民办喜宴（一）（2020年10月，陈晓红摄）

进入21世纪，村民婚事操办得更加隆重，男方除了置备一套装修好的新房外，还要给女方10万~20万元的礼金；女方陪嫁除多种生活用品和家用电器外，有时还有汽车一辆。结婚当天，男方穿精美西装或仿古唐装，女方备四五套礼服，在举行婚礼仪式时穿婚纱，敬酒时换旗袍。有些人家把婚宴设在高档酒店，请婚庆公司主办仪式。宴席通常有30~50桌，两家合办的甚至达上百桌。菜肴有几十道，海鲜及大闸蟹成了招牌菜，桌上摆名牌烟酒。一般亲朋好友送礼金1 000~2 000元，娘舅等至亲送礼金10 000元以上。

村民办喜宴（二）
（2020 年 10 月，陈晓红摄）

村民办喜宴（三）
（2020 年 11 月，陈晓红摄）

第三节 社会保障

进入 21 世纪，昆山市加快实现小康的步伐，全面推进城乡一体化建设，将建立覆盖农民的社会保障体系放到重要位置。2003 年，在昆山市委、市政府的部署下，广福村开始建设和推进村民养老保险、医疗保险、工伤保险、失业保险和生育保险五项社会保障，采取以个人缴费为主、以集体补贴为辅和国家政策扶持三结合的办法。当年有 249 名村民参加农村基本养老保险。之后，广福村按照政策规定，层层动员，逐步实施失地农民补偿、农村最低生活保障、低保户基本养老保险等社会保障制度，使各项政策全面落实。

2020 年，广福村有 724 人参加养老保险，835 人参加医疗保险，有低保边缘家庭 3 户。

一、农村养老保险

1993 年，城北镇人民政府根据昆山市政府的规定，出台《城北镇农村社会养老保险实施办法》，建立“个人储蓄性投保、单位集体补助、国家政府扶持”相结合的农村养老保险。文件规定：每人每月交纳的养老保险投保金设5个档次，即6元、10元、14元、18元、22元，交付期最少为10年；男性年满60周岁、女性年满55周岁可领取养老金，直至亡故。是年，广福村经过宣传发动，有少量在企事业单位上班的人员参保交费。1998年，昆山市进行新型农村养老保险调查摸底、定点试行，广福村进行摸底造册。2003年，昆山市全面实施农村居民养老保险（农保）制度。同年6月，农保养老金首次发放。是年，广福村有86名村民领取养老金，男年满60周岁、女年满55周岁的老人每月可领取100元，年满70周岁以上的老人每月可领取130元，以后每年按政策有所增长，由政府统筹。2009年1月，广福村村民参加农保235人，领取农保养老金的村民有175人。是年6月，昆山市政府发文，出台农保转社会基本养老保险（社保）（与城镇居民并轨）的新政策，广福村动员农民补缴基金向社保接轨。2010年，广福村有117名村民由农保转入社保。至2014年，原参加农保的村民大部分转入社保。2020年，广福村村民有44人参加农保，均为70周岁以上并且已经领取农保养老金的退休人员。

二、社会养老保险

2000年8月，城北镇与玉山镇合并，由于工业经济的快速发展与城乡一体化建设的推进，广福村的土地被大量征用。为对失地农民实行政策性保障措施，昆山市政府发文，从2007年开始，由政府补贴，将失地农民逐步纳入城镇职工养老保险范畴，失地安置辅助费个人账户资金可抵算个人缴纳基金部分，从而转入养老保险基金账户。2009年，昆山市政府再次投入资金，鼓励城镇居民和农民人人参加社保，之前参加农保的村民只要补缴个人部分，就可以转为社保。是年，广福村有失地人口790人，其中456人参加社保、235人参加农保，其余为享受低保对象。此外，广福村每年为劳动年龄段被征地人员集中办理折算业务，将被征地人员个人账户转移并折算成相应的社保缴费年限。2015年，广福村村民690人参加社保、62人参加农保，其中172人领取养老金。至2020年，广福村村民有680人参加社保，其中323人领取养老金。

三、医疗保险

1996年，根据上级政策精神，城北镇农村合作医疗实行“家庭储户+大病风险”的运营模式，其中“大病风险”基金每人10元，由全镇统筹管理，患者年累计最高报销额3 000元。大病风险基金由市、镇两级政府给予补助。2000年，农村合作医疗“大病风险”报销封顶额提高到每年每人5 000元。为彻底解决农民看病难、因病致贫的问题，2003年，昆山市出台农村合作医疗制度改革方案，将农村合作医疗与城镇居民医保接轨。2004年，昆山全市统筹，农民医保基金由上年人均60元提高到200元，其中市、镇两级财政承担每人130元，对弱势群体实行政策倾斜，体现社会保障的公平性。是年，广福村村民参加新型农村医疗保险的有500人。

2006年11月，中共昆山市委员会、昆山市人民政府颁布《关于建立昆山市居民基本医疗保险制度的实施意见》。文件规定：自2007年起，在城镇职工基本医疗保险制度的基础上，建立覆盖全市城乡居民的昆山市基本医疗保险制度、昆山市居民大病补充医疗保险制度和昆山市特困医疗救助制度。每年每人筹资260元，其中：市、镇两级财政各负担90元，村级集体经济组织负担20元，居民个人负担60元。同时，昆山市政府出台《昆山市居民基本医疗保险暂行办法》。是年，广福村广泛宣传、动员全体村民参保缴费，参加新型农村医疗保险的村民有566人。

2009年起，居民基本医疗保险缴费标准为每年每人320元，其中：市财政补助110元，镇财政补助110元，村级经济补助20元，个人缴纳80元。是年，广福村441人参加新型农村合作医疗保险，349人参加社会医疗保险。

2014年起，广福村对患重大疾病的参保人员实施年度医疗救助；将65周岁以上老人的健康管理纳入社会化管理，统一体检项目，每年安排一次体检。

2018年12月，广福村制定出台《昆山高新区广福村医疗普惠补助实施方案》（简称“医疗普惠补助”），并经村民代表听证会通过实施，对大病患者住院自费部分金额给予一定比例的报销。当年享受医疗普惠补助的村民有73人次，共报销138 300元。2019年，村民享受医疗普惠补助的有81人次，共报销203 500元。是年，昆山城乡居民基本医疗保险实行大病风险基金统筹，对患者医疗费用超过封顶额部分再次进行分段报销。2020 年，村民享受村级医疗普惠补助的有 48 人次，共报销 125 350 元。是年年底，广福村医疗普惠补助再次调整（全文见附录）。

四、最低生活保障

1998 年，昆山市建立城乡居民最低生活保障机制。2000 年，昆山市出台《昆山市居民最低生活保障制度实施办法》，对收入水平达不到生活标准（农村村民、城镇居民最低生活标准为月收入 180 元）的居民，加大保障力度，由政府财政对低保户进行补贴。是年，广福村没有低保户。2004 年起，昆山市政府启动“三有工程”，广福村将 6 户收入较低（年人均纯收入为 1 800~2 000 元）的村民列入扶贫帮困范围。2007 年，昆山市调整农村村民最低生活标准至每月收入 240 元，城镇居民的为 320 元。是年，广福村有 8 户村民享受政府补贴，其中低保户 5 户、低保边缘户 3 户。2008 年，昆山市将农村和城镇居民最低生活保障标准统一为每月收入 350 元。2009 年，广福村有 11 户村民享受政府补贴，其中低保户 5 户、低保边缘户 3 户、重残人员 3 户。2020 年，广福村享受最低生活保障的有 3 户，均为低保边缘户，其中 1 户享受补贴 883 元，2 户享受补贴 1 271 元，村股份经济合作社还将该 3 户村民纳入赠送干股对象，给每户年终分红 1 000 元。2009—2020 年广福村村民社会保障情况如表 7-1 所示。

表 7-1　2009—2020 年广福村村民社会保障一览表

年份	参加新型农村合作医疗保险人数/人	参加社会医疗保险人数/人	参加农保人数/人	参加社保人数/人	享受最低生活保障户数/户
2009	441	349	235	456	22
2010	237	550	118	584	20
2011	196	587	13	660	23
2012	196	587	89	604	21
2013	192	598	78	620	19
2014	184	624	77	690	10
2015	178	640	62	690	7
2016	177	694	58	692	2

续表

年份	参加新型农村合作医疗保险人数/人	参加社会医疗保险人数/人	参加农保人数/人	参加社保人数/人	享受最低生活保障户数/户
2017	162	705	55	700	4
2018	161	661	53	675	3
2019	166	657	50	671	3
2020	158	677	44	680	3

数据来源：2009—2020 年昆山高新区农村年鉴。

第四节　征地动迁保障

一、征地补偿

截至 2002 年 12 月，广福村 2 435. 55 亩集体耕地全部被征用，其中自留地 84. 6 亩、口粮田 423 亩、责任田 1 927. 95 亩。根据国家法律法规及上级有关政策，被征地村民享受经济补偿，即土地补偿金与安置补偿费。2004 年，昆山市政府出台《昆山市调整征（使）用土地补偿标准和办法的实施细则（试行）》。根据该实施细则和相关文件规定，2004 年前，开发用地责任田、口粮田、自留田的“三田”补偿金按照每亩 300 元、600 元、900 元结算；2004 年起，开发用地“三田”补偿金按照每亩 400 元、800 元、1 200 元结算，以村民小组为单位结算支付到人，连续 15 年至 2015 年偿付结束。安置补偿费以村民小组为单位，按每人 20 000 元标准记入失地农民个人账户，每月实发 120 元。从 2007 年起，按照昆山市政府政策规定，以失地村民安置补偿费中的个人账户资金抵算缴纳社保养老基金，转入社会养老保险。2002—2015 年广福村村民土地补偿金如表 7-2 所示。

表 7-2　2002—2015 年广福村村民土地补偿金一览表

年份	补偿面积/亩	补偿人数/人	补偿总金额/万元	年份	补偿面积/亩	补偿人数/人	补偿总金额/万元
2002	2 435.55	846	100.98	2009	2 435.55	882	118.84
2003	2 435.55	846	100.98	2010	2 435.55	798	105.97
2004	2 435.55	868	119.92	2011	2 435.55	786	116.80
2005	2 435.55	951	125.23	2012	2 435.55	779	102.52
2006	2 435.55	898	121.45	2013	2 435.55	774	101.80
2007	2 435.55	897	121.58	2014	2 435.55	769	100.92
2008	2 435.55	892	120.25	2015	2 435.55	763	100.01

数据来源：广福村 2002—2015 年年报。

二、房产置换

锦隆佳园小区西南侧风光
（2020 年 10 月，张银龙摄）

2000 年，昆山市城乡一体化建设加速推进。是年，因 339 省道建设，广福村第 4 村民小组、第 13 村民小组部分村民首批动迁。2001 年下半年，因规划建设需要，第 7—13 村民小组部分村民动迁。2002 年，因民营科技园建设规划，小港稍自然村村民全部动迁。2003 年，因规划建设锦隆佳园小区，角里自然村村民全部动迁。至 2005 年，广福村共有 97 户村民入驻广福锦园（自建小区）。2004 年 12 月，政府取消农村宅基地安置，对于村民拆迁，不再安排宅基地置换，改用货币结算与安置房分配，一般为每户 2~3 套房产。2007 年，因茂迪新能源开工建设，339 省道北侧的风雷河自然村村民动迁。2010 年 5 月，因昆山高新区规划建设玉湖湿地公园，川家厍、丁家浜两个自然村村民全部动迁。至 2020 年，广福村 231 户中除 3 户村民没有动迁外，其余村民大部分搬至广福锦园、锦隆佳园等动迁小区。

第八章　精神文明

广福村村民素来勤劳，崇尚中华民族传统美德。中华人民共和国成立后，社会主义建设不断被推向高潮，村域的精神文明建设到逐步加强。1963 年，村域内开展“学雷锋”活动。1982 年 3 月，开展“五讲四美三热爱”活动。1983 年，开展村创“文明村”、户创“五好家庭”的评比活动。1987 年 10 月，中国共产党第十三次全国代表大会召开。广福村贯彻“一个中心、两个基本点”的方针，加强精神文明建设。村民敬老爱幼，争创“新风户”。进入 21 世纪，广福村村委会创办“道德讲堂”，创建新时代文明实践站，组建志愿者队伍，建设和谐社区、文明村，开展环境整治等行动。1991—2020 年，广福村先后获苏州市文明村、江苏省民主法治示范村、江苏省和谐社区建设示范村、江苏省文明村等荣誉称号。

第一节　思想道德建设

一、“学雷锋”活动

1963年3月5日，毛泽东主席向全国人民发出“向雷锋同志学习”的号召。红星大队积极响应，发动全大队干部、社员学雷锋、做好事，结合学习“老三篇”（《纪念白求恩》《为人民服务》《愚公移山》），在大队办学习班，并教大家学唱《学习雷锋好榜样》等歌曲。红星大队上下做好事蔚然成风。1964年1月，红星大队在搞好生产的同时抓好社会主义教育，被城北人民公社党委树立为典型，专门撰文《中共城北委员会关于红星大队以学习中央文件为动力全面开展冬季积肥造肥运动的几点体会》，并抄送各大队，进行宣传学习。红星大队开展农业生产“比、学、赶、帮”运动，涌现出一批先进代表。是年，红星大队17名代表出席城北人民公社农业先进单位代表会议，其中男性14名、女性3名，党员2名、团员6名。1965年1月，红星大队有12名村民出席城北人民公社召开的贫下中农代表会议，其中贫农9名、下中农3名。1977年8月，红星大队27名先进代表出席城北人民公社的“战三抢”（抢收前作稻，抢种、抢管后作稻）活动，其中男性18名、女性9名，党员2名、团员3名，大队干部、生产队队长14名，社员13名。1990年，广福村民兵开展“学雷锋争做‘四有’合格民兵”活动，义务理发、医疗咨询、突击劳动、丰产方劳动等；学生为福利院老人读报、讲故事、搞卫生、演文艺节目等。20世纪八九十年代，每逢3月，广福村都会举办声势浩大的“学雷锋”活动。进入21世纪，每当大雪封路，广福村村干部都会自觉行动，组织团员与民兵，分工到小区门口扫雪。2007年6月8日，村民陈玉在下班回家途中，在萧林路团结桥下抓住一个20岁左右的男性劫匪，成功帮一名妇女躲过一劫，《昆山日报》对此做了报道。2009 年“学雷锋日”，广福村团支部组织 15 名青少年清扫道路。2018 年 3 月，广福村为进一步弘扬“学习雷锋、奉献他人、提升自己”精神，组织志愿者参加昆山高新区在区文体中心广场举办的“魅力高新志愿同行”活动。2019 年，“学雷锋”志愿服务岗开展“爱心雨伞，药善药箱，免费充电，打印复印，免费茶水，便民针线”服务项目。

广福村村干部在广福锦园小区扫雪
（2008 年，广福村村委会提供）

2020 年 3 月，广福村党支部组织党员开展抗击新冠疫情“党员爱心捐款”活动，楼小芳向昆山市红十字会捐款 1 000 元，浦水生向武汉市慈善总会捐款 200 元，体现出了新时代的雷锋精神。

二、“五讲四美三热爱”教育

党的十一届三中全会召开后，村域内的社会主义精神文明建设得到逐步加强。1981 年 2 月，中华全国总工会、中国共产主义青年团中央委员会、中华全国妇女联合会等 9 个组织联合发出倡议，提出在全国人民特别在青少年中开展以讲文明、讲礼貌、讲卫生、讲秩序、讲道德和心灵美、语言美、行为美、环境美为重要内容的“五讲四美”活动。红星大队按照上级要求，在村域范围内开展“五讲四美”活动。村民争做好事，开展便民活动。1982 年 3 月，“五讲四美”和“三热爱”（热爱祖国、热爱社会主义、热爱中国共产党）结合起来，成为全民文明礼貌月活动的内容。广福大队按照人民公社《精神文明建设考核细则》要求，制定以移风易俗为主要内容的“乡规民约”，积极治理脏、乱、差环境，争创文明大队，并在次年 3 月召开表彰大会。全大队青少年学生、社会青年争做好事，开展义务便民活动。1984 年，广福村青年团员为群众义务修自行车、理发、缝补、提供医疗咨询，帮军属、孤寡老人、五保户搞卫生等。1985

年起，每年 3 月，广福村民兵组织“为您服务送温暖小组”“助耕队”，开展修桥、修路、植树、抢险、救灾等活动。广福村通过“五好家庭”评比等活动，引导村民做“四有”（有理想、有道德、有文化、有纪律）、“五爱”（爱祖国、爱人民、爱劳动、爱科学、爱社会主义）新人。

三、文明公德教育

社会主义荣辱观宣传　2006 年，广福村开展树立社会主义荣辱观主题教育实践，建立以热爱祖国为荣、以危害祖国为耻，以服务人民为荣、以背离人民为耻，以崇尚科学为荣、以愚昧无知为耻，以辛勤劳动为荣、以好逸恶劳为耻，以团结互助为荣、以损人利己为耻，以诚实守信为荣、以见利忘义为耻，以遵纪守法为荣、以违法乱纪为耻，以艰苦奋斗为荣、以骄奢淫逸为耻的社会主义荣辱观。广福村村委会采用在村画廊设立社会主义荣辱观标语牌、举办讲座、组织观看影片等形式，让村民进一步理解社会主义荣辱观的内涵。2007 年起，广福村村委会推进党风廉政载体建设，制定党风廉政建设责任书。广福村被列为昆山市党员干部现代远程教育示范站点、民主法治示范村、社会治安安全村等。广福村关心下一代工作委员会利用校外辅导站，在寒暑假期开展以“知荣辱、树新风”为主题的道德实践活动。

创办“道德讲堂”　2012 年起，广福村村委会按照昆山市精神文明建设指导委员会办公室（简称“文明办”）的统一部署，创办“道德讲堂”，成立以村党支部书记为组长的领导小组，制定管理制度，实行每季度宣讲制度。利用家长学校、村宣传栏等阵地，综合利用网络等，以“道德典型自己讲、居民骨干带头讲、邻里之间互相讲、正反事例分析讲”等内容开展宣讲。安排宣讲员围绕“道德理论专题学习、社会公德建设、引导居民参与道德实践、职业道德建设、家庭美德建设、个人道德教育”六大板块，组织村民学习“公民道德实施纲要”和关于思想道德建设的文章。2015 年 2 月，广福村党支部组织党员群众 35 名，观看电影《焦裕禄》，由党支部书记邵林主持开展观后感讨论。是年 3 月，广福村妇联组织全村 120 名妇女，听妇联主席楼小芳主讲“建设平安家庭，促进和谐稳定”；8 月，广福村邀请昆山高新区城北派出所驻广福村民警吴杰，给 32 名青少年进行暑期安全知识讲座。是年，“道德讲堂”共进行 6 次宣讲。2016 年，广福村“道德讲堂”

全年开班6次。2020年，围绕“传承中国好家风”“身边好人”“爱岗敬业”“敬业奉献”等主题，广福村全年举办“道德讲堂”讲座4次。广福村还组织党员、群众进行学英雄模范、谈感悟、诵经典、唱红色歌曲等活动。

广福村宣传标志（一）
（2020年10月，张银龙摄）

广福村宣传标志（二）
（2020年10月，张银龙摄）

第二节　文明新风尚

一、“移风易俗”行动

1950年，《中华人民共和国婚姻法》颁布。1954年，广福乡在红星农业生产合作社管理委员会中设妇女委员，宣传《中华人民共和国婚姻法》，保障妇女婚姻自由，结束了包办婚姻的旧风俗。1974年，红星大队响应上级号召，提倡社员结婚采用集体婚礼仪式，婚礼时间、婚礼形式由大队革委会统一安排，还提倡结婚不讨彩礼。大队干部上门宣传，动员社员结婚不讲排场，喜宴桌数按规定不得超过5桌。是年2月，红星大队在大礼堂内首次为浦炳生与王雪珍、赵坤元与王敏娟、莫风泉与赵金妹3对新人举办集体婚礼。婚礼由大队党支部书记邵义林主持，参加人员有各生产队代表、男女双方父母及亲朋好友，大队文艺宣传队演出祝贺。这种集体婚礼的形式一直持续了5年。

20世纪60年代中期，昆山县提倡平坟还田。红星大队根据上级要求，号召村民将耕地范围内的坟墓移平，村民积极响应。村里推行丧事简办，不搞迷信活动，子女披麻戴孝改为系白束腰或戴黑纱，亲友为死者献花圈、送挽幛。1968年，红星大队实行殡葬改革，将传统土葬改为火葬。第2生产队（夏浜村）的贾夫卿因意外事故身亡，遗体在昆山三里桥火葬场火化，是红星大队实行殡葬改革后遗体火化的第一人。20世纪90年代起，村域内殡葬改革继续深入，村民将亲人的骨灰盒埋葬于购买的墓地。2000年起，随着农房拆迁，村民将以前埋葬于自留地的骨灰盒和零星坟墓悉数迁移到墓地。2020年，为了抗击新冠疫情，清明节时，政府提倡网上祭扫亡灵和用送鲜花代替烧纸来寄托哀思等。

2010年，广福村与昆山高新区司法所联合开展“法制宣传进万家”活动，重点针对老年人维权及妇女儿童保护进行宣传。2017年起，广福村党员干部签订禁放烟花爆竹承诺书，对中环以内集中居住区的居民进行烟花爆竹禁燃禁放宣传，村工作人员在辖区主要路段、广福锦园小区悬挂宣传横幅、张贴禁放标语、用喇叭循环播放宣传录音等。2019年，根据昆山市文明办、民政局文件精神，广福村村委会向小区居民发放100余份《致广福村村民的一封信》，倡导勤俭节约、文明婚嫁、绿色殡葬的新风尚，推进移风易俗。是年5月，广福村成立“红白”理事会，设理事长1名、副理事长2名、理事若干名（成为理事会成员的

“2011年度司法行政工作先进集体”奖牌
（2012年3月，广福村村委会提供）

广福村成立“红白”理事会
（2019年5月，广福村村委会提供）

条件：依法拥有选举权和被选举权的本村村民；思想政治素质好，政策法律意识强，遵纪守法，坚持原则，公道正派，敢于担当，在群众中有较高威望；熟悉村情，热心本村公共事业，具有一定的政策水平和依法办事能力；身体健康，能正常履职），对照昆山市红白事规定（喜事新办不攀比“红七条”，白事简办不迷信“白九条”），对村中情况进行监管。

二、“五好家庭”及文明“新风户”

1984 年起，根据城北乡妇联要求，广福村组织开展以“邻里团结好、家庭和睦好、婆媳关系好、计划生育好、教育子女好”为内容的“五好家庭”评比活动，每年评比一次。1985 年，广福村第 9 村民小组丁家浜自然村的王桂英家庭获昆山县“五好家庭”称号。这是一个有 10 人的大家庭，上有 87 岁卧床不起的母亲，下有 4 岁的小孙子。王桂英从无怨言、耐心照料。她在潜移默化中感染了 2 个儿媳妇，儿媳妇主动轮流照料家中的老婆婆。他们一家人和睦相处、互敬互爱，且能吃苦耐劳，4 个正劳力亦工亦农，种好 14 多亩的粮田，受到乡亲们的称赞。1988 年，根据苏州市精神文明建设委员会要求，广福村动员村民争创“新风户”（无抛荒田行为；无超计划生育行为；无赌博、封建迷信、违法犯罪行为；无擅自扩大宅基地行为；无欠国家定购任务和欠集体钱、物行为；无逃避服兵役行为；无因虐待老人、打架、闹事而造成非正常死亡行为；无包办婚姻或因婚姻问题而致家庭不和；无中小学学生流生；无脏、乱、差现象）活动。至 1990 年，全村“新风户”占比达 90%以上，获评农户门上安装由城北镇精神文明建设领导小组制作的“新风户”标牌。1991 年起，根据城北镇党委要求，广福村每年开展“文明家庭”评比活动，农户获评率在 90%~95%。

2010 年起，广福村按照上级要求开展“文明和谐家庭”评比，包括书香家庭、礼仪家庭、平安家庭、健康家庭等特色家庭评比。评比条件：爱国守法、热心公益，学习进取、爱岗敬业，男女平等、敬老爱幼，移风易俗、少生优育，勤俭持家、保护环境。是年，广福村总户数 201 户，41 户家庭获村级文明和谐家庭表彰，占比为 20. 4%；5 户家庭获评玉山镇首届文明和谐家庭，占比为 2. 5%。第 6 村民小组张坤元家庭，一家五口人均积极参加村里组织的各类安全知识宣传教育活动，将学到的知识技能传授给邻居们，带领左邻右舍一起维护周边环境的稳定和谐。他们一家与邻里关系融洽，挤出时间陪老人聊天，帮助邻居解决问题和困难，尊老爱幼，倡导健康文明的生活方式，获评苏州市“平安家庭”示范户。2011 年，广福村 5 户家庭获评玉山镇文明和谐家庭。

2012 年，广福村有 5 户家庭获评玉山镇文明和谐家庭，其中 1 户家庭获评玉山镇特色家庭。第 12 村民小组方道银家庭崇尚文明、积极进取、遵守各项规章制度；夫妻相敬相爱，事业有成；大女儿、大女婿热情礼貌，健康上进；小女儿为智力残疾一级，一家人长年累月、毫无怨言地照顾她。方道银全家六口人相敬如宾、相互尊重、相互理解，赢得了人们的赞誉，获评昆山市文明和谐家庭。

2013 年，广福村有 1 户家庭获评玉山镇文明和谐家庭示范户，6 户家庭获评玉山镇文明和谐家庭。其中：第 7 村民小组浦建林家庭获“昆山市文明和谐家庭示范户”称号，第 12 村民小组方道银家庭获“昆山市平安家庭”称号。

2014 年，广福村有 6 户家庭获评玉山镇文明和谐家庭，1 户获评玉山镇文明和谐家庭示范户暨玉山镇最美家庭十大特色家庭平安之家。

2015 年，广福村有 1 户家庭获评玉山镇文明和谐家庭。

2016 年，广福村有 1 户家庭获评玉山镇文明和谐家庭。

2017 年，广福村有 5 户家庭获评玉山镇文明和谐家庭。其中，第 3 村民小组夏金生家庭和睦、互敬互爱、孝敬老人；尽管夏金生身患疾病，但生活态度积极健康，热心帮助左邻右舍；女儿夏霞积极参加各项公益活动和教研活动，赢得邻里、亲戚、朋友的称赞。夏金生家庭因此获“昆山市最美家庭”称号。

2018 年，广福村有 3 户家庭获评玉山镇文明和谐家庭，第 1 村民小组沈嘉明家庭获“昆山市文明和谐家庭”称号。

2019 年，广福村有 3 户家庭获评玉山镇文明和谐家庭，其中 1 户家庭获“玉山镇最美家庭”称号。

2020 年，广福村有 3 户家庭获评玉山镇文明和谐家庭。

2010—2020 年，广福村共评选出玉山镇级文明和谐家庭 47 户、昆山市级文明和谐家庭 5 户、苏州市级文明和谐家庭 1 户。

三、敬老助残

敬老　1956 年实行农业合作化时，村域内根据上级民政部门的规定，对丧失劳动力的孤寡老人实行“五保”（保吃、保住、保穿、保医、保葬），经费由公益金和社会减免款支付。20 世纪 80 年代起，广福村把敬老尊老作为评选“五好家庭”和“新风户”的标准。1989 年，广福村老年协会成立。1990 年 5 月，广福村老年活动室创办，活动室订有报刊，备有茶水、娱乐设施。是年起，广福村开展老年人生活“六落实，一监督”活动。“六落实”，即落实粮、柴、油、穿、住、医；“一监督”，即把赡养者姓名与被赡养老人姓名及赡养情况张榜向全村公告，由村民监督，以确保老年人安度晚年。凡村里有老人去世，广福村村委会和老年协会第一时间前往吊唁，送去花圈和慰问金。2007 年起，广福村给予每户丧葬费 1 000 元，后逐步递增。2020 年，丧葬费为 1 500 元，90 周岁及以上老人的丧葬费 2 000 元。自 2008 年开始，广福村每年组织老人进行免费体检。2010 年始，昆山市又出台了弱势群体生活保障的相关政策，为 60 周岁及以上老年人办理老人优惠乘车卡，为 70 周岁及以上老年人办理老人免费乘车卡。2012 年，广福村老年人文体队伍成立，有队员 19 名，全年组织开展文体表演活动 15 场，丰富老年人的文娱生活。2019 年，昆山市政府免费给村里 65 周岁以上老人购买保险。是年，广福村邀请昆山虹桥医院对辖区内适龄老年人开展免费眼病普查、眼健康宣教、专家答疑等活动。

1997 年起，广福村每年给年满 60 周岁的老年人发放慰问品，后改为发放慰问金；春节和重阳节给老年人发放福利。驻村企业凯宫机械及广福农贸市场，于 2015—2018 年为村里老年人发放油、米，每年每户标准为 200 元，共 260 户，计 5.2 万元。2007 年起，老年人福利发放标准：中秋节及春节时发物品；重阳节时给 60 周岁及以上老人每人 100 元；春节时，60～69 周岁老人每人 150 元，70～79 周岁老人每人 200 元，80 周岁及以上的老人每人 250 元，90 周岁及以上的老人每人 800 元。2017 年起，广福村为 60 周岁及以上老年人发放生日慰问金，每人 200 元。2018 年开始，老年人福利发放标准：春节时，60～69 周岁老人每人 200 元，70～79 周岁老人每人 300 元，80～89 周岁老人每人 500 元，90 周岁及以上老人每人 800 元；重阳节时，60～79 周岁老人每人 200 元，80 周岁及以上老人每人 300 元及祝寿金（当年度满 70 周岁、80 周岁、90 周岁及以上）200 元。

2020 年，广福村老年人慰问金，春节共计发放 8.5 万元，重阳节共计发放 6.7 万元。上级政府每月还发放尊老金，给满 80 周岁的老人发 50 元，给满 90 周岁的老人发 200 元，给满 100 周岁的老人发 500 元。

助残 2006 年，根据上级文件，广福村成立残协会，由村委会主任兼任主席。残协会利用“爱耳日”“助残日”“爱眼日”等举办知识讲座，开展康复咨询活动，发放科普读物，进行早期康复训练指导，不定期组织志愿者上门服务，免费赠送轮椅、盲杖，帮助残疾人体检、就业等。此外，广福村还给予贫困残疾人资金补助。

2011 年 3 月，昆山市政府出台《昆山市残疾人免费乘坐公交车工作实施方案》，文件规定：残疾人申办公交爱心卡，可以在全市范围内免费乘坐昆山市公交车。是年起，广福村村委会积极宣传动员，在村便民服务窗口为残疾人申办人身意外险、公交爱心卡等；对轻度伤残的人员，村委会联系相关企业安排工作，帮助 10 名残疾人解决就业问题，减轻其家庭负担；并组织志愿者 10 名，到残疾人家中提供服务 36 次。是年起，广福村在“全国助残日”为村中残疾人发放爱心券或人民币 300 元，其中重残、双残人员由上级民政部门给每人发放 500 元。年末，村中组织群众到残疾人家里进行慰问，并给一、二级残疾人发放每月 140 元的护理费补助，给重残人员每月发放 1 100 元补助。

2020 年，广福村有残疾人 24 名，其中 2 户残疾人员家庭被纳入低保边缘户，5 户残疾人员家庭被列入重残户。

四、新时代文明实践站

2018 年 12 月，广福村根据昆山市文明办的要求，成立村新时代文明实践站。由村党支部书记担任站长，专人负责日常管理工作，建立专人宣讲、活动记录、工作纪律等制度。按照“有场地、有队伍、有制度、有计划、有活动、有成效”的“六有”标准，整合现有公共服务阵地资源，以打造理论宣讲、教育服务、文化服务、科技与科普服务、健身体育服务、乡风文明服务六大平台为工作内容。新时代文明实践站设在村服务中心，与党群工作室合署办公，活动面积 1 053 平方米，设有便民服务中心、警务室、图书阅览室、老年活动室、文体活动室等场所。新时代文明实践站依托党员之家活动阵地，运用本村资源优势，以群众喜闻乐见的形式开展新时代文明实践活动，组织开展爱国主义教育、农村科普、技能培训、青少年教育、乡村振兴、家风家训等活动。

广福村组织人员清扫积雪
（2018 年 1 月，广福村村委会提供）

新时代文明实践站的主体力量是志愿者，活动方式主要是志愿服务。2019 年起，广福村组织志愿者开展少儿阅读活动，培养孩子们爱读书的习惯；举办亲子烘焙和暑期安全教育活动；开展小区卫生工作检查；协助网格长走访周边餐饮店，进行安全工作宣传；开展“党员带头，粽香传情”活动，由志愿者将自己包好的粽子分发给村里的五保户、低保边缘户等。2020 年，新时代文明实践站开展“家长学校”工作，对辖区内 0~18 岁的儿童及青少年的家长进行集中授课、座谈、经验交流等有针对性的教育辅导。是年，志愿者进行理论宣讲 14 次，听课人数为 450 人；提供文化服务 11 次，服务人数为 337 人；提供健康促进与体育服务 6 次，服务人数为 72 人。

五、志愿者服务

进入 21 世纪，广福村根据上级部门要求，各条线、各项目都组织志愿者服务。2009 年 10 月，广福村团支部组织团员志愿者为老年人提供重阳节活动服务，为未成年人辅导功课，给学生发放“爱心助学”援助金等。2012 年 3 月，广福村妇代会组织妇女代表志愿者服务团队，帮护困难家庭，获昆山高新区妇女联合会颁发的“十佳巾帼志愿者团队”称号。2013 年，广福村创建文明村时成立志愿者队伍。

2017 年，广福村志愿者团队成立，由村委会工作人员和 11 名固定志愿者组

广福村开展消防器材实操演练
（2019 年 10 月，广福村村委会提供）

成，队长为张伟瑾。志愿者协助广福村开展各项活动，为妇女、儿童、青年、老人提供帮助，主要涉及义务巡逻、司法民调、卫生医疗、社会保障、环境卫生、扶贫解困等。2018 年，广福村志愿者助力广福菜场对 60 周岁以上老人进行春节慰问，递送《昆山市民文明十二条》宣传手册，在白鹭湾河道附近进行巡逻，做好安保工作，携手“走进艺术”开展暑期青少年主题活动，为村民办理昆山社会保障（市民）卡激活做好秩序维护等志愿活动，全年共计开展志愿服务 14 次，服务 104 人次。2019 年，志愿者对农家书屋的旧书进行打包处理，对广福锦园小区进行“331”夜查等，全年共计开展志愿活动 22 次，参与志愿者 152 人次。

2020 年，广福村志愿者团队共 35 人，由党支部书记担任志愿者团队队长，下设 5 支特色志愿服务队，分别为理论宣讲志愿服务队、爱心帮扶志愿服务队、公共文明志愿服务队、文化体育志愿服务队、医疗卫生志愿服务队。是年 1 月，广福村组建新冠疫情防控志愿者队伍，进行防疫宣传，为居家隔离者采购生活物品。广福村团支部书记张伟瑾从大年初一开始到撤除隔离点，连续几个月每天战斗在疫情防控一线，晚上加班至 10 点小区关闭大门才回家，还自费给隔离点的 3 个小朋友购买牛奶和巧克力。志愿者团队每年开展迎新春志愿服务活动，将包好的馄饨送到残疾人、独居老人家中，帮助残疾人体检，开展法制进校园等活动。全年活动共计 39 次，参与志愿者 304 人次，被服务对象 2 286 人次。是年，广福村党支部委员张伟瑾被共青团昆山市委员会、昆山市青年志愿者协会评为“昆山市 2020 年度优秀青年志愿者”。

第三节　创建活动

一、和谐社区建设

1983 年，广福村以公开、公正和公平原则进行村委会成员选举，按照村委会民主选举制度，严格遵循工作程序。经过民主登记、候选人推荐、公示、大会差额投票，当年 8 月，广福村第一届村委会产生，至 2020 年，共换届 12 次。2000 年后，广福村利用宣传画廊、公告栏等宣传村民自治“四民主二公开”（民主选举、民主管理、民主决策、民主监督，村务公开、财务公开）工作制度，在公告栏公示。广福村设立村务监督机构，审核财务，并在村民或村民代表会议上做工作报告；开展党员干部民主评议和村干部述职述廉评议制度，促进党风、民风、村风的不断改善。2000 年，广福村获评昆山市村民自治模范村。

广福村精神文明建设班子成员合影
（2020 年，广福村村委会提供）

2003—2005 年，广福村对村内道路、公厕、绿化带、河道驳岸、水电进行改造整治，修建老年活动室，为 50 人次解决就业问题，建造1 500平方米外来人口打工楼等，获评苏州市先锋村。2007 年，根据上级文件精神，广福村村委会推荐固定与临时村民代表各 15 名，参与村重大事项决策、民生事项的听证审议。

当年召开听证会 5 次。是年起，广福村创建零家庭暴力示范村，2011 年获评 2008—2010 年度昆山市零犯罪社区（村）。2011 年，广福村成立民主法治示范村领导小组，开展《中华人民共和国村民委员会组织法》《中华人民共和国婚姻法》《中华人民共和国劳动法》《中华人民共和国老年人权益保障法》等法律法规宣传，使村民知法、懂法、守法。调解委员会进行人民调解、法律援助、法制宣传教育等；与新阳社区结对共建，围绕“民主、文明、和谐”要求，共同解决难点问题。累计全年受理事项 722 件，办结事项 718 件。法制学校开展活动 17 次，受教育人数 385 人。

2012 年，广福村建造 200 平方米的便民服务大厅，设 5 个服务窗口，方便村民办事。获得苏州市农村集体财务规范化管理示范单位、苏州市农村（社区）消费维权工作先进投诉站、苏州市保护消费者合法权益工作先进集体、苏州市公共文化服务优秀村、江苏省民主法治示范村等多项荣誉。2013 年 12 月，广福村被江苏省民政厅授予“江苏省和谐社区建设示范村”称号。

2018 年后，广福村村委会每年对村民开展两次法制教育。2020 年，广福村村委会召开村民代表听证会 7 次，并审议通过村级重大决策、重大项目、重点工程 14 项。

广福村墙上展板
（2020 年 10 月，张银龙摄）

广福村获江苏省档案工作二级单位奖牌
（2020 年 10 月，张银龙摄）

二、文明村创建

1983 年，广福村以城北乡精神文明建设办公室制定的“政治思想好、综合治理好、经济效益好、文化教育好、环境美化好、计划生育好”6条乡规民约作为文明村评比标准来开展创建活动。1998年，广福村启动创建江苏省卫生村行动，清理村域内的河道，整治乱搭乱建、乱堆乱放、乱贴乱画等现象。2000年起，广福村开始创建苏州市文明村，成立文明村创建领导小组，由村党支部书记任组长，制订创建文明村计划，将责任落实到人。按照“生产发展、生活富裕、乡风文明、村容整洁、管理民主”的新农村建设要求，广福村加强村民道德、民主法治建设，教育村民遵纪守法，组织志愿者对低保边缘户、失独家庭、困难老人、残疾人家庭等进行帮扶，开展“结对共建”活动。

2005年起，广福村为考取大学的新生一次性发放奖学金，大专生500元、本科生1 000元，对考上中国十大名牌大学的学生发放奖学金2 000元。2005—2007年，广福村创建苏州市实践“三个代表” 实现“两个率先”先锋村。对村里4家动迁困难户，给予每户5 000元补助，此外，还给予贫困生学费补助计10 000多元。对患重病住院或办丧事的家庭，村支部送500~2 000元慰问金等。

2009年，广福村成立未成年人思想道德建设工作领导小组，开展未成年人教育及关爱青少年健康成长知识讲座，组织志愿者给未成年人进行功课辅导，发放“爱心助学”援助金等。2012年，广福村利用节假日时间，将辖区内四世同堂、五世同堂家庭组织起来，举行“温馨家庭交流会”，通过表演、讲说等一系列活动，讲述老百姓身边发生的故事，引导居民形成健康文明的生活方式，为全村村民树立幸福榜样，《昆山日报》对此事进行了报道。

2015—2017年，为创建苏州市先锋基层党组织，广福村健全“三会一课”（党员大会、支委会议、党小组会议、党课）、民主评议、述职述廉、村干部工作制度；村干部为群众办实事，严格遵守村“三资”（资金、资产、资源）管理制度、财务制度，立规矩、堵风险，涉立资产、资金、资源处置规则；加强安全检查、环保督察，改善村民居住环境；开展敬老爱幼、“文明和谐家庭”评选活动，发动村民参与创建工作，将典型事例放在村善行义举榜里公示；依托便民服务中心，定期开放多功能活动室、农家书屋、棋牌室等，丰富橱窗内容，定期更换宣传展板，传播社会主义核心价值观、十九大精神等精神文明建设内容；教育村民遵纪守法，强化治安调解工作，宣传普法教育，禁止赌博和封建迷信活动。

2016年起，按照“产业兴旺、生态宜居、乡风文明、治理有效、生活富裕”的乡村振兴要求，广福村成立以村党支部书记为首的人居环境整治领导小组，结合“文明城市创建”“人居环境整治”“‘331’专项行动”等开展共建清洁、整齐、生态、舒适、文明的“美丽庭院”活动；成立“妇女儿童之家”，开展各种亲子活动；建立健全和完善党员学习考查制度，组织“两学一做”（学党章党规、学系列讲话、做合格党员）活动、党员远程教育等；结合“一村一品”项目品牌，“广推新思想、福享新时代”，出资给每家每户定制信息盒，不定期到每户村民家中发放宣传资料。2019年12月，广福村获“江苏省文明村”称号。

1991—2020年，广福村先后获昆山市、苏州市、江苏省级文明村荣誉称号13次，其中获评昆山市级文明村10次、苏州市级文明村2次、江苏省级文明村1次。

【链接】

《昆山高新区广福村村规民约》（2020版）

1. 爱党爱国，爱我广福。
2. 遵纪守法，诚实守信。
3. 修身立德，明理守则。
4. 爱岗敬业，勤劳致富。
5. 热心公益，奉献社会。
6. 崇德尚教，尊老爱幼。
7. 家庭和睦，互尊互让。
8. 邻里友善，以诚相待。
9. 拒黄赌毒，反对迷信。
10. 喜事新办，丧事从俭。
11. 爱护公物，遵守公德。
12. 污水入网，垃圾分类。
13. 服从规划，杜绝违建。
14. 合规出租，有序停车。
15. 选好干部，乡村振兴。
16. 遵规守约，全村共鉴。

三、“‘无黑’（村）社区”创建

2018年，中共中央、国务院发出《关于开展扫黑除恶专项斗争的通知》，广福村按照上级要求，开展扫黑除恶专项斗争，发放宣传手册460份，张贴各类通告8张，悬挂横幅6条，摸排涉黑涉恶信息1条。排查和化解各类矛盾纠纷6起，解决社会治理类事件175起、城市管理类事件37件、民生服务类事件52件、其他各类事件20余件。2019年起，广福村党支部围绕“深化扫黑除恶宣传、规范党员网络行为”开展活动，在广福锦园小区内悬挂宣传标语横幅，张贴扫黑除恶法治宣传通告，放置宣传展板。党员志愿者向村民发放扫黑除恶法治宣传资料。广福村党群服务中心播放扫黑除恶公益广告及宣传标语等。广福村微信公众号发布“扫黑除恶应知应会”及市政府的“两封信”（《致广大人民群众的一封信》《致全市共产党员的一封信》）。广福村在职党员参与扫黑除恶知识竞赛、应知应会考试。广福村村委会定期配合警务室开展摸排工作，发动村民提供线索。2020 年年底，广福村被列入昆山市“‘无黑’（村）社区”申报名单。

第九章　文教体卫

中华人民共和国成立前，村域娱乐活动极其贫乏，只有传统的儿童游戏及春节前后去昆山赶庙会；村域教育落后，进私塾读书的孩子只有少数；村民看病主要依靠土郎中，偶尔送病人到城里求治。中华人民共和国成立后，文化活动逐步得到发展。1956 年，村域内开办俱乐部，自编文艺节目为群众演出。20 世纪 60 年代，广福大队建立毛泽东思想文艺宣传队，主要宣传毛泽东思想及排练样板戏，同时成立篮球队。1953 年，村域内始办扫盲班，3 年后开办耕读小学，教育逐步走上正轨、形成规模。1968 年，广福大队办起合作医疗，培养赤脚医生，为村民治疗常见病及进行流行性疾病预防，医疗卫生条件逐步得到改善。20 世纪 90 年代后期，借助创建卫生村契机，广福村医疗事业大发展，文化教育、群众体育全面提升。1999 年，广福村被江苏省爱国卫生运动委员会授予“江苏省卫生村”称号；2004 年，获评“全国亿万农民健康促进行动”苏州市先进村；2012 年，被苏州市文化广电新闻出版局评为“2010—2011 年度苏州市公共文化服务优秀村”。

第一节　群众文化

一、文艺宣传

1968 年，昆山农村掀起群众文化热潮，红星大队内组织成立文艺队伍——毛泽东思想文艺宣传队。宣传队成立时有 16 名队员（包括乐师），均是从村民中选拔出的文艺骨干。该队属不脱产的业余演出队，由大队共青团支部书记担任负责人，并由大队拨款购置乐器。1969 年，宣传队由苏州城里的插队知青狄惠芳负责，艺术指导及扮演主角的也都是下乡知识青年。宣传队利用晚上时间排练，在节日里演出，不仅丰富了村民的文化生活，还积极配合当时的农业生产，宣传党的方针、政策。文艺作品均为革命样板戏及戏曲小节目。一般是大队召开社员大会时，在会后安排宣传队表演节目，活跃气氛。有时宣传队还参加城北公社举办的文艺会演，并应邀到邻村演出。宣传队三句半的节目曾在昆山人民剧场演出。20 世纪 70 年代起，电影下乡逐渐增多，有单位已经购买电视机，人们的文艺欣赏水平也提高了。1974 年年底，红星大队文艺宣传队解散。20 世纪 80 年代以后，村集体不再组建文艺宣传队。广福村还建有一支文化服务队。村支书为队长，村团书记、妇联主任和八九

戏曲下乡活动（2016 年 3 月，楼小芳摄）

名年轻工作人员则具体负责服务工作。村文化服务队经常为村民提供各种文化服务，组织开展娱乐活动。

二、图书室

1999 年 9 月，广福村建图书阅览室。图书阅览室面积约 20 平方米，有图书 100 多册，其中科技书籍 50 册。2005 年 5 月，广福村在广福锦园 188 号新建村图书室。村图书室面积 32 平方米，藏书 1 200 余册。2007 年，村图书室更名为农家书屋，占地面积 24 平方米，内设书架、空调、桌椅等设施。2010 年，广福村增设电子阅览室。电子阅览室面积约 16 平方米，配专用电脑 5 台，供村民使用。2019 年 11 月，农家书屋与电子阅览室合并共用一间新活动室（面积 32 平方米）。2020 年，农家书屋拥有 1 500 余册图书（昆山图书馆赠予）、10 余种报纸、20 余种杂志，配专用电脑 3 台。农家书屋有《文明公约》《借阅制度》等多项制度，实行专人管理，每周一至周五对外开放。村委会派 1 名工作人员为书屋管理员，办理借阅手续，方便群众阅读。同时，镇文化站不定期进行检查，督促村民做好图书分类登记造册、借阅登记、开放利用等工作，重点检查是否有图书遗失、损坏现象。

三、老年活动室

广福村老年活动室成立于 1990 年 5 月，位于村域内风雷河西侧第 14 村民小组，面积 44 平方米。1996—2001 年，老年活动室搬迁至风雷河东侧的民宅；2001—2003 年，搬迁至庄基浜公房；2003—2005 年，搬迁至风雷河西侧的农宅民房。2006 年 5 月，老年活动室搬至广福锦园 188 号，面积 100 平方米，内部设施有高清电视机 1 台、麻将桌 5 台、象棋桌 1 台等。活动室订阅《昆山日报》《苏州日报》《人民日报》《新华日报》《江苏老年周报》《老人报》等报刊。老年活动室为居住在广福锦园、锦隆佳园小区的老年人提供服务，有 1 名专职工作人员。2015—2020 年，老年活动室由张炳琪负责管理，正常开放。

四、文化服务中心

广福村文化服务中心位于广福锦园 188 号村委会办公楼内，于 2005 年建成。

室内场所有残疾人康复室、乒乓球室、舞蹈排练室、放映室、“妇女儿童之家”、会议室、“党员之家”、图书室等；室外有健身器材、门球场、篮球场等文化娱乐健身设施。2008年春，按照昆山市对农村公共服务中心的建设要求，广福村投入70万元，新建休闲场地，进行室外绿化，完善阅读、上网、排演、影视、课堂等服务功能，11月竣工。从此，文化服务中心每天开放，其设施基本满足村民文化生活所需。

第二节　教育事业

一、私塾教育

村域私塾教育始于1921年，校址在清水港村落，有教师1名、学生20名左右。1935年私塾停办，1938年恢复，其间学校开开停停，没有规划，不成规模，至1949年再次停办。民国时期，私立学校教师、塾师都是就地聘请，师资水平参差不齐，其经费及教师工资全靠家长凑集，教师的社会地位比较低。学校围绕“孝悌忠信”“忠孝节义”等，对学生进行以儒学为中心的思想教育，在课程设置上，根据学生的基础，分别教学生读方块字、写毛笔字；教材大多为《百家姓》《三字经》《幼学琼林》等古文读本。

中华人民共和国成立前，村域内少数富裕家庭为孩子读书聘请家庭教师，自办私塾，有的私塾顺带招收几名本族子弟。塾师的收入由学生家庭付给，多少不等。大多数贫困家庭因负担不起学费，孩子无法读书识字。村民大多不富裕，都是以种田为生，贫困户占90%以上。受经济条件的制约，村民文化程度普遍不高，文盲数占总人数的95%。

二、扫盲教育

中华人民共和国成立后，党和政府十分重视提高人民群众的文化水平。在成人中办冬学班、设夜校，开展识字教学，进行扫盲运动，不断提高农民文化程度。1953 年，利用冬季农闲季节的夜晚，把村民集中起来学习识字，称为“冬学”，也叫“夜校”。识字教材由上级部门根据乡土实情编写，内容大多以农业生产、农村生活为重点。村民腾出房，凑集经费，购置黑板、油灯，学习文化。1954 年，县、区分别训练“冬师”，进一步推动村内冬学运动的开展；并根据“学以致用”的原则，编写记事、识字课本，做到“社社（时为初级社）有民校，人人有课本”，村民学文化的热情空前高涨。当年，除晚上在民校学习外，村域内还发挥所有识字人的作用，扩大扫盲骨干队伍，采取分散教学形式，建立以互助组为基础的学习小组，根据不同的生产情况和学习条件，在田间开展读报活动；利用小黑板、方块字、识字卡、墙头诗，扩大识字环境。村中的识字教学紧密联系生产实际，如“合式秧田”“落谷稀”“盐水浸种”“莳秧”“割麦”等，既提高了村民的文化水平，又推动了农业技术的推广。1956 年年初，中共中央、国务院发布《关于扫除文盲的决定》后，江苏省派出扫盲工作团到城北乡指导，协助成立乡扫盲协会，在有文化的青年中培养扫盲骨干力量，进一步推动了红星大队的扫盲工作。1968 年，红星大队建立耕读小学，组织大龄少年读书，教师在下乡知青中挑选。

三、村办学校

中华人民共和国成立前，村域内没有正规的文化学历教育。中华人民共和国成立后，党和政府贯彻“学校向工农开门”方针。20 世纪 50 年代，村域内办起小河岸初级小学，对困难学生实施减免学费政策，鼓励儿童入学，村域内学龄儿童相继入学。20 世纪 60 年代，村域附近几个生产大队合办小河岸中心小学，后扩建为完全小学校。“文化大革命”开始后，课程、教材由学校自定、教师自编，教材以《毛主席语录》为主。1968 年，根据上级指示，红星大队革命委员会指派贫下中农协会主任具体分管学校，改革学制：小学改为五年一贯制，开设政治、语文、数学、唱歌、图画、常识、劳动等课程，实行开卷考试；升学改为贫下中农推荐制度；民办教师在村域具有初中文化的青年及下乡知青中挑选。20世纪70—80年代，村域内小学几度改变，校名更改2次。改革开放前夕，村域幼儿教育起步，并日益受到重视。20世纪90年代，随着独生子女政策的全面落实，学龄儿童减少，城北镇调整学校布局，村域幼儿园停办，城北红星完小校更名为小河岸完全小学校（完小校），教务、师资归属城北中心小学管理。

广福幼儿园 创建于1979年9月，园址在红星小学旁边，由教师周群一人带班。1980年9月，幼儿园搬到广福大队风雷河边的老年活动室，取名为红星幼儿园，房屋面积150平方米，操场面积90平方米；学生20名左右，混合为一个班，仍由周群一人带教。广福幼儿园教育业务受城北幼儿园指导，内容以幼儿的清洁卫生、日常生活注意事项为主；对年龄稍大的幼儿开展认数、唱儿歌、讲故事及游戏活动。2000年下半年，因339省道建设，幼儿园停办拆迁，幼儿转到城北中心幼儿园上学。

昆山高新区小河岸小学
（2016年9月，广福村村委会提供）

小河岸小学 有着90年的历史，是1935年由国民政府创办的公立小学，校址设在小河岸。1937年，小河岸小学停办，复设私塾。1950年2月，昆山县人民政府接管原小河岸小学，并将校名更改为广福乡初级小学。1953年秋，广福乡初级小学升格为完全小校，更名为广福乡小河岸中心小学校。1958年，附近几个生产大队合办小河岸中心小学，设1—4年级复式班。红星大队第6—12生产队的孩子就读于该校。1962年4月，小河岸中心小学更名为城北中心小学校。1966年，学校改冠生产大队名，为红星小学校。1979年，红星小学校与力量小学合并，从属城北中心小学，更名为城北红星完小校。1990年4月，城北红星完小校经昆山市教育局批准扩建，向广福村第4村民小组征地4.92亩，由镇政府拨款翻建教育楼，被列为昆山市教育局“农、科、教”定点基地，取名城北镇小河岸完全小学校。是年，新校舍竣工使用，学区辖广福、胜利、杜桥3个行政村。1998年该校撤并，被编入城北中心小学。

2012—2013 年，学校重新建造，校址位于广福村，占地 12 459.5 平方米，建筑面积 10 121.5 平方米。2018 年 6 月，该校共有教学楼 4 幢（“回”字形）、教室 24 间、实验室 2 间、图书阅览室 1 间，在校学生共 1 019 名（22 个班），在编教师及员工 37 名。2018 年 9 月，该校撤办，并入昆山高新区玉湖小学。

四、驻村学校

昆山市玉山镇城北福娃幼儿园 于 2007 年 9 月开办，校址位于寰庆路 1301 号（广福村辖区），是昆山高新区管委会出资建设的小区配套幼儿园。福娃幼儿园地处居民集聚区，按照绿化、美化、教育化的要求设计建造，占地 10 000 平方米左右，建筑面积 4 230 平方米，绿化面积 4 800 多平方米，户外活动场地 6 100 多平方米，固定资产 50 多万元。2020 年，福娃幼儿园有学生 359 名，开设 12 个班，包括小班 4 个、中班 4 个、大班 4 个；有教职工 51 名，包括教师 30 名、保育员 12 名、厨师 5 名、保健医生 2 名、会计 1 名、保洁员 1 名；开设语言、计算、常识、美术、音乐、体育等科目。

福娃幼儿园操场
（2016 年 8 月，广福村村委会提供）

福娃幼儿园门口
（2020 年 10 月，张银龙摄）

昆山市玉山镇力量小学 属昆山市民办小学（附设幼儿园），2000 年 8 月由昆山市教育局批准开办，主要为满足城北区域的学龄儿童小学教育需求。该校于 2001 年 10 月建造，2002 年 8 月竣工并投入使用。学校地处广福村角里路 79 号，校区范围为东起小河岸河，西临锦隆佳园小区，南起广福路，北至寰庆路，占地 20 588 平方米，建筑面积 13 083 平方米，有教学楼 4 幢、教室 51 间、实验室 1 间、图书阅览室 1 间，音乐室、美术室、电脑室及塑胶操场等硬件设施俱全。2020 年，该校开设 53 个教学班（其中小学部 38 个班、幼儿部 15 个班），有 2 500 名学生、150 名教职工。

力量小学校门口（2020 年 10 月，张银龙摄）

力量小学全景（2020 年 10 月，张银龙摄）

昆山高新区玉湖小学
（2020 年 10 月，张银龙摄）

昆山高新区玉湖小学　是昆山高新区所建的全日制公办小学，于 2018 年 4 月创办，位于昆山市玉山镇玉湖北路 318 号，坐落在美丽的玉湖之畔。该校占地 30 756 平方米，建筑面积 24 500 平方米。2020 年，该校有班级 29 个、在校生 1 361 名、在编教师 64 名。

昆山高新区庆丰小学
（2020 年 10 月，张银龙摄）

昆山高新区庆丰小学　于 2020 年 2 月搬迁至原小河岸小学校舍，位于昆山高新区小河岸路 268 号。学校占地 12 459 平方米，建筑面积 10 407 平方米，各类专用教室、体育设施、现代化教育设施齐全。该校是一所全日制现代化民办六年制完全小学，设计规模为 5 轨 30 个教学班，实行小班化教学。2020 年秋季学期，该校招收一年级新生 5 个班，共 225 人。

第三节　群众体育

一、体育设施

20 世纪 60 年代，红星大队第 2 生产队利用打谷场建有一片泥地篮球场，供村民进行体育活动。21 世纪以后，广福村利用搬迁学校留下的操场、活动室，逐渐添置乒乓球桌、羽毛球等各种健身器材（部分由上级部门赠送），供村民进行体育活动。2007 年，昆山市体育局赠送给广福村部分体育健身器材，安装在锦隆佳园、广福锦园小区。2015 年起，为推进“15 分钟体育健身圈”建设，广福村建起健身场地，配置健身器材。2020 年，广福村村部有健身室、乒乓球室、舞蹈排练室；室外有健身器材、门球场等体育设施。室外安装的健身器材有三位扭腰器、健骑椅、坐式腓肠肌按摩器、扭腰摩背压脚组合训练器、双位蹬力训练器、腹肌板、腰背按摩器、双人大转轮、太极推手器、上肢牵引器、双位慢步机各 1 台。村民不分男女老少，每天都能自由锻炼。

锦隆佳园小区室外活动场所（2020 年 10 月，张银龙摄）

户外健身器材（2020 年 10 月，张银龙摄）

二、全民健身

20世纪六七十年代，村民中有许多年轻人热爱体育，并自发开展健身锻炼。他们利用学校场地，业余进行打篮球、打乒乓球、举石担、游泳等运动。20世纪八九十年代，村域大多数青年男女进入工厂、企业上班，健身活动以做工间操、慢跑、散步、参加舞会等形式为主。进入21世纪，村域内老年人健身活动蔚然成风，打太极拳、跳广场舞、做健身操、逛公园、散步，四季皆宜。2007年7月，广福村老年人体育协会成立，主要协调村舞蹈队与门球队相关工作。

广福村"一村一品"健身风采邀请赛团队合影（2010年11月，广福村村委会提供）

广福村召开"玉山镇广福村老年人体育协会成立大会"（2007年7月，广福村村委会提供）

篮球队　1967年，红星大队建有一支篮球队。队员主要由第2生产队的七八名男青年组成，队长为王维章，也是该生产队队长。他们利用农闲之际，苦练球艺，有时与邻里大队的球队切磋交流，提高水平。每到劳动节、国庆节及春节，他们会采用"走出去"或"请进来"的方式，与各大队篮球队开展友谊邀请赛。1969年国庆节期间，他们参加了由城北人民公社文化站组织举办的篮球赛并获得冠军，受到周围众乡亲的赞誉。1971年，篮球队解散。

舞蹈队　广福村舞蹈队于2007年9月成立，当时称文艺队。队员有16名，除了队长王志明之外，其余多是中老年妇女。舞蹈队活动有制度、有计划，每月有排练日程。该舞蹈队经常参加昆山高新区文化体育部门及社区组织的演出活动，并多次获得优胜奖与优秀奖。表演形式有单球操、双球操、腰鼓舞、太极拳、扇子舞、功夫扇、长扇舞，舞蹈节目有《茉莉花》《好地方》《红月亮》《欢天喜地》等13个（套）。2015年3月，舞蹈队剩下队员8名，因人数得不到补充，停止活动。是年，在村舞蹈队员的引领下，广场健身操逐渐流行起来。2018 年起，每当夜幕拉开时，村域小区居民会自发、有序地跳起广场舞，四季不断。

村舞蹈队获健身球操优秀奖
（2007 年 9 月，广福村村委会提供）

广福村举办村民首届乒乓球比赛（2008 年，广福村村委会提供）

门球队　广福村门球队成立于 2012 年 3 月，由王志明担任负责人。队中共 8 名队员，每周训练 2~3 次，每年参加市、镇两级举办的赛事 2~3 场。2014 年 11 月 11 日，门球队在昆山市门球协会主办、张浦镇南吉山村承办的昆山市村级七分会第二届门球联谊赛上获季军，获得门球队成立以来的第一个奖项。2015 年，王志明离任，由陈林生接任队长。此后门球队每年都参加市、镇两级举办的门球比赛活动，并得奖 1~3 项。至 2020 年，广福村门球队有队员 7 名（女 3 名），共获奖 16 次，其中获昆山市级奖项 6 次。

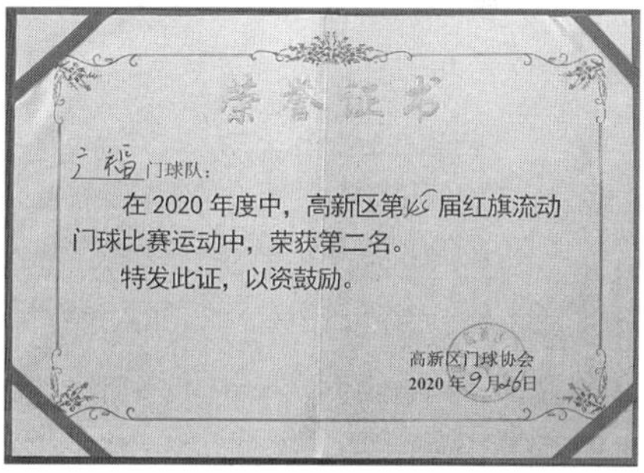

荣誉证书

广福门球队：

在2020年度中，高新区第[illegible]届红旗流动门球比赛运动中，荣获第二名。

特发此证，以资鼓励。

高新区门球协会
2020年9月26日

2020 年门球比赛奖状
（2020 年 10 月，张银龙拍摄）

2016 年门球比赛奖杯

2019 年门球比赛奖杯

2020 年门球比赛奖杯

民间竞鸽 2014年年底，广福村第2村民小组村民张绿萍在朋友的介绍下开始饲养鸽子。不久，张绿萍加入昆山市信鸽协会。数年后，张绿萍饲养的170多只鸽子多次参加比赛，取得昆山竞鸽赛冠军及第一名、第二名与季军等成绩，最高获得4万元奖金，成为昆山市信鸽协会参赛选手中的佼佼者。2018年秋，张绿萍饲养的信鸽参加常州龙翔赛鸽中心举办的“2018年秋第三届三关鸽王大奖赛”，获加站赛第34名。2020年9月，张绿萍饲养的信鸽参加山东亿翔赛鸽公棚组织的“2020年春第四届480公里大奖赛”决赛，获第130名。

三、传统竞技

村域民风淳朴，环境清平。旧时，孩子们常玩一些传统游戏打发时光。

叉铁箍 铁箍来自桶箍，孩子再拿一根30厘米长的铁丝，将一头制成凹形弯钩，将另一头扦在一根长一米左右的细竿上，然后用凹铁钩钩住铁箍往前推。铁箍随着推力向前滚动，发出“哐啷哐啷”的声音。叉得熟练的小孩还会进行比赛。比赛一般由5人以上组成。大家围成一个大圆圈蹲下，首推一个叉箍人，然后叉箍人绕着圆圈叉，如果没有碰到人，则一圈又一圈接着叉。如果铁箍途中碰到人，就让被碰到的人做下一轮的叉箍人，他蹲的位置则由刚才叉铁箍的人占据。该游戏于20世纪80年代初在村域消失。

踢方格 2名以上的女孩选择一块平地，画一个似房子形状的“十”字格，竖1列6格，横2排5格，每格约为0.3米边长的正方形。玩耍时，每人自选一块三四厘米的瓦片，也叫踢子。出场者将踢子放在第一格里，提单脚巧妙地将踢子踢向前一格，一鼓作气踢完为胜者。中途踢子必须穿过格子，踢在前空格里，如果出现压线、出格、脚踏线等情况即停止。参加者踢完后，根据踢的格子多少排名次。该游戏于20世纪90年代在村域消失。

拶铁子 是女孩子常玩的游戏。2~3名女孩用10个麻将牌和1个沙袋当作玩具，在桌子或者平台上进行该游戏。协商出场顺序后，出场者将全部麻将牌握在手中，散于桌面上，麻将牌落于桌面有正有反。然后将沙袋抛于空中，一边用同一只手将桌面上反的牌翻正，再接住沙袋，翻完后再把牌抓起放在一边，直至将桌面上的牌抓完为止，中途接不住沙袋即停止游戏，换下一人上场。谁玩得最久即为胜者。该游戏于20世纪80年代在村域消失。

甩棱角　是男孩子常玩的游戏。用硬质树木刻成橄榄形状，一头留个木帽，另一头用鞋钉钉上，即为棱角。出场者选一根约 1 米长的细麻（纱）绳，从木帽开始按顺时针缠完，留一段捏手，然后将棱角倒置，在用力向地上甩出的同时抽掉绳子，棱角自然立在地上飞速旋转。该游戏以棱角旋转时间最长的为胜者。20 世纪 80 年代村域中还有男孩玩，后逐步被打陀螺代替。

丢沙包　最少 3 个人玩，用有点重量而没有边角的小布包（里面放有黄豆、蚕豆或沙子）作为投掷“武器”。在规定场地内，站在两边的人都用小沙包投掷站在中间的人，中间的人若被沙包打中则失败下场，如果用手接住“打手”们扔过来的沙包就能多“一条命”，以此轮流游戏。

也可将参加游戏的人分为两组，一组扔沙包，另一组躲沙包。扔沙包的一组再分两组站在场地的两端，躲沙包的一组站在中间。两头扔沙包的轮流砸中间躲沙包的人，如被砸中则下场。如果躲沙包的人接住沙包，则多“一条命”或“复活”本方已下场的队友 1 名。如此进行下去，直到躲沙包的人全部下场。之后两组人互换，游戏重新开始。20 世纪 80 年代村域中非常流行这种游戏。

削水片　不分男女老少，凡经过河边，从地上挑一块小而薄的瓦片或者砖片，用大拇指和中指夹住，食指钩在瓦片一端，捏紧、伸臂、扬手，低身转体，瞄准水面用力将瓦片呈水平状削出去，瓦片就会在水面上有节奏地弹跳飞跃，水花也跟着瓦片从大到小跳跃。瓦片飞跃最远的为胜者。随着城镇一体化的发展，村域河流、岸道都改造了许多，孩子们很少去河边玩耍了，削水片游戏几乎消失了。

滚铜板　选择一块 20 多平方米的场地，用 2 块砖一侧一平搭成一个斜面砖台，在离砖台 3~5 米处画一条横线。参加者用猜铜板正反面的方式决定出场顺序。出场者用手中铜板瞄准砖台，用巧力将铜板滚向横线。若铜板滚出横线，出场者只能将铜板摆在砖台前的地圈内，等待被击败。待所有参与者全部结束后，铜板离横线最近的为本轮第一名，以此类推。接着，由第一名用铜板击打其他人的铜板，被击中的铜板归他所有，并可连击，击偏即停并退出，由下一名继续击打，以此类推，直到铜板被击完为止。该游戏于 20 世纪 80 年代初在村域内消失。

丢镢子　镢子也叫镰刀，丢镢子是孩子们在野外割猪草时玩的游戏。四五个孩子待猪草割满草篮时开始玩耍，先是选好一块不软不硬的、没种庄稼的稻板田，大家各抓一把同样多的猪草放在田边，作为输赢赌注。其次不分前后、远近，各自拿着镰子向同一方向掷去，然后看镰子落地的状态比名次："竖着"为第一，"反着"为第二，"平着"为第三。没有第一时，则第二为赢家，两人并列则再丢一次，都是第三的为平局。赢家将摆在田边的猪草收为己有，再进入下一局。该游戏于20世纪70年代中期在村域内消失。

打弹珠 先在泥场地上挖4个乒乓球大小的泥洞，前三个洞每个间隔25厘米左右，最后一个洞隔50厘米左右，称为"老虎洞"。玩耍时，一帮孩子先用猜拳的方法排次序，将弹珠连续打进四个洞者称为"老虎"，就在洞边守着。未当"老虎"的参加者的弹珠滚到哪儿就停在哪儿。待参加者滚完后，"老虎"开始击弹珠，击中的弹珠归己，可连续击，击不中时弹珠停在那儿不许动。接着由未进"老虎洞"的弹珠继续向"老虎洞"进军。当上"老虎"就能击别人的弹珠，依次进行，直至场上弹珠被击完再开始第二局。该游戏于20世纪80年代后期在村域消失。

挑火柴棍 3~4个小孩围着一张桌子，每人出同等数量的火柴棍，合在一起，以猜拳决定顺序。玩耍时，第一位玩家将所有火柴棍握在手里，将手举至离桌面30厘米左右时松手，待火柴棍撒落于桌面后，将满桌横七竖八的火柴棍一根一根地挑出来，取出的火柴归己，如果碰动其他火柴棍，就由下一人出场继续游戏。这种挑火柴棍游戏在20世纪70年代改成彩色小棍游戏。

移（掏）蚬壳 也称"翻蛤蜊"，是在桌面上或者平台上玩的游戏。参加者拿出数量同等的蚬壳放在一起，用猜拳的形式决定出场顺序，先出场者把所有蚬壳捧在手上，举起后往桌上一抛，蚬壳有朝天的，有合着的。然后玩家用小蚌壳移蚬壳，朝天的易移，移住归己。假如移不住或碰动其他蚬壳，则轮到下一人继续游戏。移完所有蚬壳为一局。该游戏于20世纪80年代初在村域内消失。

拍洋画 这是一种在20世纪80年代流行很广的儿童游戏。洋画是一种质地坚硬的彩色小画片，画片上多为《封神榜》《西游记》等动画片、小说中的人物。拍洋画一般适合2~3人参与，场地以室外的平整水泥地为佳。参加者拿出同样数量的洋画，摆在地上作为赌注，通过猜拳决定先后次序。先者手持自己的洋画，用力将洋画脱手打出，要算准距离落在紧靠对方洋画的一侧，如果洋画落地时能利用气流掀翻对方的洋画，则能赢取对方洋画，输者再拿出一张洋画添补；如果没有击翻，就让下一位接上，依次不断进行，直至对方拿出来的洋画全部输掉。为了增加拍击的力量，拍洋画的孩子往往会在洋画的表面涂抹一层厚薄均匀的蜡，如此就不易被对方掀翻。该游戏于20世纪90年代末在村域内消失。

翻烟镖 也叫“翻三角”，是把捡来的香烟盒折成三角形，然后用木板把烟镖压实压平，如同一个镖。参与者各拿一张烟镖放在地上，通过猜拳决定先后次序，然后用自己的烟镖用力拍打对方的烟镖。一个人把另一个人的烟镖拍翻过来则胜利，如果一方的烟镖在拍时插进了对方的烟镖底下也算赢。该游戏于20世纪80年代初在村域内消失。

掼纸包 掼纸包也叫“打四角包”，与翻烟镖相同，是由两个人玩的游戏。把两只香烟盒拆开对折成长条形，然后把两张长条形的纸交叉相叠，折成一个四方形，一个纸包就做好了。把纸包平放在地上，用自己手中的纸包击打别人的纸包，如果能把别人的纸包打得翻转过来，就算赢了。如果觉得自己的纸包太单薄，容易被别人的纸包打翻，可以用几张香烟盒纸一起叠起来做纸包。此游戏是男孩子普遍喜欢玩的一种，于20世纪90年代在村域内消失。

笃砖 也叫“丢砖头”，多为10多岁孩子玩的游戏，参加人数不限。选一块场地，相隔4米，画2条横线，一条叫起步线，另外一条叫终点线。参加者每人选一块砖，站在起步线向终点线扔去，以砖块离终点线的远近排定顺序。第一名站在起步线，头顶砖块，两手叉腰，其余的人将自己的砖块原地竖稳；然后，第一名慢慢走到竖起的砖前，选择一块竖砖瞄准，低头使头顶砖块下落，砖块落地击倒竖砖为胜，输者被刮一次鼻子。击不倒时则由下一人继续，游戏至击完为止。该游戏于20世纪70年中期在村域内消失。

母鸡护小鸡 也叫“孵小鸡”，通常由3~4个小孩一起玩。一个人扮演母鸡，另外3个人扮演黄鼠狼等吃小鸡的动物，并捡3~4块鸡蛋大小的砖块当“小鸡”。玩耍时，“母鸡”下蹲两手撑地，将“小鸡”护在胸前的地上，其余“动物”分别围在“母鸡”周围，试探性地抓“小鸡”。“母鸡”全神贯注地护着“小鸡”，并伸出脚扫动，但手不可离地，碰到谁就交换谁做“母鸡”。如

“小鸡”全被抓走而“母鸡”还没碰到人，则“母鸡”不换人。该游戏于20世纪60年代末在村域内消失。

斗鸡 斗鸡也叫“提脚馒头”，是男孩子在学校常玩的游戏，一般都在操场上进行。参加者多为10多岁的小孩，4~5人为一组。参加者双手抱胸，一只脚提起，单脚一跳一跳地行走，你撞我，我撞你。提起的脚落地或者跌倒的为输家，但可以继续参加。这种活动如今在冬天里学生玩得比较多，但须注意安全。

跳皮筋 也叫跳橡皮筋、跳橡皮绳、跳猴皮筋，约流行在20世纪50—90年代。皮筋是用橡胶制成的有弹性的细绳，长3米左右，皮筋被牵直固定之后，参加者即可来回踏跳。该游戏可3~5人一起玩，亦可分两组比赛，参加者边跳边唱，非常有趣。先由2人各拉一端把皮筋抻长，其他人轮流跳，按规定完成动作者为胜，中途跳错或没钩好皮筋时，就换拉皮筋的人跳。该游戏延续至今。

挑绷绷 又称撑绞、撑绳、翻绳、线翻花、翻花绳等，普通话称“翻绳”或“翻线”。这种游戏可以两人或多人一起玩。选一根长线，将两头打结，通过手指灵活地支撑、勾、挑、翻、收、放等动作，翻出各种生动有趣的造型图案。先由一方双手的拇指和食指撑成长方形等，另一方接着这个形状创造不同的花样、形状，随后双方轮换交替玩要，游戏时间可长可短。该游戏延续至今。

打弹弓 该游戏在20世纪七八十年代开始流行。弹弓由弓架、皮筋、皮块三部分组成。弓架常用树木的枝丫制作，呈“丫”字形，上边两头系上皮筋。皮筋中段系上一包裹弹丸的皮块。弹弓的威力取决于皮筋的拉力和回弹速度，皮筋拉力大就能匹配重的弹丸，皮筋的回弹速度快就能给弹丸提供快的初速度，弹弓的弹丸重、初速度快就威力大。该游戏如今在村域少见。

得（粘）知了 20世纪60—70年代，每到夏天，孩子会三五成群地聚在一起，将铁丝或细竹做成圆圈绑在竹竿上，再将蜘蛛网卷在上面。蜘蛛网卷多了，竹竿就变得有黏性。孩子们拿着竹竿去树上粘知了，有时还会比赛看谁粘得多。进入21世纪，村域内孩子很少玩该游戏了。

第四节　医疗卫生

一、血吸虫病防治

螺情　村域曾经是昆山历史上血吸虫病的重疫区，环境复杂，钉螺分布广、密度高。20 世纪 50 年代，村域内的河道、水沟、溇潭、芦塘、荒滩等占村域总面积的 40%，其中水沟内钉螺密度高于芦塘和荒滩。有的水沟就是钉螺窝，到处是钉螺，闭眼一把就抓到。1954 年，昆山县派人到村域进行螺情调查，平均每平方市尺有螺数为：河边 5.6 只、水沟 9.95 只、稻田 0.75 只、溇潭 0.33 只、荒滩 6.7 只。1956 年，村域在上级指导下开始全力查灭钉螺。是年年底，村域钉螺密度较 10 年前大为降低，但是局部螺情仍然严重。不同环境的钉螺分布密度不同，钉螺在河、溇、沟堤岸上的分布状况也不同。是年冬，村域发动全民查螺、灭螺。据 1970 年调查，村域内有螺面积比 1954 年下降 80%左右。此后，村域内又采取灭螺与兴修水利紧密结合的措施，开挖新河新渠，拆老坟、填沟潭，对有螺地段进行反复查灭。至 1976 年，村域内有螺面积比 20 年前下降了 99%。1982 年，村域进行全面复查，有螺点、有螺面积全部清零。1983—1990 年，村域内未发现活螺。

病情　血吸虫病是昆山城北一带流行早、感染广、危害深的一种疾病。在患病初期，患者面黄肌瘦，四肢乏力，好吃嗜睡，劳力殆尽；在晚期则腹大如鼓，骨瘦如柴，俗称“大肚皮”。对此，民间有极为形象的描述：头像西瓜，脸如苦瓜，颈似丝瓜，肚是冬瓜，两手像犹拉耙，两腿如硬柴棒。当地有民谣云：“一把镰刀半寸铁，拿到手里就想歇。”“走路要扶棍，不到田头就想困。”昆山刚解放时，村域内一大半人患有血吸虫病。1957—1963 年，国家明文规定，昆山农村因血吸虫病连续7年免征义务兵。

1970年，根据党中央号召，村域内掀起了大规模的血吸虫病防治群众运动，此后连年查病治病。至20世纪70年代中期，血吸虫病感染率大幅度下降。1977—1982年，血吸虫病患者数量逐年稳步下降，至1987年，村域血吸虫病患者数量清零。

查灭钉螺 中华人民共和国成立之初，灭螺仅依赖人工捕捉。因钉螺面广量多，此法实乃杯水车薪。1954年11月，广福乡试用开水灭螺，共灭河道234米。1956年，红星高级社抽调39名青年，组成灭螺专业队，带着铺盖粮草，历时2个月，查河道、沟岸灭钉螺。1957年，村域内对钉螺密度高的内河、溇潭、荒滩采用铲土和666药粉土埋法灭螺。1958年，村域内对水沟采用“五面光”（沟两侧、两旁及堤埂面全部铲光杂草）灭螺法灭螺。是年7月，江苏省血防研究所在村域进行“肥料仓库灭螺”试验（钉螺死亡率为100%），随后在全乡推广。1959年，村域内对荒滩、芦塘、河道进行亚砷酸钙药物喷洒灭螺。是年，村域内对有螺的潭、塘、沟、渠，分别用五氯酚钠浸泡，砷酸钙喷洒灭螺，钉螺死亡率均在90%以上。三年困难时期，查螺灭螺稍懈，螺情有所回升。1962年，村民开始用五氯酚钠药进行稻田灭螺，药量在每亩1.5~2公斤，水深田药量为每亩2~2.5公斤。1965年春，红星大队组成30人左右的查螺队，历时10天，查螺足迹遍及境内每一尺水岸，查出有螺地段，逐一标出并登记。是年5月，采用氨水稻田灭螺法。在每亩投放20~30公斤氨水条件下，钉螺死亡率为100%。其后，红星大队通过大规模查灭钉螺，使有螺面积大减。此外，红星大队还降低村域内河水位，在开挖“灭螺沟”、修筑“灭螺带”的前提下，采用多种方法灭螺，如铲草皮土埋法、铺底火烧法、火焰喷杀法、666药物浸泡法、五氯酚钠浸杀法、亚砷酸钙喷洒法、苏化203泼浇法和氨水灭螺法等。1982年，村域内推行查灭螺责任制：螺点范围小的承包到户，螺点范围大的承包给专业组，承包双方签订合同，实行“五定”，即定任务、定质量、定办法、定工分、定奖罚。1986年4月，昆山县血防站到广福村考核灭螺工作，未查到一只活螺。1989年春，血防站对怀疑有螺地段再次复查，仍未查到活螺。

查病治病 1952年2月，华东军政委员会卫生部，组织上海同德医院、华东卫生部预防医疗大队、昆山卫生院、县血防站和各区卫生所，组成21个医疗组在昆山开展血吸虫病防治工作。其中一支医疗组在广福乡进行血吸虫病化验、治疗，收治病人30名，疗程20天。1956年，村域血吸虫病患者被分期、分批安排到巴城血吸虫病防治组治疗。是年3—7月，由吴宝殿、蒋锐之、张尉俭等医生组成的省医疗组来村域查治血吸虫病。1957年，村域内推广使用1%酒石酸锑钾针剂（简称“锑剂”）静脉注射20天疗程法，疗效甚佳。1960年，城北卫生院建立，配备血吸虫病防治专职医生，开设常年治疗病房，分期组织血吸虫病患者治疗。1966年，村域内用锑剂和“血防846”治疗病人。1969年，村域内实行合作医疗，由经过专业培训的赤脚医生对村民进行血吸虫病治疗。

1970年，查治血吸虫病进入高潮。村域以赤脚医生为主，利用春、秋、冬农闲时节，对血吸虫病患者进行大规模治疗，以锑-273口服片剂为治疗药物，对晚期血吸虫病人采用中西医结合疗法。在青少年和成人中，采集蛇床子、蛇莓、柏树叶、马鞭草、苦楝树叶和子、白花蛇舌草、半边莲、泽泻等中草药进行治疗血吸虫病试验，有效率在40%以上，高的达70%。至1976年，村民患病率由解放初期的71%降至1.9%。此后，村域内坚持每年查治，血吸虫病患者逐年减少。1978年秋，在县、人民公社两级血吸虫病防治领导机构的指导下，红星大队组织力量开设治疗组，收治本大队早中期血吸虫病患者和部分夹杂症病人，治疗以锑-273中速片剂15天疗法为主，对小学生则用“血防846糖粉”治疗。至1986年，村域内血吸虫病患者经治疗全部康复。历时30余年的反复查治，广福村终于送走了“瘟神”。

粪便管理 在血吸虫病患者的粪便中，有大量的血吸虫卵。农家粪缸多设于河边、沟旁。每遇暴雨，粪水四溢，粪便中血吸虫卵亦随水流入江河。为杜绝虫卵四散，须加强粪便管理。1952年，华东军政委员会卫生部组织血防医疗队到广福乡查病治病时，把粪便管理列为血防工作的重要一环，倡导实行粪缸小型集中，迁移部分沿河傍沟的露天粪缸，陈粪下田。1953年冬，上海医学院苏德隆教授带领省、区、县三级血防站人员，在广福乡进行“人尿混合粪便杀灭血吸虫卵”实验，证实在粪缸搭棚加盖，粪、尿比例为1∶7的情况下，夏季3~5天，春秋季7天，冬季10天，粪尿中的氨即可杀灭粪便内的血吸虫卵。此法陆续在其他村域推广使用。1954年，广福乡动员群众将粪缸自愿结合，小型集中，搭棚加盖，定期封存，以杀灭虫卵，切断传染源。1955年，组织群众全面落实，进行粪缸集中，搭棚加盖，杜绝在河中洗刷马桶，并增设牛粪缸。1957 年，村域内设置流动厕所，做到野粪入缸。1965 年，村域内再次强化粪便管理，安置粪缸做到“三便一远”，即便于大小便，便于倒马桶，便于挑粪，远离河浜、水沟。对于刷马桶用水，则在粪缸集中处开挖深潭，或设置清水缸。是年，村民对村域牛爬滩进行彻底清理，并设牛粪缸。牛排便时，粪便由饲养员用粪勺盛接，倒入粪缸，待满后挑入牛粪潭存储、发酵。村域内实现“三不下河”：马桶不下河洗刷，粪具不下河冲洗，大小便不入河。1973 年后，粪缸逐步归属社员自管，但洗刷马桶仍由生产队专人负责，或安排妇女劳力轮流刷洗。1983 年，村中实行家庭联产承包责任制，粪缸、马桶均由社员自管、洗刷，推广“三格式”化粪池。20 世纪 90 年代，村民建房设卫生户厕，达到密闭消杀。

二、妇幼保健

妇女保健 中华人民共和国成立前，村域内农村孕妇进医院分娩是极少的，多数是请接生婆（俗称“老娘”）接生，或者请本村有临盆经验的中老年妇女接生。由于无药物消毒，产妇及婴儿常因细菌感染而得病。此外，因接生婆缺乏卫生知识，村中缺乏医疗条件，遇到难产则束手无策，所以常有母婴双亡事故发生。20 世纪 50 年代，村域内先后派出王阿秀、张爱妹两名有文化的妇女，去马鞍山（城北乡）卫生院接受新法接生培训，为产妇接生，提高了产妇安全分娩率。1961 年，红星大队分建城北卫生院，设红星门诊部，红星大队产妇可去门诊部分娩。1966 年后，土法接生逐渐被淘汰。1969 年 9 月，城北卫生院派出医生帮助红星大队建立保健室，为妇女检查妇科病及进行孕期体检。1979 年起，计划生育逐步开展，村域内实施围产期保健体检。1981 年起，昆山县妇幼保健所（简称“妇保所”）全面实施孕妇建卡，进行围产期检查，推行住院分娩。1984 年起，城北乡妇联、卫生院联合决定，对辖区 65 岁以下的已婚妇女，实行年轮回分批妇科检查，发现患病及时治疗。1998 年起，广福村孕妇住院分娩率达 100%，育龄妇女每年可享受一次妇科检查。2001 年以后，昆山市妇保所统一安排各乡镇医院对辖区内已婚妇女每年进行一次免费妇科体检，育龄妇女由计划生育服务站建档体检，村域青年妇女婚检率达 100%。

幼儿保健 中华人民共和国成立前，村域内婴幼儿卒于麻疹、疟疾等疾病时有发生，不少幼儿因患小儿麻痹症而致残。中华人民共和国成立初期，人民政府组织医疗组下乡为儿童发放各种预防药物。1958年，村域内为1~12岁儿童接种牛痘疫苗。1963年春、秋两季，城北卫生院组织医生对村域幼儿进行白喉、百日咳疫苗接种，抑止各种传染病的发生与流行，基本消灭天花。1974年起，城北卫生院给辖区内婴幼儿发放预防小儿麻痹糖丸，有效减少了小儿麻痹症的发生。1983年，城北乡卫生院设立儿童保健科，给0~7岁的婴幼儿建立预防接种台账，进行卡介苗、脊髓灰质炎疫苗糖丸、百白破三联混合制剂、麻疹疫苗、流行性脑脊髓膜炎菌苗、流行性乙型脑炎（简称“乙脑”）疫苗等接种记录。1985年起，乡镇卫生院开设幼儿保健门诊，给辖区内儿童建立健康卡，每年进行健康检查。广福村出生的婴幼儿计划免疫有了保障，儿童健康成长。同时，按照卫生部颁布的《全国计划免疫工作条例》规定，村域儿童凭证接种，凭证入学。20世纪90年代，计划免疫制度更加完善，覆盖率达到99%以上，村域小儿麻痹症、脊髓灰质炎、乙脑、麻风等疾病不再发生，儿童入园要进行健康体检，每年有卫生监测。2000年后，市、镇两级预防保健部门设立儿童计划免疫门诊，村域0~12岁的儿童均可凭卡享受公费免疫接种。

三、合作医疗

1963年8月，红星大队第7生产队女青年赵梅仙参加昆山县举办的卫技人员培训班，半年后结业，回村担任保健员。当时生产大队还没有卫生室，保健员平时参加劳动时将药箱放在家里，在全大队巡回时背着药箱。保健员负责治疗一般疾病，同时兼负公共卫生与预防疫情的宣传。1965年，村域建立血防专业队，保健员成为骨干。1966年，红星大队办起保健室，楼凤明担任保健医生。1968年7月，考取苏州卫校的村民朱卫祖毕业回乡，被安排到大队保健室工作。1969年，根据城北人民公社统一部署，红星大队办起农村合作医疗，社员年交基金每人2元，由生产队公益支出，参加人数830人，参加率达100%。参加合作医疗的患者在大队保健室就诊，费用全额报支；赤脚医生同意转入人民公社卫生院就医的，医疗费报销50%~70%；转入县以上医疗机构就医的，医疗费报销30%~50%。后来，红星大队又先后安排贾根妹、郑彩明、夏奕3人担任赤脚医生。1975年，朱卫祖因工作出色，被安排到大队领导岗位。1976年，城北人民公社成立农村合作医疗管理委员会（简称“医管会”），大队保健室更名为医务室。合作医疗机制实行队办社管，筹集基金三合一（人民公社、大队、社员），由医管会集中管理、使用，各大队医务室分账结算，积余留存，超支补足。这种方式持续了10多年，筹集基金逐年递增。1988年，医疗基金每人10元，村民实现“小病不出村，大病有报销”。是年，合作医疗应参加人数810人，参加率达100%。其间，村民的合作医疗门诊曾挂靠广福砖瓦厂医务室。

1990年，根据上级规定，广福村医务室改名为广福村卫生室，乡保健医生改称乡村医生。是年，合作医疗基金提高到每人15元，其中镇财政与村集体承担70%，村民个人承担30%，报销范围与封顶额度也有较大提升，广福村多数村民自愿交费。1993年，合作医疗基金以户为单位交纳，人均基金25元，其中个人交费6元，村、镇两级承担19元。广福村应参加人数815人，参加率达100%。

按照国家确立的“2000年人人享有初级卫生保健”的战略目标，合作医疗、村卫生室、乡村医生成为农村卫生的三大支柱。1996年，根据上级规定，城北镇成立合作医疗管理所，乡村医生工资由全镇统筹，合作医疗基金每人31元。其中：“家庭储户”每人20元，归户记账，节余转存；“大病风险”每人11元，由镇统筹，患者年累计最高报销额3 000元。1998年，广福村卫生室创建“甲级卫生室”达标，聘用3名乡村医生。2002年，昆山市对农村合作医疗制度进行改革，实施新型农村居民医疗基本保险，推行“家庭储户+住院风险+大病救助+预防保健基金”的新模式，并逐步与城镇居民医保接轨。是年广福村卫室更名为广福社区卫生服务站。广福村参加新型农村居民医疗基本保险784人。广福村与胜利村联合建立濂园卫生服务站，归属江浦卫生服务中心。乡村医生由玉山镇预防保健所接管收编。2003年起，广福村村民看病更加便捷。

四、传染病防控

传染病防治　中华人民共和国成立前，村域肝炎、痢疾、疟疾、伤寒、霍乱、麻疹、天花、百日咳及流行性脑脊髓膜炎等传染病时有发生。中华人民共和国成立后，人民政府重视防疫工作，贯彻“预防为主”卫生方针。昆山县在20世纪50年代初实施疫前接种，有效遏制了传染病蔓延。20世纪60年代，村域霍乱、天花等传染病绝迹。1962 年春、秋两季，城北人民公社卫生院对辖区内疟疾患者开展抗复发治疗。1964 年起，卫生院对辖区内人群进行牛痘、白喉、百日咳疫苗接种，起到控制与消灭传染病的作用。1977 年起，城北人民公社卫生院给 15 岁以下的儿童全部接种卡介苗。1984 年起，城北人民公社卫生院开设计划免疫门诊，推行凭儿童预防接种证接种疫苗制度，村域儿童受益率为 100%。1992 年，广福村儿童卡介苗、预防小儿麻痹症糖丸、百白破三联混合制剂、麻疹疫苗及乙肝疫苗覆盖率达 98%；1995 年，村域儿童流行性脑脊髓膜炎、乙脑、白喉、破伤风、甲肝疫苗接种率达 100%。2000 年起，玉山镇预防保健所为辖区内儿童接种水痘、麻腮风、风疹、腮腺炎、流感疫苗。

新型冠状病毒感染疫情防控　2020 年年初，国内出现新型冠状病毒感染（简称“新冠”）疫情。根据上级要求，村党支部、村民委员会成立疫情防控领导小组。疫情防控领导小组由张伟瑾、陈玉刚、楼小芳、陈晓红、王建林等 20 人组成，由党支部书记邵林任组长，内部各有分工，并按照上级领导的统一部署，在辖区内开展防疫行动。是年，广福村召开新冠疫情防控专项工作会议 7 次。疫情防控期间，广福村制定制度，落实责任，建立新冠疫情防控预案，及时传达上级精神、通报疫情，不断优化防控措施；加强宣传发动，组织党员志愿者及群众志愿者入户向村民及租户发放通告、告知书、宣传册，拉横幅、张贴标语，用小喇叭在小区内滚动广播；联合村警务室工作人员，排查辖区内文化经营单位，包括歌舞娱乐场所、网吧、游艺场所、演出场所等，管控辖区内的网吧、KTV 营业；督促人们不聚会、不宴请，动员村民婚事推迟、丧事从简，劝阻老人不要去庙里烧香；对居民小区实施封闭式管理，安排一个出入口，对车辆及人员出入进行体温检查，并挨家挨户排摸本村外来人口及本地人口春节防控期间活动方向，为排查出的人员安排核酸检测。村干部站在防控第一线，疫情期间工作时间调整为“五加二”“白加黑”（每周工作 7 天、晚上加班）模式，连续 3 个月取消周末休息，累计入户排查 3 178 户、走访 2 459 人、发放小区出入证 1 100 张，电话通知“一省九市”（江苏省内）人员 110 余人、居家隔离 18 人、居家观察 2 人，为隔离人员提供后勤保障服务 78 次，有效完成上级下达的各项任务。

五、爱国卫生运动

1952年春，中共中央号召全国上下开展爱国卫生运动。根据中共昆山县委的统一部署，全县党政军民齐动员，历时4个月，在全县开展大规模的爱国卫生运动。广福乡组织300多名劳力，清除垃圾、疏通河沟、填平坑洼，迁移河边粪缸，捕杀老鼠，铲除蚊蝇滋生地，使乡村面貌大为改善。1953年起，村域内持续开展清除垃圾、管理粪缸、保护水源的爱国卫生运动。1956年起，红星高级社响应上级号召，连续2年开展以除“四害”（苍蝇、蚊子、老鼠、麻雀）为重点的环境卫生行动，“四害”密度明显下降。1958年起，昆山县根据本地实际，提出灭除“四害”（苍蝇、蚊子、老鼠、臭虫）加“一害”（钉螺），把血防工作与爱国卫生运动结合起来，村域内掀起除害灭螺的高潮。1964年起，红星大队按照上级要求，开展以“两管一灭”（管水、管粪，灭苍蝇）为主的爱国卫生运动，并在“四清”工作队的指导下，每个生产队挖2~3口井，动员群众喝井水。20世纪80年代，村域按照上级指示，将爱国卫生运动与“文明礼貌月”及“五讲四美三热爱”活动相结合，发动村民开挖灶边井，农民翻房推行化粪池无害化处理。1990年，广福村建造小型自来水厂，村民通上自来水，从此广福村村民彻底改变了饮用河水的传统习惯，并且每年春、秋两季广福村都要发动村民除“四害”（苍蝇、蚊子、老鼠、蟑螂），治理“脏、乱、差”。1998年，在第10个“爱国卫生月”（1989年起，每年4月）到来之际，广福村组建以党支部书记为首的爱国卫生领导小组，投入大量的人、财、物，开展以灭鼠、灭蟑螂、灭蚊蝇、传染病防治、健康教育、环境保护、垃圾无害化处理为主线的创建卫生村行动。是年12月，广福村获“昆山市卫生村”称号。1999年，广福村继续加大河道疏浚、道路硬化、卫生户厕及环卫设施建设力度，加大村庄保洁力度，组织除害消杀队伍。是年11月，广福村获“江苏省卫生村”称号。2010年以后，广福村把爱国卫生运动与乡村振兴及城乡一体化建设相结合，配备常年保洁员8名，每年投入资金进行河道清理、村庄绿化，整治“散、乱、污”，做到村容村貌大提升，小区美化、亮化。2019年，广福村启动人居环境提升工程，2020年进入昆山市农村人居环境考核“红榜”。

第十章　习俗方言

广福村域具有悠久的历史。深厚的文化，约定俗成的风尚、习惯、礼仪，代代相传。随着社会、经济的发展及村民生活水平的逐年提高，村域的民间风俗习惯也在慢慢更替。尤其是改革开放后，“两个文明”建设不断推进，村民文化水平逐步提高，一些文明健康的风俗得以保留和传承，并被不断完善，一些陈规陋习被逐步摒弃，新的风尚习俗为村民所接受。

第一节 岁时习俗

一、岁时节庆

春节 农历正月初一，俗称“大年初一”。子时（零时）开始，村民陆续燃放“开门炮仗”，以示吉利。传统说法为哪家先放，哪家财气先到。当家人开门放好炮仗就烧煮“年早饭”，由夫代妇上灶。早餐花色众多，根据各家习俗而异。有的吃小圆子（俗称百年朝团子，又称“百岁圆”），以求福寿、团圆；有的吃年糕汤，以祈生活节节高；有的吃糕团汤、赤豆汤，以图甜蜜团圆；有的吃面条，以示长寿。吃完早点后进庙烧香，争烧头香。旧时，是日不讨账、不借贷、不赊欠、不扫地、不刮锅、不清灶膛灰等；尤忌动刀剪和动扫帚，认为动剪刀、菜刀，会有血光之灾，动扫帚则会扫掉新一年的财气，应把垃圾堆积在屋角里，意为“不出财”。大年初一一般不外出，合家团聚，共同娱乐。全家穿新衣、戴新帽，小辈向长辈叩头拜年，长辈给年幼小辈“压岁钱”。亲朋邻里、熟人之间见面，拱手相贺，说“恭喜发财”等吉利话。大年初二人们开始走亲访友，相互拜年，馈赠礼品，互请吃饭（俗称“吃年酒”）。相传正月初五为“五路财神”诞辰，是日，财神将降临人间赐福，迎得财神即可发财。因而各家各户，尤其商界人士，争接财神，称之“接路头”。改革开放后，新春贺年，改为寄贺年卡，除放炮仗外，烟花已成为新春夜景的点缀。进入 21 世纪，人们多用短信、微信等拜年。2010 年以后，为预防火灾，昆山城区内禁止燃放烟花爆竹，村域内大部分村民也改变习俗，不再放鞭炮。

元宵节 农历正月十五（正月半）为元宵节，又称上元节。村民有吃团子之习俗，表示合家团圆，共度佳节，称团子为“元宵”。旧时，是日民间敲锣打鼓，举行舞龙调狮、猜灯谜、踏高跷、打莲厢等活动，称之“闹元宵”。晚上，村中家家户户放烟火、鞭炮，焚香点烛，陈设供品，迎接灶君。村民用燃着的稻草火把熏烤田边野草，称为“炭田角落”，边烧边唱：“炭炭田角落，一亩要收三石六”（每石为75公斤），期望当年有个好收成。亦有村民提灯“走三桥”（外出必须走过3座桥），至每一桥堍插上棒香数支。传说“走三桥”能消灾祛病。妇女们喜扛“三姑娘”（一种民间巫祝占卜、祈祷求福活动），据说扛到“三姑娘”能逢凶化吉。20世纪80年代，一些传统的做法已经退出人民的生活，但燃放鞭炮、吃元宵等习俗延续至今。

二月二　农历二月初二，相传是土地公公生日，民间在该日祭祀社神。这一天还有“二月二，龙抬头”之说，因其时雨水渐多，故村民又称这天为“春龙节”。村民有吃“撑腰糕”之俗，有吃“撑腰糕”可让腰背挺健，做耘耥、莳秧、割稻等农活弯腰不疼的说法。

二月十二　农历二月十二，旧俗称“百花十二”，亦称“百花生日”。民间有“有利无利，但看二月十二”的农谚。届时天气晴好，则预兆百花盛开，当年是个瑞丰年，否则是个减产年。农家均有给果树贴红纸（称“赏红”）的习俗，祈盼硕果累累。

清明节　清明节在公历4月5日前后，是祭祀祖先的节日。人们祭祀祖先，邀集诸亲吃饭，是谓“过清明”。家家户户在室内点燃香烛，敬备酒菜祭拜祖先，焚烧箔锭；同时要给祖坟壅填新土，在坟头挂一串白纸，俗称扫墓（“上坟”）。有新亡人的，合家祭扫，谓“上新坟”。未满一年的新婚夫妇要上坟祭祖，称为“上花坟”。对于新故亡灵，须在清明节当天举行祭祀，称为“正清明”。清明节村民还在各自屋前插柳条，种植各种树木。中华人民共和国成立后，祭祖扫墓之风依旧盛行。自昆山殡葬改革后，村民通常择地或买墓穴埋葬骨灰盒，以后每年清明祭扫。进入21世纪，在清明节期间，千家万户前往墓地祭扫，向先辈叩拜、敬献鲜花等；青少年外出踏青春游，祭扫烈士墓已蔚然成风。

立夏　立夏在公历5月6日前后，为夏季的开始。民间有“立夏三朝遍地锄”“立夏见三鲜”等谚语。旧时，这天村民会吃酒酿、咸鸭蛋、蚕豆、竹笋、夏鱼（黄鱼的一种）、海蛳等物，还盛行称体重，传说可防“疰夏”。此俗沿袭至今。

端午节 农历五月初五称“端午节”，也称“端阳节”。旧时，人们认为农历五月是毒月，故旧俗多与避邪防毒有关。是日，家家户户门上悬挂菖蒲、艾草，意在驱瘟逐疫；张贴钟馗像；小孩戴虎形帽，穿虎纹衣（俗称黄老虎衣裳，印有“五毒”花纹）、虎头鞋，额上用雄黄水写“王”字；门梢床头贴“五毒”符，庭院洒雄黄水；儿童、妇女挂雄黄香牌、香袋，有的挂用五色丝线裹成的小彩粽。民间有吃粽子的习俗。旧时民间有“端午不吃粽，死了无人送”的说法。村域民众端午吃粽子、门口悬挂艾草等习俗沿袭至今。

夏至 夏至意味着炎热的开始。此日是北半球各地一年中白昼最长的一天，民间有着“一日两日长”和“夏至不勒莳里”的俗语，意为夏至之前要抓紧莳秧，否则会误农事。古人有“夏至不吃粥，死后无人哭”的说法。村民习惯在此日食用糯米赤豆枣子粥，同时还要食“五黄”（黄鱼、黄鳝、黄蟹、黄瓜、黄花菜）。

七月七 农历七月初七为“七巧日”，当夜即为“七夕”。传说牛郎织女在“七夕”于银河鹊桥相会，民间有向织女乞求智慧和技艺的乞巧之说。“七夕”时，闺中女子焚香拜织女，请求提高刺绣技巧；妇女们将凤仙花捣烂，取汁液染红指甲。是日，人们还吃糍吉（也叫巧果，即用面粉做成的油炸食品），随着时代的发展，此俗渐弃。现在村民会在“七夕”做整鸡汤吃，祈愿小孩子吃后变得聪明又漂亮。

七月半 农历七月十五为中元节，又称“鬼节”，俗称“七月半”。旧时，该日忌走亲访友，农家将粉团、瓜果、蔬菜等物品置于田岸交叉口祭祀田神，称“斋田头”。一般人家在七月半前几天祭祖、烧纸。如先人新亡，祭祀要在七月半当天举行，即五更天用素菜祭祖，焚化纸钱、锡箔等。现在过“七月半”、祭祀新亡人之俗犹存。

中秋节 农历八月十五为中秋节，俗称“八月半”，由于出门在外的人都要赶回家团聚，故又称“团圆节”。晚餐家家吃糖芋艿。晚上户户在门口设桌子，用红菱、石榴、柿子、栗子、白果、素月饼、糖芋艿等供品祭祀，焚香点烛。富户供香斗、香升“斋月宫”，直到烛尽香烬。家人团聚在一起赏月，吃月饼、菱角、南瓜子、发芽豆，称“贯中秋”。以前还有妇女三五成群出门“走月亮”之习俗。进入21世纪，村民在中秋节前走访亲友都以月饼相赠。

重阳节 农历九月初九为重阳节，也称“重九”。旧时这天父母要把已出嫁的女儿迎回家中（省亲），与家人一起吃五色粉制的重阳糕。这一天还有登高的风俗。1989年，国家将重阳节定为“老人节”（又称敬老日），形成敬老风气，地方政府和村委会在当日组织人员慰问老年人，发放慰问品及慰问金。吃重阳糕、登高的习俗延续至今。

冬至 冬至在公历12月22日前后，是一年中夜间最长的一天。民间有着“冬至一夜两夜长”“冬至大如年”“肥冬瘦年”“有么吃一夜，无么冻一夜”的俗语，以及“连冬起九”的说法，表明该日是数九寒天的起始日。民间重视吃冬至夜饭。冬至前后有祭祀祖先、宴请亲友的习俗。相传，是日还能预测来年天气，谓“干净冬至邋遢年”“邋遢冬至干净年”。

腊八节 农历十二月初八为腊八节，俗称“腊八”。旧时是日，寺僧煮七宝五味粥，名“腊八粥”，供斋作德。民间仿效，用红小豆等多种干果、糯米加白糖或红糖煮成腊八粥。后来渐渐讲究起来，材料不断增多，有红枣、核桃肉、莲心、栗子、花生、白果、桂圆肉、赤豆、绿豆、鸡头米等入米凑满八样同煮。相传，食腊八粥可祛病延年。

廿四夜 农历十二月廿四俗称“廿四夜”。临近过年，家家户户都“掸檐尘”，清除陈年旧物、垃圾，将房屋里里外外打扫得干干净净。妇女们忙于做糯米团子、蒸糕，置办年货，焚香燃烛，送灶神上天。祀灶一般供有自制“甜饼”“精腻羹”，说是能粘住灶神的嘴巴，使其“上天奏善事，下界保平安”。祭后，要将供在灶座神龛内的灶神像、灶帘及小纸竹轿送至门外焚烧。是日晚上，家家户户吃糯米团子。

除夕 农历十二月三十（小月为廿九）为除夕，俗称“大年夜”。民间有祭祀祖宗、合家团聚吃“年夜饭”的习俗。年夜饭菜肴特别丰盛，通常为大鱼大肉，其中必有肉圆、蛋饺（象征团圆、财富），菜名均以吉语称之，如“长庚菜”（青菜）、“如意菜”（黄豆芽）。吃完年夜饭就“炒杂脚”，即把花生、瓜子、蚕豆等炒熟，又称“炒发禄”，然后全家人边吃边守岁至半夜，长辈们给儿孙“压岁钱”。妇女替儿女洗脚、更换干净内衣，准备大年初一穿的新衣裳。子夜前，门上换贴新春联、门神，宅内贴年画等。临睡时要燃放爆竹，称为放“关门炮仗”。如今，吃年夜饭、守岁、放关门炮仗等习俗仍保留，而且年夜饭更加丰盛。许多人家要在饭店吃年夜饭，因此从廿四夜开始，饭店生意兴隆，年夜饭均须提前预订。是日晚上，全家团聚看春节联欢晚会已成为除夕守岁的保留节目。

二、生活习俗

(一) 婚嫁

定亲 中华人民共和国成立前，男子在十五六岁左右，父母就为其选择对象，也有在襁褓定亲（俗称摇篮亲）的，更有指腹为婚的。旧时定亲一般都要“门当户对”。央媒说亲时，女方将女孩的出生日期及时辰（俗称“年庚八字”）写于红帖子（俗称“庚帖”）上，交媒人送至男方。男方请算命先生“合八字”。如年庚八字不合，男方则将庚帖退给女方；如合，男方则选定吉日，备礼金、首饰、衣料、食品等装盘送往女方（称为“下聘”或“担小盘”“候通”，俗称“定亲”）。是日，男方设宴请媒人、亲友。女方接受财物，便算允诺。中华人民共和国成立后，媒人（介绍人）、彩礼依然存在，而送庚帖、排八字等习俗已消失。

担帖子 定亲后，男方郑重选定结婚的“黄道吉日”，写下大红帖子，并附上彩礼送至女方，称为“担帖子”或“担大盘”。

结亲 是新郎娶新娘之日，俗称“好日”。结亲一般历时 3 日。第一日称“开厨”，厨师做一切准备工作；第二日为“正日”，是结婚之日，要大摆宴席，宴请亲朋好友；第三日称“荡厨”，要做厨房清理工作。“正日”当天，男方备好新娘坐的花轿或舟楫、各式盘礼、喜钱等，由媒人、亲友伴随新郎到女方家迎娶；女方备好嫁妆，最主要的是“子孙桶”（红马桶里放有五谷杂粮及 5 个红蛋）与“饭山”（用竹编的淘米箩，里面放一些豆、米及一棵万年青）。旧时迎亲用两只船，一只船供新郎、新娘及迎亲人员坐，另一只船上载女方嫁妆。新娘到新郎家后，由新郎的娘舅抱过门，于傍晚前后拜堂成亲，一拜天地和合，二拜高堂父母，三为夫妻对拜，礼毕送入洞房。旧时新郎、新娘入洞房由火烛引入，称为“移花烛”。吃罢喜酒，众亲友还要“闹新房”，至深夜方散。中华人民共和国成立后，婚嫁仪式变得比较简单，20 世纪 60 年代，村域内盛行女方不收彩礼，参加集体婚礼的习俗，接亲、迎亲仍用农船。20 世纪 80 年代，结婚讲究排场，宴席丰盛，越办越高档，礼金越来越多，家具趋于新潮，房屋装潢甚是讲究。自农村通了公路后，汽车替代了船用于迎亲。20 世纪 90 年代后，迎亲汽车成队，还配有摄像机，对结婚场面进行全程摄像并制成光盘成为时尚。进入 21 世纪，村域内盛行到喜事中心举办婚礼，请婚庆公司操办，既保持了原来的喝交杯酒、拜长辈等习俗，也融入了新潮的互动贺喜、赠送礼品等环节。

回门 结亲后第二天，新婚夫妇双双回娘家省亲，俗称“双回门”。是日是女方的“正日”，女方要宴请亲友。新婚夫妇必须当日回男方家，旧时有“一月不空房”之说。此俗沿袭至今。

入赘 俗称“做女婿”或“招女婿”。如男方家贫困多子，无力迎娶，男孩就嫁于女方家，为女方“传宗接代”。旧时，入赘女婿要改姓女方的姓，所生子女也随女方姓。中华人民共和国成立后，入赘女婿不强求改姓，所生子女大多随母姓，也有少数随父姓。入赘女婿有继承岳父母遗产的权利，也要承担赡养岳父母的义务。

童养媳 俗称“养媳妇”。中华人民共和国成立前，有的人家子女多而家境贫困，就把女孩送给人家当童养媳；有的贫困人家怕以后无力为儿子成婚，就从孤儿院、育婴堂领养小女孩做童养媳。多数童养媳处于小婢地位，从小要做家务、挨打受骂。此俗在中华人民共和国成立后绝迹。

并家 俗称“两家并一家”。进入 21 世纪，独生子女到了婚嫁年龄，便出现了“两家并一家”的婚嫁新模式。结婚时，不再分“上宅”“下宅”，有不少人家干脆就放在同一天举行，男女双方亲朋好友集聚一堂。双方都布置婚房，一般以男方为主，女方为辅。

（二）丧事

送终 旧时丧葬用棺木土葬，封建迷信盛行。中华人民共和国成立后，村域办丧习俗逐渐改进。当家人病危时，亲人都守候在一旁，在外子女须赶回家中，与临终者见最后一面，俗称“送终”。临终者咽气后，家属一边将死者床帐、被褥等卸下抛于屋上，一边用热水擦洗遗体（称为“暖尸”）。暖尸后为死者更换寿衣（衣裳数量逢单），还要整容、穿鞋、戴帽（称为“小殓”）。将小殓后的遗体移至厅堂（也称“灵堂”）正中，安放于门板上，面蒙白布或锭纸，头朝南，脚朝北，脚套“巴斗”，请剃头师傅给死者理发。在灵堂里死者遗体前挂白幔（孝幔），前设一供桌（灵台），在台上放置死者遗像、香烛、祭品，并点燃一盏油灯（俗称“长明灯”），保证油灯昼夜不灭。至亲及儿孙辈身穿白衣孝服，腰束白布条，在遗体两侧跪拜恸哭。

发丧 死者去世后，办丧家庭要安排亲属或邻里分头给亲戚、死者生前好友及工作单位报讯，称为“报丧”。在外地的亲友得信后，即告假赶来吊唁，称为“奔丧”。亲友前来吊唁，送挽联、素幛、钱物等，并向遗体跪拜唱喏、双手作揖告别。此时，死者家人代表按辈分发给亲友白号、孝衣、黑纱等。入夜，灵堂不可冷落，一面由众子女、亲友轮流守尸“陪夜”（也叫“守灵”），一面请道士诵经或老佛婆念佛超度亡灵。一般停尸 2~3 日后将遗体移入棺材（称为“入殓”）。入棺前，先给死者穿戴寿衣、寿鞋、寿帽；将遗体移入棺材后，在棺内填放锡箔纸钱、供品，然后盖棺、封顶。此时众亲哭声四起，悲伤气氛达到高潮。

出殡 送葬时由乡邻帮客抬棺。死者子女披麻戴孝，由人搀扶，退步先出家门，待棺材抬出后，再改为向前。其他小辈亦身披重孝，跟在棺材后面。众亲友随后缓步送殡，一路撒帛纸，鼓手鸣哀乐。旧时棺材至墓地后落葬。落葬时众人号啕大哭。棺材入穴后，堆土合坟，众人绕坟三圈后归。20 世纪 60 年代，昆山推行火葬后，出殡以水路为主，一般用农船（挂艄机）将遗体送到火葬场（殡仪馆）火化。20 世纪 80 年代后，水路改为陆路，用汽车送殡到火葬场。遗体火化前，亲友在殡仪馆举行告别仪式。送葬归来，送殡者跨火堆进宅，吃云片糕、糖茶之类的“祛魂食”，共进“回丧饭”（亦叫“豆腐酒”，饭桌上必有一碗豆腐）。回丧前，家人或乡邻将灵台移至厅堂西北隅（俗称“座台”），在台后墙上挂亡者遗像，下置骨灰盒及灵位牌，在两侧挂挽联，在台前沿置“七灯”一盏，彻夜不熄，在灵位前供上祭品，逢祭更新。

祭祀 自死者亡日算起，每 7 天算一个“七”，有头七、二七、三七……直到“七七”（称为“断七”“终七”）。逢七必祭，其中“五七”最隆重。“五七”当天，亲友到场，死者女儿主持“羹饭”，请道士做道场、诵经，焚烧纸扎房屋、衣物等（谓之“化库”），众子女哭泣拜祭，然后亲友共进“五七”羹饭。在 49 天中，家里不能举办任何喜庆活动，儿孙们不能理发、出入娱乐场所。死者“终七”后，在周年之内还有 4 个重要祭日：清明节、七月半、十月朝

（农历十月初一）、大年夜，届时办丧家庭须邀请至亲朋友前来祭奠，在周年后再择日去墓地祭奠。旧时，死者去世，小辈要守孝 3 年。小辈服孝期满后才脱孝衣，将灵位迁至屋梁上的家堂木龛里或焚化，并拆除灵台。

随着时代的变化，村民办丧与祭祀活动也在不断变化，与城市居民接轨，渐趋仪式感、人性化。进入 21 世纪，有专业殡葬服务公司提供殡葬“一条龙”服务，仪式多在民政部门设立的丧事中心举办。集居在住宅小区的村民，有的在办丧结束后就举行“五七”祭祀，并将骨灰盒移到公墓落葬，不设灵台。

（三）生育

催生 孕妇怀孕 7 个月左右，娘家备面条、圆子，婴儿衣服、抱被、尿布等物，送至婿家，叫作“催生”，亦称“解腰”。婿家接面条、圆子后，煮熟，加鱼、肉等浇头，把第一碗面（称为“解腰面”）给孕妇吃，其余送给邻里亲友分享。现此俗尚有。

过三朝 婴儿出生后第三天称为“三朝”，旧时家庭要祭祖，表示圆满，庆祝添丁。亲友齐来道贺。家中要设宴请客，办“三朝酒”。届时要请助产的喜娘（乡间称“老娘”）吃“三朝酒”，产妇要下床 1 次，将婴儿舅家送来的糯米饼、红蛋等分送亲友、邻居（称为“过三朝”）。此俗至今保留，只是宴请时间延长了。

搭纪 孩子出生满周岁，家人要给其“做周岁”（俗称“搭纪”）。家中要办酒席宴请亲友。亲友们送首饰（金木鱼）、玩具、水果、糕点等礼品。

攀过房亲 认义父、义母或认义子、义女，叫“攀过房亲”。攀亲双方，一方收义子女（寄子女），一方认义父母（寄父母）。寄子女称寄父母为“寄爹”“寄娘”或“好爹”“好娘”。收寄子女方备供桌、供寿星像。认寄父母方父母带上礼物，带领孩子到其寄父母家。孩子在红毡毯上拜过神像，再向寄父母下跪。寄父母要给寄子女见面钱，过年时要给“压岁钱”。寄子女长大后，逢年过节要去看望寄父母。此俗延续至今，仪式有所简化。

立嗣 旧时，没有儿子的人，选定同宗辈分合适的人（一般是近亲属）立为嗣子（即“立嗣”），以承香火与产业，老来靠其赡养、送终。被立嗣的对象，不仅能够继承立嗣者的财产，还能够继承立嗣者在家族中的身份和地位。立嗣前须使同族人皆知，并立契为凭。中华人民共和国成立后，除亲生父母与子女外，赡养与被赡养、继承与被继承关系的确立，必须到民政、司法部门按法律程序办理手续，方有效。

（四）建房

看风水 旧时建房首先要看地。地要选高地、平地，坐北朝南，以便采光。除了老屋重建外，建住宅要根据“风水龙脉”确定方位，所以要请阴阳先生看风水定方位、确定建造时间。如果动土时间定在“子时”，子时挖一锹土就算动土。20 世纪 60 年代后，看风水习俗逐渐消失。

祭祖 翻建房屋要先祭祖，然后才能拆除旧屋。凌晨主人烧上几样小菜放在桌上，敬上烟酒，点燃香烛，磕头跪拜，告知祖宗房屋翻建或住宅建造。开挖宅基时，首先要请道士做法事，准备几样家常菜放在屋边桌上，点燃香烛祭拜，烧纸钱。祭拜时喊“开工大吉”“平安吉祥”“门庭太平”“财源广进”等吉祥语。如房子对着河汊、桥梁或其他建筑物，则在自家墙上砌一片石磨，意谓辟邪。

抛梁 旧时村民建新房，要在上正梁那天办“竖屋酒”，亲友前来送礼贺喜。女主人娘家要送“饭山”。“饭山”包括公鸡、鲤鱼、蛋、糖果、香烟、馒头、糕、红绿被面、“千年运”、“摇钱树”（松柏枝上夹硬币）和鞭炮等物。正梁柱子上贴上红纸对联。对联上一般写“立柱喜逢黄道日，上梁巧遇紫微星”，横批为“福星高照”等吉利句。上梁前，将红绿被面挂于正梁中段。上梁时，鞭炮齐鸣，糕、馒头、糖果等由抛梁人（木匠大师傅）踏梁抛下。人们竞相抢食（称为“抢抛梁”）。20 世纪 90 年代起，村民住进商品房、动迁房，抛梁仪式消失。

进宅 俗称“新搬场”。新屋落成，主人择良辰吉日入迁新居，宴请亲朋好友，置办“进屋酒”，亲友前来祝贺乔迁之喜。女主人娘家要“送搬场”，置办糕点、淘米箩、碗、筷、大米等物品，还要在淘米箩里放一把万年青、一杆秤，意喻精打细算、称心如意，并将部分糕点礼品分赠给乡邻、亲戚。2000 年以后，村民购买商品房或迁至安置房，仍有办酒席宴请之俗，传统进宅习俗淡化。

第二节 方言俗语

一、方言

俄：我

嫩：你

伊：他

俄俚：我们

伊特：他们

啥人：谁，什么人

该歇：现在

啦搭：哪里

在能：这样

晏：迟，晚

晏歇点：晚一点

好公：祖父

好婆、阿婆：祖母

娘姨：姨

姨夫：姨父

好爹、好娘：干爹、干妈，也称为寄爹、寄娘

慢爷、慢娘：继父、继母

老末拖：最小的子女

新相公（新官人）：新郎

老相公：新郎的父亲

老娘娘：新郎的母亲

小官人：对结婚不久丈夫的称呼

娘子、家主婆：妻子

图西：子女

囡姆：女儿

拜姆道里：妯娌

老娘：接生婆

贼骨头：小偷

书毒头：书呆子，死读书的人

嫩头：初出茅庐、入世不深的人

光郎头：没头发或剃光头发的人，也指男孩子

冲头：代人受过的人

勿：不

潽：液体沸腾溢出

搛：用筷子夹

逼干：用旺火把东西烤干

懊牢：懊悔，后悔
结棍：厉害、有本事或身体特别好
豁边：糟糕
板要：一定要
扎墩：身体结实
扎乖：听话，识趣，机灵
难板：很少，偶尔
显世：丢脸
适意：舒适；身体好
醒困（醒灵）：睡着时警觉性高
懒扑：懒惰
推板：不好，差劲
昏闷：心里不痛快，感到压抑、忧郁
笃定（笃泰）：很坦然，不慌不忙；胸有成竹
充拥：富裕，多
老眼：显得苍老，与实际年龄不符
后生：显得年轻
眼眼调：恰巧，凑巧
扣夹扣：时间或物品凑巧正好，不早不晚或不多不少
有头脑：有分寸
有亲头：懂事
偎灶猫：形容没有精神
土埭：挑泥用的竹簸箕
平儿：船舱板
搬子：镰刀
垩壅：肥料
铃眼树：银杏
花铃子：棉桃
花米头：花蕾
番瓜：南瓜
番麦：玉米
米山：饭粒
吃粥：早餐
鱼泡：鱼鳔
稻（麦）蹇头：稻（麦）穗
吃烟：休息
阁阁嘴：漱口
坟窠罗：坟地
田横头：田间
啥场化：什么地方
超石角：走近路
老虫：老鼠
孛相：玩
后日：后天
旧年：去年
云并头雨：一片乌云带来的短时间降雨
雷响：雷声
霍显：闪电
迷露：雾
阵头雨：雷阵雨
长漏雨：连续几天下雨
烊粉粥：用米粉或米粉加蔬菜烧成的糊状食品
小菜：荤素菜肴的统称

大包子、馒头：面点，无馅的叫大包子，有馅的叫馒头
青头：绿叶蔬菜的统称
筷竖笼：竖插筷子的容器
凹勺：舀水的木制工具，也可用作洗脸盆
灶镬间：厨房间
镬子：铁锅
扶梯：楼梯
阶沿石：台阶
离馋：流口水
脚馒头：膝盖
勿受用：生病
肚里拆：腹泻
枪篱：篱巴
温吞水：不冷不热的水
洋泡泡：气球
杠东道：打赌
勃跤：摔跤
采东里采：猜拳令
唱社：跪拜
夹舌头：吵架
骂山门：骂人
勒杀吊死：吝啬
讲张：说话
出客：漂亮
结棍：厉害
屋拉不出：进退两难
烂料：不勤俭节约
石脚：跺脚
湿贴滑塌：地面潮湿，很滑

二、俗语

三分种，七分管。
冬雪是宝，春雪是刀。
立冬不见叶，蚕豆不会结。
七月排葱，八月排蒜。
腊肥一滴，春肥一勺。
寸麦不怕尺水，尺麦就怕寸水。
人在岸上跳（热），稻在田里笑。
热得昏懂懂，六月初三浸稻种。
白露白迷迷，秋分稻秀齐。
寒露呒青稻，霜降一齐倒。
稻老要养，麦老要抢。

早种半天秧，多吃半年粮。

蚕豆一起身，小麦落忒魂。

九九不通沟，小麦十分收。

伏里不搁稻，秋后喊懊牢。

早养儿子不养爷，白梅莳秧独长柴。

小暑发棵，大暑发粗。

读书人怕上考，种田人怕耘稻。

船真屋假牛惹惹。

稀麻密麦全无用。

造屋看梁，稻好看秧。

白露身不露，赤博是猪猡。

西风杀雨脚，待等泥头白。

上看初二三，下看十六七。

西南风，热煞宗。

东北风，雨太公。

日环风，夜环雨。

夏雨隔田生。

清明断雪，谷雨断霜。

三朝迷露发西风。

干净冬至邋遢年，邋遢冬至干净年。

四九腊中心，冻煞腊虫菌。

冬前不见冰，冬后冻煞人。

春雷十日雨。

白露阴，寒露晴。

早雾晴，夜雾阴。

腊月初三晴，来年阴湿到清明。

西风响，蟹脚痒。

蟹立冬，影无踪。

头九暖，二九寒，三九冻煞百鸟卵。

小暑一声雷，颠倒做黄霉。
处暑一声雷，瘪谷绕场堆。
养猪不赚钱，回头看看田。
早稻要抢，晚稻要养。
像煞有家事。
嘴硬骨头酥。
丘嘴好肚肠。
呒脚蟹肚肚。
五斤哼六斤。
拆天拆地。
夹忙头里膀牵筋。
象牙筷浪扳散（雀）丝。
黑铁抹塔，吃伊勿煞。
虾有虾路，蟹有蟹路。
日图三顿，夜图一忽。
宁可跟讨饭的娘，也不跟做官的爷。
金窠银窠，不及屋里狗窠。
六十不借债，七十不住夜。
人争一口气，佛争一柱香。
一只碗不响，两只碗叮当。
面黄昏，粥半夜，小粉粥走过街檐石，南瓜当顿饿一夜。
吃尽滋味盐好，走尽天边娘好。
船老钉出，树老根出，人老筋出。
慢娘拳头——早晚一顿。
瞎子吃馄饨——心中有数。
凤凰落毛不如鸡，君子失势小人欺。
若要俏，冻得像狗叫。
好马不吃回头草，好汉不打笑脸人。
越吃越馋，越困越懒。

棒头上出孝子，筷头上出逆子。

人老珠黄不值钱。

千斤难买老来瘦。

冷粥冷饭好吃，冷言冷语难受。

人比人，气煞人。

养儿防老，积谷防饥。

只有千年做贼，没有千年防贼。

牛吃稻草鸭吃谷，各人头上一爿福。

嘴上旡毛，办事不牢。

死了杀猪人，勿吃带毛猪。

万宝全书缺只角。

瘌痢头儿子自家好。

厨子靠汤，戏子靠腔。

有理旡理，出勒众人嘴里。

船到桥门直苗苗。

老大多驶翻船。

满饭好吃，满话难讲。

虱多不痒，债多不愁。

药补不如食补。

船头上相骂，船梢上搭话。

无风不起三尺浪。

好事做不起，坏事不去做。

看人不像样，倒是一个雕花匠。

家里有个老，胜过一件宝。

种田人不养猪，等于秀才不读书。

嘴里说出糖来，腰里拔出刀来。

野贼好捉，家贼难防。

告花子打难民——穷人欺穷人。

五样六样，不及螺蛳炖酱。

麻子拍粉——蚀煞老本。

千做万做，蚀本生意不做。

有力长发，无力长甲（指甲）。

金乡邻，银亲眷。

脚踏扶梯步步高，芝麻开花节节高。

会哭的孩子多吃奶。

讨仔三年饭，做官呒心相。

天荒饿不死手艺人。

第三节　山歌民谣

野花开了不久长

日头斜斜朝西𣊬，上昼哪及下昼长。

家花哪及野花香？家花开了阵阵地香，野花开了不久长。

啥格开花开得高

啥格开花开得高，啥格开花开到梢，啥格开花会长刺，啥格开花会长毛？

芦柴开花开得高，芝麻开花开到梢，茄子开花会长刺，冬瓜开花会长毛。

马兰头开花老来俏

马兰头开花老来俏，二婶婶嫁人卟卟跳。孤枕冷灯身寂寂，啥人勿望热灶灶？

拔出萝卜带出泥

拔出萝卜带出泥，竹打家鸡着地飞，采仔野花大肚皮，小白鹅变成老婆鸡？

铜钿眼里穿跟斗

铜钿眼里穿跟斗，阿毛吃著靠噱头，三斤打在两斤上，新顾客骂来老顾客走。

稻田里无水空长苗

六月里天气似火烧，河里无水造啥桥？

麦柴秆造桥搭啥空架子，稻田里呒水空长苗。

四通耘稻歌

头通耘耥稻来岔，岔稻要岔三寸泥。每勒要岔五搪耙，岔掉杂草翻转根。

二通耘耥是耘稻，耘稻必须腰弯倒。每棵稻上耘两把，耘得稻边呒没草。

三通耘稻是耥稻，耥稻可以不弯腰。如果连耥两日天，脚趾要生懒脓包。

四通耘耥又耘稻，板耥耘稻真苦恼。稻叶长来刺眼睛，背上太阳辣辣叫。

四通生活做完成，烂手烂脚岸上蹬。烂仔手脚勿用药，要搽矾水割人藤。

种秧歌

种秧要唱种秧歌，背向青天面朝土，农家妹子赌头埭，汗水雨水呒空撸。

种秧要唱种秧歌，六棵三方两条拖膀路，弓背缩步是向前，黄秧着泥稻成棵。

栀子花开来心里香

啥花开来节节高？啥花开来一蓬毛？啥花开来心里香？啥花开来像双刀？

芝麻开花节节高，番麦开花一蓬毛，栀子花开心里香，扁豆花开像双刀。

心齐变成金

百人百条心，穷断骨头筋。百人一条心，黄土变成金。

隔壁有个小姐妮

隔壁有个小姐妮，眉毛弯弯像我妻，今年吃仔娘家饭，开年脱我成夫妻。

冬瓜缠在茄门里

冬瓜缠在茄门里，新娘娘三朝大肚皮，不是大肚皮，可能棉袄风吹起。

爷有娘有不及自有

爷有娘有，不及自有，丈夫有，不及袋袋有。

弟弟头上有只碗

弟弟长，弟弟短，弟弟头上有只碗。
弟弟头，弟弟脚，弟弟裤子颠倒着。

九十岁再要活下去

六十岁小弟弟，七十岁多来西，八十岁勿稀奇，九十岁再要活下去。

小雨水汪汪

小雨水汪汪，大雨白茫茫。饥餐草根度光阴，衣衫单薄难过寒。

山歌好唱口难开

栀子花开心里青，亲兄亲弟姐妹们，闲言闲语都勿唱，唱唱封神水浒人。
山歌好唱口难开，灯草搓绳背过山，蚂蚁爬山捉老虎，鳑鲏鱼跳过洞庭山。

勿要嫌我喉咙粗

叫我唱歌就唱歌，勿要嫌我喉咙粗，我伲兄弟姐妹多，毛竹筒喉咙勿调和。

肚里山歌万万千

一把芝麻抛上天，肚里山歌万万千。南京唱到北京转，家里坐唱十八年。

第十一章 人物荣誉

广福村这块充满生机的土地上，能人辈出，尤其是在中华人民共和国成立后，广福村村民爱国、爱党、爱家乡，不少乡贤志士，以出众的智慧和才能，为建设家乡、保卫祖国牺牲自我、奉献大家，舍生忘死、不负重托。他们之中，有的不计报酬给人医病、助人为乐，有的应征入伍、驰骋疆场，有的艰苦创业、为百姓谋福利，有的专心科研、勇于创新。他们在各自的领域奋力拼搏，贡献着自己的力量，做出了不朽的业绩，获得了许多荣誉。

第一节　人物传略

王寿庄（1901—1977），广福西蒋泾浦家自然村人，曾用名王小宝。因家境困难，王寿庄中年拜名师学中医针灸、推拿。他聪明好学，不断钻研提升医术，对儿科病症有独特的治疗方法。他不仅医术精湛，还乐意助人，受到当地百姓的一致认可，名声还远传到了外村。20世纪四五十年代，农村缺医少药，一些外村患者慕名而来。王寿庄家的河滩头常常出现排着队的船只。他给人看病从来不计较报酬，不管有多忙，都待人热情，始终如一。王寿庄擅长“推筋”“挑痧”。推筋即拿酒精涂于穴位上，用老姜（生姜）不停地来回擦2~3分钟。20世纪60年代后期，他不再从医。1977年去世，享年76岁。

邵义林（1945—1991），广福川家厍自然村人。1967年加入 中国共产党。1970年12月至1972年12月担任红星大队党支部副书记，1973年1月至1983年8月担任红星大队党支部书记，享年76岁。

1977年，为了改变农民靠种田吃饭的单一生活方式，增加农民收入，邵义林了解到红星小学校办厂生产的产品前景好，有发展的空间，于是就跟对方协商并派人去学习，同时开始筹划开办队办厂。是年年底，红星电子元件厂正式创办，有职工25人，当年的产值为20万元，实现利润1万元。1982年12月，他被调到城北乡大渔砖瓦厂担任党支部书记。1986年回广福村，负责筹建广福砖瓦厂。1987年1月，到城北乡建筑公司担任党支部副书记。1988年，到城北乡村镇办担任党支部副书记。1989年，到城北乡乳胶二厂担任党支部副书记。1991年9月因病去世。

潘冠球（1928—1992），字洩生，1928年4月15日出生，夏浜自然村人，江苏省钱币协会会员、江苏省民间文学协会会员，特长是书写美术字。

1950 年 10 月，潘冠球进入昆山县扫除文盲办公室工作，不久被分配到茜墩西宿大队协助开展扫盲工作，担任辅导教师。1954 年 7 月，调入昆山县职工业余学校担任教师。1955 年，调入昆山县政府办公室担任速记员（速记速度可以达到每分钟 120 字）。1956—1960 年，进入昆山报社，参与《昆山日报》的创刊，承担排版、校对、摄影、会计等工作。1961 年，在昆山县影剧管理处担任财务。1963 年，调入新镇中心小学，从事语文、数学等学科教学工作。1975 年起，在城北中心校附属小河岸小学开办的校办厂“五七”标牌厂，承担财务、绘稿设计工作，至 1980 年退休。

潘冠球退休后，全身心地投入“直角三等分”问题研究，得到著名桥梁专家茅以升的支持和鼓励，两人的书信往来保持了数年。

1984 年，潘冠球受聘于昆山市文化馆文学组，开始收藏古钱币，撰写民间文学作品，其作品《关公上南天门》发表在《山海经》1984 年第一期。1988 年，他参与新镇文化站创办故事类报刊《野马渡》，担任编委和承担封面设计工作，同年担任昆山民间文学协会副理事长，参与编写《中国民间文学集成昆山县资料本》。1990—1992 年，他在生病期间仍坚持工作，在病床上修改稿件。

潘冠球写下了大量弘扬正气、讴歌时代精神的作品，刊登在《山海经》《采风报》《乡土》《民间文学》等报刊上，先后发表文章 100 多篇。于 1992 年 9 月 18 日辞世，享年 64 岁。

浦杏桂（1926—2002），1926 年 4 月 26 日出生，广福村浦家宅基自然村人，中共党员。1959 年 6 月至 1970 年 12 月，浦杏桂担任红星大队党支部书记，1969 年 2 月至 1970 年 12 月，浦杏桂还兼任红星大队革命委员会主任委员。

20 世纪 50 年代中后期，昆山血吸虫病严重流行，给村民带来了深重的苦难。在政府高度重视下，红星大队遵循“预防为主、防管并重、标本兼治、分类指导、综合治理、联防联控”的工作方针，由浦杏桂组织骨干力量，根据季节特点，有侧重地开展查灭钉螺及血吸虫病防治工作。春季，浦杏桂组织血防人员到荒坡和沟渠查螺、灭螺；夏、秋季以查病、治病为重点，尽早发现感染者，同时排查风险隐患，避免汛期急性血吸虫病感染的发生；冬季则结合水利工程，进行科学有效灭螺。60 年代，红星大队经济薄弱、集体事业落后，浦杏桂发动大队班子及各生产队干部，开源节流、艰苦奋斗，两年内建成大礼堂，解决了社员大会场地问题。70年代初，昆山城北公社兴起农田水利建设新高潮，浦杏桂亲自带领干部、群众参加团结河开挖等水利工程建设活动。冬季天气寒冷，浦杏桂患上气管炎，但仍然不顾劳累，坚持在一线指挥。

1989年8月，广福村成立老年协会，浦杏桂任会长，并同时负责关心下一代工作委员会的工作。2002年10月，浦杏桂因病去世，享年76岁。浦杏桂为广福村做出的贡献，始终被全村的干部群众所铭记。

唐福根（1930—2003），1930年4月出生于江苏无锡，1946年到上海打工，同年7月加入中国共产党。中华人民共和国成立后，到长春第一汽车制造厂支援建设，1957年进入昆山纺织机械厂（前身是通用机械厂）工作。

1991年，昆山市委为了帮助贫困村脱贫，安排城北镇党委与昆山市机电局签订协议，广福村脱贫工作由昆山纺织机械厂对口帮扶。是年，唐福根退休，被昆山市机电局返聘，并委派到广福村指导工作。

唐福根进入广福村后，组建了昆山纺织机械厂城北分厂，到镇财政部门与银行处筹措到启动资金30万元，建造3 000平方米的新厂房，到上海购买配套设施设备，其中有一部分设备和物资是唐福根向昆山纺织机械厂领导申请后，由昆山纺织机械厂提供的，计人民币10万元。此外，唐福根还向昆山市纺织工业局争取到援助资金10万元。

唐福根动脑筋、想办法，向昆山纺织机械厂领导申请，得到厂领导的支持，厂里先后派出5名技术骨干退休人员到厂里进行生产技术指导。在此基础上，唐福根又扩建车间，将昆山建筑机械厂的一个生产车间转移过来。在唐福根的协调下，昆山纺织机械厂城北分厂的生产逐步走上正轨。

1991—1993年，唐福根在负责广福村脱贫工作的三年中，首先解决了广福村一批劳动力的就业问题，同时培养出一批生产技术人员，使广福村一举脱贫，成为城北镇中等收入的行政村，走上经济发展的快车道。2003年4月，唐福根离世，享年73岁。

张金生（1929—2009），1929年10月出生于常熟市白茆镇的一个农民家庭，年幼时家庭贫困。10岁时，张金生经亲戚介绍到昆山做童工，以放牛为生。原名姚元林，后改名为张金生，住在广福村第10村民小组。

1950年，张金生在常熟叔叔的教育、帮助下，响应国家号召，应征入伍，成为中国人民解放军湖南军区某团的一名战士。抗美援朝战争爆发，部队接到作战命令。张金生随部队加入中国人民志愿军参加抗美援朝，是一名后勤战士（炊事员）。1956 年 5 月复员回到昆山，后与红星大队第 10 生产队李桂芬相识并结婚落户。张金山在生产队参加农业生产，开过拖拉机，去过丁泾砖瓦厂装坯，后进入广福村水站做放水员，还做过五六年的厨师。2009 年 4 月因病去世，享年 80 岁。

第二节　人物简介

王桂英　1935 年出生，第 9 村民小组丁家浜村人。她 1955 年 12 月加入中国共产党，至 2020 年党龄 65 年。

王桂英家里很穷，父亲早逝，她很早就被迫辍学，跟着母亲参加生产队劳动。她不怕苦、不怕累，得到了生产队领导的肯定。1952 年加入农委工作，当年就入了团，1955 年 12 月入党。入党后，她更加严格要求自己，以积极的工作热情为民服务，回报党组织的信任。1959 年 6 月，她担任红星大队妇代会主任，因做事认真负责，各方面能力都比较强，同年兼任村团支部书记及调解员。自担任调解员后，几乎每天都有村民到她家要求调解，有时她连饭都顾不上吃，为村民解决了不少矛盾，受到群众好评。

王桂英不仅做好自己的本职工作，还吃苦在前、勇于向困难挑战。1968 年，村里造礼堂，她自告奋勇外出采购材料。在用船运木材返回的途中，原木没有绑紧掉下了船，王桂英也随之被拉下了水。她不会游泳，同事把她救上了岸。等缓过神来，她便立马向当地村民借衣服，赶时间把木材运回去。

王桂英说：“做小事、做好事并不难，难的是坚持。虽然我年纪大了，但是我始终铭记入党时的誓言，并将一直践行下去。”她一直秉承“活到老，奉献到老”的信念，积极参与党员志愿服务，践行着她的入党誓言。

赵建明 广福村浦家宅基自然村人。1954年3月出生于一个农民家庭。1974年12月应征入伍。赵建明入伍后，不断提升自身修养，努力学习政治、军事、文化等知识，经过两年的锻炼，成长为一名优秀军人，于1977年1月被任命为班长。1977年6月加入中国共产党。1978年，荣立三等功。1979年8月，被提升为排长，1983年3月，被提升为副政治指导员。1985年1月，部队奉中央军委命令，赴云南老山前线参与中越边境防御作战。当时有一名战士出现严重的思想问题。赵建明奉命负责该名战士的教育工作，受到团政治处的嘉奖。1986年8月，赵建明被提升为某连副政治指导员。1987年1月后，被提升为某连政治指导员、营党委委员、连党支部书记。1989年1月，被评为“优秀政治教员”。

1990年8月，赵建明转业到地方工作，在中国石化昆山石油分公司担任油库主任，继续发扬军队的光荣传统，保持军人本色，在工作中以身作则、吃苦耐劳、冲锋在前。1992—2008年，他先后17次获得苏州市、昆山市级条线部门先进个人、优秀共产党员等荣誉。2011年6月，因中国石化昆山石油分公司转制，提前退休。

张志其 1954年8月出生于红星大队第6生产队。张志其出生在一个贫农家庭，一家7口人。小时候的他边读书边干农活。他喜欢看书，拿到一本书后，可以整夜不睡，一口气将其看完。因此，他的知识面很广。他小时候的理想是成为一名军人。1974年12月，他应征入伍。张志其入伍后，由于组织能力强，军事知识、训练技能掌握得好，于1976年担任班长。1976年8月加入中国共产党。1979年进行对越自卫还击战临战训练时，他被提干任排长。1985年3月，他到麻栗坡县茨竹坝村参加中越边境防御作战，负责连队的炮阵地射击指挥工作，在作战中组织严密、指挥果断。在战斗最激烈时，他连续几天昼夜不休，等待营指挥所的作战命令，多次圆满完成上级的作战任务。1986年2月，任陆军某连副连长。是年5月，张志其荣获“模范共产党员”称号。

1987年9月，张志其转业返回家乡，在昆山中学担任保卫干部。在2009—2014年，他担任昆山市人民政府征兵办公室政治考核组成员，工作中，多次被昆山市人民政府、昆山市人民武装部评为先进个人，2014年8月退休。

王文华 1956年12月出生，广福丁家浜自然村人。1976年12月应征入伍，

1979年加入中国共产党。

王文华入伍后，认真学习政治、军事理论，刻苦训练，不断提高军事技能。由于各方面成绩显著，多次受到上级的表彰，一年后当班长，后又晋升排长、团司令部参谋、师司令部参谋。1978年年底，王文华本人申请，经部队批准后，奔赴对越自卫还击战前线参加战斗。当时他担任参谋。在一次会议中，当他接到前方侦察兵的电话报告“有炮弹袭击”时，立即大喊：“有袭击，赶紧转移卧倒!”他顾不得自己转移，向开会的地方边喊边跑。最终，战友们安全脱险，他自己却负了伤。1984年，王文华又参加了两山作战，在作战指挥时勇敢果断，多次完成了任务。1985年7月，部队给他颁发“三等功”奖章。

1988年1月王文华转业，被分配到中国农业银行昆山市城北乡支行工作，担任过会计、信贷员、业务经理。在担任信贷员和业务经理时，他坚持原则、认真工作，多次被评为优秀工作者、优秀共产党员，直至2016年退休。

陈金林　1962年7月出生，广福陆家宅基自然村人。博士学位，南京林业大学教授、博士生导师，中国土壤学会、中国林学会森林土壤专业委员会副主任，江苏省土壤学会理事，江苏省水土保持学会常务理事。

1978—1981年，陈金林就读于江苏省昆山中学。1981年，考入南京农业大学土壤农化专业，成为村里第一个大学生。1985年，毕业于南京农业大学土壤农化专业，获农学学士学位；同年，被分配至南京林业大学任教。1985—1991年，任南京林业大学助教（1987—1990年完成硕士学习并获农学硕士学位）。1991—1997年，任南京林业大学讲师（1994—1997年完成博士学习并获理学博士学位）。1997—2003年，任南京林业大学副教授、硕士生导师（2000—2003年完成博士后研究工作）。2003年至今，任南京林业大学森林资源与环境学院教授、博士生导师。

陈金林从事的研究工作领域是土壤改良与利用、土壤肥力与可持续利用、植物营养与配方施肥、农林废弃物处理与利用、土壤污染治理、水污染治理。多年来，他除了完成教学、科研任务外，还积极参加社会科技服务和推广工作，在安徽黄山迎客松与黑虎松、上海世博园中国特有东方杉、无锡灵山大佛景区千年古银杏、福建厦门园博园景区树木等古树名木的救治与诊断方面做了大量工作。另外，在杨树专用肥研制及施用技术、林用高效有机-无机复合肥生产工艺及施用技术等研究与推广应用方面也做了大量工作并取得良好效果。他主持并完成了国家“948”项目、国家自然科学基金项目、林业科技成果国家级推广项目、江苏省科技攻关项目等省部级以上的科研项目13项；在国内外重要学术刊物发表科研论文100余篇；担任全国高等农林院校教材《土壤学》副主编，此教材为普通高等教育“十五”国家级规划教材。

陈金林从事科研教学以来，获得多项荣誉：1997年，获国家教委科技进步奖三等奖；2002年，获评江苏省高校“青蓝工程”第二期省级优秀青年骨干教师；2003年，获第三届江苏省园艺博览会科技论文一等奖；2008年，获江苏省科技进步奖二等奖；2009年，获梁希林业科学技术奖二等奖；2011年，获江苏省农业技术推广奖二等奖。

第三节　退伍军人

中华人民共和国成立后，广福村百姓秉持家国情怀，心系祖国，志在四方。一代代青年志士继承优良传统，应征入伍，保家卫国。村域曾经有33位村民步入军旅生涯、建功立业。他们退伍回乡后仍然保持军人风采，在发展生产、搞活经济、建设家乡的征程上奋进。至2020年12月，健在的退伍军人共30位，其中立过三等功以上的军人有5位，分别为赵建明、王文华、张志龙、陈建明、夏明。1975—2020年广福村（大队）健在退伍军人情况如表11-1所示。

表11-1　1975—2020年广福村（大队）健在退伍军人一览表

姓名	出生年月	政治面貌	入伍时间	退伍时间	组别
王阿春	1951年2月	党员	1971年1月	1975年3月	13
赵福明	1951年10月	党员	1972年12月	1977年3月	9

续表

姓名	出生年月	政治面貌	入伍时间	退伍时间	组别
楼凤康	1952年3月	党员	1972年12月	1978年5月	11
张志其	1954年8月	党员	1974年12月	1987年9月	6
赵建明	1954年3月	党员	1974年12月	1990年8月	7
王文华	1956年12月	党员	1976年12月	1988年1月	9
赵荣林	1958年5月	群众	1976年12月	1981年1月	9
赵金源	1962年5月	群众	1981年1月	1986年1月	7
张志龙	1963年2月	党员	1982年11月	1985年11月	6
郑红兵	1965年8月	党员	1983年11月	1987年1月	6
陈建明	1964年10月	党员	1984年11月	1989年2月	14
汤新光	1968年8月	党员	1985年10月	1989年2月	11
朱友龙	1966年2月	党员	1985年10月	1990年12月	2
夏　明	1972年12月	群众	1990年12月	1994年12月	4
张建栋	1972年11月	群众	1992年12月	1995年12月	8
浦建刚	1973年9月	群众	1993年12月	1996年12月	7
邵　林	1974年2月	党员	1994年12月	1999年12月	10
陈一平	1981年6月	群众	2000年12月	2002年12月	2
陈瑞歧	1983年10月	群众	2003年12月	2005年12月	1
陈少杰	1987年2月	群众	2005年12月	2007年12月	14
朱海峰	1985年12月	群众	2005年12月	2007年12月	13
陈　伟	1988年11月	党员	2007年12月	2009年12月	8
方　杰	1989年6月	党员	2008年11月	2013年11月	12
王　磊	1991年10月	群众	2010年12月	2012年12月	12
张成龙	1990年12月	党员	2011年12月	2013年12月	11
纪　磊	1993年4月	党员	2011年12月	2013年12月	11
张志强	1991年4月	群众	2012年12月	2014年12月	10
张　斌	1992年12月	群众	2012年12月	2014年12月	6
邵成龙	1994年11月	党员	2016年9月	2018年9月	10
张　浩	1998年10月	群众	2017年9月	2019年9月	6

第四节　荣　誉

1990—2020 年，广福村村集体获得昆山市级以上的荣誉（证书、奖牌）41 项，其中昆山市级 27 项、苏州市级 10 项、江苏省级 4 项；本籍村民（党员、干部）获得昆山市级以上的个人荣誉（受表彰）10 项。

一、村集体历年所获荣誉

1999—2019 年广福村获省级荣誉情况如表 11-2 所示。

表 11-2　1999—2019 年广福村获省级荣誉一览表

获奖时间	荣誉名称	颁奖部门
1999 年	江苏省卫生村	江苏省爱国卫生运动委员会
2013 年	江苏省民主法治示范村	江苏省依法治省领导小组
2013 年	江苏省和谐社区建设示范村	江苏省民政厅
2019 年	江苏省文明村	江苏省精神文明建设指导委员会

2006—2020 年广福村获苏州市级荣誉情况如表 11-3 所示。

表 11-3　2006—2020 年广福村获苏州市级荣誉一览表

获奖时间	荣誉名称	颁奖部门
2006 年	实践“三个代表”　实现“两个率先”先锋村	中共苏州市委员会
2006 年	苏州市农村集体财务规范化管理示范单位	中共苏州市委农村工作办公室

续表

获奖时间	荣誉名称	颁奖部门
2008 年	苏州市农村（社区）消费维权工作先进投诉站	苏州工商行政管理局、苏州市消费者权益保护委员会
2010 年	苏州市保护消费者合法权益工作先进集体	苏州市人民政府
2011 年	民主法治村	苏州市依法治市领导小组办公室、苏州市司法局、苏州市民政局
2012 年	2010—2011 年度苏州市公共文化服务优秀村	苏州市文化广电新闻出版局
2015 年	先锋村	中共苏州市委员会
2015 年	2012—2014 年度文明村	苏州市精神文明建设指导委员会
2018 年	2015—2017 年度文明村	苏州市精神文明建设指导委员会
2020 年	苏州市农村人居环境整治示范村	苏州市委农村工作领导小组

1992—2020 年广福村获昆山市级荣誉情况如表 11-4 所示。

表 11-4　1992—2020 年广福村获昆山市级荣誉一览表

获奖时间	荣誉名称	颁奖部门
1992 年	1991 年度村级两个文明建设先进村	中共昆山市委员会
1993 年	集体脱贫致富先进村	中共昆山市委员会、昆山市人民政府
1993 年	昆山市计划生育表彰单位	中共昆山市委员会、昆山市人民政府
1994 年	昆山市“六有十无”双文明村	中共昆山市委员会、昆山市人民政府
1995 年	1994 年度“六有十无”双文明村	中共昆山市委员会、昆山市人民政府
1996 年	昆山市经济发展先进村	中共昆山市委员会、昆山市人民政府
1998 年	昆山市卫生村	昆山市爱国卫生运动委员会
1999 年	农业产业化经营先进党支部	中共昆山市委员会
2000 年	昆山市村民自治模范村	昆山市民政局
2002 年	2001 年度双文明建设先进村	中共昆山市委员会、昆山市人民政府

续表

获奖时间	荣誉名称	颁奖部门
2004 年	昆山市农村精神文明建设先进村	昆山市精神文明建设委员会
2006 年	先进基层党组织	中共昆山市委员会
2007 年	2006 年度农村消费维权先进集体	昆山市消费者权益保护委员会
2007 年	昆山市民主法治示范村	昆山市依法治市领导小组
2007 年	2006 年度富民强村先进单位	中共昆山市委员会、昆山市人民政府
2007 年	全市关心下一代工作“五有五好”先进单位	昆山市关心下一代工作委员会
2008 年	昆山市党员干部现代远程教育示范站点	昆山市农村党员干部现代远程教育领导小组办公室
2008 年	2007 年度农村工作先进集体	中共昆山市委员会、昆山市人民政府
2009 年	昆山市农村精神文明建设特色村	昆山市精神文明建设委员会
2011 年	2008—2010 年度昆山市零犯罪社区（村）	昆山市社会治安综合治理委员会办公室、昆山市综治委预防青少年违法犯罪工作领导小组办公室、昆山市关心下一代工作委员会
2012 年	2010—2011 年度昆山市文明单位	中共昆山市委员会、昆山市人民政府
2012 年	昆山市文明村	中共昆山市委员会、昆山市人民政府
2014 年	昆山市级学习型社区	昆山市社区教育办公室
2016 年	2014—2015 年度昆山市文明村	中共昆山市委员会、昆山市人民政府
2018 年	2017 年度文明村	昆山市精神文明建设委员会
2020 年	昆山市第四次全国经济普查优秀集体	昆山市第四次全国经济普查领导小组
2020 年	2019 年度昆山市文明村	昆山市精神文明建设指导委员会

二、村民历年所获荣誉

1990—2020 年广福村村民获苏州市级以上荣誉情况如表 11-5 所示。

表 11-5 1990—2020 年广福村村民获苏州市级以上荣誉一览表

姓名	获奖时间	荣誉名称	颁发部门
陈雪球	1989 年	1988 年度人民调解先进工作者	苏州市司法局
	1990 年	防止民间纠纷激化先进个人三等奖	江苏省司法厅
王建林	2010 年	苏州市消费维权先进个人	苏州市人民政府
陈玉刚	2014 年	第三次全国经济普查省级先进个人	全国经济普查领导小组
楼小芳	2018 年	2018 年全国流动人口动态监测调查省级优秀调查员	江苏省卫生和计划生育委员会

2004—2020 年广福村村民获昆山市级荣誉情况如表 11-6 所示。

表 11-6 2004—2020 年广福村村民获昆山市级荣誉一览表

姓名	获奖时间	荣誉名称	颁发部门
邵　林	2004 年	爱国卫生先进工作者	昆山市爱国卫生运动委员会、昆山市人事局
	2006 年	昆山市 2003—2005 年度人民调解工作先进个人	昆山市司法局
陈玉刚	2007 年	昆山市见义勇为先进个人	昆山市见义勇为基金会
陈金龙	2012 年	昆山市关心下一代工作先进工作者	昆山市关心下一代工作委员会、昆山市精神文明建设委员会办公室
陈林生	2017 年	2017 年度昆山市优秀社会体育指导员	昆山市体育局

第十二章　村民忆事

广福村村民勤劳善良，艰苦朴素，自强不息。中华人民共和国成立后，村民们响应党和国家的号召，走社会主义道路，种田为革命，破旧立新、移风易俗，发展农业生产，把优秀的儿女送到军队去保家卫国，竭尽所能安排插队青年。改革开放后，广福村干部、群众拥护党的方针政策，走富民强村之路，在建设家乡、振兴乡村中留下许多脚印。这些发生在村域的过往的人和事，均是社会历史发展的缩影，是一个时代变迁的印记。那代人的集体记忆，不仅是广福村抚今追昔的见证，也在一代又一代村民心中留下了永不磨灭的印迹。

第一节　农事物语

一、生产“920”生物剂

昆山地区双季前作稻的移栽开始时间是在四月底或五月初，但由于本地气温偏低，秧苗长度很难达到莳秧的标准。20世纪六七十年代，经国家农业部批准，有条件的生产大队可自行生产“920”生物剂。“920”生物剂对秧苗有快速助长的作用，在莳秧前一星期，兑一定比例的水，喷洒在秧苗上可增加秧苗10%~20%的高度，有助于解决秧苗的生长问题。

1969年10月，红星大队安排插队知青田佩佩带领2名助手开始生产“920”生物剂。他们先用树脂作为培养基，放在试管内，在无菌的条件下接“920”种，培养一定数量的菌种。然后用棉花籽等作为基床，接上菌种、控制温度，经过25天左右的繁殖就出成品。经上海生物研究所测试，产品的pH达到10，属合格品，即能应用到双季前作稻的秧苗栽培技术中。

二、去上海罱黑泥

1968年，昆山县农村全面推广种植双季稻，育秧是其中的一个重要环节。育好秧的关键是土肥。昆山县农科所通过多次实践发现，用上海苏州河里罱的黑泥能育出壮秧。于是，此经验很快在昆山全县推广。

生产队去上海罱黑泥一般在每年的四五月，24小时一个来回。去上海罱黑泥的人能拿头等工分，每人补贴0.15元，一只5吨水泥船可安排3人。当年，各生产队按男劳力人数排好班轮流作业，人们带上2天的口粮，中午12点出发，1人扶橹、1人吊绷、1人立船头撑篙。昆山到上海有50多千米水路，省级河道上两岸都有纤路。船摇到吴淞江，村民就可以上岸拉纤，也可驶蓬到陆家浜龙王庙再拉纤，有时顺风扬帆可以开到上海北新泾一带，随后连夜在河里罱好泥。有些村民喜欢在上海当地过夜。如果过夜则要随时注意潮水涨落的情况，防止搁浅和翻船。1975年后，红星大队各生产队都购买挂机，去上海速度快、省人工。改革开放后，因农村体制变革与种田模式变化，村民不再去上海罱黑泥。

三、积农家肥

在人民公社时期，尤其是“农业学大寨”阶段，苏南的广大农村很盛行积肥。当时的积肥是有指标的，每人必须积满一定数量。生产队会有人专门给社员称重、记工分。为了完成任务，社员们会想方设法多积肥，其目的就是广积粮。积肥的方式多种多样，最主要的有“捉（扫）鸡屎、狗屎”和“斫草塘泥”。

捉（扫）鸡屎、狗屎 这是一项比较常见的积肥方式，特别是秋冬时节、农闲时，经常可以看到有人在场头、野外“捉鸡屎、狗屎”。妇女们拿着蚌壳竹竿与篓子，成群结队地走村进庄扫鸡屎、狗屎，积累到一定的数量后带回来，或者一天收工了，就到生产队记工员那里称份量、记工分，作垩西瓜田基肥之用。这种活简单、轻松，一般十来岁的农家子弟就能胜任，所以八九岁的孩子也会帮母亲扫鸡屎、狗屎。

斫草塘泥 斫（方言，与“割”同义）草也是积肥的手段。这些草可以是杂草，也可以是青梗，是与草塘泥堆沤用的。“斫草塘泥”是一种常见的沤肥方式，即将杂草或者稻草（秸秆）铺到草泥塘（一个挖在河边的潭）中，然后浇上从河浜里罱出来的河泥，一层叠一层，经过一段时间的沤制后，形成带有腐烂臭味的草塘泥。这就是在很长一段时间里，江南农民一直使用的“有机肥”。

积家厩肥 还有一种积肥方式叫积家厩肥，家厩肥是农民在养猪的同时日积月累下产出的“副产品”。生产队各农户定期往猪圈投放一些稻草、垃圾，让其与猪粪混合在一起，达到一定量以后，生产队会逐户安排劳动力给猪圈“出猪灰”，将混合好的猪粪先挑到船上，再运到田里，用于给油菜田、小麦田、水稻田施肥。

四、种植绿肥

20世纪六七十年代的农业生产积肥，用于积草塘泥的材料不能完全靠斫草来满足，更多的是靠种植和养殖“绿肥”来充实草塘泥。绿肥分为水生和陆生两大类。

水生绿肥 主要有四种：绿萍、水浮莲、水葫芦、水花生。这四种水生绿肥有个共同的特点就是速生，而且饲料和肥料可以兼用，即既可以当堆沤肥料、腐烂成有机肥，也可以被打成草浆，作为养猪的青饲料，很受农民欢迎，被广泛养殖于大小河浜之中，尤其是水葫芦，因种养方便，被江南农民视为“至宝”。进入21世纪，随着农村城市化和机械化的推进，集体养猪已经成为历史，水生绿肥也已经成为远去的回忆。

陆生绿肥 除了水生绿肥外，还有一种陆生绿肥被广为种植，那就是紫云英。紫云英俗称红花草或花草，尚未开花的嫩绿紫云英也可食用，其茎叶略类似于金花菜，但茎秆要粗壮些，叶子也要大一点。紫云英具有很强的固氮能力，因而被选为绿肥，其种植季节与油菜的相同。被用来种植紫云英的耕地，其实就是轮作、休耕之田或水稻秧田。紫云英的花季与油菜花的几乎相同，花朵呈紫粉色，在清明前后盛开。生产队种植紫云英，其中少部分作为饲料，大部分作为草塘泥的原料。四月中旬，紫云英长势达到最茂盛时，生产队就开镰斫草，将紫云英大片大片割掉，捣翻倒入泥潭里，与积淀的河泥拌匀，再浇水踩踏，俗称“跶花草”，15~20天后就可得到优质的有机肥。紫云英被割断后留下的根茎部分，翻耕后被埋在田里改良土壤。

第二节 村民口述

一、日军暴行

口述人：贾惠珍，女，97岁，广福村村民。

1937 年 10 月，日军侵占昆山后，村民逃到靠近常熟的石牌巷棣村避难。该村在抗战时期属任（阳）石（牌）抗日游击区（这个村 1952 年前属常熟管辖，后为石牌管辖）。大家白天藏在芦苇荡里，躲在船舱里，不敢大声说话，饿了也不敢生火做饭，只能吃干粮。夜里睡觉大家轮流观察日军的动向，等日军走了，男人才上岸弄些吃的和烧些热水，女人则不敢上岸，怕日军又回来。后来村民回到村里，发现村里大半的房子被烧光了，各家养的猪、羊等家禽被宰光、吃光了，田里的庄稼也被烧光了。

编志人员走访贾惠珍
（2020 年 11 月，陈晓红摄）

据《昆山县志》记载，1937 年 10 月 14 日，日军开汽船进入石牌青墩乡（包括广福村域），打死、打伤乡民 11 人，32 户、120 余间民房被烧为灰烬，1 名老人被烧死。

二、知青岁月

口述人：冯祖庭，78 岁，红星大队第 7 生产队插队青年，曾担任苏州人民商场总经理。

1964 年 9 月 6 日，苏州开明大戏院内召开苏州上山下乡走革命化道路欢送大会。之后插队知青从会场出发，途经察院场、人民路至南门人民桥轮船码头。路两旁市民夹道欢送，锣鼓喧天。知青上船时，有满怀豪情的，有暗暗流泪的，亲人的呼唤声、告别声、哭泣声此起彼伏。轮船徐徐离岸，一切归于平静。几十千米外的红星大队迎来了第一批插队青年，他们是苏州市第二中学 64 届高三（4）班的 14 名应届毕业生。同学年龄差距较小，除一个 18 岁、一个 21 岁外，其余均是 19 岁或 20 岁。

是月 25 日，苏州市在玄妙观广场再次召开欢送大会。插队知青经人民路到平门轮船码头上船。皮市街道的9名往届初高中毕业生插队到红星大队，年龄最小的18岁，最大的23岁。

后来的四五年中，下乡到红星大队的苏州知青又有20多名。

20世纪60年代的红星大队以农业生产为主，十分贫困，要安排将近50名插队知青并不容易。但是红星大队克服困难，为完成任务，竭尽所能。插队知青迁出户口，就失去了城市居民的所有待遇，与计划票证供应告别，要尽快适应农村生活。当地农民习以为常的生活和劳动，对于久住城市的青年来说，是难以适应的。夏天，早上成团的小虫（蒙飞子），晚上成群的蚊子，水中的蚂蟥，湿滑得如浇上油的泥泞小道，知青们面对这些无可奈何。一年中，知青有半年多时间是赤脚干活。农忙时，知青们烧饭吃饭总赶不上节奏，天不亮就得烧好一天的食品，可是有时到了晚上饭菜已变质了。

村前的小河，知青们一年四季吃喝、洗漱都离不开它。在乡下，吃菜靠自己种，种瓜得瓜、种豆得豆。有时知青在地里赶农忙活，就无菜可吃了，但总有乡亲把自己种的菜悄悄放在知青的门口。

红星大队田多、劳动力少，生产主要靠人力，效率低、强度大。知青们在劳动中成长。一年四季，他们日出而作、日落而息，基本无休息日，难得放工歇息的一天成为“奢侈品”。夏收夏种、秋收秋种时，知青们更是不分昼夜地干活，恐耽搁农时。冬天农闲季节，知青们在冰冻的河流中罱泥，给小麦、油菜做田间管理，积农肥、做水利工程等，也不闲着。

红星大队插队知青积极参加生产劳动，学会了摇船、挑担、拔秧、莳秧、耘耥稻、开沟、罱泥、选种、育种等，基本上成为生产队的主要劳动力，年终分配扣除口粮款外，还有现金分进。获得现金最多的是第10生产队的叶中伟，1966年分配总收入360元，分到现金240元，这在当时农村分配中是一个不小的数目。

插队知青和社员共同劳动，同甘共苦，结下了深厚的感情。插队知青识字有文化，敢发表意见，比较公正，取得了群众的信任，先后被生产队推选担任队长的有4人，担任生产队会计的有4人，担任赤脚兽医的有1人，担任拖拉机手的有1人，几乎所有生产队的记工员都由插队青年担任。当时失学儿童较多，插队知青中，先后有10多人当了民办教师。插队知青陶丽英，在大队办民办小学，一个人顶班，条件十分艰苦。1965年，村集体办农业中学，知青狄慧芳一个人进村入户动员。当年的农业中学学生，后来有不少成了生产大队、各生产队的骨干。

当时国家安置知青的住房款是每人70元，但住房是因队制宜建造的。1964年知青刚到队里，生产队竭尽所能安排临时住宿，待材料陆续到位后，造了砖墙、毛竹梁、草房顶的集体宿舍，一般3人2间，1间灶间兼客厅、1间卧室。集体宿舍虽是草顶，但有新的木门窗，比一般农房好得多。后来又翻建成水泥梁、红瓦屋顶的宿舍。1968年下乡的知青，基本每人1间11~12平方米的宿舍。

返城前，红星大队插队知青结婚的有18人。其中，和当地村民结婚的有5人，和城市（县城）居民结婚的有5人，双方是知青的有8人。其余大多是返城后解决婚姻问题的，1979年返城的知青已经是大龄青年了。

当时农村的文化生活十分贫乏。除听有线广播和观看知青组织的当地青年文艺宣传队演出外，村民基本无文化生活。大队难得放一场露天电影，就像过节一样，村民成群结队扛着凳子去观看，甚至其他大队的村民也会赶来观看。

1964年刚下乡时，不少插队知青参加省农校的函授学习，在艰苦条件下始终不忘学习文化知识。第1生产队插队知青徐世浩在返城进厂工作后参加了高考，考入苏州大学，毕业后留校工作，成为骨干教师。第11生产队的插队知青张一为在高考恢复后考入常熟师范学校，毕业后一直从事教育工作，后在苏州中学退休。第6生产队的插队青年罗莀，返城后被安排到江苏省棉麻（集团）有限公司苏州总公司承担职工教育工作，此后她一直在教育领域发展，75岁还活跃在苏州农业职业技术学院的讲台上。

1964—1969年红星大队插队知青如表12-1所示。

表12-1　1964—1969年红星大队插队知青一览表

序号	姓名	性别	插队时间	插队队别	备注
1	胡鸣高	男	1968年10月	1	
2	徐世浩	男	1968年10月	1	
3	王海钦	男	1968年10月	1	

续表

序号	姓名	性别	插队时间	插队队别	备注
4	吴孝范	女	1968 年 12 月	2	
5	刘同舟	男	1969 年 4 月	2	
6	刘静萱	女	1964 年 10 月	2	
7	徐惠玉	女	1964 年 10 月	2	
8	曹余芳	女	1964 年 9 月	2	
9	罗有根	男	1969 年 4 月	3	
10	姚国光	男	1969 年 9 月	3	
11	谢银娟	女	1964 年 9 月	3	
12	姚如旭	女	1964 年 9 月	3	
13	何　平	女	1964 年 9 月	3	未返城
14	刘小萍	女	1969 年 1 月	4	
15	吴振琪	男	1968 年 10 月	4	
16	王宗新	男	1968 年 10 月	4	
17	刘丽霞	女	1965 年 10 月	4	
18	张瑞生	男	1968 年 10 月	4	
19	陈梅生	男	1968 年 10 月	4	
20	徐国强	男	1964 年 9 月	5	
21	马洪元	男	1968 年 10 月	5	
22	程明苏	男	1968 年 10 月	5	未返城
23	马颜生	男	1964 年 9 月	5	
24	罗　苠	女	1964 年 10 月	6	
25	罗　悦	女	1969 年 4 月	6	
26	肖明明	男	1968 年 12 月	6	
27	范明健	男	1968 年 12 月	6	

续表

序号	姓名	性别	插队时间	插队队别	备注
28	杨学思	男	1968 年 12 月	6	
39	狄慧芳	女	1969 年 9 月	6	
30	田佩佩	女	1969 年 9 月	6	
31	冯祖霆	男	1964 年 9 月	7	
32	陆瑞心	男	1964 年 9 月	7	未返城
33	杨元龙	男	1968 年 12 月	7	
34	郑志浩	男	1968 年 12 月	7	
35	徐森泉	男	1968 年 12 月	7	
36	谢澄宇	男	1964 年 9 月	7	
37	毛明哲	女	1964 年 9 月	8	
38	郭　珉	女	1964 年 9 月	8	
39	傅惠林	女	1964 年 9 月	8	
40	王小妹	女	1964 年 9 月	8	
41	邱启荣	男	1969 年 4 月	8	
42	赵青阳	男	1969 年 4 月	8	
43	赵小岚	女	1964 年 9 月	8	
44	陶丽英	女	1964 年 9 月	8	
45	罗文娟	女	1968 年 10 月	9	
46	汤佩荣	女	1968 年 10 月	9	
47	姚天竺	男	1968 年 12 月	10	
48	吴传钰	男	1964 年 9 月	10	
49	叶中伟	男	1964 年 9 月	10	
50	张福泉	男	1964 年 9 月	10	
51	顾子良	男	1968 年 10 月	11	
52	张一为	男	1968 年 10 月	11	

插队知青返村合影（2005年，朱卫祖提供）

三、种蘑菇

口述人：陈雪球，男，70岁，20世纪80年代担任广福村村委会主任。

1982年春，为发展生产队的集体经济，村域内有10个生产队先后派人去外地学习种蘑菇的技术。他们学成回村已经是4月。村里安排2名管理人员负责对全村进行蘑菇种植辅导。

本地栽培蘑菇须在中秋前备好主料，菇棚在8—9月准备，蘑菇菌丝在10月初播种，大约1个月之内出蘑菇，至翌年5月左右蘑菇生长结束。蘑菇房根据各生产队的实际情况搭建，按照种植面积用毛竹搭好竹架，一般搭6层，层高在0.6~0.7米；或利用生产队的猪棚改造。同时生产队备好蘑菇基床料：在盛夏至初秋，将双季稻柴、麦秸用铡刀切断，再与干牛粪、猪粪浆一起浇注、拌匀，沤成料堆，并加入石灰、石膏，使其发酵，3天翻1次，共翻3次，前后需15天左右，料熟后晾干待用。另外准备好干的粗、细泥块，作覆盖用。9月下旬，室内气温下降至28℃左右，生产队购置蘑菇菌种后，就开始上料。先将发酵好的成品料铺放在竹架的底层（约15厘米厚），并对菇棚进行喷药、熏蒸，全面消毒杀菌。再点穴培植菌种繁殖，待菌丝爬满床料后就用粗泥块和细泥块覆盖，使总厚度达20厘米。然后每天往泥块上喷水，使泥块达到一定的湿度。在控制好温度、湿度、光照的情况下，一星期后可见蘑菇的白点，15~20天可采摘蘑菇。采摘下的蘑菇由乡镇供销社统一收购，销往大城市或出口。

第三节　往事留存

一、做社与庙会

做社　旧时，农家祭祀猛将的活动称为“做社”，其风俗流传已久。相传猛将是驱蝗神，清代官府将其作为“驱蝗正神”列入祀典。但在苏州民间，猛将不止于驱蝗，还是地方神，农民祈求他驱除农作物病虫害，保佑风调雨顺。村民每年举行4次“猛将社”活动。通常各户村民自愿结合组成一个社，每次由一家做社主，主办，负责供祭，各家轮流做社主。场地设在田间车棚内。村民用油布将车棚围好，请鼓手在棚里吹吹打打闹上一整天。晚饭由社主请客，通常吃白糖粽子、咸鸭蛋、腊肉等。做“猛将社”的时间以农历为准：第一次在正月十三，当日是猛将的生日，称为“新年”；第二次在三四月间，称为“秧田青”；第三次在七八月间，称为“做青苗”；第四次在十月，称为“砻头”。村域农家也把传统的“合会”称为“做社”，五六户人家自愿组织，每户拿出相同的金额，以集资形式帮助一户置办家业，大家轮流做东，几年一个转回。此俗一直延续到中华人民共和国成立前。

庙会　又称节场。广福村落历史上流传着有位姓孟的将军同百姓一起筑围圩抗洪水、除瘟病的说法。旧时，村域在西蒋泾河与下潭头河交界处建了孟将堂（俗称“蒋泾庙”），供奉孟将军。每年七月，村民在蒋泾庙举行一次庙会。当地村民莳秧上岸，为确保禾苗能有个好的长势和收成，求菩萨保佑风调雨顺、国泰民安、五谷丰登、六畜兴旺。庙主先到各村农户家收取一定的费用，再请宣卷道长、厨师组织当地的善男信女，在庙里做法事一天，称为“打公蕉”。庙主给每户发一盏形如灯笼的公蕉灯。村民回家后用几根竹子连接起来将灯笼扎好，高高挂起。村民们认为：谁家的灯笼最红，谁家今年的禾苗就会长得最好；谁家的灯笼最高，谁家今年的水稻产量就会最高。到了晚上，家家户户外面灯笼高挂，颇为壮观。此习俗一直延续到1949年。1967年，蒋泾庙拆除。2015年，孟将军塑像被供奉在青墩庙内。老人们常去庙里祭拜，感谢孟将军的恩德。

二、广福解放

1949年5月2日上午，中国人民解放军第二十八军八十六师侦察分队到达正仪，攻破了国民党正仪警察分局，收缴了国民党正仪自卫团的枪支。2日下午，中国人民解放军第二十六军一个营进驻正仪；3日，中国人民解放军第二十八军的一个营进入巴城，攻破了巴城、周墅的国民党反动武装力量。至4日，昆山县城以西正仪、巴城、周墅等外围地区（包括广福村域），基本上已被中国人民解放军、中共地下组织和南下干部控制。

1949年5月13日清晨，解放上海外围战昆山战斗胜利结束，昆山宣告解放。中国人民解放军进入昆山县城，受到城区各界民众的热烈欢迎。昆山县县长刘同温出示告示，宣布昆山县人民政府成立。11月，全县通过基层选举，全面废除了保甲制。全县被划为10个区、27个乡（镇），村域属城北乡。

三、三年困难时期

1959—1961年是国民经济发生严重困难的时期，不少农村生产队还要靠预支经营。农业生产主要靠人力，且强度大、效率低、产量低，加上农村经济结构单一，农民生活十分贫困，村民大多住草房子，少有的瓦房还是土改时留下的老屋。

当时国家的政策是统购统销，生产队的粮食留下三粮（口粮、种子粮、饲料粮），余下全部由国家定价收购。生产队先交公粮，再还信用社的欠款，剩下的才是集体可支配的。在年终分配时，生产队还要根据余额的多少，留下一定比例用作下年度生产资金。红星大队各生产队分配时，每年总会出现一些透支户，即一年辛苦劳动，拿了生存所需的粮草外就分文没有了，有的甚至还倒欠生产队一笔钱，下年度或以后归还的农户。在十分贫困的年代，允许透支这一政策保证了困难户的基本生活，但日常开销就要靠搞家庭副业来解决。

20世纪60年代初，农村的主要副业是养猪，国家的收购价六等猪议价为每百斤46元（平价44.8元）。农民养一头猪须六至七个月，猪养到毛重60多公斤，且膘肥体壮，就可以达到六等猪价。再经过验货师折算白肉，一头猪可以卖到50元左右，扣除捉小苗猪及饲料的购买成本，剩下的钱就不多了，只能为家人买几样生活用品。所以，农民把出售生猪比作“八解”，即卖掉猪猡后花掉就没有了。但村里农民还是积极养猪，有民谚曰“养猪不赚钱，回头望望田”，养猪还可以多积些肥料，为集体垩田，生产队也会将其折算成农家肥投资额。

当年，农村人生活离不开柴草。柴草是农民除粮食以外的重要生活和生产物资，可以用来烧饭、盖屋、铺床、喂猪、积肥等。原来生产队里的柴草十分充足，后来国家下达了支援工业造纸的征购任务，用柴就显得紧张了。在当时的特定环境下，虽然农民生活清苦，但基本生活稳定。

四、露天电影

20世纪70年代，城北人民公社为了丰富人民群众的文化生活，成立了公社电影队。电影队每月到各生产大队放映电影。那时农村文化生活匮乏，看电影是全村人的精神享受。放电影前，大队干部会提前接到通知，并告诉相关人员，人们一传十、十传百。到了放电影的那天，全大队人喜气洋洋，真有点过节的味道。下午放电影的船开来了，银幕扯起来了。这天社员农活干得特别卖力，队长也同意早一点收工。傍晚前后就陆陆续续有人搬了条凳，以占据“有利位置”。晚饭时，不少人家炒了硬蚕豆、葵花子，准备在眼睛享受时，也不亏待嘴巴。晚上6点多钟，电影正式开场，现场煞是热闹。这种气氛与情景到20世纪90年代已经见不到了。

20世纪90年代戏曲下乡（广福村村委会提供）

看露天电影，最欢乐的当属孩子。孩子们边看边玩，有的还模仿电影里的片段，拿着自家做的木枪，唱起电影中的歌曲，常常会为了谁演“好人”、谁演“坏人”

而争吵不停。那时候的电影都是几个生产大队轮流放映，孩子们会提前打听好，跟着电影队去邻村、邻乡看露天电影。常放的电影有《南征北战》《洪湖赤卫队》《英雄儿女》《小兵张嘎》《地道战》《地雷战》《平原游击队》《铁道卫士》《三进山城》。

五、集体婚礼

1974 年 2 月的一天下午，红星大队的礼堂里举行了一场集体婚礼。这是大队为了移风易俗而举办的，也是村域里的第一次集体婚礼。举行婚礼的有浦炳生与王雪珍、赵坤元与王敏娟、莫凤泉与赵金妹 3 对新人。他们自由恋爱，在劳动中通过相互了解，增进友谊，最后决定结婚。

婚礼由党支部书记邵义林主持，各生产队派代表参加，男女双方的父母、至亲好友都在。仪式前，新人们分发喜糖和小吃，在场的人边吃东西边观看大队宣传队的演出，场面非常热闹。集体婚礼倡导文明节约，受到了广大群众的好评。婚礼上，大队集体向新人赠送毛巾、脸盆、土笪、扁担、铁铲。直至傍晚，集体婚礼在笑声、锣鼓声、掌声中结束。当时，为了节约，大队根据上级有关要求，规定各家婚宴宴席不得超过 5 桌。

六、养殖蚌珠

20 世纪 90 年代初，广福村有些精明能干的农民看准了养殖蚌珠这门生意，先后利用河浜、漤潭搞起了蚌珠养殖，走上劳动致富之路。蚌珠生长对水质要求很高，主要利用地下水，一般的湖水易受污染，不宜养蚌。养蚌的肥料主要是鸡粪、猪粪。养殖蚌珠周期长、投资大，因此风险也大，需要精心管理及一定的专业技术。因此，养殖户从外地请来有养蚌经验的人进行技术指导，有的还与其他人合股进行蚌珠养殖，获得了成功，取得了良好的经济效益。

村民贾红伟就是其中之一。他利用砖瓦厂挖泥制砖留下的泥潭从事蚌珠养殖，从嘉定引进了 8 万余只幼蚌，养殖面积达 100 亩。他养蚌珠 8 年，取得了丰厚的回报。2000 年 8 月，他的事迹被登载上了《昆山日报》——《珍珠用途广 养蚌前景好》。随后他又养了第三批蚌珠，并将养殖面积扩大到 150 亩，养蚌 13 万余只，蚌珠产出后获利 110 万。

附　录

《广福村村民自治章程》（2020年版）

第一章　总　则

第一条　为加强农村基层民主法治建设，进一步规范村民自治组织的工作，增强村民的自治意识、民主意识和参与意识，保证各项村务工作正常运转，依据《中华人民共和国村民委员会组织法》等有关法律法规，结合本村实际，制定本章程。

第二条　在党的方针、政策和国家的法律、法规规定的范围内，在村党组织的领导下，本村以民主选举、民主决策、民主管理、民主协商和民主监督的原则，实行村民自我管理、自我教育、自我服务、自我监督的村民民主自治。

第三条　本章程根据社会发展状况及我村实际情况适时进行修改，由村民会议表决通过，村委会组织实施，村务监督委员会监督执行，并接受村民会议和村民代表会议的监督。

第四条　村民指本村户籍人口以及享受本村福利待遇的人员。

第五条　本章程在广泛征求村民意见的基础上由村民会议表决通过，既是全体村民的行为规范也是村民组织的工作规程，全村范围内的村民、村民组织、居住本村的外来流动人员及村辖区内各类单位和组织均应自觉遵守。

第二章 广福村村民的权利和义务

第六条 村民享有以下权利：

（一）本村年满18周岁以上的村民（依法被剥夺政治权利者除外）均有选举权和被选举权，对本村重大事项，通过村民会议或村民代表会议进行讨论并表决的权利；

（二）对村级事务的监督权及村民委员会和村干部工作提出批评和建议的权利；

（三）对村级事务享有知情权和查询权；

（四）享受本村规定的各项福利待遇的权利；

（五）法律法规和政策赋予公民的其他权利。

第七条 村民履行以下义务：

（一）自觉遵守村民自治章程和实施细则，自觉执行村党组织、村民会议、村民代表会议和村民委员会的有关决议、决定和规定；

（二）自觉遵守土地管理及农村建房的有关规定，合理利用集体资源；自觉维护本村环境卫生，美化村容村貌；爱护公共设施，保护集体财产。

（三）自觉维护本村荣誉，支持村民委员会开展各项工作，配合村民小组长及村民代表的各项工作；

（四）有矛盾或意见，应当与村民、村委会、村党组织、村民议事会沟通、协商，合理表达诉求，自觉开展移风易俗，积极参加村组织的各项活动，参与志愿服务，践行社会主义核心价值观。

（五）法律法规和政策规定公民应该履行的其他义务。

第三章 广福村村民自治组织

第一节 村民委员会

第八条 村民委员会是在法律规定范围内，由村民进行自我管理、自我教育、自我服务的基层群众性自治组织，是村民实行自治的执行机构和工作机构，对村民会议、村民代表会议负责并报告工作。

村民委员会由本村村民直接选举产生，每届任期五年，可以连选连任。

第九条 本村村民委员会由主任、副主任和委员共5人组成，村民委员会根据需要设立人民调解、社会保障、治安保卫、文教卫生、老年协会、残疾人工作等委员会，村民委员会成员可兼任下属其他委员会成员，并明确工作职责和工作制度。

第十条 村民委员会履行以下职责：

（一）宣传宪法、法律、法规和国家政策，教育、引导村民自觉履行法定义务，遵守并组织实施村民自治章程、村规民约，推进村民主法治建设，维护村民的合法权益；

（二）召集村民会议和村民代表会议，执行村民会议和村民代表会议的决定、决议，并向其报告工作；

（三）依法管理本村属于村民集体所有的土地、企业和其他资产，引导村民合理利用自然资源，保护和改善生态环境；

（四）办理本村公共事务，兴办公益事业，协助完善基本公共服务，支持服务性、公益性、互助性社会组织依法开展活动，推动农村社区建设；

（五）发展文化教育，普及科学知识，促进男女平等，增进民族团结，做好计划生育工作，倡导移风易俗，提高村民思想道德素质和科学文化水平，践行社会主义核心价值观；

（六）促进村民之间、村民小组之间、村与村之间团结互助，向人民政府反映村民的意见、要求和建议，依法参与社区矫正工作，调解民间纠纷，协助维护社会治安，促进农村社会和谐稳定；

（七）教育和引导村民尊老爱幼、扶贫帮困，照顾军烈属、特困对象等特殊群体；

（八）协助政府开展相关政务类服务，组织村民依法开展民主协商、民主决策、民主管理、民主监督和推进村务公开工作；

（九）法律、法规规定的其他职责。

第十一条 村民委员会及其成员应当遵纪守法，带头执行村民自治章程及实施细则等各项制度，执行村民会议、村民代表会议的决定、决议，照章办事，廉洁奉公，热心为村民服务，自觉接受村民监督。

第十二条 村民委员会实行集体领导下的分工负责制。主任对村民委员会工作全面负责，所有成员应当明确各自的岗位职责，对村民委员会负责。

村民委员会实行少数服从多数的民主决策机制和公开透明的工作原则，建立健全各项工作制度。

第二节　村民协商议事

第十三条　为畅通村民议事协商渠道，更好实现村民参与村民自治，设立“有事好商量”协商议事室。“有事好商量”协商议事室在村党组织领导下开展工作，并接受区（镇）政协工委（联络处）指导。

“有事好商量”协商议事活动由村党组织书记（或联系本村的政协委员）组织并主持。

第十四条　“有事好商量”协商议事活动人员应包括政协委员、基层群众、利益相关方和有关方面代表人士，可邀请党政相关部门负责同志、乡贤、专家学者等参加。每次协商议事活动参加人数为10~20人，利益相关方代表占比原则上不低于50%。

第十五条　参加协商议事人员通过单位推荐、联名推荐、自荐等方式产生，必要时报村党组织审核。与协商议题相关的其他人员，由村党组织确定和邀请参加。

第十六条　协商内容主要为本村发展中的公共事务、公共利益、公益事业，群众反映强烈、迫切要求解决的民生问题和实际困难，其他应当纳入协商的涉及本村发展和群众切身利益的重要事项。

第十七条　“有事好商量”协商议事室在村党组织的领导下开展工作，协商议事程序主要为：

（一）确定协商议题。采取群众出题、网格筛题等方式多渠道征集议题。在广泛征求意见、反复比选的基础上，确定切口小、针对性强、与群众切身利益密切相关的议题。

“有事好商量”协商议事室协商议题由村党组织审定，必要时报上一级党组织审定，并报所在区（镇）政协工委（联络处）备案。

（二）开展协商调研。坚持不调研不协商，围绕协商议题，组织相关人员深入一线察实情、深入群众听民声，摸清政策规定、摸清实际情况、摸清意见建议。

（三）组织协商讨论。坚持规范有序、简便易行、互动交流、民主集中原则，按照审定的议题、规定的协商主体深入开展协商议事。

1. 通过微信群、公开栏、征求意见书等适当方式，向与协商议题相关的各类人员提前通报协商内容和相关信息；

2. 坚持开门协商、开放协商，通过“请进来、走出去、联起来”等方式开展会场协商、流动协商和网络协商等，形成会上会下广纳群言、线上线下广泛讨论的生动局面；

3. 协商中坚持求同存异、聚同化异，突出互动交流，鼓励道实情、讲真话、建诤言，做到真诚协商、平等协商、有序协商；

4. 协商后及时汇总整理协商意见建议，以协商建议、纪要或其他形式向村党组织汇报协商议事成果，如有必要可向上一级党组织或党委政府及有关部门报送协商议事成果；

（四）转化协商成果。建立健全协商议事成果采纳、落实、反馈机制，推动协商议事成果转化为本村民主决策、改进村级治理等方面的内容。

1. 经协商达成共识、需要落实的事项，实施情况以适当方式向社会公开，并向协商活动参加对象进行反馈；

2. 经协商未达成共识的议题，经村党组织批准，可安排再次协商，同一议题协商次数原则上一年不超过 2 次；

3. 对协商过程中群众反映的全局性情况、苗头性问题、建设性意见、可操作性建议，可及时向上反映；

4. 对协商建议中的重点、难点问题，可通过开展民主监督、民主评议等形式跟踪办理情况，推动协商成果落到实处；

（五）广泛凝聚共识。将凝聚共识贯穿协商议事全过程，在议题设置、程序安排、成果反映等方面都要体现凝聚共识的要求，使协商议事的过程成为增进了解、加深理解、消除误解的过程，成为凝聚共识、化解矛盾、解决问题的过程。

（六）重大事项列入年度计划，按规定程序开展协商；应急突发或村民迫切需求事项，可简化程序，“一事一议”，及时组织协商。

（七）规范协商档案。建立健全“有事好商量”协商议事活动确定协商议题、开展协商调研、组织协商讨论、转化协商成果等全过程档案资料。

第三节 集体经济组织

第十八条 为了加强本村集体资产管理，发展壮大集体经济，使集体经济组织成员共享成果，本村根据业务类型成立昆山市玉山镇广福村股份经济合作社集体经济组织。

集体经济组织成员是指在本村、组集体经济组织中享有权益并承担义务的人员。

第十九条 集体经济组织成员代表由当届村民代表兼任，集体经济组织成员代表的任期与村民委员会委员任期相同，到期进行换届选举，可以连选连任。

第二十条 集体经济组织成员代表会议行使下列职权：

（一）听取、评议村集体经济运行、收支情况，年度盈利情况，集体资产的保值增值情况；

（二）听取、评议村民委员会年度收支预决算情况；

（三）听取、评议村民委员会关于集体经济组织成员年度收益分配的建议方案；

（四）听取理事会年度工作报告，讨论和通过理事会提议的其他事项。

第二十一条 合作社理事会是集体经济组织成员代表会议的常设执行机构，理事会由 5 人组成，任期与村民委员会委员相同，可以连选连任。理事长由理事会推选，为本合作社的法定代表人。

第二十二条 合作社理事会行使下列职权：

（一）执行集体经济组织成员代表会议的决议、决定；

（二）聘任、解聘本社所属部门的负责人；

（三）负责组织召开集体经济组织成员代表会议；

（四）决定发展计划、经营方针和投资方案，制定年度财务预算和决算；

（五）决定本社内部机构设置；

（六）制定本社的管理制度。

第四章 广福村村民会议和村民代表会议

第二十三条 为保障村民依法行使当家作主的民主权利，本村建立村民会议和村民代表会议制度。

第一节　村民会议

第二十四条　村民会议为本村最高权力机构，由本村十八周岁以上的村民或户代表组成。

村民会议由村民委员会负责召集。有十分之一以上的村民或三分之一以上的村民代表提议，应当召集村民会议。召集村民会议，应当提前十天通知村民。

第二十五条　召开村民会议，应当有本村十八周岁以上村民的过半数或三分之二的户代表参加，所做决定经上述到会人员的过半数通过有效。法律另有规定的，从其规定。村民会议可以邀请驻本村的企业、事业单位和群众组织代表列席。

第二十六条　村民会议依照法律、法规规定选举、罢免村民委员会成员，并行使下列职权：

（一）听取并审议村民委员会工作报告、村财务收支情况报告，评议村民委员会成员、村务监督委员会成员的工作；

（二）讨论决定本村经济和社会发展规划、年度计划；

（三）制定、修改村民自治章程、村规民约；

（四）撤销或者变更村民代表会议不适当的决定、决议；

（五）撤销或者变更村民委员会不适当的决定；

（六）法律、法规规定的其他职权。

第二十七条　涉及村民利益的下列事项，经村民会议讨论决定方可办理：

（一）本村享受误工补贴的人员及补贴标准；

（二）村集体经济所得收益的使用方案；

（三）本村公益事业的兴办和筹资筹劳方案及建设承包方案；

（四）土地承包经营方案；

（五）村集体经济项目的立项、承包方案；

（六）农村集体建设用地的使用方案；

（七）征地补偿费的使用、分配方案；

（八）以借贷、租赁、抵押或者其他方式处置村集体资产的事项；

（九）以集体名义借贷的事项；

（十）村民会议认为应当由村民会议讨论决定的涉及村民利益的其他事项。

法律对讨论决定村集体经济组织财产和成员权益的事项另有规定的，依照其规定。

第二十八条 村民会议授权村民代表会议行使本章程第二十六条除第三项、第四项规定以外的职权，讨论决定本章程第二十七条第一款规定的事项。

第二节 村民代表会议

第二十九条 村民代表会议是实行村民自治、村务民主决策的组织形式，由村民委员会成员和村民代表组成。

本村共有村民小组 14 个，共有村民代表 22 名。村民代表的任期与村民委员会委员的任期相同，可以连选连任。村民代表应当向其所在的村民小组负责，接受村民监督。

村民代表必须坚持党的基本路线，有一定的参政议政能力和相应的政策水平，敢于坚持原则，办事公道，不谋私利，在各项工作中起模范带头作用，在群众中有一定威望。

村民代表应密切联系村民，按时参加会议，及时向村民委员会和村民代表会议反映村情民意，模范地遵守国家法律和法规，带头执行决议，协助村民委员会开展工作。

第三十条 村民代表会议由村民委员会负责召集，原则上每季度召开一次。有五分之一以上的村民代表提议，应当召集村民代表会议。村民代表会议有三分之二以上的组成人员参加方可召开，所做决定应当经到会人员的过半数同意。

第三十一条 村民代表的主要职责：

（一）参加村民代表会议，讨论决定村民会议授权的事项；

（二）联系、服务村民小组成员，反映他们的意见和建议；

（三）向村民传达村民代表会议做出的决议、决定，动员组织村民认真遵守和执行；

（四）组织、带领村民小组成员自觉遵守村民自治章程及实施细则，积极参加“文明和谐家庭”“美丽庭院”等创建活动。

（五）其他应当由村民代表履行的职责。

第三节　村民小组

第三十二条　本村下设14个村民小组，每个村民小组设组长1名（其中村民小组设有连组组长）。村民小组长由村民小组会议（或户代表会议）在符合条件的相关人员中推选产生，任期与村民委员会任期相同，可以连选连任。

第三十三条　村民小组长的主要职责：

（一）负责召集村民小组会议；

（二）组织本村民小组村民执行村民会议、村民代表会议和村民小组会议的决定、决议；

（三）协助村民委员会办理本村民小组的公共卫生与计划生育、消防安全、社会稳定、私房出租、建房管理及其他公共事务和兴办公益事业；

（四）收集并向村民委员会反映本村民小组村民的意见、建议；

（五）办理本村民小组生产生活服务等相关事项。

第三十四条　召开村民小组会议，应当由本村民小组超过三分之二的十八周岁以上的村民，或者本村民小组三分之二以上的户代表参加，所做决定应当经到会人员的过半数同意，所做决定及实施情况应当向本村民小组的村民公布。

第五章　广福村村务公开和民主监督

第一节　村务公开

第三十五条　村民委员会实行村务公开制度。下列事项应当及时向村民公布：

（一）政务类公开内容。

1. 党委、政府涉及农民利益的相关政策规定；

2. 党委、政府有关解决“三农”问题的政策和措施；

3. 上级政府涉及村民的有关实事工作；

4. 农村社区服务中心服务时间、办理涉农事项的相关流程；

5. 农民宅基地审批和落实情况；

6. 计划生育有关政策规定，生育第三个及以上孩子的审批情况等；

7. 农村征兵政策措施，以及优抚对象抚恤优待政策；

8. 特困、低保（边缘）、大病救助、残疾等国家保障政策，本村享受政策保障的人员及发放明细等情况；

9. 政社互动工作情况，包括履职事项清单、协助区镇工作事项清单、协议书、落实情况及年终双向评估情况，开展创建达标评比事项名录及有关工作，村盖章事项名录；

10. 村民户籍关系变更情况。

（二）村务类公开内容。

1. 村党组织、村民委员会、村务监督委员会成员的分工、便民联系方式等情况，村民代表、村民小组长队伍情况，其他享受误工补贴的人员情况；

2. 村民委员会的任期目标、年度计划及年度工作报告审议等情况；

3. 村干部选举任用、上级考核奖惩、民主评议等情况，其他享受误工补贴人员民主评议情况；

4. 村民会议、村民代表会议讨论决定的有关事项及落实情况；

5. 村务监督委员会实施村务监督情况；

6. 本村服务管理网格划分情况，以及网格负责人、便民联系方式等；

7. 村（组）评选、推荐及受表彰、命名、奖惩情况；

8. 自治章程、村规民约、专项公约的制定、修订情况；

9. 村庄建设规划、公益事业（农村道路、桥梁铺建维修、改水改厕工程）项目计划及执行情况；

10. 集体资源、资产及重大基建项目的立项、发包、承包情况，包括村民委员会利用集体积累进行的各种经济建设项目以及各种村集体所有的经济建设项目的发包、承包方案；

11. 公共卫生和社会福利发展规划与年度计划；

12. “美丽村庄”建设任务分配和完成情况；

13. 社区协商情况，包括公开协商内容、协商主体、协商程序、协商结果及实施情况，特别是村级重大公共事务、公益事务和涉及群众切身利益等事项的协商情况、决策情况、办理情况。

（三）财务类公开内容。

1. 涉政务类资金：

（1）涉农社区党组织为民服务专项经费使用情况，包括需求征集、项目确定、经费核拨、项目实施等情况；

（2）土地征用、农房拆迁补偿政策，以及补偿款分配、管理、发放明细等情况；

（3）计划生育奖励、扶助发放明细；

（4）各级政府及其部门下拨和社会捐赠救灾救济款物的数量、发放原则与明细；

（5）上级部门其他划拨款数额及管理使用情况；

（6）其他。

2. 村级集体组织开展各项活动，所产生的各类收入情况：

（1）集体经济组织直接经营的各项收入情况；

（2）集体经济组织的承包合同的上缴情况；

（3）土地、房屋设备租售收入情况；

（4）土地流转收益情况；

（5）其他收入情况。

3. 村级集体组织开展各项活动，所发生的各类支出情况：

（1）村干部年终报酬分配明细，其他享受误工补贴人员的补贴标准、发放情况；

（2）村党组织、村民委员会各类学习培训、参观考察及协作费支出情况；

（3）村级公益福利事业支出情况，包括村、涉农社区购买公益服务支出情况；

（4）村级日常开支（报刊费、电话费、水电费、村级办公费等）情况。

4. 村级三资管理情况：

（1）村级各类资产情况、资源情况，包括集体资产租赁、转让、拍卖等情况；

（2）村债权、债务情况；

（3）村股份合作经济的收益分配情况，包括收益总额、提取公积公益金数额、提取福利费数额、外来投资分利数额、成员分配数额以及其他分配数额等；

（4）村级集体经济组织财务审计结果，村民委员会任期和离任经济责任审计等情况；

（5）其他三资管理情况。

5. 其他：

（1）村集体年度收支预算、决算明细；

（2）村“一事一议”筹资筹劳的范围、标准、总额及使用、管理情况；

（3）生态补偿资金拨付、使用情况。

（四）服务类公开内容。

1. 经济服务：金融贷款、新技术新产品推广、农村劳动就业培训、劳动输出、水利建设等；

2. 社会服务：城乡居民医疗保险及救助、扶贫济困、特困供养、烈军属优待、残疾人及托老托幼、社区居家养老、特殊困难群众等；

3. 平安服务：农村防灾减灾、外来人口管理、人民调解等；

4. 公共（公益）服务：公共设施建设、环境整治、道路修建和维护、水利设施建设和维修、学校建设、举办红白喜事、抵制封建迷信，开展健康文明的文体活动、志愿服务等。

第三十六条 村民委员会应当保证所公布事项的真实、准确和完整，并接受村民的查询和监督。村务公开时间应做到：

（一）村民委员会任期目标和年度计划及执行情况，应长期公布；

（二）财务收支情况应每季度公布一次；

（三）常规业务每季度公布一次，专项业务可以根据需要和群众要求随时予以公布；

（四）历时较长的事项应按事前、事中、事后分段公布；

（五）对村民建房宅基地审批、再生育名单核准等不固定发生的村务事项，做到有则公布；

（六）村务公开公布内容张贴时间不少于7天。

第二节　村务监督委员会

第三十七条 村务监督委员会是村民对村务进行民主监督的机构。村务监督委员会依法依规、客观公正地监督村务、财务管理等情况，受理和收集村民有关意见、建议。

第三十八条 村务监督委员会由3人组成，由村民代表会议推选产生，任期与村民委员会委员相同。村民委员会成员及其近亲属，会计、集体经济组织负责人不得担任村务监督委员会成员。村务监督委员会向村民会议和村民代表会议负责并报告工作，其成员可以列席村民委员会会议。村务监督委员会一般每月召开一次例会，每季度向村党组织报告一次工作，每半年向村民会议或村民代表会议报告一次工作，听取意见和建议。

第三十九条 村务监督委员的主要职责：

（一）监督村民会议和村民代表会议的决定、决议的执行情况；

（二）监督村民委员会等村级组织依法履行职责的情况；

（三）监督村务公开、民主理财等制度的落实情况；

（四）收集和受理村民对村务管理的意见、建议。

第六章 广福村经济管理

第一节 土地管理

第四十条 本村所有的土地，包括集体用地和村民的承包地、自留地、宅基地等，用地单位和村民只有使用权，不享有所有权，不得擅自变更使用权，不得侵占、买卖或者以其他形式非法转让土地，不得随意改变土地性质及用途，不得违法用地，不得违法搭建。本村集体所有土地，由村民委员会在上级有关部门指导下依法统一进行管理。

第四十一条 保护耕地，各项建设用地必须符合土地利用总体规划，如涉及占用农用地的须办理农用地转用手续后方可申请办理建设地用地手续。

第四十二条 国家和集体因发展与建设的需要征用土地，村民应当依法服从，并依法获得补偿。

第二节 集体资产经营与管理

第四十三条 村集体资产包括：依法属于村集体经济所有的土地、林木、荒地、水面、建筑物（厂房、仓库、三产用房等）、道路、场地、沟渠排灌、桥梁涵洞、管线等设施资产，集体全资、控股或投资的企业及其他资产，镇村庄改造等投资建设委托村管理的资产，货币及其他资产等。

第四十四条 村集体资产由村集体经济组织统一经营管理。村集体经济组织与承租方签订租赁合同时，租赁价格原则上不得低于同期镇域指导价，并确立相应增长机制。确需低于指导价的，必须事先经村民代表会议决议通过。

第四十五条 村集体资产的出售、收购、对外投资等处置方案须经村“两委”班子讨论、村民代表会议通过，并履行相关报批手续后实施。

第四十六条 村集体资产发现有不良债权和不实债务的，须经村“两委”班子讨论通过，依据审计部门的审计意见调整账户，并报镇农经站备案。

第三节 财务管理

第四十七条 本村集体经济组织实施村（组）财务镇级代理，在上级业务部门指导下开展财务工作。村民委员会和财务人员必须认真执行各项财务制度，严格遵守各项财经纪律。村财务收支情况由村务监督委员会审核后，按季度向村民公开。本村集体资产、资金、财务收支情况作为村务公开的重要内容，定期向村民公开，接受村民监督。

第四十八条 村级集体资金、资产和资源属本村全体集体经济组织成员所有，其权益受法律保护，任何单位和个人不得以平调、挪用、拆借或任何方式侵占。

第四十九条 本村建立财务预决算制度，村民委员会年度收支预算必须经村民代表会议通过，年内收支发生重大变化的，必须调整预算，并经村民代表会议通过。预算执行情况年终向村民公开。

第五十条 本村各项开支应履行审批手续，按《玉山镇村级财务管理制度实施细则》执行。村集体资金不得直接拆借（或委托银行放贷）给民营企业或个人，特殊情况须履行相关报批手续，并报镇农经站备案。融资行为必须符合国家有关金融政策。为保障资金安全，本村不在除国有控股银行之外的任何金融平台开设账户，禁止公款私存、出租和出借银行账户，禁止为任何单位或个人提供经济担保。

第四节 合同管理

第五十一条 本村集体经济合同授权村主要负责人签订。合同签订前应了解对方资信状况，并遵守相关程序，确保集体经济组织及成员利益不受损害。签订时应遵守镇相关指导意见并应及时报镇农经站备案。

第五十二条 合同签订后，经济合作社应督促对方按约定履行合同条款，维护集体利益。土地、房屋等集体资产租赁合同未经出租方同意并履行相关手续，承包户或承租人不得转租，或改变土地用途，或随意新建、翻建房屋或其他构筑物，否则出租方有权解除合同，收回土地或房屋，并责令恢复原状；承租人不能在规定期限内交回土地、房屋等并恢复原状的，由出租方自行处置，给出租方造成经济损失的依法索赔。

第七章　广福村社会管理

第一节　社会稳定

第五十三条　村民委员会大力开展法制宣传教育活动，不断增强村民法律意识，引导村民学法、知法、守法、用法，自觉做到依法办事、照章办事。

第五十四条　村民之间要互谅互让、和睦相处。发生矛盾纠纷时应协商解决，协商不成的，双方当事人可向村调解委员会提出申请，由村调解委员会依法调解；遇有重大突出矛盾，可由村民议事会参与调解，调解不成的，应当通过法律途径解决。

第五十五条　村民有意见或建议可按规定向村民议事会、村民委员会、镇政府等相关职能部门逐级反映，不得无理取闹，不得越级上访、群访，不得以极端方式扰乱正常社会公共秩序或胁迫工作人员。

第五十六条　组织开展群防群治活动，村网格长、网格员要加强白天和夜间的治安巡查防范工作，村民应当增强防范意识，提高自防能力，加强个人和家庭财物保管，发现有身份不明和形迹可疑人员应当及时向村民委员会或辖区民警报告，勇于同一切违法犯罪行为作斗争。对于见义勇为人员，除上级政府或部门表彰外，村民委员会给予奖励。

第二节　环境卫生

第五十七条　任何单位和个人都有享受整洁、优美村容的权利，承担爱护村容环卫的义务，对损害村容环卫的行为有权劝阻、制止和举报。

第五十八条　加强食品安全教育和管理，积极开展健康社区建设、红十字救护培训、合作医疗等工作，保障村民的身体健康和生命安全。

第五十九条　配合上级主管部门依法取缔无证行医、无证食品加工、无证办学、无证废品收购、无证开浴室等非法经营行为。

第三节　安全生产

第六十条　在本村落户的企业应增强安全生产意识，自觉遵守消防安全生产法律法规，建立安全生产责任制度，消除安全隐患，确保安全生产。

第六十一条　积极配合上级主管部门取缔用网簖、地笼网等捕捞作业及违章、填堵事件。

第四节　村镇建设管理

第六十二条　村民建房必须符合城乡规划。符合建房条件的村民申请建房应向村民委员会提出书面申请，经镇人民政府批准、相关部门实地放线后方可开工。

第六十三条　任何单位和个人不得擅自搭建建筑物和构筑物，维修房屋、修建围墙、驳岸等，须向村民委员会提出书面申请，经村民委员会审批公示后按相关要求实施。村管住宅小区内，任何单位和个人不得擅自抬高屋面建阁楼和开挖建筑底层地面，不得擅自改变经规划审批确定的房屋使用功能、层数和面积，不得擅自破坏绿化来建设任何建筑物和构筑物。

第六十四条　任何单位和个人不得在街道、主干道两侧破墙开店，搭建建筑物、构筑物；不得擅自破坏绿化；不得破坏或占用市政公共设施及道路设施；不得擅自设立广告设施。

第六十五条　任何单位和个人不得在街道、主干道两侧超出门窗进行店外占道经营作业，不得在村域范围内擅自设立流动摊点，不得在街道、主干道两侧不按规定停放机动车辆。

第五节　外来流动人员管理

第六十六条　外来流动人员是指不具有本市常住户籍而居住在本村的人员。

第六十七条　居住在本村的外来流动人员必须遵守以下规定：

（一）到达本村7日内，带好相关证件到本村警务室办理居住证；

（二）与出租人签订房屋租赁协议，并到本村便民服务大厅备案；

（三）接受本村属地管理，配合本村开展治安、计生、安全等各项工作，自觉做好卫生保洁；

（四）自觉履行房屋租赁合同约定；

（五）必须遵守本章程的有关规定。

第六十八条 村民用于出租的房屋应符合出租条件，确保安全、卫生、有序管理，并将出租情况及时向村便民服务大厅备案。

第八章 广福村精神文明与福利待遇

第一节 精神文明

第六十九条 重视村民思想道德建设，弘扬社会主义核心价值观，充分利用市民学校、“道德讲堂”、宣传栏等阵地，积极开展各类文化教育活动，不断提升村民综合素质和文明程度。

第七十条 大力开展“文明和谐家庭”创建和“最美家庭”寻访活动，鼓励村民自觉遵守自治章程和实施细则，积极参与文明创建等各类活动，推动形成邻里守望相助、大家和谐共处的文明风尚。

第七十一条 积极发展文化体育事业，不断加强文体活动室、广场、农家书屋、健身点等文化阵地管理建设，关心扶持文化体育团队发展壮大，组织开展形式多样、丰富多彩、寓教于乐的群众性文化体育活动，丰富村民的文化生活。

第七十二条 倡导婚丧嫁娶移风易俗，鼓励村民按照“婚事新办不攀比，丧事简办不迷信”的原则，做到：

（一）婚事新办不攀比。

1. 办事进喜事中心；

2. 婚宴时长不超过 1 天；

3. 举办规模，单方不超过 30 桌；

4. 餐费标准不超过 200 元/人；

5. 份子钱不高于 500 元，提倡互免；

6. 文明用餐，光盘不浪费，室内不抽烟；

7. 安全用餐，厨房干净，食材新鲜，吃得放心，不出安全事故。

（二）丧事简办不迷信。

1. 办事进丧事中心；

2. 丧事时长不超过 3 天；

3. 丧事规模不超过 30 桌；

4. 餐费标准为150元/人；
5. 吊唁金不高于500元；
6. 文明用餐，光盘不浪费，室内不抽烟；
7. 安全用餐，厨房干净，食材新鲜，吃得放心，不出安全事故；
8. 不妨害公共秩序，不影响环境卫生，不搞迷信活动；
9. 不建豪华墓地，提倡节地生态安葬。

第二节　福利待遇

第七十三条　本村实行村民福利待遇制度，符合条件的村民，享受本村规定的福利待遇。

第九章　奖惩

第七十四条　本村实行以奖代补的考核制度，根据年度工作情况，对在村民自治各项工作中履职尽责、表现突出、成效明显、群众认可的村民议事会成员、优秀村民小组长、村民代表进行表彰与奖励。

第七十五条　每年对“文明和谐家庭”“美丽庭院”等创建工作进行总结，并对在创建活动中表现突出的家庭进行表彰和奖励。

第七十六条　凡违反本章程的村民，除触犯法律由相关机关追究法律责任外，应根据实际情况承担下列责任：

（一）接受批评教育；

（二）赔礼道歉；

（三）进行书面检讨；

（四）恢复原状或赔偿损失；

（五）以户为单位，凡有家庭成员违反本章程的，该家庭不得参加当年市、镇（区）、村各类先进评比；不得享受当年本村各项奖励；造成严重后果的，暂扣或取消法定权益外村规定的有关福利待遇。

第十章　执行与监督

第七十七条　本章程由村民委员会负责执行。村民委员会按照章程有关规定，依据客观事实，经村民委员会或村民代表会议集体讨论、决定，处理决定以书面形式做出并通知村民，并存档相关资料。

第七十八条 本章程授权村务监督委员会对执行情况进行监督。村民认为村民委员会处理有关事项违反本章程规定的，可以向村务监督委员会反映，由村务监督委员会调查核实，并公布结果。

第十一章 附则

第七十九条 本章程与国家法律、法规、政策相抵触的，按照国家法律、法规、政策执行。

第八十条 本章程未尽事宜由村民代表会议、村民委员会制定具体工作制度或实施办法，作为本村自治制度的组成部分。

第八十一条 本章程由村民会议通过后实行。

第八十二条 本章程由村民会议授权村民委员会负责解释。

《昆山高新区广福村医疗普惠补助实施方案》

（2020 年第三次修正）

为更好地让辖区村民共享改革开放的成果，共同迈向高水平小康社会，特制订广福村医疗普惠补助实施方案。

一、指导思想

发展依靠村民，发展为了村民，村级经济发展后理应惠及村民。秉承公正、公平、公开的原则，让辖区村民共享村级经济发展成果，全力帮扶患病和残疾人员。

二、受益人群和不能受益人群

受益人群为满足以下任何一个条件的广福村村民：

1. 广福村在册户籍村民；

2. 股权固化对象；

3. 股权固化后家庭新出生且户口报入广福村的人员；

4. 婚迁户籍迁入广福村户籍和动迁小区中广福村辖区户籍的人员（以迁入时间为准）；

5. 因动迁原因户籍由广福村迁入别处辖区所在地的人员（此类人员必须由所在地相关单位出具未享受该项补助的证明）；

本村户籍村民中有以下情况之一的，为不能受益人群：

1. 本村特困对象（五保、三无对象）；

2. 户口挂靠在本村的空挂户；

3. 买房户籍迁入本村户籍或动迁小区广福村辖区所在地的人员；

4. 公务员、事业单位编制人员。

三、医疗补助内容

（一）普惠：当年度患病就医支出较大的村民，在本市就医的，必须提供进入医保后的医疗发票原件，根据定点医疗机构医疗发票原件上的医疗费用“个人现金支付”金额给予相应的补助。

在外地就医的，提供转院治疗后劳动保障部门开具的“基本医疗保险报销结算凭证”盖红章原件，根据结算凭证中个人实际支付的医疗费金额给予相应的补助（医疗器械、医疗辅助器具发票均不在补助范围内）。

纯自费医疗发票、纯自费药品发票原件均不能作为村级普惠补助凭证（患有低保边缘病种并且材料符合后文规定的除外）。

凡属于由责任方负责的工伤、车祸、打架斗殴等医疗发票均不能作为医疗补助的凭证。凡属于个人美容、保健类（针灸、艾灸、膏方等）、牙齿矫正、牙齿美容等非疾病类发票和个人参与违法乱纪活动等原因产生的医疗发票，均不能作为医疗补助的凭证。其中，工伤和车祸属于受害方承担的医疗费用部分，可以根据最终判决书和发票原件（自费发票亦可），计入当年度普惠医疗个人医疗费金额。

凡进入工伤保险、生育保险、商业保险报销后的发票原件，应扣除保险已经报销的金额，剩余部分计入村级普惠个人医疗费金额。

其中，门诊发票单张“个人现金支付”必须大于200元（含200元），住院发票不限额度。补助计算标准以符合要求的医疗发票原件上个人当年度加总医疗费支出金额为准，具体如下：

（1）个人自负部分支出2 000元（含2 000元）以上，给予20%的补助（以整元为单位）。

（2）患有15种重大疾病［癌症、尿毒症、白血病、重残、器官移植后抗排异药物治疗、再生障碍性贫血、系统性红斑狼疮（活动期或伴有脏器损害）、血友病、慢性重症肝炎、重症类风湿关节炎、强直性脊柱炎、儿童先天性心脏病、耐多药肺结核、糖尿病合并严重并发症（限糖尿病肾病、糖尿病足〈有坏疽、深部溃疡、脓肿、骨髓炎〉患者）、肝豆状核变性］、发病率较低的罕见疾病、费用较高的特殊疾病（具体认定以医学专家鉴定意见为准），确因疾病需要而购买自费药品的，对应处方和药品发票可凭公立医生开具的病历、对应处方和药品发票原件，根据当年度具体购买药品的个人支出额度给予相应标准的医疗补助，具体补助标准为个人自负部分支出 5 000 元（含 5 000 元）以上，给予 20%的补助（以整元为单位）。

（3）以上单个村民年度累计最高补助额度不超过 5 万元。

（二）精准：凡当年度为低保户、低保边缘户、一户多残的家庭全体成员（低保户、低保边缘户须扣除市住院自费补助金额后计算其实际支付的医疗费用）、持有残疾人证、80 周岁以上老人、重点优抚对象、困难党员、劳模、失独父母的村民本人患病看病的。具体补助标准为如下。

（1）个人自负部分支出 1 000 元（含 1 000 元）以上，给予 30%的补助（以整元为单位）。

（2）患有 15 种重大疾病［癌症、尿毒症、白血病、重残、器官移植后抗排异药物治疗、再生障碍性贫血、系统性红斑狼疮（活动期或伴有脏器损害）、血友病、慢性重症肝炎、重症类风湿关节炎、强直性脊柱炎、儿童先天性心脏病、耐多药肺结核、糖尿病合并严重并发症（限糖尿病肾病、糖尿病足〈有坏疽、深部溃疡、脓肿、骨髓炎〉患者）、肝豆状核变性］、发病率较低的罕见疾病、费用较高的特殊疾病（具体认定以医学专家鉴定意见为准），确因疾病需要而购买自费药品的，可凭公立医生开具的病历、对应处方和药品发票原件，根据当年度具体购买药品的个人支出额度给予相应标准的医疗补助，具体补助标准为个人自负部分支出 5 000 元（含 5 000 元）以上，给予 30%的补助（以整元为单位）。

（3）以上单个村民当年度累计最高补助额度不超过 5 万元。

四、住院护工补贴

患有［癌症、尿毒症、白血病、重残、器官移植后抗排异药物治疗、再生障碍性贫血、系统性红斑狼疮（活动期或伴有脏器损害）、血友病、慢性重症肝炎、重症类风湿关节炎、强直性脊柱炎、儿童先天性心脏病、耐多药肺结核、糖尿病合并严重并发症（限糖尿病肾病、糖尿病足〈有坏疽、深部溃疡、脓肿、骨髓炎〉患者）、肝豆状核变性］重病病种住院的：

（1）村民凭出院结算证明可享受住院期间每天 50 元的护工费补贴。个人当年度最多可以享受护工补贴的天数为50天。

（2）凡当年度为低保户、低保边缘户、一户多残的家庭全体成员，持有残疾人证、80周岁以上老人、重点优抚对象、困难党员、劳模、失独父母的村民本人，住院期间可享受每天100元的护工费补贴。个人当年度最多可以享受护工补贴的天数为50天。

五、死亡慰问金

村民死亡，村民委员会发放死亡慰问金，标准为每人1 600元。低保户、低保边缘户、困难家庭、党员及90周岁以上老人的死亡慰问金可酌情增加至每人2 100元。

六、资金来源

每年从本村村级经济净收益中提取，作为本村村民医疗补助和住院护工补贴经费。

七、操作程序

符合医疗补助和住院护工补贴的村民，凭以上条例中提到的相关材料至村民委员会申请，每年可申请两次，申请日期为当年6月1日至6月30日、12月1日至12月31日，当年度结清，过期不补。村民委员会在材料齐全后，于次月月底前（节假日顺期延后）支付给村民相应补助，并且在当年8月10日和次年3月10日前将补助人员的名单在村级公示栏内公示6个月。

八、监督和处罚

强化村民监督、村务公开，提高补助透明度和社会监督力度。主动接受村民代表、村民的监督，接受上级民政、纪检、财务部门的审计和监督，保证补助金的合理有效使用。

对骗取补助金的家庭和个人，除如数追回补助款外，视情节轻重，依法处理。对侵占、挪用补助金的人员，由纪检监察机关进行严肃处理；造成损失的，应予赔偿；构成犯罪的，依法追究刑事责任。

编后记

《广福村志》的编纂工作自2020年5月开始，至2022年11月结束，共持续两年半。在昆山高新区党政领导和广福村党支部、村委会领导的重视和关心下，经过编纂组的数易其稿、不懈努力，《广福村志》终于审定付梓。

第一阶段，收集资料（2020年5月至12月）。广福村设立编志工作室，由4名人员组成资料征集组、3名人员（马妹娟、汪敏强、侯霞虹）组成志稿撰写组，并选配1名文印信息员。按照初拟的编纂篇目大纲，分类列出资料征集方案，去昆山市档案馆、玉山镇档案室等相关部门征集文书档案资料，收集到《昆山县志》《昆山市志》《城北镇志》《玉山镇志》《昆山统计年鉴》《玉山镇农村年鉴》《中共昆山党史·城北卷》等一批地情史料，为编纂志稿提供可靠依据。同时，发放230户村民家庭记载表，对其进行信息采集、登记；邀请张银龙老师对村容村貌及公共设施等进行拍摄，汇集照片260多张。

第二阶段，编纂初稿（2021年1月至2022年8月）。2021年早春，昆山高新区（玉山镇）村志编纂办公室调整村志编纂人员。2022年2月下旬，新组合的3名编纂人员（计苏敏、陈祥英、曹永良）进广福村交接，并制订编纂计划。一是根据昆山高新区（玉山镇）村志编纂办公室的要求，在10天时间内重新设计村志纲目，拟主体志稿12章46节134条目，在征求村干部及“五老”代表意见后报昆山高新区（玉山镇）村志编纂办公室初审、确认。二是在对征集到的资料做分析研讨的基础上，在半个月内重编大事记初稿300多条12 500字，并及时召开专题会议进行征询讨论，然后上报昆山高新区（玉山镇）村志编纂办公室初审、确认。三是按分工撰写初稿，对照昆山高新区（玉山镇）村志编纂办公室下发的第三批村志编纂的相关规定、工作要求及时间进度，对原来编撰的稿件做全面修改，采取边撰写边收集、边调整边扩充的方法，逐一成稿；出稿后及时召集村干部及“五老”代表通篇讨论，修改后发送给由昆山高新区聘请的辅导老师审阅，得到反馈后再次修改定稿，做到“写一篇、议一篇、成一篇”。2022 年 3—8 月，共召开村有关人士座谈会 10 次，其中召开“五老”人员通稿会 8 次。

第三阶段，统稿总纂、进入评审（2022 年 8 月至 11 月）。按照昆山高新区（玉山镇）村志编纂办公室对村志修纂的总体要求，本部志书分为主、辅两本书，分别为《广福村志》和《广福村志·村民家庭记载》。主本采用章、节、目体例，主要记述村域自然、政治、经济、文化、社会等方面的历史和现状；辅本主要记述本村家庭人员的信息和家庭发生的大事。按照昆山高新区（玉山镇）村志编纂办公室的总体部署，8 月 15 日，编纂组及时组织《广福村志》志稿初审会，并在 10 天内根据初审意见修改好志稿。随后，分两个工作环节完成初审后续工作：一是将《广福村志》初审修改稿报送昆山高新区（玉山镇）村志编纂办公室，进入二审流程；二是撰稿组 3 人分工，一人负责《广福村志》的通阅、打磨，1 人负责《广福村志·村民家庭记载》的编辑、成稿，1 人负责志前志后篇目内容的编撰及选配彩页和随文插图。9 月中旬，《广福村志》二审完成。编纂组根据评审意见和建议，一并在统稿总纂的基础上对志稿进行修改、完善。10 月，昆山高新区（玉山镇）村志编纂办公室再次请专家审读、指导。11 月中旬，编纂组按照专家意见再次进行深度修改，然后由昆山高新区（玉山镇）村志编纂办公室制作志稿书样，报送昆山市地方志编纂委员会办公室，进入“终审”流程。

第四阶段，验收出版（2022 年 12 月至 2023 年 5 月）。2022 年 12 月下旬起，编纂组按照昆山市地方志办公室及专家的终审意见做最后修改。2023 年 4 月上旬，昆山高新区（玉山镇）村志编纂办公室组织终审稿修改验收。5 月始，志稿进入出版程序。

本志在编纂过程中得到了昆山高新区党政领导的高度重视与昆山高新区（玉山镇）村志编纂办公室的帮助和指导，得到了广福村党支部、村委会的关心和支持，得到了村“五老”同志及村民们的热情参与，得到了市、镇相关部门、有关人士的大力支持，编纂组在此表示衷心的感谢！

由于志书年限跨度大、档案资料不足，加上编者的水平有限，书中疏漏之处在所难免，敬请全体村民及广大读者包容、指正！

《广福村志》编纂组

2023 年 10 月

昆山高新区（玉山镇）村志系列丛书

广福村志

村民家庭记载

GUANGFU CUNZHI CUNMIN JIATING JIZAI

昆山高新区（玉山镇）村志系列丛书编纂委员会 编

苏州大学出版社
Soochow University Press

图书在版编目（CIP）数据

广福村志. 村民家庭记载 / 邵林主编 ；昆山高新区（玉山镇）村志系列丛书编纂委员会编. -- 苏州 ：苏州大学出版社，2023. 12
（昆山高新区（玉山镇）村志系列丛书）
ISBN 978-7-5672-4672-0

Ⅰ. ①广… Ⅱ. ①邵… ②昆… Ⅲ. ①村史-昆山 Ⅳ. ①K295. 35

中国国家版本馆 CIP 数据核字（2023）第 239955 号

广福村志　村民家庭记载

编　　者　昆山高新区（玉山镇）村志系列丛书编纂委员会
主　　编　邵　林
责任编辑　王海芹
助理编辑　任雨萌
装帧设计　刘　俊
出版发行　苏州大学出版社
地　　址　苏州市十梓街 1 号
邮　　编　215006
电　　话　0512-67481020
网　　址　http：//www.sudapress.com
邮　　箱　sdcbs@ suda.edu.cn
印　　刷　苏州市越洋印刷有限公司
开　　本　787 mm×1 092 mm　1/16　插页 16　印张 29. 5（共两册）　字数 480 千
版　　次　2023 年 12 月第 1 版
印　　次　2023 年 12 月第 1 次印刷
书　　号　ISBN 978-7-5672-4672-0
定　　价　120. 00 元（共两册）

目 录

村民家庭记载

村民家庭记载

1959 年 6 月，村域成立红星大队，属城北人民公社。1982 年，为避免昆山县范围内农村生产大队名称重复，红星大队更名为广福大队。1983 年 4 月，生产大队改为建制村，广福大队更名为广福村，属城北乡。1990 年 11 月，城北乡撤乡建镇，实行镇管村体制，广福村属城北镇。2000 年 8 月，城北镇并入玉山镇，广福村随之隶属玉山镇。2020 年，广福村有 14 个村民小组，户籍在册人口 231 户、849 人，其中男性 408 人、女性 441 人。

为反映村落与家庭变化的延续性和完整性，《广福村志 · 村民家庭记载》除了收集 2020 年广福村户籍人员家庭信息外，还收集了广福村社区股份合作社在册人员的家庭信息，共 265 户、1 373 人，其中男性 652 人、女性 724 人。“家庭成员”为符合收录条件的人员及其他家庭成员。“家庭大事”记录每户家庭在住房、置产、创业、参军、学业、晋升及获奖等方面的重要事件。“已故家属”主要记录昆山解放以后去世的家庭成员姓名，以示怀念。

《广福村志 · 村民家庭记载》是对广福村家庭档案的一次集中梳理，承载着村民个体家庭的历史记忆，同样也承载着广福村乃至中国农村的集体历史记忆，在某种程度上反映了乡村社会的过往经历和发展变化。

一、广福村村民小组、户数、人数一览表

广福村村民小组、户数、人数一览表

组别	户数/户	人数/人	男性/人	女性/人
1	13	49	20	29
2	20	60	29	31
3	12	46	28	18
4	10	40	22	18
5	16	41	22	19
6	20	83	44	39
7	15	66	29	37
8	18	70	32	38
9	21	97	47	50
10	14	64	28	36
11	19	63	26	37
12	20	63	28	35
13	15	45	22	23
14	18	62	31	31

二、广福村村民家庭记载

广福村第 1 村民小组

	现有家属				已故家属（1949—2020 年）	
	姓名	与户主关系	出生年月	性别	称呼	姓名
家庭成员	王惠林	户主	1963 年 4 月	男	父亲	王笃信
	陆建芬	妻子	1965 年 3 月	女	母亲	王阿招
	王　健	儿子	1988 年 11 月	男		
	沈　英	儿媳	1989 年 12 月	女		
	王艺甜	孙女	2017 年 10 月	女		
家庭大事	2007 年，王健就读于华东理工大学（本科） 2008 年，沈英就读于南京师范大学（本科） 2010 年，沈英加入中国共产党 2012 年，沈英就读于南京师范大学（硕士研究生） 2015 年，王健到昆山高新区安全生产监督管理和环境保护局工作 2016 年，王健与沈英结婚 2019 年，沈英到昆山市司法局工作					

	现有家属				已故家属（1949—2020 年）	
家庭成员	姓名	与户主关系	出生年月	性别	称呼	姓名
	王雪花	户主	1964 年 12 月	女	父亲	王笃信
	孙　雄	儿子	1988 年 8 月	男	母亲	王阿招
	周芸聪	儿媳	1987 年 3 月	女		
家庭大事	2005 年，孙雄就读于常州轻工业职业技术学院（大专） 2006 年，周芸聪就读于南京师范大学（本科）					

<table>
<tr><td rowspan="7">家庭成员</td><td colspan="4">现有家属</td><td colspan="2">已故家属
（1949—2020 年）</td></tr>
<tr><td>姓名</td><td>与户主关系</td><td>出生年月</td><td>性别</td><td>称呼</td><td>姓名</td></tr>
<tr><td>王建新</td><td>户主</td><td>1968 年 3 月</td><td>男</td><td></td><td></td></tr>
<tr><td>于　洁</td><td>妻子</td><td>1970 年 2 月</td><td>女</td><td></td><td></td></tr>
<tr><td>王雨希</td><td>女儿</td><td>1995 年 7 月</td><td>女</td><td></td><td></td></tr>
<tr><td>王振明</td><td>父亲</td><td>1943 年 3 月</td><td>男</td><td></td><td></td></tr>
<tr><td>顾凤珍</td><td>母亲</td><td>1944 年 12 月</td><td>女</td><td></td><td></td></tr>
<tr><td>家庭大事</td><td colspan="6">1986 年，王建新就读于南通纺织学院（大专）
2003 年，动迁至广福锦园造自建房
2013 年，王雨希就读于常熟理工学院（本科）</td></tr>
</table>

<table>
<tr><td rowspan="7">家庭成员</td><td colspan="4">现有家属</td><td colspan="2">已故家属
（1949—2020 年）</td></tr>
<tr><td>姓名</td><td>与户主关系</td><td>出生年月</td><td>性别</td><td>称呼</td><td>姓名</td></tr>
<tr><td>王建清</td><td>户主</td><td>1965 年 11 月</td><td>男</td><td></td><td></td></tr>
<tr><td>顾海群</td><td>妻子</td><td>1968 年 1 月</td><td>女</td><td></td><td></td></tr>
<tr><td>王茜悦</td><td>女儿</td><td>1992 年 5 月</td><td>女</td><td></td><td></td></tr>
<tr><td>王振明</td><td>父亲</td><td>1943 年 3 月</td><td>男</td><td></td><td></td></tr>
<tr><td>顾凤珍</td><td>母亲</td><td>1944 年 12 月</td><td>女</td><td></td><td></td></tr>
<tr><td>家庭大事</td><td colspan="6">1987 年，王建清毕业于苏州医学院附属第一医院卫生学校药剂专业
2008 年，王建清加入中国共产党
2011 年，王建清被聘为昆山市第三人民医院副院长
2012 年，王建清毕业于苏州大学药学专业
2014 年，王茜悦毕业于上海立信会计学院
2015 年，王茜悦就读于澳大利亚阿德莱德大学，后获金融会计硕士学位</td></tr>
</table>

<table>
<tr><td rowspan="7">家庭成员</td><td colspan="4">现有家属</td><td colspan="2">已故家属
(1949—2020 年)</td></tr>
<tr><td>姓名</td><td>与户主关系</td><td>出生年月</td><td>性别</td><td>称呼</td><td>姓名</td></tr>
<tr><td>王建军</td><td>户主</td><td>1970 年 7 月</td><td>男</td><td></td><td></td></tr>
<tr><td>王欲妹</td><td>妻子</td><td>1973 年 11 月</td><td>女</td><td></td><td></td></tr>
<tr><td>王思程</td><td>儿子</td><td>1998 年 7 月</td><td>男</td><td></td><td></td></tr>
<tr><td>王振明</td><td>父亲</td><td>1943 年 3 月</td><td>男</td><td></td><td></td></tr>
<tr><td>顾凤珍</td><td>母亲</td><td>1944 年 12 月</td><td>女</td><td></td><td></td></tr>
<tr><td>家庭大事</td><td colspan="6">2005 年，王建军毕业于华中科技大学（在职本科）
2005 年，王欲妹毕业于华中科技大学（在职本科）
2016 年，搬到九方城市花园天悦小区居住
2020 年，王思程毕业于石家庄城市经济职业学院</td></tr>
</table>

<table>
<tr><td rowspan="7">家庭成员</td><td colspan="4">现有家属</td><td colspan="2">已故家属
(1949—2020 年)</td></tr>
<tr><td>姓名</td><td>与户主关系</td><td>出生年月</td><td>性别</td><td>称呼</td><td>姓名</td></tr>
<tr><td>王锡根</td><td>户主</td><td>1957 年 6 月</td><td>男</td><td>父亲</td><td>王金生</td></tr>
<tr><td>王风珍</td><td>妻子</td><td>1956 年 1 月</td><td>女</td><td>母亲</td><td>王阿宝</td></tr>
<tr><td>王国华</td><td>儿子</td><td>1977 年 8 月</td><td>男</td><td></td><td></td></tr>
<tr><td>葛春英</td><td>儿媳</td><td>1977 年 12 月</td><td>女</td><td></td><td></td></tr>
<tr><td>王亭雅</td><td>孙女</td><td>2002 年 2 月</td><td>女</td><td></td><td></td></tr>
<tr><td>家庭大事</td><td colspan="6">1998 年，王国华加入中国共产党
2003 年，从小河岸移宅至广福锦园自建楼房
2005 年，王国华从事个体户经营
2017 年，王亭雅就读于常州卫生高等职业技术学校</td></tr>
</table>

	现有家属				已故家属（1949—2020 年）	
	姓名	与户主关系	出生年月	性别	称呼	姓名
家庭成员	王雪生	户主	1964 年 4 月	男	父亲	王金生
	王月仙	妻子	1962 年 5 月	女	母亲	王阿宝
	王莹颖	女儿	1988 年 1 月	女		
	郑　诚	女婿	1987 年 1 月	男		
	郑砚琪	长孙女	2012 年 3 月	女		
	王砚雯	次孙女	2014 年 11 月	女		
家庭大事	2003 年，王莹颖就读于江苏教育学院（大专） 2005 年，动迁至锦隆佳园 2019 年，王莹颖被昆山市人民政府残疾人工作委员会授予“助残先进个人”称号 2020 年，王莹颖被评为“昆山市第四次全国经济普查优秀个人”					

	现有家属				已故家属（1949—2020 年）	
	姓名	与户主关系	出生年月	性别	称呼	姓名
家庭成员	王阿桃	户主	1939 年 12 月	男	父亲	王炳良
	王惠珍	妻子	1937 年 12 月	女	母亲	王英娣
	王永林	儿子	1963 年 10 月	男		
	李龙妹	儿媳	1963 年 10 月	女		
	王丽萍	孙女	1988 年 9 月	女		
	汤文杰	孙女婿	1987 年 7 月	男		
	王梓杰	曾孙	2011 年 8 月	男		
	汤梓萌	曾孙女	2015 年 1 月	女		
家庭大事	1978 年，把草房翻建为平房 1985 年，把平房翻建为楼房 2005 年，动迁至锦隆佳园 2005 年，在新乐锦园购买楼房 2016 年，王永林自主创业，开办木包装厂					

	现有家属				已故家属（1949—2020 年）	
	姓名	与户主关系	出生年月	性别	称呼	姓名
家庭成员	王立成	户主	1933 年 5 月	男	父亲	王春林
	陈桂英	妻子	1931 年 9 月	女	母亲	顾小妹
	王建英	女儿	1957 年 11 月	女		
	楼建平	女婿	1956 年 10 月	男		
	王　珺	长孙女	1982 年 5 月	女		
	王馨妍	曾孙女	2003 年 9 月	女		
	王　娟	次孙女	1986 年 10 月	女		
家庭大事	1981 年，平房原地翻建 1985 年，把平房翻建为楼房 2003 年，动迁至广福锦园自建房 2004 年，王娟就读于苏州教育学院英语教育专业（本科） 2006 年，王娟加入中国共产党 2009 年，王珺就读于华中科技大学（大专）					

	现有家属				已故家属（1949—2020 年）	
	姓名	与户主关系	出生年月	性别	称呼	姓名
家庭成员	王建华	户主	1954 年 12 月	男		
	陶爱珍	妻子	1954 年 9 月	女		
	王　冬	儿子	1978 年 2 月	男		
	王晓燕	儿媳	1981 年 1 月	女		
	王欣怡	长孙女	2004 年 11 月	女		
	王欣烨	次孙女	2007 年 11 月	女		
	王荣宝	父亲	1935 年 12 月	男		
	王小妹	母亲	1935 年 12 月	女		
家庭大事	1990 年，翻建楼房 2003 年，动迁至广福锦园自建楼房					

	现有家属				已故家属（1949—2020 年）	
	姓名	与户主关系	出生年月	性别	称呼	姓名
家庭成员	王建忠	户主	1958 年 6 月	男		
	殷美芬	妻子	1963 年 1 月	女		
	王　峰	儿子	1988 年 3 月	男		
	徐　萍	儿媳	1989 年 12 月	女		
	王爔诺	长孙女	2014 年 10 月	女		
	王宬僖	次孙女	2019 年 7 月	女		
	王荣宝	父亲	1935 年 12 月	男		
	王小妹	母亲	1935 年 12 月	女		
家庭大事	1980 年，平房原地翻建 1992 年，把平房翻建为楼房					

	现有家属				已故家属（1949—2020 年）	
	姓名	与户主关系	出生年月	性别	称呼	姓名
家庭成员	王建明	户主	1962 年 5 月	男		
	朱云芳	妻子	1964 年 11 月	女		
	王　瑛	女儿	1986 年 4 月	女		
	王艳秋	长孙女	2009 年 9 月	女		
	宋鏴怡	次孙女	2012 年 7 月	女		
	王荣宝	父亲	1935 年 12 月	男		
	王小妹	母亲	1935 年 12 月	女		
家庭大事	1980 年，平房原地翻建 1992 年，把平房翻建为楼房 2005 年，王瑛就读于宿迁职业技术学院（大专）					

<table>
<tr><td rowspan="8">家庭成员</td><td colspan="4">现有家属</td><td colspan="2">已故家属
（1949—2020 年）</td></tr>
<tr><td>姓名</td><td>与户主关系</td><td>出生年月</td><td>性别</td><td>称呼</td><td>姓名</td></tr>
<tr><td>沈嘉明</td><td>户主</td><td>1952 年 10 月</td><td>男</td><td>父亲</td><td>沈凤飞</td></tr>
<tr><td>方春英</td><td>妻子</td><td>1953 年 3 月</td><td>女</td><td>母亲</td><td>殷凤先</td></tr>
<tr><td>沈霞芬</td><td>女儿</td><td>1978 年 7 月</td><td>女</td><td></td><td></td></tr>
<tr><td>严志海</td><td>女婿</td><td>1976 年 8 月</td><td>男</td><td></td><td></td></tr>
<tr><td>严钦阳</td><td>外孙</td><td>2002 年 10 月</td><td>男</td><td></td><td></td></tr>
<tr><td>严焜玲</td><td>外孙女</td><td>2015 年 11 月</td><td>女</td><td></td><td></td></tr>
<tr><td>家庭大事</td><td colspan="6">1974 年，把草房原地翻建为平房
1987 年，把平房原地翻建为楼房
1998 年，沈霞芬就读苏州市职工科技大学（大专）
1998 年，严志海毕业于扬州大学
2003 年，动迁至广福锦园自建楼房</td></tr>
</table>

<table>
<tr><td rowspan="4">家庭成员</td><td colspan="4">现有家属</td><td colspan="2">已故家属
（1949—2020 年）</td></tr>
<tr><td>姓名</td><td>与户主关系</td><td>出生年月</td><td>性别</td><td>称呼</td><td>姓名</td></tr>
<tr><td>王树正</td><td>户主</td><td>1942 年 4 月</td><td>男</td><td>父亲</td><td>王士良</td></tr>
<tr><td>王　斌</td><td>儿子</td><td>1977 年 2 月</td><td>男</td><td>母亲</td><td>王云娣</td></tr>
<tr><td>家庭大事</td><td colspan="6">1972 年，王树正加入中国共产党
2004 年，动迁至锦降佳园</td></tr>
</table>

<table>
<tr><td rowspan="7">家庭成员</td><td colspan="4">现有家属</td><td colspan="2">已故家属
（1949—2020 年）</td></tr>
<tr><td>姓名</td><td>与户主关系</td><td>出生年月</td><td>性别</td><td>称呼</td><td>姓名</td></tr>
<tr><td>陈巧喜</td><td>户主</td><td>1957 年 10 月</td><td>男</td><td>父亲</td><td>陈小狗</td></tr>
<tr><td>朱梅玲</td><td>妻子</td><td>1961 年 8 月</td><td>女</td><td>母亲</td><td>沈宝珠</td></tr>
<tr><td>陈瑞歧</td><td>儿子</td><td>1983 年 10 月</td><td>男</td><td></td><td></td></tr>
<tr><td>杨月风</td><td>儿媳</td><td>1985 年 5 月</td><td>女</td><td></td><td></td></tr>
<tr><td>陈煜楠</td><td>孙子</td><td>2010 年 3 月</td><td>男</td><td></td><td></td></tr>
<tr><td>家庭大事</td><td colspan="6">2003 年，陈瑞歧参军入伍
2005 年，陈瑞歧退伍
2008 年，陈瑞歧与杨月风结婚
2018 年，动迁至锦隆佳园</td></tr>
</table>

<table>
<tr><td rowspan="6">家庭成员</td><td colspan="4">现有家属</td><td colspan="2">已故家属
（1949—2020 年）</td></tr>
<tr><td>姓名</td><td>与户主关系</td><td>出生年月</td><td>性别</td><td>称呼</td><td>姓名</td></tr>
<tr><td>吴开林</td><td>户主</td><td>1956 年 2 月</td><td>男</td><td>父亲</td><td>吴文芳</td></tr>
<tr><td>刘训兰</td><td>妻子</td><td>1955 年 11 月</td><td>女</td><td>母亲</td><td>成秀英</td></tr>
<tr><td>吴胜华</td><td>儿子</td><td>1982 年 3 月</td><td>男</td><td></td><td></td></tr>
<tr><td>吴心怡</td><td>孙女</td><td>2013 年 1 月</td><td>女</td><td></td><td></td></tr>
<tr><td>家庭大事</td><td colspan="6">1963 年，从上海迁入（原籍盐城）
2000 年，搬至力量村第 11 村民小组自建房</td></tr>
</table>

	现有家属				已故家属（1949—2020 年）	
	姓名	与户主关系	出生年月	性别	称呼	姓名
家庭成员	吴凤珠	户主	1965 年 3 月	女	父亲	吴文芳
	张宇华	儿子	1989 年 9 月	男	母亲	成秀英
	潘　婷	儿媳	1999 年 4 月	女		
	张子俊	孙子	2019 年 11 月	男		
家庭大事						

	现有家属				已故家属（1949—2020 年）	
	姓名	与户主关系	出生年月	性别	称呼	姓名
家庭成员	吴开根	户主	1960 年 3 月	男	父亲	吴文芳
	张杏珍	妻子	1962 年 3 月	女	母亲	成秀英
	吴胜芳	女儿	1985 年 8 月	女		
	吴德强	孙子	2010 年 1 月	男		
	吴金林	哥哥	1954 年 8 月	男		
	吴开勇	弟弟	1968 年 1 月	男		
家庭大事	2003 年，搬至力量村自建楼房					

	现有家属				已故家属（1949—2020 年）	
家庭成员	姓名	与户主关系	出生年月	性别	称呼	姓名
	吴开年	户主	1963 年 2 月	男	父亲	吴文芳
	吴胜军	儿子	1990 年 7 月	男	母亲	成秀英
家庭大事						

广福村第 2 村民小组

	现有家属				已故家属（1949—2020 年）	
	姓名	与户主关系	出生年月	性别	称呼	姓名
家庭成员	赵坤元	户主	1951 年 9 月	男	岳父	王杏生
	王敏娟	妻子	1953 年 9 月	女	岳母	王巧金
	王玉泉	儿子	1976 年 3 月	男		
	龚秋英	儿媳	1977 年 2 月	女		
	王璐瑶	孙女	2001 年 12 月	女		
	王玉琴	女儿	1974 年 10 月	女		
家庭大事	1985 年，翻建楼房 2003 年，动迁至广福锦园自建房					

	现有家属				已故家属（1949—2020 年）	
	姓名	与户主关系	出生年月	性别	称呼	姓名
家庭成员	张阿弟	户主	1933 年 3 月	男	母亲	张妹心
	黄彩英	妻子	1941 年 1 月	女		
	张绿萍	儿子	1966 年 1 月	男		
	蒋小妹	儿媳	1968 年 3 月	女		
	张一中	孙子	1989 年 11 月	男		
	钱雅娟	孙媳	1991 年 3 月	女		
	张智淏	曾孙	2015 年 10 月	男		
家庭大事	2004 年，动迁至广福锦园自建房 2014 年，张绿萍加入昆山市信鸽协会 2015 年，钱雅娟毕业于南京审计学院 2015 年，张一中毕业于南京农业大学 2016 年，张绿萍在昆山市秋季 500 公里信鸽比赛中获得冠军、14 名等 2018 年，张绿萍在昆山市秋季 550 公里信鸽比赛中获得亚军、10 名等 2019 年，张绿萍在常州龙翔公棚 650 公里信鸽比赛中获得 67 名 2020 年，张绿萍在昆山市秋季 550 公里信鸽比赛中获得季军、16 名；同年参加山东亿翔赛鸽公棚 530 公里信鸽比赛获得 106 名、130 名；同年参加山东大师杯信鸽比赛获季军、双关鸽王四名（第一关 30 名，第二关 130 名，综合四名）						

	现有家属				已故家属（1949—2020 年）	
	姓名	与户主关系	出生年月	性别	称呼	姓名
家庭成员	潘跃丁	户主	1958 年 3 月	男	父亲	潘冠球
	陈雪珍	妻子	1961 年 11 月	女	母亲	陈小妹
	潘少丁	儿子	1982 年 4 月	男		
	戴　燕	儿媳	1985 年 7 月	女		
	潘子屹	孙子	2008 年 10 月	男		
	戴诗逸	孙女	2011 年 3 月	女		
家庭大事	2004 年，动迁至广福锦园					

	现有家属				已故家属（1949—2020 年）	
	姓名	与户主关系	出生年月	性别	称呼	姓名
家庭成员	陈雪球	户主	1951 年 10 月	男	父亲	陈培元
	卞　兰	妻子	1968 年 7 月	女	母亲	陈梅宝
	陈景辉	长子	1973 年 8 月	男	前妻	陈芹仙
	陈景耀	次子	1975 年 1 月	男		
	邹　红	次儿媳	1974 年 1 月	女		
	陈邹军	孙子	2000 年 8 月	男		
家庭大事	1980 年，陈雪球加入中国共产党 1989 年，陈雪球被苏州市司法局评为“1988 年度人民调解先进工作者” 1990 年，陈雪球被江苏省司法厅授予“防止民间纠纷激化先进个人三等奖” 2004 年，动迁至广福锦园自建房 2018 年，陈邹军就读于南京理工大学（本科）					

家庭成员	现有家属				已故家属（1949—2020 年）	
	姓名	与户主关系	出生年月	性别	称呼	姓名
	陈雪元	户主	1957 年 1 月	男	父亲	陈进龙
	盛惠琴	妻子	1964 年 4 月	女	儿子	陈布云
	朱桂群	儿媳	1980 年 8 月	女	前妻	贾素芳
	王亚鑫	孙子	2019 年 7 月	男	前妻	钱小芳
	王应培	女婿	1977 年 4 月	男		
	陈凤宝	母亲	1932 年 1 月	女		
家庭大事	2004 年，动迁至广福锦园自建房					

家庭成员	现有家属				已故家属（1949—2020 年）	
	姓名	与户主关系	出生年月	性别	称呼	姓名
	陈泉元	户主	1964 年 5 月	男	父亲	陈进龙
	王建芬	妻子	1965 年 1 月	女		
	陈　敏	儿子	1987 年 7 月	男		
	陆晓婷	儿媳	1992 年 5 月	女		
	陈凤宝	母亲	1932 年 1 月	女		
家庭大事	2004 年，动迁至广福锦园自建房 2006 年，陈敏就读于淮海工学院（本科） 2009 年，陆晓婷就读于陕西师范大学（本科） 2010 年，陆晓婷加入中国共产党					

	现有家属				已故家属（1949—2020 年）	
	姓名	与户主关系	出生年月	性别	称呼	姓名
家庭成员	王建东	户主	1964 年 8 月	男	父亲	王解明
	顾建宝	妻子	1965 年 1 月	女	母亲	胡妹珍
	王　青	儿子	1987 年 9 月	男		
	周　静	儿媳	1987 年 10 月	女		
	王翊萌	孙女	2014 年 3 月	女		
	周熠恺	孙子	2020 年 2 月	男		
家庭大事	1985 年，把平房翻建为楼房 2003 年，王青就读于江苏广播电视大学（大专） 2004 年，动迁，同年购买广福锦园宅基地建楼房 2006 年，周静就读于徐州医学院（现为徐州医科大学）（本科） 2015 年，王青就读于西南科技大学（本科）					

	现有家属				已故家属（1949—2020 年）	
	姓名	与户主关系	出生年月	性别	称呼	姓名
家庭成员	刘余刚	户主	1949 年 8 月	男	父亲	刘友良
	张广梅	妻子	1951 年 9 月	女	母亲	胥兰英
	刘积玲	女儿	1975 年 12 月	女		
	徐春斌	女婿	1975 年 3 月	男		
	刘萧萧	孙子	2002 年 10 月	男		
家庭大事	1994 年，刘积玲就读于上海大学（本科） 1994 年，徐春斌就读于合肥工业大学（本科） 2003 年，动迁至广福锦园自建房 2010 年，刘积玲加入中国共产党					

	现有家属				已故家属（1949—2020 年）	
	姓名	与户主关系	出生年月	性别	称呼	姓名
家庭成员	刘余芳	户主	1960 年 6 月	女	父亲	刘友良
	刘积豪	儿子	1991 年 5 月	男	母亲	胥兰英
	王佳音	儿媳	1990 年 11 月	女	丈夫	薛　荣
家庭大事	2009 年，动迁至锦隆佳园 2009 年，王佳音就读于华东师范大学（本科） 2010 年，刘积豪就读于上海济光职业技术学院（大专） 2013 年，王佳音就读于华东师范大学（硕士研究生） 2014 年，刘积豪就读于上海同济大学（本科）					

	现有家属				已故家属（1949—2020 年）	
	姓名	与户主关系	出生年月	性别	称呼	姓名
家庭成员	王维章	户主	1945 年 8 月	男	父亲	王进生
	王明兰	妻子	1947 年 1 月	女	母亲	王还宝
	王琼龙	儿子	1969 年 8 月	男		
	姜惠芳	儿媳	1971 年 11 月	女		
	王伊凡	孙女	1996 年 5 月	女		
家庭大事	1983 年，建平房 1989 年，把平房翻建为楼房 2003 年，动迁至广福锦园自建房 2014 年，王伊凡就读于南京理工大学继续教育学院（本科）					

	现有家属				已故家属（1949—2020 年）	
	姓名	与户主关系	出生年月	性别	称呼	姓名
家庭成员	王琼瑶	户主	1967 年 3 月	男		
	刘小兵	妻子	1980 年 12 月	女		
	王一博	儿子	2006 年 3 月	男		
	王维章	父亲	1945 年 8 月	男		
	王明兰	母亲	1947 年 1 月	女		
家庭大事	2003 年，动迁至锦隆佳园					

	现有家属				已故家属（1949—2020 年）	
	姓名	与户主关系	出生年月	性别	称呼	姓名
家庭成员	夏泉林	户主	1947 年 12 月	男	父亲	王进生
	陈翠英	妻子	1948 年 12 月	女	母亲	王还宝
	夏　明	儿子	1972 年 12 月	男		
	贾　芳	儿媳	1974 年 10 月	女		
	夏辰飞	孙子	1998 年 7 月	男		
家庭大事	1983 年，平房翻建楼房 1996 年，夏明结婚 2003 年，动迁至广福锦园自建房 2013 年，夏辰飞就读于苏州建设交通高等职业技术学校（大专） 2017 年，夏辰飞就读于苏州大学（本科）					

家庭成员	现有家属				已故家属（1949—2020年）	
	姓名	与户主关系	出生年月	性别	称呼	姓名
	陈梅芳	户主	1948年2月	女	丈夫	梁志壮
	梁　枫	儿子	1972年10月	男		
	施　燕	儿媳	1976年3月	女		
	梁竞文	孙子	2001年5月	男		
家庭大事	1990年，梁枫就读于南京中医药大学（本科） 1995年，梁枫毕业后从事医疗卫生工作 1995年，施燕毕业后从事医药工作 1996年，陈梅芳转城镇户口 2009年，施燕至金融系统工作 2019年，梁竞文就读于澳大利亚国立大学（本科）					

家庭成员	现有家属				已故家属（1949—2020年）	
	姓名	与户主关系	出生年月	性别	称呼	姓名
	陈文明	户主	1957年9月	男	父亲	陈大龙
	浦水珍	妻子	1957年11月	女	母亲	潘桂英
	陈一平	儿子	1981年6月	男		
	陈　晨	孙子	2005年8月	男		
家庭大事	1992年，把平房翻建为楼房 2003年，动迁至广福锦园自建房					

家庭成员	现有家属				已故家属（1949—2020年）	
	姓名	与户主关系	出生年月	性别	称呼	姓名
	陈永昌	户主	1962年10月	男	父亲	陈大龙
	刘　燕	妻子	1961年9月	女	母亲	潘桂英
家庭大事	2018年，购买商品房一套					

家庭成员	现有家属				已故家属（1949—2020年）	
	姓名	与户主关系	出生年月	性别	称呼	姓名
	陈永林	户主	1966年8月	男	父亲	陈大龙
	顾志虹	妻子	1964年9月	女	母亲	潘桂英
	陈怡平	儿子	1989年8月	男		
	庞　莹	儿媳	1989年11月	女		
	陈星妤	孙女	2017年7月	女		
家庭大事	1990年，把平房翻建为楼房 2003年，动迁至广福锦园自建房 2008年，陈怡平就读于南京中医药大学（本科） 2008年，庞莹就读于河海大学（本科） 2010年，庞莹加入中国共产党 2014年，陈怡平考入昆山市社区卫生服务管理中心（委派至昆山市陆家镇社区卫生服务中心）工作 2016年，陈怡平与庞莹结婚 2020年，陈怡平当选昆山市陆家镇社区卫生服务中心陈巷社区卫生服务站站长					

	现有家属				已故家属（1949—2020 年）	
	姓名	与户主关系	出生年月	性别	称呼	姓名
家庭成员	陈翠娥	户主	1969 年 3 月	女	父亲	陈福来
	陈雨薇	女儿	1991 年 12 月	女	母亲	朱招娣
	庞君伟	女婿	1991 年 12 月	男		
	陈姝妤	外孙女	2016 年 11 月	女		
家庭大事	1996 年，把平房翻建为楼房 2005 年，动迁至锦隆佳园 2007 年，陈雨薇就读于苏州建设交通高等职业技术学校（大专）					

	现有家属				已故家属（1949—2020 年）	
	姓名	与户主关系	出生年月	性别	称呼	姓名
家庭成员	陈培来	户主	1948 年 5 月	男	父亲	陈墨琴
	柳凤英	妻子	1955 年 4 月	女	母亲	陈浦氏
	朱建琴	儿媳	1979 年 3 月	女	儿子	陈建青
	陈紫怡	长孙女	2002 年 6 月	女		
	陈朱萱	次孙女	2013 年 5 月	女		
家庭大事	1990 年，把平房翻建为楼房 2003 年，动迁至广福锦园自建房					

	现有家属				已故家属（1949—2020 年）	
	姓名	与户主关系	出生年月	性别	称呼	姓名
家庭成员	朱金龙	户主	1963 年 5 月	男	父亲	朱安心
	张雪花	妻子	1963 年 12 月	女		
	朱惠文	儿子	1987 年 10 月	男		
	毛　琨	儿媳	1987 年 6 月	女		
	朱纯熙	孙女	2016 年 8 月	女		
	陈凤珍	母亲	1940 年 2 月	女		
家庭大事	2006 年，朱惠文就读于三江学院（本科） 2006 年，毛琨就读于南通大学（本科）					

	现有家属				已故家属（1949—2020 年）	
	姓名	与户主关系	出生年月	性别	称呼	姓名
家庭成员	朱友龙	户主	1966 年 2 月	男	父亲	朱安心
	陈凤娟	妻子	1969 年 1 月	女		
	朱倩闻	女儿	1992 年 8 月	女		
	周振宇	女婿	1992 年 4 月	男		
	周奕辰	外孙	2020 年 5 月	男		
	陈凤珍	母亲	1940 年 2 月	女		
家庭大事	1985 年，朱友龙入伍 1990 年，朱友龙加入中国共产党 1990 年，朱友龙退伍返乡 2003 年，动迁至广福锦园自建房 2011 年，朱倩闻就读于江苏理工学院（原江苏技术师范学院）（本科） 2010 年，周振宇就读于南京信息职业技术学院（大专） 2013 年，周振宇就读南京师范大学（本科） 2018 年，周振宇加入中国共产党					

	现有家属				已故家属（1949—2020 年）	
	姓名	与户主关系	出生年月	性别	称呼	姓名
家庭成员	吴永华	户主	1963 年 12 月	男	父亲	吴菊初
	时雪琴	妻子	1963 年 12 月	女		
	吴吉玄	儿子	1986 年 6 月	男		
	盛婕好	儿媳	1987 年 8 月	女		
	吴心霓	孙女	2012 年 7 月	女		
	张阿小	母亲	1939 年 1 月	女		
家庭大事	2004 年，动迁至广福锦园自建房 2005 年，吴吉玄就读于南通大学（本科） 2006 年，盛婕好就读于南京师范大学（本科） 2008 年，盛婕好加入中国共产党					

	现有家属				已故家属（1949—2020 年）	
	姓名	与户主关系	出生年月	性别	称呼	姓名
家庭成员	吴永林	户主	1971 年 4 月	男	父亲	吴菊初
	俞　芬	妻子	1975 年 5 月	女		
	俞米家	女儿	1996 年 1 月	女		
	张阿小	母亲	1939 年 1 月	女		
家庭大事	2014 年，俞米家就读于南通大学杏林学院（本科） 2016 年，俞米家加入中国共产党					

<table>
<tr><td rowspan="5">家庭成员</td><td colspan="4">现有家属</td><td colspan="2">已故家属
（1949—2020 年）</td></tr>
<tr><td>姓名</td><td>与户主关系</td><td>出生年月</td><td>性别</td><td>称呼</td><td>姓名</td></tr>
<tr><td>张建明</td><td>户主</td><td>1958 年 11 月</td><td>男</td><td>父亲</td><td>张大弟</td></tr>
<tr><td>陆素珍</td><td>妻子</td><td>1957 年 10 月</td><td>女</td><td>女儿</td><td>张　燕</td></tr>
<tr><td>王凤娥</td><td>母亲</td><td>1939 年 8 月</td><td>女</td><td></td><td></td></tr>
<tr><td>家庭大事</td><td colspan="6">1990 年，翻建楼房
2003 年，动迁至锦隆佳园</td></tr>
</table>

<table>
<tr><td rowspan="7">家庭成员</td><td colspan="4">现有家属</td><td colspan="2">已故家属
（1949—2020 年）</td></tr>
<tr><td>姓名</td><td>与户主关系</td><td>出生年月</td><td>性别</td><td>称呼</td><td>姓名</td></tr>
<tr><td>王雨龙</td><td>户主</td><td>1969 年 2 月</td><td>男</td><td></td><td></td></tr>
<tr><td>高　红</td><td>妻子</td><td>1966 年 3 月</td><td>女</td><td></td><td></td></tr>
<tr><td>陈雨薇</td><td>女儿</td><td>1991 年 12 月</td><td>女</td><td></td><td></td></tr>
<tr><td>庞君伟</td><td>女婿</td><td>1991 年 12 月</td><td>男</td><td></td><td></td></tr>
<tr><td>陈姝妤</td><td>外孙女</td><td>2016 年 11 月</td><td>女</td><td></td><td></td></tr>
<tr><td>家庭大事</td><td colspan="6">2005 年，动迁至锦隆佳园</td></tr>
</table>

广福村第 3 村民小组

	现有家属				已故家属（1949—2020 年）	
家庭成员	姓名	与户主关系	出生年月	性别	称呼	姓名
	夏佰兴	户主	1961 年 10 月	男	父亲	夏炳元
	顾云珍	妻子	1962 年 6 月	女	母亲	贾桃妹
	夏冬青	儿子	1985 年 2 月	男		
	何佳琛	儿媳	1986 年 4 月	女		
	夏书洋	孙子	2010 年 11 月	男		
家庭大事	1989 年，把平房翻建为楼房 2003 年，夏冬青就读于河海大学（本科） 2003 年，何佳琛就读于南京财经大学（本科） 2004 年，购买濂园小区宅基地建楼房					

	现有家属				已故家属（1949—2020 年）	
家庭成员	姓名	与户主关系	出生年月	性别	称呼	姓名
	夏佰民	户主	1964 年 7 月	男	父亲	夏炳元
	卢雅丽	妻子	1967 年 10 月	女	母亲	贾桃妹
	夏　磊	儿子	1993 年 12 月	男		
家庭大事	2003 年，动迁至广福锦园自建房					

	现有家属				已故家属（1949—2020 年）	
	姓名	与户主关系	出生年月	性别	称呼	姓名
家庭成员	夏金生	户主	1958 年 11 月	男	父亲	夏月元
	夏桂英	妻子	1958 年 12 月	女	母亲	浦泉英
	夏　霞	女儿	1981 年 5 月	女	女婿	陆　斌
	陆彦羽	外孙女	2005 年 9 月	女		
家庭大事	1990 年，翻建楼房 1997 年，夏霞就读于江苏省太仓师范学校（中专） 2000 年，夏霞就读于苏州教育学院（大专） 2003 年，动迁至广福锦园自建房					

	现有家属				已故家属（1949—2020 年）	
	姓名	与户主关系	出生年月	性别	称呼	姓名
家庭成员	夏银生	户主	1962 年 2 月	男	父亲	夏月元
	周　群	妻子	1962 年 9 月	女	母亲	浦泉英
	夏晓园	女儿	1985 年 12 月	女		
	王小虎	女婿	1984 年 2 月	男		
	王夏驿	长孙	2012 年 11 月	男		
	夏驿然	次孙	2014 年 11 月	男		
家庭大事	2000 年，夏银生开办助剂厂 2003 年，动迁至广福锦园自建房 2003 年，王小虎就读于南京林业大学南方学院（本科） 2004 年，周群开办幼儿园 2004 年，夏晓园就读于南京林业大学（本科） 2007 年，夏晓园加入中国共产党 2008 年，夏晓园就读于南京林业大学（硕士研究生） 2010 年，王小虎在昆山红星美凯龙开家具店 2014 年，王小虎在昆山开红木店 2020 年，周群在吴淞江开办幼儿园					

	现有家属				已故家属（1949—2020 年）	
	姓名	与户主关系	出生年月	性别	称呼	姓名
家庭成员	夏全生	户主	1964 年 2 月	男	父亲	夏月元
	肖仙珍	妻子	1963 年 9 月	女	母亲	浦泉英
	夏晓芳	女儿	1986 年 8 月	女		
	王　震	女婿	1986 年 7 月	男		
	王倬瑞	孙子	2015 年 5 月	男		
家庭大事	1990 年，夏全生就读于上海市行政管理学校（中专） 1992 年，在广福路翻建楼房 2003 年，动迁至锦隆佳园 2003 年，王震就读苏州大学（本科） 2004 年，夏晓芳就读于徐州工程学院（本科） 2015 年，夏晓芳开办公司					

	现有家属				已故家属（1949—2020 年）	
	姓名	与户主关系	出生年月	性别	称呼	姓名
家庭成员	顾金芬	户主	1964 年 7 月	女	父亲	顾阿叙
	张福良	丈夫	1962 年 3 月	男	母亲	顾小妹
	顾　俊	儿子	1986 年 8 月	男		
	唐　容	儿媳	1989 年 9 月	女		
	顾益唐	孙子	2012 年 7 月	男		
家庭大事	1990 年，把平房翻建为楼房 2003 年，动迁至广福锦园自建房					

	现有家属				已故家属（1949—2020 年）	
	姓名	与户主关系	出生年月	性别	称呼	姓名
家庭成员	夏雪林	户主	1965 年 3 月	男	母亲	赵秀英
	张　琴	妻子	1975 年 3 月	女		
	夏　隆	儿子	1991 年 2 月	男		
	夏凡懿	女儿	2007 年 7 月	女		
	夏德明	父亲	1946 年 7 月	男		
家庭大事	2011 年，夏雪林成立昆山市镒林塑胶有限公司					

	现有家属				已故家属（1949—2020 年）	
	姓名	与户主关系	出生年月	性别	称呼	姓名
家庭成员	夏全林	户主	1966 年 9 月	男	母亲	赵秀英
	顾惠芬	妻子	1968 年 7 月	女		
	夏　静	女儿	1990 年 4 月	女		
	宋　博	女婿	1989 年 10 月	男		
	宋亦鈊	孙子	2016 年 2 月	男		
	夏德明	父亲	1946 年 7 月	男		
家庭大事	1998 年，在濂园小区自建楼房 2008 年，宋博就读于北京科技大学（本科） 2009 年，夏静就读于苏州科技大学（本科） 2016 年，夏全林成立昆山市玉山镇夏博林装饰工程部					

	现有家属				已故家属（1949—2020 年）	
	姓名	与户主关系	出生年月	性别	称呼	姓名
家庭成员	顾雪明	户主	1954 年 6 月	男	父亲	顾培荣
	顾云凤	妻子	1955 年 8 月	女		
	顾惠华	长子	1978 年 11 月	男		
	张明珍	长儿媳	1978 年 5 月	女		
	顾君豪	孙子	2004 年 12 月	男		
	顾春华	次子	1988 年 3 月	男		
	顾巧英	母亲	1933 年 2 月	女		
家庭大事	1987 年，翻建楼房 2003 年，动迁至广福锦园自建房 2006 年，顾春华就读于河海大学常州校区（本科）					

	现有家属				已故家属（1949—2020 年）	
	姓名	与户主关系	出生年月	性别	称呼	姓名
家庭成员	周雪根	户主	1966 年 1 月	男	祖父	周克勤
	侍大妹	妻子	1967 年 1 月	女	祖母	周王氏
	周　婷	女儿	1994 年 5 月	女	前妻	陈洪秀
	周爱生	父亲	1928 年 5 月	男		
	张大姐	母亲	1930 年 4 月	女		
家庭大事	1984 年，翻建平房 2003 年，动迁至广福锦园自建房 2004 年，周雪根开办五金加工厂 2014 年，周婷就读于淮阴师范学院（本科）					

	现有家属				已故家属（1949—2020 年）	
	姓名	与户主关系	出生年月	性别	称呼	姓名
家庭成员	洪小妹	户主	1960 年 3 月	女	丈夫	周阿林
	周　斌	儿子	1984 年 3 月	男		
	陶　烨	儿媳	1986 年 7 月	女		
	周伊桐	孙子	2008 年 8 月	男		
	周爱生	公公	1928 年 5 月	男		
	张大姐	婆婆	1930 年 4 月	女		
家庭大事	1992 年，翻建楼房 2002 年，周斌就读于武汉理工大学自动化学院（本科） 2003 年，动迁至广福锦园自建房 2015 年，周斌加入中国共产党					

	现有家属				已故家属（1949—2020 年）	
	姓名	与户主关系	出生年月	性别	称呼	姓名
家庭成员	俞阿琪	户主	1952 年 1 月	男	父亲	俞根林
	夏小妹	妻子	1954 年 5 月	女		
	俞静华	长子	1977 年 3 月	男		
	俞思泽	孙子	2003 年 5 月	男		
	俞静伟	次子	1979 年 3 月	男		
家庭大事	1986 年，建楼房 1991 年，俞阿琪加入中国共产党 2003 年，动迁至广福锦园自建房					

家庭成员	现有家属				已故家属（1949—2020 年）	
	姓名	与户主关系	出生年月	性别	称呼	姓名
	夏大男	户主	1946 年 1 月	男	父亲	夏国岐
	何　平	妻子	1945 年 8 月	女	母亲	夏凤英
	夏　俭	儿子	1969 年 12 月	男		
	徐红妹	儿媳	1973 年 7 月	女		
	夏义维	孙子	2000 年 10 月	男		
	夏　勤	女儿	1968 年 1 月	女		
家庭大事	1975 年，开团结河时把草房翻建为瓦房 1987 年，何平加入中国共产党 2004 年，动迁至广福锦园自建房 2019 年，夏义维就读于南京邮电大学通达学院（本科）					

家庭成员	现有家属				已故家属（1949—2020 年）	
	姓名	与户主关系	出生年月	性别	称呼	姓名
	夏金男	户主	1955 年 3 月	男	父亲	夏国岐
	夏惠芬	妻子	1955 年 2 月	女	母亲	夏凤英
	夏　强	儿子	1979 年 7 月	男		
	夏奕馨	孙女	2008 年 4 月	女		
家庭大事	2001 年，夏惠芬创办喜悦健力商店					

家庭成员	现有家属				已故家属（1949—2020 年）	
	姓名	与户主关系	出生年月	性别	称呼	姓名
	石　娟	户主	1983 年 6 月	女		
	陆振武	丈夫	1979 年 3 月	男		
	夏奕馨	女儿	2008 年 4 月	女		
	陆溢茗	儿子	2014 年 3 月	男		
家庭大事	2017 年，购买杜桥花园经济适用房					

家庭成员	现有家属				已故家属（1949—2020 年）	
	姓名	与户主关系	出生年月	性别	称呼	姓名
	卢玉乐	户主	1972 年 9 月	男		
	卢南芳	妻子	1971 年 4 月	女		
	卢韵秋	女儿	1994 年 9 月	女		
家庭大事						

广福村第 4 村民小组

	现有家属				已故家属（1949—2020 年）	
	姓名	与户主关系	出生年月	性别	称呼	姓名
家庭成员	顾兆云	户主	1950 年 8 月	男	父亲	顾福如
	夏建英	妻子	1954 年 10 月	女	母亲	王宝玉
	夏　良	儿子	1976 年 6 月	男	哥哥	顾兆明
	朱玉珍	儿媳	1976 年 3 月	女	长姐	顾婉珍
	夏　凡	孙子	2000 年 9 月	男		
	夏　萍	女儿	1974 年 2 月	女		
	陈　龙	女婿	1975 年 5 月	男		
	陈西汀	外孙女	1998 年 4 月	女		
家庭大事	1988 年，翻建楼房 2000 年，动迁至胜利新村 2017 年，陈西汀就读于南京晓庄学院（本科） 2019 年，夏凡就读于南京传媒学院（本科）					

	现有家属				已故家属（1949—2020 年）	
	姓名	与户主关系	出生年月	性别	称呼	姓名
家庭成员	夏雪明	户主	1962 年 1 月	男	父亲	夏阿毛
	陈玉妹	妻子	1965 年 12 月	女		
	夏凌君	儿子	1986 年 9 月	男		
	姚　欢	儿媳	1986 年 7 月	女		
	夏思哲	长孙	2014 年 8 月	男		
	姚思敏	次孙	2017 年 2 月	男		
	倪阿三	母亲	1935 年 9 月	女		
家庭大事	1989 年，翻建楼房 2000 年，动迁至胜利新村					

	现有家属				已故家属（1949—2020 年）	
	姓名	与户主关系	出生年月	性别	称呼	姓名
家庭成员	顾立新	户主	1967 年 11 月	男	父亲	顾兆华
	蒋水英	妻子	1969 年 8 月	女		
	顾逸鼎	儿子	1990 年 12 月	男		
	佘春容	儿媳	1990 年 10 月	女		
	顾皓宸	孙子	2014 年 1 月	男		
	王巧金	母亲	1934 年 3 月	女		
家庭大事	1982 年，翻建平房 2009 年，顾逸鼎就读南京理工大学继续教育学院（大专） 2012 年，动迁至锦隆佳园 2013 年，顾逸鼎与佘春容结婚 2018 年，佘春容开洗衣店 2020 年，顾逸鼎加入中国共产党，同年毕业于苏州大学（函授本科）					

	现有家属				已故家属（1949—2020 年）	
	姓名	与户主关系	出生年月	性别	称呼	姓名
家庭成员	夏水明	户主	1954 年 2 月	男	父亲	夏祖安
	谭素华	妻子	1964 年 4 月	女	继母	顾雪姝
	夏　涛	儿子	1987 年 4 月	男		
	吴敏珠	儿媳	1989 年 4 月	女		
家庭大事	1990 年，翻建楼房 2003 年，动迁至锦隆佳园 2006 年，夏涛就读于上海国际经济技术进修学院（大专）					

	现有家属				已故家属（1949—2020 年）	
	姓名	与户主关系	出生年月	性别	称呼	姓名
家庭成员	夏　军	户主	1962 年 1 月	男	父亲	夏祖安
	张月妹	妻子	1961 年 10 月	女	母亲	顾雪妹
	夏　雯	女儿	1987 年 3 月	女		
	顾俊轶	女婿	1985 年 9 月	男		
	夏智宸	长孙	2009 年 11 月	男		
	顾智涵	次孙	2016 年 4 月	男		
家庭大事	1987 年，翻建楼房 2003 年，动迁至锦隆佳园					

	现有家属				已故家属（1949—2020 年）	
	姓名	与户主关系	出生年月	性别	称呼	姓名
家庭成员	顾菊明	户主	1961 年 10 月	男	母亲	王凤娣
	王金芬	妻子	1962 年 3 月	女		
	顾玲芳	女儿	1985 年 7 月	女		
	金小东	女婿	1985 年 12 月	男		
	顾梓馨	孙女	2012 年 7 月	女		
	顾兆良	父亲	1939 年 11 月	男		
家庭大事	1987 年，翻建楼房 1996 年，顾菊明加入中国共产党 2003 年，动迁至广福锦园，同年卖出宅基地					

	现有家属				已故家属（1949—2020 年）	
	姓名	与户主关系	出生年月	性别	称呼	姓名
家庭成员	顾月明	户主	1964 年 1 月	男	母亲	王凤娣
	夏雪珍	妻子	1964 年 6 月	女		
	顾玲燕	女儿	1986 年 9 月	女		
	杨　晓	女婿	1986 年 7 月	男		
	杨蕴晨	孙子	2018 年 12 月	男		
	顾蕴希	孙女	2018 年 12 月	女		
	顾兆良	父亲	1939 年 11 月	男		
家庭大事	1990 年，翻建楼房 2003 年，动迁至广福锦园自建房 2006 年，顾玲燕就读于南通大学（本科）					

	现有家属				已故家属（1949—2020 年）	
	姓名	与户主关系	出生年月	性别	称呼	姓名
家庭成员	顾淑珍	户主	1948 年 8 月	女	丈夫	张小山
	顾迎红	女儿	1969 年 3 月	女		
	徐玉林	女婿	1978 年 7 月	男		
	顾旻骏	孙子	1992 年 8 月	男		
	朱晨燕	孙媳	1994 年 1 月	女		
家庭大事	2004 年，动迁至广福锦园自建房					

<table>
<tr><td rowspan="9">家庭成员</td><td colspan="4">现有家属</td><td colspan="2">已故家属
（1949—2020 年）</td></tr>
<tr><td>姓名</td><td>与户主关系</td><td>出生年月</td><td>性别</td><td>称呼</td><td>姓名</td></tr>
<tr><td>夏雪强</td><td>户主</td><td>1968 年 12 月</td><td>男</td><td></td><td></td></tr>
<tr><td>陆志娟</td><td>妻子</td><td>1969 年 3 月</td><td>女</td><td></td><td></td></tr>
<tr><td>夏　松</td><td>儿子</td><td>1991 年 5 月</td><td>男</td><td></td><td></td></tr>
<tr><td>张静芳</td><td>儿媳</td><td>1991 年 12 月</td><td>女</td><td></td><td></td></tr>
<tr><td>顾兆惠</td><td>父亲</td><td>1944 年 10 月</td><td>男</td><td></td><td></td></tr>
<tr><td>夏梅珍</td><td>母亲</td><td>1946 年 1 月</td><td>女</td><td></td><td></td></tr>
<tr><td>夏雪峰</td><td>弟弟</td><td>1971 年 2 月</td><td>男</td><td></td><td></td></tr>
<tr><td>家庭大事</td><td colspan="6">1981 年，原地翻建楼房
2000 年，动迁至胜利新村
2009 年，夏松就读于江南大学（函授大专）
2010 年，张静芳就读于常熟理工学院（本科）
2012 年，夏雪强加入中国共产党
2013 年，张静芳加入中国共产党</td></tr>
</table>

<table>
<tr><td rowspan="5">家庭成员</td><td colspan="4">现有家属</td><td colspan="2">已故家属
（1949—2020 年）</td></tr>
<tr><td>姓名</td><td>与户主关系</td><td>出生年月</td><td>性别</td><td>称呼</td><td>姓名</td></tr>
<tr><td>夏　明</td><td>户主</td><td>1972 年 12 月</td><td>男</td><td>父亲</td><td>夏水泉</td></tr>
<tr><td>赵建芳</td><td>妻子</td><td>1973 年 5 月</td><td>女</td><td>母亲</td><td>张梅珍</td></tr>
<tr><td>夏　蕾</td><td>女儿</td><td>1996 年 5 月</td><td>女</td><td></td><td></td></tr>
<tr><td>家庭大事</td><td colspan="6">1990 年，夏明入伍，其间获二等功
1994 年，夏明退伍返乡
2000 年，动迁至胜利新村
2014 年，夏蕾就读于无锡城市职业技术学院（大专）
2017 年，夏蕾就读于南京工业大学（本科）</td></tr>
</table>

家庭成员	现有家属				已故家属（1949—2020 年）	
	姓名	与户主关系	出生年月	性别	称呼	姓名
	夏　林	户主	1974 年 12 月	男	父亲	夏水泉
	戴雪梅	妻子	1975 年 1 月	女	母亲	张梅珍
	夏宜时	女儿	2001 年 10 月	女		
家庭大事	2019 年，夏宜时就读于云南大学滇池学院（本科）					

	现有家属				已故家属 (1949—2020 年)	
	姓名	与户主关系	出生年月	性别	称呼	姓名
家庭成员	顾雪英	户主	1943 年 9 月	女	丈夫	贾雪林
	贾红伟	儿子	1968 年 3 月	男		
	陆　妹	儿媳	1968 年 9 月	女		
	贾志平	孙子	1991 年 4 月	男		
	沈　菁	孙媳	1991 年 4 月	女		
	贾宜霖	曾孙女	2017 年 3 月	女		
	贾红妹	女儿	1965 年 10 月	女		
家庭大事	1980 年，平房翻建 1985 年，把平房翻建为楼房 1987 年，贾红伟任广福砖瓦厂副厂长 1996 年，贾红伟加入中国共产党 2004 年，贾红伟在昆山市联合水质净化有限公司工作 2007 年，购买汽车一辆 2008 年，动迁至广福锦园 2011 年，沈菁就读于南京大学 2012 年，沈菁就读于澳大利亚麦考瑞大学 2020 年，沈菁到昆山市统计局工作					

	现有家属				已故家属（1949—2020年）	
	姓名	与户主关系	出生年月	性别	称呼	姓名
家庭成员	贾林根	户主	1956年12月	男		
	丁彩珍	妻子	1957年1月	女		
	贾　娟	长女	1980年8月	女		
	贾　丽	次女	1980年8月	女		
	贾品良	父亲	1932年1月	男		
	贾瑞珍	母亲	1936年8月	女		
家庭大事	1979年，把平房翻建为瓦房 1982年，把平房翻建为楼房 2007年，动迁至锦隆佳园					

	现有家属				已故家属（1949—2020年）	
	姓名	与户主关系	出生年月	性别	称呼	姓名
家庭成员	贾惠林	户主	1952年9月	男	父亲	贾荣生
	张林妹	妻子	1955年8月	女	母亲	杨三宝
	贾　英	长女	1975年11月	女		
	钱玉弟	长女婿	1971年10月	男		
	贾舒婷	孙女	1996年10月	女		
	贾　芬	次女	1976年12月	女		
	沈志刚	次女婿	1976年2月	男		
	沈恪勤	外孙	2000年1月	男		
家庭大事	1980年，翻建平房 1992年，翻建楼房 2000年至今，贾惠林做红白喜事厨师 2008年，动迁至锦隆佳园 2012年，贾舒婷就读于苏州市电子信息技师学院（大专） 2016年，购买汽车一辆 2018年，沈恪勤就读于南京师范大学（本科）					

	现有家属				已故家属（1949—2020 年）	
	姓名	与户主关系	出生年月	性别	称呼	姓名
家庭成员	贾玉林	户主	1947 年 10 月	男	妻子	俞丽英
	贾红源	儿子	1971 年 10 月	男		
	赵月娟	儿媳	1974 年 2 月	女		
	贾怡雯	孙女	1996 年 11 月	女		
家庭大事	1979 年，翻建平房 1990 年，翻建楼房 2003 年，动迁至广福锦园 2008 年至今，贾红源开办纸箱厂 2013 年，购买汽车一辆					

	现有家属				已故家属（1949—2020 年）	
	姓名	与户主关系	出生年月	性别	称呼	姓名
家庭成员	贾红敏	户主	1969 年 11 月	男	母亲	俞丽英
	丁凤宝	妻子	1968 年 8 月	女		
	贾泽华	儿子	1992 年 10 月	男		
	孙　敏	儿媳	1997 年 10 月	女		
	贾心然	孙女	2020 年 5 月	女		
	贾玉林	父亲	1947 年 10 月	男		
家庭大事	2002 年，动迁，到濂园小区购买宅基地并建房 2011 年，贾泽华就读于盐城师范学院（本科）					

	现有家属				已故家属（1949—2020 年）	
	姓名	与户主关系	出生年月	性别	称呼	姓名
家庭成员	贾根妹	户主	1956 年 10 月	女	父亲	贾叙生
	贾一平	儿子	1978 年 5 月	男	母亲	贾雪妹
	蒋　婷	儿媳	1980 年 5 月	女		
	贾静依	孙女	2005 年 12 月	女		
家庭大事	1975—1984 年，贾根妹担任红星大队（广福村）赤脚医生 1980 年，翻建平房 1984—1990 年，贾根妹担任城北敬老院赤脚医生 1990 年，把平房翻建为楼房 1990—1995 年，贾根妹承包城北食堂 1995—2015 年，贾根妹开办餐饮公司 2008 年，动迁至锦隆佳园					

	现有家属				已故家属（1949—2020 年）	
	姓名	与户主关系	出生年月	性别	称呼	姓名
家庭成员	贾建中	户主	1961 年 9 月	男	父亲	贾品林
	张秀珍	妻子	1963 年 3 月	女	母亲	唐凤宝
	贾文超	儿子	1985 年 10 月	男		
	张　莉	儿媳	1988 年 4 月	女		
	贾茗朵	孙女	2016 年 8 月	女		
家庭大事	1981 年，翻建平房 2004 年，贾文超就读于河海大学常州校区（本科） 2007 年，动迁至锦隆佳园小区 2007 年，张莉就读于淮阴工学院（本科） 2011 年，购买汽车一辆 2017 年，贾文超加入中国共产党					

家庭成员	现有家属				已故家属（1949—2020 年）	
	姓名	与户主关系	出生年月	性别	称呼	姓名
	贾建明	户主	1956 年 4 月	男	父亲	贾品林
	贾文斌	儿子	1984 年 3 月	男	母亲	唐凤宝
家庭大事	1981 年，翻建平房 1993 年，把平房翻建为楼房 2007 年，动迁至锦隆佳园					

家庭成员	现有家属				已故家属（1949—2020 年）	
	姓名	与户主关系	出生年月	性别	称呼	姓名
	贾建华	户主	1964 年 3 月	男	祖父	贾凤庆
	高梅芳	妻子	1964 年 7 月	女	祖母	贾阿巧
	贾秋娅	女儿	1986 年 11 月	女		
	王　彪	女婿	1986 年 10 月	男		
	王嘉艺	孙女	2015 年 10 月	女		
	贾品其	父亲	1942 年 11 月	男		
	张惠珍	母亲	1939 年 1 月	女		
家庭大事	1980 年，翻建平房 2000 年，贾建华加入中国共产党 2002 年，贾秋娅就读于苏州市职业大学（大专） 2005 年，王彪就读于南通大学（本科） 2008 年，动迁至锦隆佳园					

<table>
<tr><td rowspan="6">家庭成员</td><td colspan="4">现有家属</td><td colspan="2">已故家属
（1949—2020 年）</td></tr>
<tr><td>姓名</td><td>与户主关系</td><td>出生年月</td><td>性别</td><td>称呼</td><td>姓名</td></tr>
<tr><td>楼凤珍</td><td>户主</td><td>1952 年 10 月</td><td>女</td><td>公公</td><td>贾海宝</td></tr>
<tr><td>贾　燕</td><td>女儿</td><td>1977 年 5 月</td><td>女</td><td>婆婆</td><td>贾阿大</td></tr>
<tr><td>朱学明</td><td>女婿</td><td>1972 年 12 月</td><td>男</td><td>丈夫</td><td>贾惠春</td></tr>
<tr><td>贾颖月</td><td>孙女</td><td>1998 年 4 月</td><td>女</td><td></td><td></td></tr>
<tr><td>家庭大事</td><td colspan="6">1980 年，翻建平房
1992 年，把平房翻建为楼房
1992 年，朱学明入伍
1995 年，朱学明加入中国共产党
2008 年，动迁至锦隆佳园
2016 年，贾颖月就读于华东师范大学（本科）</td></tr>
</table>

<table>
<tr><td rowspan="7">家庭成员</td><td colspan="4">现有家属</td><td colspan="2">已故家属
（1949—2020 年）</td></tr>
<tr><td>姓名</td><td>与户主关系</td><td>出生年月</td><td>性别</td><td>称呼</td><td>姓名</td></tr>
<tr><td>程伟伟</td><td>户主</td><td>1972 年 5 月</td><td>男</td><td>外祖父</td><td>贾林宝</td></tr>
<tr><td>王越平</td><td>妻子</td><td>1973 年 1 月</td><td>女</td><td>外祖母</td><td>陈雪妹</td></tr>
<tr><td>程晔珺</td><td>女儿</td><td>2003 年 12 月</td><td>女</td><td></td><td></td></tr>
<tr><td>程明苏</td><td>父亲</td><td>1950 年 8 月</td><td>男</td><td></td><td></td></tr>
<tr><td>贾素芬</td><td>母亲</td><td>1953 年 7 月</td><td>女</td><td></td><td></td></tr>
<tr><td>家庭大事</td><td colspan="6">1978 年，翻建平房
2002 年，动迁至广福锦园自建房
2019 年，程晔珺就读于南京卫生高等职业技术学校（大专）</td></tr>
</table>

	现有家属				已故家属（1949—2020 年）	
	姓名	与户主关系	出生年月	性别	称呼	姓名
家庭成员	程云云	户主	1974 年 1 月	男	外祖父	贾林宝
	张有美	妻子	1977 年 1 月	女	外祖母	陈雪妹
	张逸凡	儿子	2009 年 11 月	男		
	程明苏	父亲	1950 年 8 月	男		
	贾素芬	母亲	1953 年 7 月	女		
家庭大事	1978 年，翻建平房 2002 年，动迁至广福锦园自建房					

	现有家属				已故家属（1949—2020 年）	
	姓名	与户主关系	出生年月	性别	称呼	姓名
家庭成员	张水兴	户主	1959 年 11 月	男	父亲	张福林
	王建英	妻子	1960 年 6 月	女	母亲	顾文宝
	张　华	儿子	1983 年 11 月	男		
	夏艳平	儿媳	1982 年 3 月	女		
	张欣妍	孙女	2008 年 5 月	女		
家庭大事	1980 年，翻建平房 1991 年，把平房翻建为楼房 2008 年，动迁至锦隆佳园					

<table>
<tr><td rowspan="7">家庭成员</td><td colspan="4">现有家属</td><td colspan="2">已故家属（1949—2020 年）</td></tr>
<tr><td>姓名</td><td>与户主关系</td><td>出生年月</td><td>性别</td><td>称呼</td><td>姓名</td></tr>
<tr><td>张水生</td><td>户主</td><td>1945 年 3 月</td><td>男</td><td>父亲</td><td>张福林</td></tr>
<tr><td>贾素英</td><td>妻子</td><td>1947 年 6 月</td><td>女</td><td>母亲</td><td>顾文宝</td></tr>
<tr><td>张文花</td><td>女儿</td><td>1968 年 5 月</td><td>女</td><td></td><td></td></tr>
<tr><td>陈友弟</td><td>女婿</td><td>1964 年 7 月</td><td>男</td><td></td><td></td></tr>
<tr><td>贾　俊</td><td>孙子</td><td>1989 年 7 月</td><td>男</td><td></td><td></td></tr>
<tr><td>家庭大事</td><td colspan="6">1975 年，翻建平房
1981—1994 年，陈友弟做过瓦工、木工
1992 年，把祖宅翻建为楼房
1994 年至今，陈友弟承包鱼塘养鱼
2003 年，动迁至广福锦园自建房
2015 年，购买汽车一辆</td></tr>
</table>

<table>
<tr><td rowspan="5">家庭成员</td><td colspan="4">现有家属</td><td colspan="2">已故家属（1949—2020 年）</td></tr>
<tr><td>姓名</td><td>与户主关系</td><td>出生年月</td><td>性别</td><td>称呼</td><td>姓名</td></tr>
<tr><td>高宝林</td><td>户主</td><td>1940 年 11 月</td><td>女</td><td>丈夫</td><td>顾士明</td></tr>
<tr><td>顾金根</td><td>儿子</td><td>1963 年 10 月</td><td>男</td><td></td><td></td></tr>
<tr><td>谈龙花</td><td>儿媳</td><td>1963 年 2 月</td><td>女</td><td></td><td></td></tr>
<tr><td>家庭大事</td><td colspan="6">1980 年，翻建平房
2002 年，动迁
2003 年，搬至景秀苑</td></tr>
</table>

	现有家属				已故家属（1949—2020 年）	
	姓名	与户主关系	出生年月	性别	称呼	姓名
家庭成员	刘小红	户主	1945 年 3 月	男	妻子	贾梅林
	贾惠良	儿子	1968 年 5 月	男		
	董新丽	儿媳	1971 年 8 月	女		
	贾　雷	长孙	1991 年 8 月	男		
	张意桥	长孙媳	1992 年 1 月	女		
	贾彦航	次孙	2005 年 4 月	男		
	贾惠琴	女儿	1970 年 11 月	女		
家庭大事	1980 年，翻建平房 1993 年，把平房翻建为楼房 2007 年，动迁至广福锦园自建房 2010 年，贾雷就读于沙洲职业工学院（大专） 2012 年，张意桥就读于福建师范大学（本科） 2017 年，贾雷就读于四川农业大学（本科）					

	现有家属				已故家属（1949—2020 年）	
	姓名	与户主关系	出生年月	性别	称呼	姓名
家庭成员	沈兴育	户主	1953 年 9 月	男		
	贾一平	儿子	1978 年 5 月	男		
	蒋　婷	儿媳	1980 年 5 月	女		
	贾静依	孙女	2005 年 12 月	女		
家庭大事						

家庭成员	现有家属				已故家属（1949—2020 年）	
	姓名	与户主关系	出生年月	性别	称呼	姓名
	孙杏英	户主	1958 年 4 月	女		
	贾文斌	儿子	1984 年 3 月	男		
家庭大事	1981 年，翻建平房 1993 年，把平房翻建为楼房 2007 年，动迁至锦隆佳园					

广福村第 6 村民小组

	现有家属				已故家属（1949—2020 年）	
家庭成员	姓名	与户主关系	出生年月	性别	称呼	姓名
	张建良	户主	1969 年 5 月	男	祖父	张叙生
	赵建琴	妻子	1969 年 4 月	女	祖母	张爱妹
	张清莲	女儿	1992 年 7 月	女	父亲	张锦元
	曹灵俊	女婿	1989 年 4 月	男	母亲	张菊英
	张挽忻	孙女	2014 年 12 月	女		
家庭大事	1990 年，自建三上三下楼房一幢 1996 年，赵建琴加入中国共产党 2010 年，张清莲就读于苏州市职业大学（大专） 2011 年，动迁至锦隆佳园 2011 年，于大渔新村购买别墅一幢					

	现有家属				已故家属（1949—2020 年）	
家庭成员	姓名	与户主关系	出生年月	性别	称呼	姓名
	张志其	户主	1954 年 8 月	男	母亲	柳大召
	陆秋英	妻子	1957 年 5 月	女	儿子	张　斌
	张坤林	父亲	1928 年 12 月	男		
家庭大事	1974 年，张志其入伍 1976 年，张志其加入中国共产党 1987 年，张志其转业回昆山					

	现有家属				已故家属（1949—2020年）	
	姓名	与户主关系	出生年月	性别	称呼	姓名
家庭成员	张志英	户主	1958年8月	女	婆婆	柳大召
	张　毅	儿子	1982年7月	男	丈夫	张永其
	滕　娟	儿媳	1978年11月	女		
	张哲轩	孙子	2007年7月	男		
	张坤林	公公	1928年12月	男		
家庭大事	2002年，滕娟毕业于湘潭大学 2002年，于风雷河建三上三下楼房一栋 2003年，动迁至广福锦园自建房 2005年，张毅与滕娟结婚					

	现有家属				已故家属（1949—2020年）	
	姓名	与户主关系	出生年月	性别	称呼	姓名
家庭成员	张培其	户主	1959年6月	男	母亲	柳大召
	高妹珍	妻子	1962年4月	女		
	张一叶	女儿	1988年4月	女		
	陈奕行	女婿	1987年12月	男		
	张坤林	父亲	1928年12月	男		
家庭大事	1987年，于西蒋泾自建平房 2005年，动迁至广福锦园自建房 2006年，张一叶就读于山东大学（本科）					

	现有家属				已故家属（1949—2020年）	
	姓名	与户主关系	出生年月	性别	称呼	姓名
家庭成员	张志龙	户主	1963年2月	男	母亲	柳大召
	王雪芬	妻子	1962年5月	女		
	张　茜	女儿	1988年8月	女		
	张坤林	父亲	1928年12月	男		
家庭大事	1982年，张志龙入伍，曾获三等功 1983年，张志龙加入中国共产党 1984年，王雪芬加入中国共产党 1985年，张志龙退伍 2003年，张志龙开办昆山天诚印务有限公司 2006年，张茜就读于南京工业大学（本科） 2008年，张茜加入中国共产党 2010年，张茜就读于英国约克大学（硕士研究生）					

	现有家属				已故家属（1949—2020年）	
	姓名	与户主关系	出生年月	性别	称呼	姓名
家庭成员	张美其	户主	1952年11月	男	父亲	张有福
	张水娟	妻子	1953年4月	女		
	张　杰	长子	1975年12月	男		
	张　明	次子	1977年10月	男		
	刘明红	次儿媳	1975年3月	女		
	张家瑶	孙子	2002年1月	男		
	张梅林	母亲	1933年3月	女		
家庭大事	1984年，自建三上三下楼房一幢 1994年，张杰就读于西安交通大学（本科） 2015年，动迁至锦隆佳园					

	现有家属				已故家属（1949—2020 年）	
	姓名	与户主关系	出生年月	性别	称呼	姓名
家庭成员	张雪琪	户主	1957 年 8 月	男	祖父	张惠云
	张秀珍	妻子	1957 年 12 月	女	祖母	张杏宝
	张　嵘	儿子	1981 年 10 月	男	父亲	张有福
	黄世云	儿媳	1978 年 10 月	女		
	张家俊	孙子	2005 年 8 月	男		
	张梅林	母亲	1933 年 3 月	女		
家庭大事	1995 年，于风雷河自建别墅一幢 2003 年，动迁至广福锦园自建房 2004 年，张嵘结婚 2020 年，购买汽车一辆					

	现有家属				已故家属（1949—2020 年）	
	姓名	与户主关系	出生年月	性别	称呼	姓名
家庭成员	张凤其	户主	1962 年 4 月	男	父亲	张有福
	时春妹	妻子	1962 年 4 月	女		
	张　超	儿子	1985 年 7 月	男		
	朱静文	儿媳	1987 年 3 月	女		
	张佳倪	孙女	2008 年 8 月	女		
	张佳皓	孙子	2011 年 4 月	男		
	张梅林	母亲	1933 年 3 月	女		
家庭大事	1993 年，于风雷河东侧自建三上四下楼房一幢 2007 年，动迁至锦隆佳园					

	现有家属				已故家属（1949—2020 年）	
	姓名	与户主关系	出生年月	性别	称呼	姓名
家庭成员	张雪珍	户主	1954 年 7 月	女	祖父	张金生
	张炳琪	丈夫	1955 年 8 月	男	祖母	张行娣
	张　武	儿子	1976 年 11 月	男	父亲	张余泉
	陶莉萍	儿媳	1977 年 2 月	女	公公	张有福
	张家驰	孙子	2000 年 6 月	男		
	张　燕	女儿	1975 年 2 月	女		
	张月英	母亲	1938 年 7 月	女		
	张梅林	婆婆	1933 年 3 月	女		
家庭大事	1983 年，于风雷河东侧自建楼房一幢 1998 年，陶莉萍加入中国共产党 2005 年，动迁至广福锦园自建房 2017 年，陶莉萍毕业于国家开放大学（大专） 2020 年，张武毕业于江南大学机械工程及自动化专业（函授本科）					

<table>
<tr><td rowspan="2"></td><td colspan="4">现有家属</td><td colspan="2">已故家属（1949—2020 年）</td></tr>
<tr><td>姓名</td><td>与户主关系</td><td>出生年月</td><td>性别</td><td>称呼</td><td>姓名</td></tr>
<tr><td rowspan="6">家庭成员</td><td>张小憨</td><td>户主</td><td>1965 年 7 月</td><td>男</td><td>父亲</td><td>张余泉</td></tr>
<tr><td>张广莲</td><td>妻子</td><td>1965 年 12 月</td><td>女</td><td></td><td></td></tr>
<tr><td>张　斌</td><td>儿子</td><td>1992 年 12 月</td><td>男</td><td></td><td></td></tr>
<tr><td>张瑞欣</td><td>孙女</td><td>2016 年 10 月</td><td>女</td><td></td><td></td></tr>
<tr><td>张　琴</td><td>女儿</td><td>1990 年 12 月</td><td>女</td><td></td><td></td></tr>
<tr><td>张月英</td><td>母亲</td><td>1938 年 7 月</td><td>女</td><td></td><td></td></tr>
<tr><td>家庭大事</td><td colspan="6">1982 年，翻建平房
2011 年，动迁至锦隆佳园
2012 年，张斌入伍
2014 年，张斌退伍
2015 年，张琴结婚
2016 年，张斌结婚</td></tr>
</table>

<table>
<tr><td rowspan="2"></td><td colspan="4">现有家属</td><td colspan="2">已故家属（1949—2020 年）</td></tr>
<tr><td>姓名</td><td>与户主关系</td><td>出生年月</td><td>性别</td><td>称呼</td><td>姓名</td></tr>
<tr><td rowspan="8">家庭成员</td><td>张玉珍</td><td>户主</td><td>1958 年 7 月</td><td>女</td><td>父亲</td><td>张坤泉</td></tr>
<tr><td>吴阿三</td><td>丈夫</td><td>1954 年 3 月</td><td>男</td><td>母亲</td><td>支杏林</td></tr>
<tr><td>张云峰</td><td>儿子</td><td>1986 年 6 月</td><td>男</td><td></td><td></td></tr>
<tr><td>袁　潇</td><td>儿媳</td><td>1985 年 11 月</td><td>女</td><td></td><td></td></tr>
<tr><td>张君昊</td><td>孙子</td><td>2009 年 8 月</td><td>男</td><td></td><td></td></tr>
<tr><td>张丽亚</td><td>女儿</td><td>1982 年 1 月</td><td>女</td><td></td><td></td></tr>
<tr><td>王　隽</td><td>女婿</td><td>1982 年 4 月</td><td>男</td><td></td><td></td></tr>
<tr><td>王萌萌</td><td>外孙女</td><td>2012 年 4 月</td><td>女</td><td></td><td></td></tr>
<tr><td>家庭大事</td><td colspan="6">1993 年，于风雷河自建楼房一幢
2003 年，动迁至广福锦园自建房
2008 年，张云峰结婚
2013 年，于九方城购买高层房屋一套
2014 年，购买汽车一辆</td></tr>
</table>

	现有家属				已故家属（1949—2020 年）	
	姓名	与户主关系	出生年月	性别	称呼	姓名
家庭成员	张坤元	户主	1954 年 2 月	男	父亲	张宝生
	张　萍	女儿	1977 年 11 月	女	母亲	张梅安
	李海荣	女婿	1982 年 1 月	男	妻子	沈梅兰
	李张丞	长孙	2007 年 11 月	男		
	张瑞晨	次孙	2013 年 6 月	男		
家庭大事	1988 年，于西蒋泾自建三上三下楼房一幢 2003 年，张萍毕业于扬州大学 2007 年，张萍结婚 2010 年，沈梅兰过世 2017 年，动迁至锦隆佳园 2018 年，购买汽车一辆					

	现有家属				已故家属（1949—2020 年）	
	姓名	与户主关系	出生年月	性别	称呼	姓名
家庭成员	陈永明	户主	1955 年 1 月	男	岳父	章裕元
	章水珍	妻子	1956 年 6 月	女	岳母	章凤英
	章　敏	女儿	1979 年 9 月	女		
	刘　见	女婿	1976 年 4 月	男		
	章志恒	孙子	2003 年 9 月	男		
家庭大事	1993 年，于风雷河自建三上三下楼房一幢 2000 年，章敏结婚 2012 年，动迁至锦隆佳园					

	现有家属				已故家属（1949—2020 年）	
家庭成员	姓名	与户主关系	出生年月	性别	称呼	姓名
	吴建林	户主	1963 年 12 月	男	岳父	章裕元
	章巧珍	妻子	1962 年 1 月	女	岳母	章凤英
	章金文	儿子	1987 年 3 月	男		
	杨林林	儿媳	1992 年 11 月	女		
	章忆晨	孙女	2020 年 11 月	女		
家庭大事	1996 年，自建别墅一幢 2012 年，动迁至锦隆佳园					

	现有家属				已故家属（1949—2020 年）	
家庭成员	姓名	与户主关系	出生年月	性别	称呼	姓名
	张火明	户主	1961 年 12 月	男	父亲	张正元
	张玉红	女儿	1987 年 1 月	女		
	张哲闽	孙子	2012 年 6 月	男		
	沈爱妹	母亲	1929 年 8 月	女		
家庭大事	1988 年，于西蒋泾自建三上三下楼房一幢 2012 年，张玉红结婚 2013 年，动迁至锦隆佳园					

	现有家属				已故家属（1949—2020 年）	
	姓名	与户主关系	出生年月	性别	称呼	姓名
家庭成员	郑红兵	户主	1965 年 8 月	男		
	李金芬	妻子	1967 年 6 月	女		
	朱敏霞	女儿	1990 年 5 月	女		
	郑志诚	儿子	2011 年 4 月	男		
	郑和生	父亲	1937 年 7 月	男		
	浦菊宝	母亲	1939 年 10 月	女		
	郑彩华	姐姐	1962 年 6 月	女		
家庭大事	1981 年，于西蒋泾自建平房三间 1983 年，郑红兵入伍 1986 年，郑红兵加入中国共产党 1987 年，郑红兵退伍 2016 年，动迁至锦隆佳园 2017 年，郑红兵购买汽车一辆					

家庭成员	现有家属				已故家属（1949—2020 年）	
	姓名	与户主关系	出生年月	性别	称呼	姓名
	柳玉良	户主	1966 年 2 月	男	岳母	陈婉珍
	张红英	妻子	1967 年 4 月	女	小姨	张红芳
	张柳倩	女儿	1990 年 7 月	女		
	黄怡涵	长孙女	2013 年 5 月	女		
	张语彤	次孙女	2016 年 7 月	女		
	张火生	父亲	1941 年 4 月	男		
	张红娟	二姨	1971 年 10 月	女		
家庭大事	1998 年，于庄基浜建楼房一幢 2004 年，购买广福锦园宅基并自建楼房 2011 年，张柳倩毕业于江苏联合职业技术学院（大专） 2012 年，动迁至锦隆佳园 2012 年，被评为文明和谐家庭示范户 2013 年，张柳倩结婚 2017 年，张柳倩毕业于苏州大学（本科）					

家庭成员	现有家属				已故家属（1949—2020 年）	
	姓名	与户主关系	出生年月	性别	称呼	姓名
	焦凤生	户主	1969 年 8 月	男		
	焦梦琳	女儿	1998 年 5 月	女		
家庭大事	2016 年，焦梦琳就读于南京艺术学院（本科）					

	现有家属				已故家属（1949—2020年）	
	姓名	与户主关系	出生年月	性别	称呼	姓名
家庭成员	张文明	户主	1968年10月	男	母亲	汪美英
	吴永芳	妻子	1967年8月	女		
	张　涛	儿子	1991年10月	男		
	李　琴	儿媳	1992年4月	女		
	张宸淏	孙子	2014年11月	男		
	张惠元	父亲	1946年2月	男		
家庭大事	1998年，于庄基浜自建三上三下楼房一幢 2007年，购买商品房一套 2014年，张涛结婚 2014年，购买汽车一辆 2018年，动迁至锦隆佳园 2018年，购买合生颐廷别墅一套					

	现有家属				已故家属（1949—2020年）	
	姓名	与户主关系	出生年月	性别	称呼	姓名
家庭成员	张华明	户主	1972年7月	男	母亲	汪美英
	缪志娟	妻子	1976年2月	女		
	张　浩	儿子	1998年10月	男		
	张惠元	父亲	1946年2月	男		
家庭大事	1986年，于西蒋泾自建三间平房 1997年，张华明结婚 2014年，动迁至锦隆佳园 2017年，张浩入伍 2019年，张浩退伍					

<table>
<tr><td rowspan="8">家庭成员</td><td colspan="4">现有家属</td><td colspan="2">已故家属
（1949—2020 年）</td></tr>
<tr><td>姓名</td><td>与户主关系</td><td>出生年月</td><td>性别</td><td>称呼</td><td>姓名</td></tr>
<tr><td>张文元</td><td>户主</td><td>1954 年 1 月</td><td>男</td><td>父亲</td><td>张仲民</td></tr>
<tr><td>王建玲</td><td>妻子</td><td>1954 年 11 月</td><td>女</td><td>母亲</td><td>张梅宝</td></tr>
<tr><td>张　伟</td><td>儿子</td><td>1978 年 8 月</td><td>男</td><td></td><td></td></tr>
<tr><td>季丽平</td><td>儿媳</td><td>1980 年 12 月</td><td>女</td><td></td><td></td></tr>
<tr><td>张静怡</td><td>孙女</td><td>2005 年 12 月</td><td>女</td><td></td><td></td></tr>
<tr><td>张钧然</td><td>孙子</td><td>2014 年 12 月</td><td>男</td><td></td><td></td></tr>
<tr><td>家庭大事</td><td colspan="6">1989 年，自建三上三下楼房一幢
2003 年，张伟结婚
2008 年，张伟加入中国共产党
2010 年，张伟购买汽车一辆
2017 年，动迁至锦隆佳园</td></tr>
</table>

<table>
<tr><td rowspan="6">家庭成员</td><td colspan="4">现有家属</td><td colspan="2">已故家属
（1949—2020 年）</td></tr>
<tr><td>姓名</td><td>与户主关系</td><td>出生年月</td><td>性别</td><td>称呼</td><td>姓名</td></tr>
<tr><td>郑彩明</td><td>户主</td><td>1963 年 1 月</td><td>男</td><td></td><td></td></tr>
<tr><td>陈彐英</td><td>妻子</td><td>1964 年 7 月</td><td>女</td><td></td><td></td></tr>
<tr><td>郑　雁</td><td>儿子</td><td>1986 年 8 月</td><td>男</td><td></td><td></td></tr>
<tr><td>郑子涵</td><td>孙子</td><td>2009 年 2 月</td><td>男</td><td></td><td></td></tr>
<tr><td>家庭大事</td><td colspan="6">1986 年，原地翻建平房
2016 年，动迁至锦隆佳园</td></tr>
</table>

家庭成员	现有家属				已故家属（1949—2020 年）	
	姓名	与户主关系	出生年月	性别	称呼	姓名
	郑铭毅	户主	1975 年 2 月	女	父亲	郑水生
	吴　越	女儿	1999 年 8 月	女	母亲	陈素兰
					姐姐	郑红梅
家庭大事	1993 年，郑红梅去世 1999 年，陈素兰去世 2016 年，动迁至锦隆佳园 2017 年，吴越就读于盐城师范学院（本科）					

广福村第 7 村民小组

<table>
<tr><td rowspan="5">家庭成员</td><td colspan="4">现有家属</td><td colspan="2">已故家属
（1949—2020 年）</td></tr>
<tr><td>姓名</td><td>与户主关系</td><td>出生年月</td><td>性别</td><td>称呼</td><td>姓名</td></tr>
<tr><td>张桃英</td><td>户主</td><td>1949 年 3 月</td><td>女</td><td>丈夫</td><td>陆瑞心</td></tr>
<tr><td>陆　敏</td><td>长女</td><td>1968 年 2 月</td><td>女</td><td></td><td></td></tr>
<tr><td>陆　青</td><td>次女</td><td>1970 年 1 月</td><td>女</td><td></td><td></td></tr>
<tr><td>家庭大事</td><td colspan="6">1964 年 9 月，陆瑞心红星大队第 7 生产队插队
1979 年 12 月，陆瑞心调至昆山生化厂工作</td></tr>
</table>

<table>
<tr><td rowspan="9">家庭成员</td><td colspan="4">现有家属</td><td colspan="2">已故家属
（1949—2020 年）</td></tr>
<tr><td>姓名</td><td>与户主关系</td><td>出生年月</td><td>性别</td><td>称呼</td><td>姓名</td></tr>
<tr><td>浦伟林</td><td>户主</td><td>1952 年 5 月</td><td>男</td><td>父亲</td><td>浦杏桂</td></tr>
<tr><td>高梅芬</td><td>妻子</td><td>1952 年 8 月</td><td>女</td><td>母亲</td><td>浦小妹</td></tr>
<tr><td>浦琼峰</td><td>儿子</td><td>1973 年 3 月</td><td>男</td><td></td><td></td></tr>
<tr><td>陈菊珍</td><td>儿媳</td><td>1974 年 11 月</td><td>女</td><td></td><td></td></tr>
<tr><td>浦毅成</td><td>孙子</td><td>1998 年 1 月</td><td>男</td><td></td><td></td></tr>
<tr><td>浦淇芸</td><td>孙女</td><td>2017 年 7 月</td><td>女</td><td></td><td></td></tr>
<tr><td>浦琼英</td><td>女儿</td><td>1975 年 9 月</td><td>女</td><td></td><td></td></tr>
<tr><td>家庭大事</td><td colspan="6">2003 年，动迁至广福锦园自建房
2018 年，浦毅成入伍
2020 年，浦毅成退伍返乡</td></tr>
</table>

<table>
<tr><td rowspan="7">家庭成员</td><td colspan="4">现有家属</td><td colspan="2">已故家属
（1949—2020 年）</td></tr>
<tr><td>姓名</td><td>与户主关系</td><td>出生年月</td><td>性别</td><td>称呼</td><td>姓名</td></tr>
<tr><td>浦建林</td><td>户主</td><td>1957 年 7 月</td><td>男</td><td>父亲</td><td>浦杏桂</td></tr>
<tr><td>杨卫勤</td><td>妻子</td><td>1965 年 12 月</td><td>女</td><td>母亲</td><td>浦小妹</td></tr>
<tr><td>浦芦清</td><td>女儿</td><td>1986 年 11 月</td><td>女</td><td></td><td></td></tr>
<tr><td>张选土</td><td>女婿</td><td>1981 年 8 月</td><td>男</td><td></td><td></td></tr>
<tr><td>浦　津</td><td>孙子</td><td>2013 年 8 月</td><td>男</td><td></td><td></td></tr>
<tr><td>家庭大事</td><td colspan="6">1984 年，于风雷河建平房三间
1999 年，张选土入伍
2001 年，张选土退伍
2003 年，动迁至广福锦园自建房
2012 年，浦芦清与张选土结婚
2013 年，获评昆山市文明和谐家庭
2013 年，获评昆山市高新区第三届“文明和谐家庭”示范户</td></tr>
</table>

<table>
<tr><td rowspan="5">家庭成员</td><td colspan="4">现有家属</td><td colspan="2">已故家属
（1949—2020 年）</td></tr>
<tr><td>姓名</td><td>与户主关系</td><td>出生年月</td><td>性别</td><td>称呼</td><td>姓名</td></tr>
<tr><td>徐白妹</td><td>户主</td><td>1966 年 12 月</td><td>女</td><td>公公</td><td>浦杏桂</td></tr>
<tr><td>浦芦琴</td><td>女儿</td><td>1990 年 2 月</td><td>女</td><td>婆婆</td><td>浦小妹</td></tr>
<tr><td>浦欣研</td><td>孙女</td><td>2014 年 11 月</td><td>女</td><td>丈夫</td><td>浦玉林</td></tr>
<tr><td>家庭大事</td><td colspan="6">1995 年，于风雷河自建三上三下楼房一幢
2003 年，动迁至广福锦园自建房
2013 年，浦芦琴毕业于华中科技大学
2014 年，浦芦琴结婚
2015 年，浦玉林过世</td></tr>
</table>

<table>
<tr><td rowspan="12">家庭成员</td><td colspan="4">现有家属</td><td colspan="2">已故家属
（1949—2020年）</td></tr>
<tr><td>姓名</td><td>与户主关系</td><td>出生年月</td><td>性别</td><td>称呼</td><td>姓名</td></tr>
<tr><td>浦水生</td><td>户主</td><td>1949年12月</td><td>男</td><td>祖父</td><td>浦文元</td></tr>
<tr><td>钱玉英</td><td>妻子</td><td>1950年4月</td><td>女</td><td>祖母</td><td>浦银妹</td></tr>
<tr><td>浦建平</td><td>长子</td><td>1971年12月</td><td>男</td><td>父亲</td><td>浦仁宗</td></tr>
<tr><td>邹志芳</td><td>长儿媳</td><td>1971年12月</td><td>女</td><td>母亲</td><td>浦雪英</td></tr>
<tr><td>浦添洁</td><td>长孙女</td><td>1994年7月</td><td>女</td><td></td><td></td></tr>
<tr><td>高　俊</td><td>长孙女婿</td><td>1993年9月</td><td>男</td><td></td><td></td></tr>
<tr><td>高欣允</td><td>曾外孙女</td><td>2020年5月</td><td>女</td><td></td><td></td></tr>
<tr><td>浦建刚</td><td>次子</td><td>1973年9月</td><td>男</td><td></td><td></td></tr>
<tr><td>罗翠翠</td><td>次儿媳</td><td>1987年10月</td><td>女</td><td></td><td></td></tr>
<tr><td>浦睿可</td><td>次孙女</td><td>2013年6月</td><td>女</td><td></td><td></td></tr>
<tr><td>家庭大事</td><td colspan="6">1988年，建三上三下楼房一幢
1989年，浦水生加入中国共产党
1993年，浦建刚入伍
1993年，浦建平结婚
1996年，浦建刚退伍
2003年，动迁至广福锦园自建房
2009年，浦添洁就读于南京铁道职业技术学院（大专）
2011年，浦建刚结婚
2020年，浦添洁结婚</td></tr>
</table>

<table>
<tr><td rowspan="10">家庭成员</td><td colspan="4">现有家属</td><td colspan="2">已故家属
（1949—2020 年）</td></tr>
<tr><td>姓名</td><td>与户主关系</td><td>出生年月</td><td>性别</td><td>称呼</td><td>姓名</td></tr>
<tr><td>浦炳生</td><td>户主</td><td>1952 年 12 月</td><td>男</td><td>祖父</td><td>浦文元</td></tr>
<tr><td>王雪珍</td><td>妻子</td><td>1950 年 2 月</td><td>女</td><td>祖母</td><td>浦银妹</td></tr>
<tr><td>浦永芬</td><td>长女</td><td>1974 年 6 月</td><td>女</td><td>父亲</td><td>浦仁宗</td></tr>
<tr><td>王　崟</td><td>长女婿</td><td>1970 年 11 月</td><td>男</td><td>母亲</td><td>浦雪英</td></tr>
<tr><td>王心叶</td><td>长外孙</td><td>1995 年 10 月</td><td>男</td><td></td><td></td></tr>
<tr><td>浦永芳</td><td>次女</td><td>1976 年 4 月</td><td>女</td><td></td><td></td></tr>
<tr><td>周海川</td><td>次女婿</td><td>1977 年 4 月</td><td>男</td><td></td><td></td></tr>
<tr><td>周语辰</td><td>次外孙</td><td>2005 年 12 月</td><td>男</td><td></td><td></td></tr>
<tr><td>家庭大事</td><td colspan="6">1976—1983 年，浦炳生担任生产队队长
1985—1987 年，浦炳生任预制场厂长、广福村农技员、广福村社长
1985 年，浦炳生加入中国共产党
1987—1995 年，浦炳生任广福村党支部书记
1995—2002 年，浦炳生任北门街道办事处副主任
2003—2005 年，浦炳生任朝阳街道办事处副主任
2006—2012 年，浦炳生在枫景苑街道办事处工作</td></tr>
</table>

	现有家属				已故家属（1949—2020 年）	
	姓名	与户主关系	出生年月	性别	称呼	姓名
家庭成员	浦琼洪	户主	1964 年 10 月	男	祖父	浦文元
	夏菊英	妻子	1963 年 10 月	女	祖母	浦银妹
	浦蓉蓉	女儿	1987 年 9 月	女	父亲	浦仁宗
	谢绍东	女婿	1985 年 10 月	男	母亲	浦雪英
	浦佳妮	孙女	2013 年 1 月	女		
	浦凤娟	姐姐	1962 年 11 月	女		
家庭大事	1993 年，于庄基浜自建三上三下楼房一幢 2003 年，谢绍东入伍 2005 年，谢绍东加入中国共产党 2006 年，浦蓉蓉就读于江南影视艺术职业学院（大专） 2008 年，谢绍东退伍 2012 年，动迁至锦隆佳园 2012 年，浦蓉蓉结婚 2012 年，购买汽车一辆					

	现有家属				已故家属（1949—2020 年）	
	姓名	与户主关系	出生年月	性别	称呼	姓名
家庭成员	浦玉龙	户主	1958 年 8 月	男	父亲	浦桃泉
	支月娥	妻子	1958 年 1 月	女		
	浦志刚	儿子	1981 年 9 月	男		
	陈九妹	儿媳	1982 年 11 月	女		
	浦觉怡	孙女	2004 年 10 月	女		
	浦桂宝	母亲	1934 年 9 月	女		
家庭大事	1984 年，于西蒋泾自建二上三下楼房一幢 2000 年，动迁至广福锦园自建房 2003 年，浦志刚结婚 2019 年，购买汽车一辆					

<table>
<tr><td rowspan="8">家庭成员</td><td colspan="4">现有家属</td><td colspan="2">已故家属
（1949—2020 年）</td></tr>
<tr><td>姓名</td><td>与户主关系</td><td>出生年月</td><td>性别</td><td>称呼</td><td>姓名</td></tr>
<tr><td>浦金龙</td><td>户主</td><td>1969 年 1 月</td><td>男</td><td>祖父</td><td>浦继宗</td></tr>
<tr><td>楼菊芳</td><td>妻子</td><td>1970 年 3 月</td><td>女</td><td>祖母</td><td>浦水林</td></tr>
<tr><td>浦丽婷</td><td>女儿</td><td>1992 年 5 月</td><td>女</td><td>父亲</td><td>浦桃泉</td></tr>
<tr><td>徐小杰</td><td>女婿</td><td>1991 年 10 月</td><td>男</td><td></td><td></td></tr>
<tr><td>徐梓航</td><td>外孙</td><td>2016 年 5 月</td><td>男</td><td></td><td></td></tr>
<tr><td>浦桂宝</td><td>母亲</td><td>1934 年 9 月</td><td>女</td><td></td><td></td></tr>
<tr><td>家庭大事</td><td colspan="6">1986 年，自建三上三下楼房一幢
2000 年，动迁至广福锦园自建房
2009 年，浦丽婷就读于苏州市职业大学（大专）
2012 年，浦金龙加入中国共产党
2015 年，浦丽婷结婚</td></tr>
</table>

<table>
<tr><td rowspan="10">家庭成员</td><td colspan="4">现有家属</td><td colspan="2">已故家属
（1949—2020 年）</td></tr>
<tr><td>姓名</td><td>与户主关系</td><td>出生年月</td><td>性别</td><td>称呼</td><td>姓名</td></tr>
<tr><td>浦培华</td><td>户主</td><td>1962 年 12 月</td><td>男</td><td>祖父</td><td>浦正元</td></tr>
<tr><td>陈引娣</td><td>妻子</td><td>1962 年 9 月</td><td>女</td><td></td><td></td></tr>
<tr><td>浦少华</td><td>儿子</td><td>1985 年 9 月</td><td>男</td><td></td><td></td></tr>
<tr><td>魏丽娜</td><td>儿媳</td><td>1986 年 1 月</td><td>女</td><td></td><td></td></tr>
<tr><td>浦泽心</td><td>长孙女</td><td>2002 年 3 月</td><td>女</td><td></td><td></td></tr>
<tr><td>魏亦宁</td><td>次孙女</td><td>2015 年 9 月</td><td>女</td><td></td><td></td></tr>
<tr><td>浦风生</td><td>父亲</td><td>1941 年 7 月</td><td>男</td><td></td><td></td></tr>
<tr><td>陶阿囡</td><td>母亲</td><td>1939 年 3 月</td><td>女</td><td></td><td></td></tr>
<tr><td>家庭大事</td><td colspan="6">1978 年，于风雷河建二上三下楼房一幢
2008 年，浦少华毕业于江苏农林职业技术学院
2009 年，魏丽娜毕业于江苏农林职业技术学院
2011 年，动迁至锦隆佳园
2011 年，浦少华结婚
2016 年，魏丽娜加入中国共产党</td></tr>
</table>

	现有家属				已故家属（1949—2020 年）	
	姓名	与户主关系	出生年月	性别	称呼	姓名
家庭成员	唐根妹	户主	1951 年 2 月	女	公公	浦森林
	浦建珍	长女	1968 年 9 月	女	婆婆	浦梅英
	陈小弟	长女婿	1967 年 11 月	男	丈夫	浦惠民
	浦银叶	孙子	1991 年 1 月	男		
	浦慕尧	曾孙	2019 年 12 月	男		
	浦月珍	次女	1970 年 8 月	女		
	浦金珍	三女	1974 年 7 月	女		
家庭大事	1984 年，于西蒋泾自建三上三下楼房一幢 2000 年，动迁至广福锦园自建房 2013 年，浦银叶毕业于徐州师范大学（现江苏师范大学）科文学院 2019 年，浦银叶结婚					

	现有家属				已故家属（1949—2020 年）	
	姓名	与户主关系	出生年月	性别	称呼	姓名
家庭成员	赵炳根	户主	1951 年 11 月	男	父亲	赵国贞
	张燕娟	妻子	1950 年 8 月	女	母亲	赵月英
	赵　康	儿子	1973 年 12 月	男		
	殷维维	儿媳	1982 年 12 月	女		
	赵幼安	孙女	2004 年 11 月	女		
	赵浩宇	孙子	2012 年 10 月	男		
	赵　健	女儿	1971 年 12 月	女		
家庭大事	1977 年，赵炳根加入中国共产党 1988 年，建三上三下楼房一幢 1994 年，赵国贞过世 2003 年，动迁至广福锦园自建房 2014 年，赵月英因病过世					

	现有家属				已故家属（1949—2020 年）	
	姓名	与户主关系	出生年月	性别	称呼	姓名
家庭成员	赵水生	户主	1950 年 6 月	男	父亲	赵阿梅
	温梅英	妻子	1950 年 3 月	女	母亲	赵爱宝
	赵　琴	长女	1972 年 11 月	女		
	赵建明	长女婿	1971 年 1 月	男		
	赵嘉雯	孙女	1995 年 4 月	女		
	赵　芳	次女	1974 年 10 月	女		
	赵　花	三女	1977 年 1 月	女		
家庭大事	1984 年，于西蒋泾自建平房三间 2000 年，动迁至广福锦园自建房 2010 年，赵琴购买汽车一辆 2013 年，赵嘉雯就读苏州科技学院（本科） 2018 年，赵爱宝去世					

<table>
<tr><td rowspan="8">家庭成员</td><td colspan="4">现有家属</td><td colspan="2">已故家属
(1949—2020年)</td></tr>
<tr><td>姓名</td><td>与户主关系</td><td>出生年月</td><td>性别</td><td>称呼</td><td>姓名</td></tr>
<tr><td>赵建明</td><td>户主</td><td>1954年3月</td><td>男</td><td>父亲</td><td>赵阿梅</td></tr>
<tr><td>郑梅兰</td><td>妻子</td><td>1955年12月</td><td>女</td><td>母亲</td><td>赵爱宝</td></tr>
<tr><td>赵　真</td><td>儿子</td><td>1981年5月</td><td>男</td><td></td><td></td></tr>
<tr><td>孙　莹</td><td>儿媳</td><td>1982年1月</td><td>女</td><td></td><td></td></tr>
<tr><td>赵涵宇</td><td>长孙</td><td>2006年8月</td><td>男</td><td></td><td></td></tr>
<tr><td>赵　阳</td><td>次孙</td><td>2015年5月</td><td>男</td><td></td><td></td></tr>
<tr><td>家庭大事</td><td colspan="6">1974年，赵建明入伍
1977年，赵建明加入中国共产党
1978年，赵建明荣立三等功
1990年，赵建明退伍
1992年，出售风雷河5号平房四间
2000年，孙莹就读于锦州医学院（本科）
2001年，赵真就读于吉林大学（本科）
2005年，赵真就读于吉林大学（硕士研究生）
2005年，孙莹就读于大连医科大学（硕士研究生）
2005年，赵真结婚</td></tr>
</table>

<table>
<tr><td rowspan="6">家庭成员</td><td colspan="4">现有家属</td><td colspan="2">已故家属
(1949—2020年)</td></tr>
<tr><td>姓名</td><td>与户主关系</td><td>出生年月</td><td>性别</td><td>称呼</td><td>姓名</td></tr>
<tr><td>赵金源</td><td>户主</td><td>1962年5月</td><td>男</td><td>父亲</td><td>赵凤祥</td></tr>
<tr><td>钱凤娥</td><td>妻子</td><td>1963年5月</td><td>女</td><td>母亲</td><td>赵小宝</td></tr>
<tr><td>赵秋梦</td><td>女儿</td><td>1986年10月</td><td>女</td><td></td><td></td></tr>
<tr><td>汤　隆</td><td>孙子</td><td>2012年6月</td><td>男</td><td></td><td></td></tr>
<tr><td>家庭大事</td><td colspan="6">1986年，钱凤娥加入中国共产党
1994年，于城北镇萧林路购买首套商品房
2005年，赵秋梦就读于淮海工学院（本科）
2009年，赵秋梦到娄江街道办事处工作
2011年，赵秋梦结婚
2011年，赵秋梦加入中国共产党
2019年，赵秋梦任苇城社区党总支书记、居委会主任</td></tr>
</table>

	现有家属				已故家属（1949—2020 年）	
	姓名	与户主关系	出生年月	性别	称呼	姓名
家庭成员	赵建新	户主	1966 年 6 月	男	祖父	赵凤祥
	顾银芬	妻子	1967 年 2 月	女	祖母	赵小宝
	赵宁逸	儿子	1990 年 5 月	男		
	赵福元	父亲	1944 年 8 月	男		
	浦桃英	母亲	1945 年 3 月	女		
家庭大事	1996 年，于风雷河建别墅一幢 2000 年，于广福锦园建动迁自建房 2012 年，购买汽车一辆					

	现有家属				已故家属（1949—2020 年）	
	姓名	与户主关系	出生年月	性别	称呼	姓名
家庭成员	王春荣	户主	1933 年 12 月	男	父亲	王小宝
	王小英	妻子	1934 年 8 月	女	母亲	王杜妹
	王玉英	次女	1965 年 4 月	女	长女	王冬英
	浦为华	次女婿	1964 年 2 月	男		
	王宇虹	长外孙女	1987 年 5 月	女		
	夏　怿	长外孙女婿	1987 年 7 月	男		
	夏安好	长曾外孙女	2013 年 8 月	女		
	夏安晴	次曾外孙女	2018 年 7 月	女		
	王燕虹	次外孙女	1992 年 3 月	女		
	沈　青	次外孙女婿	1990 年 5 月	男		
	沈琦瑞	曾外孙	2019 年 10 月	男		
家庭大事	1966 年，王春荣加入中国共产党 1985 年，于西蒋泾自建五上五下楼房一幢 2000 年，动迁至广福锦园自建房 2006 年，王宇虹就读于南通大学（本科） 2006 年，夏怿就读于河海大学（本科） 2011 年，王燕虹就读于南京工业大学（本科） 2011 年，沈青就读于南京财经大学（本科） 2012 年，王宇虹结婚 2017 年，王燕虹结婚					

<table>
<tr><td rowspan="6">家庭成员</td><td colspan="4">现有家属</td><td colspan="2">已故家属
（1949—2020 年）</td></tr>
<tr><td>姓名</td><td>与户主关系</td><td>出生年月</td><td>性别</td><td>称呼</td><td>姓名</td></tr>
<tr><td>蒋新宝</td><td>户主</td><td>1975 年 9 月</td><td>女</td><td></td><td></td></tr>
<tr><td>蒋天宇</td><td>儿子</td><td>1999 年 4 月</td><td>男</td><td></td><td></td></tr>
<tr><td>蒋彩根</td><td>父亲</td><td>1951 年 1 月</td><td>男</td><td></td><td></td></tr>
<tr><td>朱美仙</td><td>母亲</td><td>1950 年 4 月</td><td>女</td><td></td><td></td></tr>
<tr><td>家庭大事</td><td colspan="6">2003 年，购买锦隆佳园经济适用房一套</td></tr>
</table>

广福村第 8 村民小组

	现有家属				已故家属（1949—2020 年）	
	姓名	与户主关系	出生年月	性别	称呼	姓名
家庭成员	张火泉	户主	1945 年 12 月	男	父亲	张杏生
	莫桂珍	妻子	1950 年 8 月	女	母亲	杨小妹
	张建栋	儿子	1972 年 11 月	男		
	朱惠琴	儿媳	1975 年 6 月	女		
	张思洁	孙女	1997 年 6 月	女		
家庭大事	1990 年，于风雷河自建三上三下楼房一幢 1992 年，张建栋入伍 1995 年，张建栋退伍 1996 年，张建栋结婚 2009 年，动迁至锦隆佳园 2009 年，于新乐锦园自购别墅一幢 2019 年，张思洁毕业于合肥师范学院					

	现有家属				已故家属（1949—2020 年）	
家庭成员	姓名	与户主关系	出生年月	性别	称呼	姓名
	张林生	户主	1949 年 7 月	男	父亲	张杏生
					母亲	杨小妹
家庭大事	1980 年，于风雷河自建平房三间 2009 年，动迁至锦隆佳园					

	现有家属				已故家属（1949—2020 年）	
	姓名	与户主关系	出生年月	性别	称呼	姓名
家庭成员	陈宗强	户主	1952 年 9 月	男	父亲	陈阿初
	范美娣	妻子	1956 年 11 月	女		
	陈　燕	女儿	1982 年 10 月	女		
	韩顺利	女婿	1981 年 8 月	男		
	陈　韩	孙子	2008 年 6 月	男		
	韩语萱	孙女	2013 年 10 月	女		
	顾招娣	母亲	1932 年 6 月	女		
家庭大事	1997 年，于风雷河西侧自建二上三下楼房一幢 2010 年，动迁至锦隆佳园 2011 年，陈燕结婚					

	现有家属				已故家属（1949—2020 年）	
	姓名	与户主关系	出生年月	性别	称呼	姓名
家庭成员	陈宗明	户主	1962 年 12 月	男	父亲	陈阿初
	王丽芳	妻子	1971 年 5 月	女		
	陈　菁	长女	1987 年 6 月	女		
	张　峰	长女婿	1985 年 11 月	男		
	陈星好	次女	2013 年 10 月	女		
	顾招娣	母亲	1932 年 6 月	女		
家庭大事	1982 年，于风雷河西侧自建平房四间 2006 年，迁至广福锦园自建房 2006 年，陈菁就读南京林业大学（本科） 2010 年，陈菁毕业于南京林业大学 2017 年，陈菁加入中国共产党					

	现有家属				已故家属 （1949—2020 年）	
	姓名	与户主关系	出生年月	性别	称呼	姓名
家庭成员	陈招林	户主	1941 年 7 月	女	父亲	陈惠龙
	陈进锋	儿子	1967 年 12 月	男	母亲	高白妹
	钱文娟	儿媳	1969 年 3 月	女	丈夫	陆宗麟
	陈思达	孙子	1998 年 11 月	男		
家庭大事	1983 年，于风雷河自建平房四间 2003 年，陈进锋加入中国共产党 2006 年，迁至广福锦园，同年自建别墅一幢 2009 年，钱文娟加入中国共产党 2015 年，陈进锋被评为苏州市劳动模范 2018 年，钱文娟被评为苏州市劳动模范					

	现有家属				已故家属 （1949—2020 年）	
	姓名	与户主关系	出生年月	性别	称呼	姓名
家庭成员	朱阿毛	户主	1943 年 12 月	男	妻子	周妹英
	朱勤芳	女儿	1966 年 7 月	女		
	陶玉龙	女婿	1965 年 10 月	男		
	朱天明	孙子	1988 年 8 月	男		
	龚　静	孙媳	1988 年 7 月	女		
	朱哲韬	曾孙	2015 年 10 月	男		
家庭大事	2007 年，朱天明就读于南京林业大学（本科） 2007 年，龚静就读于南京师范大学（本科）					

	现有家属				已故家属 （1949—2020 年）	
	姓名	与户主关系	出生年月	性别	称呼	姓名
家庭成员	陈建忠	户主	1967 年 12 月	男	祖父	陈福泉
	王金珍	妻子	1968 年 3 月	女	祖母	陈惠英
	陈丹萍	女儿	1991 年 1 月	女	父亲	陈永良
	成　晨	女婿	1989 年 5 月	男		
	陈玥涵	孙女	2020 年 12 月	女		
	陈秀林	母亲	1949 年 5 月	女		
家庭大事	1978 年，陈永良加入中国共产党 1988 年，于风雷河西侧自建三上四下楼房一幢 2007 年，动迁至锦隆佳园 2020 年，陈丹萍结婚					

	现有家属				已故家属 （1949—2020 年）	
	姓名	与户主关系	出生年月	性别	称呼	姓名
家庭成员	陈建华	户主	1969 年 11 月	男	祖父	陈福泉
	曹志英	妻子	1969 年 11 月	女	祖母	陈惠英
	陈志超	儿子	1992 年 11 月	男	父亲	陈永良
	居雯雅	儿媳	1992 年 10 月	女		
	陈昱均	孙子	2019 年 9 月	男		
	陈秀林	母亲	1949 年 5 月	女		
家庭大事	1991 年，于风雷河自建三上三下楼房一幢 2007 年，于濂园购买别墅一幢 2008 年，动迁至锦隆佳园 2015 年，陈志超毕业于常州大学怀德学院 2015 年，居雯雅毕业于扬州大学 2018 年，陈志超结婚					

	现有家属				已故家属（1949—2020 年）	
	姓名	与户主关系	出生年月	性别	称呼	姓名
家庭成员	陈有培	户主	1958 年 6 月	男	父亲	陈进伯
	缪芬宝	妻子	1958 年 8 月	女	母亲	陈小娥
	陈　丽	女儿	1981 年 4 月	女		
	陈　斌	女婿	1979 年 9 月	男		
	陈栩凡	孙子	2009 年 8 月	男		
家庭大事	1984 年，于风雷河西侧自建二上三下楼房一幢 2008 年，动迁至锦隆佳园					

	现有家属				已故家属（1949—2020 年）	
	姓名	与户主关系	出生年月	性别	称呼	姓名
家庭成员	陈玉亮	户主	1973 年 12 月	男	祖父	陈有兴
	陈佳颖	女儿	1999 年 6 月	女		
	陈金龙	父亲	1952 年 9 月	男		
	薛梅兰	母亲	1951 年 3 月	女		
	陈守珍	祖母	1935 年 12 月	女		
家庭大事	1988 年，陈玉亮就读于昆山中学 1992 年，陈玉亮就读于淮阴农业学校（大专） 2016 年，陈佳颖就读于淮阴师范学院（本科）					

<table>
<tr><td rowspan="8">家庭成员</td><td colspan="4">现有家属</td><td colspan="2">已故家属
（1949—2020 年）</td></tr>
<tr><td>姓名</td><td>与户主关系</td><td>出生年月</td><td>性别</td><td>称呼</td><td>姓名</td></tr>
<tr><td>陈玉刚</td><td>户主</td><td>1975 年 7 月</td><td>男</td><td>祖父</td><td>陈有兴</td></tr>
<tr><td>刘晓琴</td><td>妻子</td><td>1976 年 10 月</td><td>女</td><td></td><td></td></tr>
<tr><td>陈佳浩</td><td>儿子</td><td>2002 年 1 月</td><td>男</td><td></td><td></td></tr>
<tr><td>陈金龙</td><td>父亲</td><td>1952 年 9 月</td><td>男</td><td></td><td></td></tr>
<tr><td>薛梅兰</td><td>母亲</td><td>1951 年 3 月</td><td>女</td><td></td><td></td></tr>
<tr><td>陈守珍</td><td>祖母</td><td>1935 年 12 月</td><td>女</td><td></td><td></td></tr>
<tr><td>家庭大事</td><td colspan="6">1979 年，陈金龙加入中国共产党
1989 年，于风雷河西侧自建三上三下楼房一幢
2001 年，陈玉刚结婚
2007 年，陈玉刚被昆山市见义勇为基金会授予“昆山市见义勇为先进个人”称号
2008 年，动迁
2010 年，陈玉刚加入中国共产党
2010 年，购买汽车一辆
2011 年，迁至锦隆佳园
2012 年，陈金龙被昆山市关心下一代工作委员会、昆山市精神文明建设委员会办公室授予“昆山市关心下一代工作先进工作者”称号
2014 年，陈玉刚被评为第三次全国经济普查省级先进个人
2017 年，陈玉刚被评为昆山高新区 2016 年度先进个人
2018 年，陈玉刚被评为昆山高新区 2017 年度先进个人
2020 年，购买汽车一辆</td></tr>
</table>

<table>
<tr><td rowspan="9">家庭成员</td><td colspan="4">现有家属</td><td colspan="2">已故家属
（1949—2020 年）</td></tr>
<tr><td>姓名</td><td>与户主关系</td><td>出生年月</td><td>性别</td><td>称呼</td><td>姓名</td></tr>
<tr><td>陈金娣</td><td>户主</td><td>1954 年 4 月</td><td>男</td><td>父亲</td><td>陈有兴</td></tr>
<tr><td>李卫珍</td><td>妻子</td><td>1958 年 5 月</td><td>女</td><td></td><td></td></tr>
<tr><td>陈利强</td><td>儿子</td><td>1981 年 12 月</td><td>男</td><td></td><td></td></tr>
<tr><td>殷玉韩</td><td>儿媳</td><td>1983 年 9 月</td><td>女</td><td></td><td></td></tr>
<tr><td>陈诗韵</td><td>长孙女</td><td>2005 年 5 月</td><td>女</td><td></td><td></td></tr>
<tr><td>陈诗玥</td><td>次孙女</td><td>2017 年 7 月</td><td>女</td><td></td><td></td></tr>
<tr><td>陈守珍</td><td>母亲</td><td>1935 年 12 月</td><td>女</td><td></td><td></td></tr>
<tr><td>家庭大事</td><td colspan="6">1990 年，于风雷河自建三上三下楼房一幢
2004 年，陈利强结婚
2008 年，动迁至锦隆佳园
2012 年，购买汽车一辆</td></tr>
</table>

<table>
<tr><td rowspan="6">家庭成员</td><td colspan="4">现有家属</td><td colspan="2">已故家属
（1949—2020 年）</td></tr>
<tr><td>姓名</td><td>与户主关系</td><td>出生年月</td><td>性别</td><td>称呼</td><td>姓名</td></tr>
<tr><td>陈金林</td><td>户主</td><td>1962 年 7 月</td><td>男</td><td>父亲</td><td>陈有兴</td></tr>
<tr><td>王光萍</td><td>妻子</td><td>1963 年 10 月</td><td>女</td><td></td><td></td></tr>
<tr><td>陈菲然</td><td>女儿</td><td>1988 年 10 月</td><td>女</td><td></td><td></td></tr>
<tr><td>陈守珍</td><td>母亲</td><td>1935 年 12 月</td><td>女</td><td></td><td></td></tr>
<tr><td>家庭大事</td><td colspan="6">1981 年，陈金林就读于南京农业大学（本科）
1985 年，陈金林加入中国共产党
1987 年，陈金林就读于南京林业大学（硕士研究生）
1994 年，陈金林就读于南京林业大学（博士研究生）
1998 年，陈金林于南京农业大学博士后流动站工作
2011 年，陈菲然就读于德国科隆大学（硕士研究生）
2014 年，陈菲然就读于德国慕尼黑工业大学（博士研究生）</td></tr>
</table>

<table>
<tr><td rowspan="2"></td><td colspan="4">现有家属</td><td colspan="2">已故家属
（1949—2020 年）</td></tr>
<tr><td>姓名</td><td>与户主关系</td><td>出生年月</td><td>性别</td><td>称呼</td><td>姓名</td></tr>
<tr><td rowspan="5">家庭成员</td><td>陈金全</td><td>户主</td><td>1965 年 6 月</td><td>男</td><td>父亲</td><td>陈有兴</td></tr>
<tr><td>王越丽</td><td>妻子</td><td>1970 年 3 月</td><td>女</td><td></td><td></td></tr>
<tr><td>陈　霞</td><td>女儿</td><td>1992 年 1 月</td><td>女</td><td></td><td></td></tr>
<tr><td>陈姜宇</td><td>孙子</td><td>2014 年 2 月</td><td>男</td><td></td><td></td></tr>
<tr><td>陈守珍</td><td>母亲</td><td>1935 年 12 月</td><td>女</td><td></td><td></td></tr>
<tr><td>家庭大事</td><td colspan="6">1984 年，于风雷河自建平房四间
2008 年，动迁至锦隆佳园</td></tr>
</table>

<table>
<tr><td rowspan="2"></td><td colspan="4">现有家属</td><td colspan="2">已故家属
（1949—2020 年）</td></tr>
<tr><td>姓名</td><td>与户主关系</td><td>出生年月</td><td>性别</td><td>称呼</td><td>姓名</td></tr>
<tr><td rowspan="7">家庭成员</td><td>陈引生</td><td>户主</td><td>1966 年 6 月</td><td>男</td><td>父亲</td><td>陈祖兴</td></tr>
<tr><td>杨凤珠</td><td>妻子</td><td>1966 年 10 月</td><td>女</td><td></td><td></td></tr>
<tr><td>陈　伟</td><td>儿子</td><td>1988 年 11 月</td><td>男</td><td></td><td></td></tr>
<tr><td>石金燕</td><td>儿媳</td><td>1988 年 11 月</td><td>女</td><td></td><td></td></tr>
<tr><td>陈志涵</td><td>孙子</td><td>2011 年 7 月</td><td>男</td><td></td><td></td></tr>
<tr><td>陈思思</td><td>孙女</td><td>2014 年 11 月</td><td>女</td><td></td><td></td></tr>
<tr><td>陈雪英</td><td>母亲</td><td>1941 年 2 月</td><td>女</td><td></td><td></td></tr>
<tr><td>家庭大事</td><td colspan="6">1997 年，于庄基浜自建别墅一幢
2007 年，陈伟入伍
2009 年，陈伟加入中国共产党
2009 年，陈伟退伍返乡
2010 年，陈伟结婚
2019 年，动迁至锦隆佳园</td></tr>
</table>

	现有家属				已故家属（1949—2020 年）	
	姓名	与户主关系	出生年月	性别	称呼	姓名
家庭成员	赵建强	户主	1965 年 6 月	男	父亲	缪根宝
	赵毅程	女儿	1989 年 3 月	女	妻子	柳建英
	车　斌	女婿	1988 年 8 月	男		
	车俊熙	孙子	2016 年 6 月	男		
	赵瑞英	母亲	1940 年 12 月	女		
家庭大事	1982 年，于风雷河自建平房三间 2007 年，赵毅程就读于郑州航空工业管理学院（本科） 2008 年，动迁至锦隆佳园 2018 年，柳建英过世					

	现有家属				已故家属（1949—2020 年）	
	姓名	与户主关系	出生年月	性别	称呼	姓名
家庭成员	赵建新	户主	1967 年 9 月	男	父亲	缪根宝
	戈菊英	妻子	1966 年 2 月	女		
	赵颖越	儿子	1990 年 7 月	男		
	邹　烨	儿媳	1994 年 1 月	女		
	赵瑞英	母亲	1940 年 12 月	女		
家庭大事	20 世纪 80 年代，翻建平房 1997 年，购买商品房一套 2009 年，赵颖越就读于盐城师范学院（本科） 2013 年，邹烨就读于南京财经大学（本科）					

	现有家属				已故家属（1949—2020 年）	
	姓名	与户主关系	出生年月	性别	称呼	姓名
家庭成员	陈永祥	户主	1952 年 4 月	男	父亲	陈炳兴
	朱凤妹	妻子	1954 年 8 月	女		
	陈　华	儿子	1977 年 9 月	男		
	陈兰花	儿媳	1976 年 12 月	女		
	陈志豪	长孙	2001 年 12 月	男		
	陈志宇	次孙	2016 年 5 月	男		
	陈　静	女儿	1979 年 10 月	女		
	陈炜超	女婿	1979 年 12 月	男		
	陈一琪	长外孙	2003 年 7 月	男		
	陈一凡	次外孙	2016 年 6 月	男		
	陈金风	母亲	1935 年 7 月	女		
家庭大事	1980 年，于风雷河自建平房四间 2001 年，陈华结婚 2002 年，陈静结婚 2008 年，动迁至锦隆佳园					

	现有家属				已故家属（1949—2020 年）	
	姓名	与户主关系	出生年月	性别	称呼	姓名
家庭成员	陈永明	户主	1957 年 9 月	男	父亲	陈炳兴
	莫桂芬	妻子	1961 年 10 月	女		
	陈　芹	女儿	1983 年 10 月	女		
	李　锐	女婿	1978 年 10 月	男		
	陈欣怡	孙女	2005 年 7 月	女		
	李晨轩	孙子	2011 年 11 月	男		
	陈金凤	母亲	1935 年 7 月	女		
家庭大事	1990 年，于风雷河自建三上三下楼房一幢 2004 年，陈芹结婚 2008 年，动迁至锦隆佳园					

	现有家属				已故家属（1949—2020 年）	
	姓名	与户主关系	出生年月	性别	称呼	姓名
家庭成员	徐大平	户主	1954 年 2 月	男		
	江成梅	妻子	1962 年 3 月	女		
	徐青云	长女	1985 年 3 月	女		
	王紫轩	外孙女	2011 年 3 月	女		
	徐青东	长子	1985 年 3 月	男		
	徐　鹏	孙子	2010 年 8 月	男		
	徐江群	次女	1990 年 5 月	女		
	徐昆冬	次子	1993 年 4 月	男		
家庭大事	1993 年，于风雷河购买平房三间 1994 年，在广福村承包田地成为种植大户 2003 年，全家户口迁入广福村第 8 村民小组 2008 年，动迁至锦隆佳园 2009 年，徐青东结婚 2010 年，徐青云结婚 2016 年，徐青云购买汽车一辆					

广福村第 9 村民小组

	现有家属				已故家属（1949—2020 年）	
	姓名	与户主关系	出生年月	性别	称呼	姓名
家庭成员	许进春	户主	1966 年 2 月	男		
	汪春兰	妻子	1967 年 9 月	女		
	许　丽	女儿	1988 年 9 月	女		
	戴　祥	女婿	1989 年 1 月	男		
	戴语涵	长外孙女	2015 年 6 月	女		
	戴语昕	次外孙女	2018 年 8 月	女		
家庭大事	1993 年，购买广福村赵福生的房屋 2001 年，动迁至广福锦园 2007 年，许丽就读于南京医科大学 2008 年，戴祥就读于东华大学					

<table>
<tr><td rowspan="8">家庭成员</td><td colspan="4">现有家属</td><td colspan="2">已故家属
（1949—2020 年）</td></tr>
<tr><td>姓名</td><td>与户主关系</td><td>出生年月</td><td>性别</td><td>称呼</td><td>姓名</td></tr>
<tr><td>王金华</td><td>户主</td><td>1954 年 10 月</td><td>男</td><td>父亲</td><td>徐宝生</td></tr>
<tr><td>邵玉珍</td><td>妻子</td><td>1956 年 8 月</td><td>女</td><td></td><td></td></tr>
<tr><td>王　枫</td><td>儿子</td><td>1979 年 2 月</td><td>男</td><td></td><td></td></tr>
<tr><td>倪晓蕾</td><td>儿媳</td><td>1980 年 10 月</td><td>女</td><td></td><td></td></tr>
<tr><td>倪可润</td><td>孙女</td><td>2005 年 4 月</td><td>女</td><td></td><td></td></tr>
<tr><td>王桂英</td><td>母亲</td><td>1932 年 11 月</td><td>女</td><td></td><td></td></tr>
<tr><td>家庭大事</td><td colspan="6">1955 年，王桂英加入中国共产党
1957—1977 年，王桂英任红星大队干部
1977 年，王金华加入中国共产党
1978 年，翻建平房
1978—1983 年，王金华任红星大队党支部副书记
1983—1986 年，王金华任广福村党支部书记
1986—1987 年，王金华任广福村党支部书记，广福砖瓦厂党支部书记
1987—1989 年，王金华任广福砖瓦厂党支部书记
1988 年，平房翻建楼房
1990—2008 年，王金华任城北供销社主任
2008—2014 年，王金华任城北供销社党支部书记
2010 年，王枫加入中国共产党</td></tr>
</table>

	现有家属				已故家属（1949—2020 年）	
	姓名	与户主关系	出生年月	性别	称呼	姓名
家庭成员	王文华	户主	1956 年 12 月	男	父亲	徐宝生
	陈翠珍	妻子	1956 年 3 月	女		
	徐津津	儿子	1983 年 1 月	男		
	龚　力	儿媳	1985 年 7 月	女		
	徐添悦	孙女	2011 年 6 月	女		
	龚　震	孙子	2014 年 4 月	男		
	王桂英	母亲	1932 年 11 月	女		
家庭大事	1976 年，王文华入伍 1979 年，王文华参加对越自卫反击战，同年加入中国共产党 1985 年，王文华被部队授予“三等功”奖章 1988 年，王文华转业回昆山农业银行上班 2001 年，徐津津就读于同济大学（本科及硕士研究生） 2003 年，龚力就读于南通医学院（本科）					

	现有家属				已故家属（1949—2020 年）	
	姓名	与户主关系	出生年月	性别	称呼	姓名
家庭成员	翁风元	户主	1955 年 9 月	男	父亲	翁炳福
	任巧妹	妻子	1957 年 9 月	女	母亲	翁妹娣
	翁云峰	儿子	1981 年 12 月	男		
	刘翠兰	儿媳	1983 年 1 月	女		
	翁玮晨	孙子	2004 年 8 月	男		
家庭大事	1980 年，翻建平房 1990 年，把平房翻建为楼房 2008 年，动迁至锦隆佳园					

	现有家属				已故家属（1949—2020 年）	
	姓名	与户主关系	出生年月	性别	称呼	姓名
家庭成员	翁炳兴	户主	1943 年 9 月	男	父亲	翁水生
	王安英	妻子	1943 年 12 月	女	母亲	翁三宝
	翁风良	儿子	1964 年 5 月	男		
	浦银凤	儿媳	1965 年 5 月	女		
	翁云宾	孙子	1987 年 7 月	男		
	王　燕	孙媳	1990 年 5 月	女		
	翁嘉奕	长曾孙	2013 年 10 月	男		
	王嘉睿	次曾孙	2016 年 8 月	男		
家庭大事	1975 年，翻建平房 1992 年，把平房翻建为楼房 2007 年，动迁至锦隆佳园 2008 年，翁云宾就读于河海大学常州校区（本科）					

	现有家属				已故家属（1949—2020 年）	
	姓名	与户主关系	出生年月	性别	称呼	姓名
家庭成员	陈月明	户主	1968 年 5 月	男	祖父	陈宝林
	陆方琴	妻子	1966 年 12 月	女	祖母	陈小妹
	陈　艳	女儿	1991 年 9 月	女		
	杨金林	父亲	1942 年 10 月	男		
	陈凤金	母亲	1947 年 3 月	女		
	陈月珍	妹妹	1970 年 2 月	女		
家庭大事	1980 年，翻建平房 1993 年，把平房翻建为楼房 2001 年，动迁至广福锦园					

	现有家属				已故家属（1949—2020 年）	
	姓名	与户主关系	出生年月	性别	称呼	姓名
家庭成员	赵荣林	户主	1958 年 5 月	男	父亲	赵小弟
	高卫珍	妻子	1962 年 8 月	女	母亲	赵珍青
	赵　静	女儿	1984 年 11 月	女		
	刘　伟	女婿	1987 年 7 月	男		
	赵俊生	孙子	2014 年 11 月	男		
家庭大事	1976 年，赵荣林入伍 1980 年，翻建平房 1981 年，赵荣林退伍 2007 年，动迁至锦隆佳园					

	现有家属				已故家属（1949—2020 年）	
	姓名	与户主关系	出生年月	性别	称呼	姓名
家庭成员	赵国华	户主	1970 年 12 月	男	父亲	赵荣兴
	俞秧妹	妻子	1971 年 6 月	女		
	赵　婷	女儿	1993 年 9 月	女		
	梁　锋	女婿	1990 年 11 月	男		
	赵睿阳	孙子	2014 年 3 月	男		
	梁睿桐	孙女	2017 年 4 月	女		
	章妹珍	母亲	1948 年 1 月	女		
家庭大事	1980 年，翻建平房 1991 年，平房翻建楼房 2007 年，动迁至广福锦园 2010 年，赵婷就读于吴中技工学校（大专）					

	现有家属				已故家属（1949—2020年）	
	姓名	与户主关系	出生年月	性别	称呼	姓名
家庭成员	赵云龙	户主	1968年12月	男	祖父	赵阿菊
	邹菊芳	妻子	1968年7月	女		
	赵　俊	儿子	1991年9月	男		
	戴　娇	儿媳	1992年2月	女		
	赵谦煜	孙子	2018年3月	男		
	赵文华	父亲	1948年3月	男		
	孙凤珍	母亲	1948年11月	女		
	赵爱金	祖母	1929年11月	女		
家庭大事	1980年，翻建平房 1991年，把平房翻建为楼房 2001年，动迁至广福锦园 2007年，赵俊就读于昆山第一中等专业学校（江苏联合职业技术学院） 2007年，戴娇就读于昆山第一中等专业学校（江苏联合职业技术学院） 2015年，赵俊就读于中国农业大学工商管理专业（网络教育本科） 2015年，戴娇就读于中国农业大学工商管理专业（网络教育本科）					

<table>
<tr><td rowspan="8">家庭成员</td><td colspan="4">现有家属</td><td colspan="2">已故家属
（1949—2020 年）</td></tr>
<tr><td>姓名</td><td>与户主关系</td><td>出生年月</td><td>性别</td><td>称呼</td><td>姓名</td></tr>
<tr><td>赵福生</td><td>户主</td><td>1949 年 11 月</td><td>男</td><td>父亲</td><td>赵阿狗</td></tr>
<tr><td>朱梅英</td><td>妻子</td><td>1950 年 12 月</td><td>女</td><td>母亲</td><td>赵招娣</td></tr>
<tr><td>赵敏刚</td><td>儿子</td><td>1974 年 9 月</td><td>男</td><td></td><td></td></tr>
<tr><td>邵　燕</td><td>儿媳</td><td>1978 年 11 月</td><td>女</td><td></td><td></td></tr>
<tr><td>赵奕晨</td><td>孙子</td><td>2001 年 2 月</td><td>男</td><td></td><td></td></tr>
<tr><td>赵敏华</td><td>女儿</td><td>1972 年 12 月</td><td>女</td><td></td><td></td></tr>
<tr><td>家庭大事</td><td colspan="6">1980 年，翻建平房
1989 年，赵福生加入中国共产党
1993 年，将房屋卖给许进春
2018 年，邵燕加入中国共产党
2019 年，赵奕晨就读于淮阴师范学院（本科）</td></tr>
</table>

<table>
<tr><td rowspan="12">家庭成员</td><td colspan="4">现有家属</td><td colspan="2">已故家属
（1949—2020 年）</td></tr>
<tr><td>姓名</td><td>与户主关系</td><td>出生年月</td><td>性别</td><td>称呼</td><td>姓名</td></tr>
<tr><td>赵福明</td><td>户主</td><td>1951 年 10 月</td><td>男</td><td>父亲</td><td>赵阿狗</td></tr>
<tr><td>杨雪花</td><td>妻子</td><td>1954 年 1 月</td><td>女</td><td>母亲</td><td>赵招娣</td></tr>
<tr><td>赵莉英</td><td>长女</td><td>1978 年 6 月</td><td>女</td><td></td><td></td></tr>
<tr><td>蔡秋荣</td><td>长女婿</td><td>1978 年 8 月</td><td>男</td><td></td><td></td></tr>
<tr><td>蔡遇辰</td><td>外孙女</td><td>2006 年 10 月</td><td>女</td><td></td><td></td></tr>
<tr><td>蔡遇安</td><td>外孙</td><td>2013 年 11 月</td><td>男</td><td></td><td></td></tr>
<tr><td>赵莉华</td><td>次女</td><td>1979 年 10 月</td><td>女</td><td></td><td></td></tr>
<tr><td>刘建军</td><td>次女婿</td><td>1981 年 8 月</td><td>男</td><td></td><td></td></tr>
<tr><td>刘昊宇</td><td>孙子</td><td>2007 年 12 月</td><td>男</td><td></td><td></td></tr>
<tr><td>赵梓诺</td><td>孙女</td><td>2013 年 9 月</td><td>女</td><td></td><td></td></tr>
<tr><td>家庭大事</td><td colspan="6">1980 年，原地翻建平房
1992 年，把平房翻建为楼房
1972 年，赵福明入伍
1974 年，赵福明加入中国共产党
1977 年，赵福明退伍
1997 年，赵莉英就读于南京市师范专科学校（本科）
1997 年，蔡秋荣就读于苏州大学（本科）
1999 年，赵莉华就读于昆山广播电视大学（大专）
2000 年，刘建军就读于南京农业大学（本科）
2001 年，动迁至广福锦园</td></tr>
</table>

	现有家属				已故家属 （1949—2020年）	
	姓名	与户主关系	出生年月	性别	称呼	姓名
家庭成员	王巧林	户主	1945年10月	男	父亲	王宗根
	张雪英	妻子	1950年4月	女	母亲	王惠珍
	王丽明	儿子	1975年2月	男		
	金静洁	儿媳	1977年3月	女		
	王婧奕	孙女	2000年6月	女		
家庭大事	1980年，翻建平房 1991年，把平房翻建为楼房 2001年，动迁至广福锦园 2018年，王婧奕就读于淮阴师范学院（本科）					

	现有家属				已故家属 （1949—2020年）	
	姓名	与户主关系	出生年月	性别	称呼	姓名
家庭成员	王巧生	户主	1952年11月	男	父亲	王宗根
	王金妹	妻子	1953年5月	女	母亲	王惠珍
	王惠琴	长女	1976年10月	女		
	张国强	长女婿	1976年10月	男		
	王　开	孙子	1999年9月	男		
	王丽琴	次女	1979年2月	女		
	徐志伟	次女婿	1975年7月	男		
	徐克诚	外孙	2000年7月	男		
家庭大事	1980年，原地翻建平房 1992年，把平房翻建为楼房 2005年，王开就读于江苏联合职业技术学院（大专） 2007年，动迁至锦隆佳园 2017年，徐克诚就读于泰州学院（本科） 2020年，王开就读于苏州大学（本科）					

	现有家属				已故家属（1949—2020 年）	
	姓名	与户主关系	出生年月	性别	称呼	姓名
家庭成员	王巧平	户主	1959 年 2 月	男	父亲	王宗根
	陈福妹	妻子	1962 年 6 月	女	母亲	王惠珍
	王成慧	儿子	1985 年 11 月	男		
	贾玉芳	儿媳	1986 年 12 月	女		
	王贾华	孙子	2009 年 10 月	男		
	贾丹丹	孙女	2012 年 12 月	女		
家庭大事	1980 年，翻建平房 2001 年，动迁至广福锦园自建房 2019 年，王成慧就读于北京理工大学（函授大专）					

	现有家属				已故家属（1949—2020 年）	
	姓名	与户主关系	出生年月	性别	称呼	姓名
家庭成员	赵建刚	户主	1974 年 12 月	男	祖父	赵生宝
	庞小妹	妻子	1974 年 2 月	女	祖母	赵四宝
	赵　晨	儿子	1998 年 9 月	男		
	赵秀元	父亲	1950 年 7 月	男		
	徐妹珍	母亲	1949 年 12 月	女		
家庭大事	1980 年，翻建平房 1990 年，把平房翻建为楼房 2001 年，动迁至广福锦园 2016 年，赵晨就读于昆山登云科技职业学院（大专） 2018—2020 年，赵晨就读于苏州大学（本科）					

<table>
<tr><td rowspan="8">家庭成员</td><td colspan="4">现有家属</td><td colspan="2">已故家属（1949—2020 年）</td></tr>
<tr><td>姓名</td><td>与户主关系</td><td>出生年月</td><td>性别</td><td>称呼</td><td>姓名</td></tr>
<tr><td>赵金林</td><td>户主</td><td>1965 年 8 月</td><td>男</td><td>父亲</td><td>赵生宝</td></tr>
<tr><td>孙凤花</td><td>妻子</td><td>1966 年 12 月</td><td>女</td><td>母亲</td><td>赵四宝</td></tr>
<tr><td>赵建峰</td><td>儿子</td><td>1988 年 11 月</td><td>男</td><td></td><td></td></tr>
<tr><td>周　斐</td><td>儿媳</td><td>1988 年 12 月</td><td>女</td><td></td><td></td></tr>
<tr><td>赵歆艺</td><td>长孙女</td><td>2012 年 11 月</td><td>女</td><td></td><td></td></tr>
<tr><td>赵语萌</td><td>次孙女</td><td>2014 年 2 月</td><td>女</td><td></td><td></td></tr>
<tr><td>家庭大事</td><td colspan="6">1980 年，翻建平房
1996 年，赵金林加入中国共产党
2007 年，赵建峰就读于苏州大学（函授大专）
2009 年，动迁至锦隆佳园</td></tr>
</table>

<table>
<tr><td rowspan="11">家庭成员</td><td colspan="4">现有家属</td><td colspan="2">已故家属
（1949—2020 年）</td></tr>
<tr><td>姓名</td><td>与户主关系</td><td>出生年月</td><td>性别</td><td>称呼</td><td>姓名</td></tr>
<tr><td>董爱珍</td><td>户主</td><td>1962 年 7 月</td><td>女</td><td>父亲</td><td>董阿毛</td></tr>
<tr><td>淡罗登</td><td>丈夫</td><td>1958 年 6 月</td><td>男</td><td>母亲</td><td>董梅宝</td></tr>
<tr><td>董　超</td><td>儿子</td><td>1988 年 10 月</td><td>男</td><td></td><td></td></tr>
<tr><td>温晓婷</td><td>儿媳</td><td>1991 年 12 月</td><td>女</td><td></td><td></td></tr>
<tr><td>董洛尘</td><td>长孙</td><td>2017 年 7 月</td><td>男</td><td></td><td></td></tr>
<tr><td>温胤尘</td><td>次孙</td><td>2020 年 6 月</td><td>男</td><td></td><td></td></tr>
<tr><td>董　萍</td><td>女儿</td><td>1983 年 6 月</td><td>女</td><td></td><td></td></tr>
<tr><td>顾建军</td><td>女婿</td><td>1981 年 11 月</td><td>男</td><td></td><td></td></tr>
<tr><td>顾钰菲</td><td>外孙女</td><td>2007 年 9 月</td><td>女</td><td></td><td></td></tr>
<tr><td>家庭大事</td><td colspan="6">1981 年，翻建平房
1992 年，把平房翻建为楼房
2001 年，动迁至广福锦园
2007 年，董超就读天津商业大学宝德学院（本科）
2009 年，温晓婷就读于常州工学院（本科）
2012 年，温晓婷加入中国共产党</td></tr>
</table>

家庭成员	现有家属				已故家属（1949—2020 年）	
	姓名	与户主关系	出生年月	性别	称呼	姓名
	张建明	户主	1959 年 10 月	男	母亲	丁凤英
	王美华	妻子	1959 年 6 月	女		
	张　羽	儿子	1983 年 3 月	男		
	刘　静	儿媳	1986 年 8 月	女		
	张智诚	孙子	2011 年 2 月	男		
	刘思彤	孙女	2014 年 8 月	女		
	张学文	父亲	1935 年 5 月	男		
家庭大事	1955 年，张学文入伍 1958 年，张学文退伍返乡 1980 年，翻建平房 2002 年，张羽就读于淮海工学院（本科） 2003 年，动迁至广福锦园 2005 年，刘静就读于苏州市职业大学（大专）					

家庭成员	现有家属				已故家属（1949—2020 年）	
	姓名	与户主关系	出生年月	性别	称呼	姓名
	王秀余	户主	1966 年 11 月	男		
	陈月英	妻子	1972 年 8 月	女		
	王成关	儿子	1993 年 4 月	男		
家庭大事	1996 年，于庄基浜自建二上二下楼房一幢 2007 年，动迁至锦隆佳园					

<table>
<tr><td rowspan="7">家庭成员</td><td colspan="4">现有家属</td><td colspan="2">已故家属
（1949—2020 年）</td></tr>
<tr><td>姓名</td><td>与户主关系</td><td>出生年月</td><td>性别</td><td>称呼</td><td>姓名</td></tr>
<tr><td>郁雪琴</td><td>户主</td><td>1945 年 4 月</td><td>女</td><td>丈夫</td><td>张宗生</td></tr>
<tr><td>张惠东</td><td>儿子</td><td>1968 年 9 月</td><td>男</td><td></td><td></td></tr>
<tr><td>夏　奕</td><td>儿媳</td><td>1970 年 11 月</td><td>女</td><td></td><td></td></tr>
<tr><td>张依灵</td><td>孙女</td><td>1991 年 12 月</td><td>女</td><td></td><td></td></tr>
<tr><td>张　雨</td><td>孙女婿</td><td>1990 年 9 月</td><td>男</td><td></td><td></td></tr>
<tr><td>家庭大事</td><td colspan="6">1980 年，翻建平房
1982 年，把平房翻建为楼房
1994 年，夏奕就读于昆山卫校
1996—2002 年，夏奕在广福村卫生室工作
1997 年，夏奕担任广福村团支部书记
1999 年，夏奕加入中国共产党
2003—2020 年，夏奕先后任玉山镇预防保健所医生、柏庐社区卫生服务站医生
2007 年，动迁至广福锦园
2008 年，夏奕于淮阴卫生高等职业技术学校深造学习
2009 年，张雨就读于常州大学（本科）
2010 年，张依灵就读于常州大学（本科）
2018 年，张依灵与张雨结婚</td></tr>
</table>

<table>
<tr><td rowspan="5">家庭成员</td><td colspan="4">现有家属</td><td colspan="2">已故家属
（1949—2020 年）</td></tr>
<tr><td>姓名</td><td>与户主关系</td><td>出生年月</td><td>性别</td><td>称呼</td><td>姓名</td></tr>
<tr><td>陆巧弟</td><td>户主</td><td>1966 年 12 月</td><td>男</td><td>父亲</td><td>陆阿三</td></tr>
<tr><td>张玉芳</td><td>妻子</td><td>1965 年 12 月</td><td>女</td><td>母亲</td><td>朱小妹</td></tr>
<tr><td>陆振威</td><td>儿子</td><td>1989 年 8 月</td><td>男</td><td></td><td></td></tr>
<tr><td>家庭大事</td><td colspan="6">2005 年，动迁至锦隆佳园</td></tr>
</table>

	现有家属				已故家属（1949—2020 年）	
	姓名	与户主关系	出生年月	性别	称呼	姓名
家庭成员	陆荷英	户主	1947 年 6 月	女	丈夫	陈凤鸣
	陈鉴赍	儿子	1974 年 1 月	男		
	唐青芳	儿媳	1976 年 6 月	女		
	陈颖出	孙女	2001 年 8 月	女		
	陈紫凤	女儿	1968 年 12 月	女		
	张伯林	女婿	1966 年 8 月	男		
	张　匀	外孙女	1990 年 1 月	女		
家庭大事	1980 年，翻建平房 1992 年，把平房翻建为楼房 2001 年，动迁至广福锦园 2010 年，张匀就读于南京师范大学泰州学院（本科） 2019 年，陈颖出就读于南京晓庄学院（本科）					

	现有家属				已故家属（1949—2020 年）	
	姓名	与户主关系	出生年月	性别	称呼	姓名
家庭成员	莫阿明	户主	1952 年 11 月	男	父亲	莫凤林
	赵小妹	妻子	1955 年 11 月	女	母亲	莫阿三
	莫雪峰	儿子	1977 年 12 月	男		
	沈志芬	儿媳	1977 年 2 月	女		
	莫文杰	孙子	2002 年 3 月	男		
家庭大事	1980 年，翻建平房 1997 年，出售房屋 2003 年，动迁至景秀苑 2020 年，莫文杰就读于江苏理工学院（本科）					

	现有家属				已故家属（1949—2020年）	
	姓名	与户主关系	出生年月	性别	称呼	姓名
家庭成员	莫余明	户主	1958年2月	男	父亲	莫凤林
	管国兰	妻子	1962年9月	女	母亲	莫阿三
	莫恋花	女儿	1982年11月	女		
	蔡鸣峰	女婿	1980年10月	男		
	蔡佳莫	外孙	2007年10月	男		
	莫建明	弟弟	1963年10月	男		
家庭大事	1982年，翻建平房 1994年，把平房翻建为楼房 2007年，动迁至锦隆佳园					

	现有家属				已故家属（1949—2020年）	
	姓名	与户主关系	出生年月	性别	称呼	姓名
家庭成员	王永平	户主	1966年2月	男		
	翁风花	妻子	1966年11月	女		
	王　娟	女儿	1989年9月	女		
	陆　健	女婿	1989年11月	男		
	陆翊航	孙子	2014年1月	男		
家庭大事	1998年，王永平户口迁入广福村 2005年，王娟考取大专 2012年，王娟结婚 2017年，动迁至锦隆佳园					

	现有家属				已故家属（1949—2020 年）	
	姓名	与户主关系	出生年月	性别	称呼	姓名
家庭成员	沈惠明	户主	1963 年 3 月	男	父亲	沈福荣
	张金珍	妻子	1963 年 11 月	女		
	沈华怡	女儿	1986 年 5 月	女		
	沈晓峰	女婿	1987 年 1 月	男		
	沈馨忆	孙女	2013 年 2 月	女		
	沈奕安	孙子	2016 年 12 月	男		
	张惠英	母亲	1945 年 2 月	女		
家庭大事	1981 年，翻建平房 1990 年，把平房翻建为楼房 2005 年，沈华怡就读于常熟理工学院（本科） 2007 年，沈晓峰加入中国共产党 2009 年，沈晓峰毕业于南京航空航天大学金城学院 2009 年，动迁至锦隆佳园 2016 年，沈晓峰担任淀山湖镇副镇长					

	现有家属				已故家属（1949—2020 年）	
	姓名	与户主关系	出生年月	性别	称呼	姓名
家庭成员	纪玉松	户主	1964 年 8 月	男	父亲	纪行芝
	王超珍	妻子	1966 年 3 月	女	母亲	杨　明
	纪　磊	儿子	1993 年 4 月	男		
	钱　洁	儿媳	1992 年 7 月	女		
家庭大事	1994 年，购买广福村张惠明的房屋 2008 年，动迁至锦隆佳园 2011 年，纪磊入伍 2013 年，纪磊加入中国共产党 2013 年，纪磊退伍					

家庭成员	现有家属				已故家属（1949—2020 年）	
	姓名	与户主关系	出生年月	性别	称呼	姓名
	张学文	户主	1943 年 11 月	男	父亲	张炳仁
	张小妹	妻子	1947 年 2 月	女	母亲	张招娣
	张桂花	长女	1969 年 1 月	女		
	顾志刚	长女婿	1966 年 4 月	男		
	张　玲	孙女	1990 年 12 月	女		
	王　东	孙女婿	1988 年 9 月	男		
	王辰亦	曾外孙	2014 年 6 月	男		
	张晨玥	曾外孙女	2017 年 7 月	女		
	张桂英	次女	1971 年 11 月	女		
	翟君毅	外孙	1997 年 2 月	男		
	张桂芳	三女	1975 年 1 月	女		
家庭大事	1978 年，翻建平房 1993 年，把平房翻建为楼房 2009 年，动迁至锦隆佳园					

家庭成员	现有家属				已故家属（1949—2020 年）	
	姓名	与户主关系	出生年月	性别	称呼	姓名
	高惠英	户主	1944 年 3 月	女	丈夫	邵义林
	邵水亮	儿子	1970 年 11 月	男		
	王　燕	儿媳	1973 年 3 月	女		
	邵奕琨	孙女	2007 年 3 月	女		
家庭大事	1979 年，把平房翻建为楼房 1991 年，邵义林去世 2005 年，动迁至广福锦园					

	现有家属				已故家属（1949—2020年）	
	姓名	与户主关系	出生年月	性别	称呼	姓名
家庭成员	李雪芬	户主	1963年9月	女	父亲	张金生
	姚惠元	丈夫	1957年3月	男	母亲	李桂芬
	李　虹	长女	1985年6月	女		
	赵美佳	长女婿	1985年10月	男		
	赵梓淇	长外孙女	2008年11月	女		
	赵梓悦	次外孙女	2012年12月	女		
	李　雯	次女	1991年2月	女		
	万　龙	次女婿	1988年10月	男		
	李梓萍	三外孙女	2014年3月	女		
家庭大事	1950年，张金生入伍 1956年，张金生退伍 1980年，翻建平房 1991年，平房翻建楼房 2005年，李桂芬去世 2008年，张金生去世 2009年，动迁至锦隆佳园					

	现有家属				已故家属（1949—2020年）	
	姓名	与户主关系	出生年月	性别	称呼	姓名
家庭成员	邵水明	户主	1956年8月	男	父亲	邵雨林
	费兰花	妻子	1960年2月	女	母亲	邵文妹
	邵　斌	儿子	1981年4月	男	前妻	王冬英
	陈　燕	儿媳	1981年9月	女		
	邵时雨	孙子	2004年7月	男		
家庭大事	1980年，翻建平房 1992年，把平房翻建为楼房 2008年，动迁至锦隆佳园					

	现有家属				已故家属（1949—2020年）	
	姓名	与户主关系	出生年月	性别	称呼	姓名
家庭成员	邵水生	户主	1945年1月	男	父亲	邵雨林
	陆凤英	妻子	1945年11月	女	母亲	邵文妹
	邵建国	儿子	1971年1月	男		
	张　菊	儿媳	1971年7月	女		
	邵子寅	孙子	1998年2月	男		
	邵建英	女儿	1969年1月	女		
	黄建群	女婿	1968年6月	男		
	黄子辰	外孙	1991年3月	男		
家庭大事	1980年，翻建平房 1992年，把平房翻建为楼房 2008年，动迁至锦隆佳园 2009年，黄子辰就读于盐城工学院（本科） 2016年，邵子寅就读于苏州大学（本科） 2020年，黄子辰就读于苏州大学（在职研究生）					

	现有家属				已故家属（1949—2020 年）	
	姓名	与户主关系	出生年月	性别	称呼	姓名
家庭成员	邵文贤	户主	1954 年 8 月	男	父亲	邵福兴
	浦玲珍	妻子	1954 年 10 月	女		
	邵月英	长女	1978 年 7 月	女		
	史国庆	长女婿	1978 年 10 月	男		
	邵　萌	长孙女	2001 年 7 月	女		
	邵月琴	次女	1979 年 8 月	女		
	顾邵娅	次孙女	2007 年 5 月	女		
	邵金宝	母亲	1932 年 3 月	女		
家庭大事	1974 年，翻建平房 1985 年，邵文贤加入中国共产党 1988 年，把平房翻建为楼房 1998 年，邵月琴就读于华北工学院（大专） 2008 年，动迁至锦隆佳园 2019 年，邵萌就读于南京师范大学（本科）					

	现有家属				已故家属（1949—2020 年）	
	姓名	与户主关系	出生年月	性别	称呼	姓名
家庭成员	邵文华	户主	1967 年 3 月	男	父亲	邵福兴
	赵红英	妻子	1970 年 5 月	女		
	邵晨雄	儿子	1991 年 4 月	男		
	裴余杭	儿媳	1992 年 10 月	女		
	邵桐宇	孙子	2018 年 1 月	男		
	邵金宝	母亲	1932 年 3 月	女		
家庭大事	1986 年，新建楼房 2008 年，动迁至广福锦园 2010 年，邵晨雄就读于常熟理工学院虞山学院（本科） 2014 年，裴余杭就读于澳大利亚塔斯马尼亚大学商学院（硕士研究生）					

	现有家属				已故家属（1949—2020 年）	
	姓名	与户主关系	出生年月	性别	称呼	姓名
家庭成员	翁香妹	户主	1949 年 2 月	女	丈夫	邵凤元
	邵　明	长子	1971 年 11 月	男		
	陈雪娟	长儿媳	1972 年 1 月	女		
	邵成龙	长孙	1994 年 11 月	男		
	邵　林	次子	1974 年 2 月	男		
	陈菊花	次儿媳	1977 年 11 月	女		
	陈　欣	孙女	2000 年 8 月	女		
	邵辰帆	次孙	2014 年 8 月	男		

家庭大事

1980 年，翻建平房
1991 年，把平房翻建为楼房
1994 年，邵林入伍
1998 年，邵林加入中国共产党
1999 年，邵林退伍
2009 年，动迁至锦隆佳园
2013 年，邵成龙毕业于南通航运职业技术学院（大专）
2014 年，邵成龙加入中国共产党
2016 年，邵成龙入伍
2018 年，邵成龙退伍
2018 年，陈欣就读于江苏师范大学本科
2020 年，邵成龙毕业于中国人民大学（函授本科）

<table>
<tr><td rowspan="9">家庭成员</td><td colspan="4">现有家属</td><td colspan="2">已故家属
（1949—2020 年）</td></tr>
<tr><td>姓名</td><td>与户主关系</td><td>出生年月</td><td>性别</td><td>称呼</td><td>姓名</td></tr>
<tr><td>陆建国</td><td>户主</td><td>1962 年 9 月</td><td>男</td><td>岳父</td><td>张杏泉</td></tr>
<tr><td>张余珍</td><td>妻子</td><td>1966 年 1 月</td><td>女</td><td>岳母</td><td>张金凤</td></tr>
<tr><td>张绿燕</td><td>女儿</td><td>1986 年 8 月</td><td>女</td><td></td><td></td></tr>
<tr><td>马熙瑞</td><td>女婿</td><td>1982 年 11 月</td><td>男</td><td></td><td></td></tr>
<tr><td>马梓钰</td><td>外孙女</td><td>2011 年 7 月</td><td>女</td><td></td><td></td></tr>
<tr><td>张志强</td><td>儿子</td><td>1991 年 4 月</td><td>男</td><td></td><td></td></tr>
<tr><td>沈诣轩</td><td>孙子</td><td>2016 年 11 月</td><td>男</td><td></td><td></td></tr>
<tr><td>家庭大事</td><td colspan="6">1981 年，翻建平房
1993 年，把平房翻建为楼房
2008 年，动迁至锦隆佳园
2012 年，张志强入伍
2014 年，张志强退伍</td></tr>
</table>

<table>
<tr><td rowspan="8">家庭成员</td><td colspan="4">现有家属</td><td colspan="2">已故家属
（1949—2020 年）</td></tr>
<tr><td>姓名</td><td>与户主关系</td><td>出生年月</td><td>性别</td><td>称呼</td><td>姓名</td></tr>
<tr><td>徐玉龙</td><td>户主</td><td>1963 年 8 月</td><td>男</td><td>父亲</td><td>徐炳兴</td></tr>
<tr><td>张梅芳</td><td>妻子</td><td>1964 年 3 月</td><td>女</td><td>母亲</td><td>徐凤英</td></tr>
<tr><td>徐　昊</td><td>儿子</td><td>1987 年 9 月</td><td>男</td><td></td><td></td></tr>
<tr><td>汤　燕</td><td>儿媳</td><td>1987 年 9 月</td><td>女</td><td></td><td></td></tr>
<tr><td>徐芯昀</td><td>长孙女</td><td>2011 年 6 月</td><td>女</td><td></td><td></td></tr>
<tr><td>徐雨璇</td><td>次孙女</td><td>2019 年 8 月</td><td>女</td><td></td><td></td></tr>
<tr><td>家庭大事</td><td colspan="6">1980 年，翻建平房
2003 年，迁至广福锦园小区
2011 年，徐玉龙加入中国共产党
2015 年，徐炳兴去世
2018 年，徐凤英去世</td></tr>
</table>

	现有家属				已故家属（1949—2020 年）	
	姓名	与户主关系	出生年月	性别	称呼	姓名
家庭成员	楼文明	户主	1945 年 1 月	男	父亲	楼阿水
	贾三宝	妻子	1946 年 3 月	女	母亲	楼巧娣
	楼菊英	女儿	1965 年 8 月	女		
	邵文龙	女婿	1964 年 12 月	男		
	楼超雄	孙子	1988 年 1 月	男		
	林　玲	孙媳	1987 年 9 月	女		
	楼妍君	曾孙女	2012 年 5 月	女		
家庭大事	1980 年，翻建平房 1984 年，把平房翻建为楼房 1994 年，邵文龙加入中国共产党 2002—2020 年，邵文龙担任振华集团（昆山）建设工程股份有限公司会计 2007 年，动迁至锦隆佳园 2010 年，楼超雄毕业于淮阴师范学院数学系 2010 年，林玲毕业于南京晓庄学院化学系 2010 年，楼超雄担任昆山市柏庐实验小学教师 2010 年，林玲担任昆山市第二中学化学教师 2016 年，楼超雄加入中国共产党 2017 年，林玲加入中国共产党 2019 年，楼超雄获昆山市优秀宣传个人荣誉 2019 年，林玲获昆山市教学能手荣誉 2020 年，楼超雄获昆山市学科带头人荣誉					

	现有家属				已故家属（1949—2020年）	
	姓名	与户主关系	出生年月	性别	称呼	姓名
家庭成员	张惠明	户主	1954年10月	男	父亲	张小弟
	李静芬	妻子	1957年2月	女	母亲	张小白
	张建芳	女儿	1978年12月	女		
	周艳林	女婿	1977年7月	男		
	张令威	外孙	2001年3月	男		
	张剑峰	儿子	1987年4月	男		
	陈花妹	儿媳	1986年9月	女		
	张紫轩	长孙女	2010年4月	女		
	张紫妍	次孙女	2016年8月	女		
	张紫婧	次孙女	2016年8月	女		
	张正明	哥哥	1943年12月	男		
家庭大事	1974年，翻建平房 1986年，把平房翻建为楼房 2009年，动迁至锦隆佳园					

广福村第 11 村民小组

	现有家属				已故家属（1949—2020 年）	
	姓名	与户主关系	出生年月	性别	称呼	姓名
家庭成员	张永林	户主	1955 年 11 月	男	父亲	张仲良
	韩小妹	妻子	1955 年 4 月	女		
	张雪娟	女儿	1978 年 9 月	女		
	周江华	女婿	1977 年 2 月	男		
	周张翔	外孙	2006 年 6 月	男		
	张水英	母亲	1931 年 9 月	女		
家庭大事	1981 年，翻建平房 1991 年，翻建楼房 1996 年，将房屋卖给张志华 1998 年，张雪娟就读于大连海事大学（本科） 1998 年，周江华就读于大连海事大学（本科）					

	现有家属				已故家属（1949—2020 年）	
	姓名	与户主关系	出生年月	性别	称呼	姓名
家庭成员	张雪林	户主	1963 年 12 月	男	父亲	张仲良
	范民妹	妻子	1978 年 8 月	女		
	张　洁	女儿	1986 年 8 月	女		
	张水英	母亲	1931 年 9 月	女		
家庭大事	1985 年，把平房翻建为楼房 1995 年，将楼房卖给赵大华 2012 年，张洁被昆山市政府授予“民政系统优秀个人”称号 2013 年，张洁加入中国共产党					

	现有家属				已故家属（1949—2020年）	
	姓名	与户主关系	出生年月	性别	称呼	姓名
家庭成员	张宝林	户主	1957年8月	男	父亲	张进德
	刘华琼	妻子	1960年3月	女	母亲	顾阿妹
	张　强	儿子	1981年10月	男		
	汪前芳	儿媳	1980年2月	女		
	张宇轩	孙子	2007年8月	男		
家庭大事	1969年，翻建平房 2003年，动迁至广福锦园					

	现有家属				已故家属（1949—2020年）	
	姓名	与户主关系	出生年月	性别	称呼	姓名
家庭成员	张巧林	户主	1962年8月	男	父亲	张进德
	陈国珍	妻子	1963年8月	女	母亲	顾阿妹
	张成龙	儿子	1990年12月	男		
	陈学静	儿媳	1990年9月	女		
	张羽兮	孙女	2020年11月	女		
家庭大事	1983年，翻建平房 2009年，动迁至锦隆佳园 2011年，张成龙入伍 2013年，张成龙加入中国共产党，同年退伍 2013年，张成龙就读于安徽财经大学（函授本科）					

	现有家属				已故家属（1949—2020 年）	
	姓名	与户主关系	出生年月	性别	称呼	姓名
家庭成员	张雪明	户主	1965 年 12 月	男	父亲	张进德
	周兰英	妻子	1963 年 4 月	女	母亲	顾阿妹
	张成杰	儿子	1988 年 5 月	男		
	马晶晶	儿媳	1988 年 4 月	女		
	张懿嘉	长孙女	2013 年 11 月	女		
	张懿萌	次孙女	2017 年 11 月	女		
家庭大事	1982 年，翻建平房 2009 年，张成杰加入中国共产党 2011 年，动迁至锦隆佳园 2011 年，张成杰毕业于淮阴工学院 2011 年，马晶晶毕业于南京审计学院 2011 年，马晶晶加入中国共产党					

	现有家属				已故家属（1949—2020 年）	
	姓名	与户主关系	出生年月	性别	称呼	姓名
家庭成员	朱静明	户主	1949 年 3 月	男	岳父	张叙福
	张婉珍	妻子	1946 年 11 月	女	岳母	张二宝
	张月芳	女儿	1970 年 2 月	女		
	汤新光	女婿	1968 年 8 月	男		
	朱雅珏	孙女	1991 年 11 月	女		
家庭大事	1980 年，翻建平房 1985 年，汤新光入伍 1989 年，汤新光加入中国共产党 1989 年，汤新光退伍 1989 年，把平房翻建为楼房 2009 年，动迁至锦隆佳园 2010 年，朱雅珏就读于淮阴师范学院（本科）					

	现有家属				已故家属（1949—2020 年）	
	姓名	与户主关系	出生年月	性别	称呼	姓名
家庭成员	张建明	户主	1953 年 11 月	男	父亲	张叙福
	张余妹	妻子	1958 年 1 月	女	母亲	张二宝
	张秋月	女儿	1978 年 9 月	女		
	朱惠华	女婿	1978 年 10 月	男		
	朱佳怡	外孙女	2006 年 8 月	女		
家庭大事	1980 年，翻建平房 1992 年，把平房翻建为楼房 1999 年，张秋月毕业于南京邮电学院（中专） 2006 年，张秋月就读于扬州大学（本科） 2008 年，动迁至锦隆佳园					

	现有家属				已故家属（1949—2020 年）	
	姓名	与户主关系	出生年月	性别	称呼	姓名
家庭成员	邵妙金	户主	1948 年 7 月	女	丈夫	张海南
	徐惠娟	儿媳	1972 年 2 月	女	儿子	张桂亮
	张　婧	孙女	1994 年 2 月	女		
家庭大事	1980 年，翻建平房 1990 年，把平房翻建为楼房 2008 年，动迁至锦隆佳园 2010 年，徐惠娟加入中国共产党 2011 年，张婧就读于南京大学（本科） 2015 年，张婧就读于香港中文大学（硕士研究生）					

	现有家属				已故家属（1949—2020 年）	
	姓名	与户主关系	出生年月	性别	称呼	姓名
家庭成员	赵大华	户主	1962 年 9 月	男		
	陈荣爱	妻子	1966 年 10 月	女		
	赵　丽	女儿	1994 年 2 月	女		
	刘　阳	女婿	1993 年 11 月	男		
	刘宇恒	外孙	2019 年 9 月	男		
家庭大事	1995 年，购买张雪林的房屋 1997 年，迁入广福村第 11 村民小组 2008 年，动迁至锦隆佳园 2008 年，刘阳就读于南京财经大学（本科） 2012 年，赵丽就读于北京化工大学北方学院（本科）					

	现有家属				已故家属（1949—2020 年）	
	姓名	与户主关系	出生年月	性别	称呼	姓名
家庭成员	张雪东	户主	1968 年 7 月	男	父亲	张文明
	徐雅萍	妻子	1966 年 7 月	女		
	张　莉	女儿	1991 年 6 月	女		
	陆　骏	女婿	1990 年 3 月	男		
	顾美英	母亲	1944 年 4 月	女		
家庭大事	1983 年，把平房翻建为楼房 2009 年，动迁至锦隆佳园					

	现有家属				已故家属（1949—2020年）	
	姓名	与户主关系	出生年月	性别	称呼	姓名
家庭成员	张雪元	户主	1965年9月	男	父亲	张文明
	夏毓文	妻子	1968年2月	女		
	张怡君	女儿	1991年7月	女		
	顾美英	母亲	1944年4月	女		
	张雪花	姐姐	1963年12月	女		
	张雨花	妹妹	1970年4月	女		
家庭大事	1983年，张雪元就读于苏州师范专科学校（专科） 2009年，张怡君就读于南京审计大学（本科） 2012年，张雪元就读于江苏第二师范学院（函授本科） 2012年，张怡君加入中国共产党 2020年，张雪元由昆山市教育局选派赴新疆克孜勒苏柯尔克孜自治州阿图什市昆山育才学校支教					

	现有家属				已故家属（1949—2020年）	
	姓名	与户主关系	出生年月	性别	称呼	姓名
家庭成员	张月明	户主	1963年11月	男	祖父	张桃福
	金秀英	妻子	1965年4月	女	祖母	张桂英
	张鑫超	儿子	1989年5月	男	母亲	张梅宝
	顾　婷	儿媳	1989年1月	女		
	张浩宸	孙子	2013年3月	男		
	张泉元	父亲	1937年12月	男		
家庭大事	1980年，翻建平房 2008年，动迁至锦隆佳园					

	现有家属				已故家属（1949—2020 年）	
	姓名	与户主关系	出生年月	性别	称呼	姓名
家庭成员	张月林	户主	1967 年 1 月	男	祖父	张桃福
	马月英	妻子	1966 年 7 月	女	祖母	张桂英
	张　婷	女儿	1990 年 1 月	女	母亲	张梅宝
	姚　伟	女婿	1986 年 5 月	男		
	姚歌悦	孙女	2014 年 3 月	女		
	张泉元	父亲	1937 年 12 月	男		
家庭大事	1981 年，翻建平房 2008 年，动迁至广福锦园					

	现有家属				已故家属（1949—2020 年）	
	姓名	与户主关系	出生年月	性别	称呼	姓名
家庭成员	俞金娥	户主	1946 年 8 月	女	丈夫	张解文
	张培珍	女儿	1968 年 1 月	女		
	张佩康	长子	1970 年 2 月	男		
	刘义芬	长儿媳	1968 年 1 月	女		
	张慧仪	长孙女	1992 年 9 月	女		
	张佩良	次子	1974 年 5 月	男		
	毛敏娟	次儿媳	1974 年 1 月	女		
	张梓妍	次孙女	2003 年 1 月	女		
家庭大事	1980 年，翻建平房 1992 年，把平房翻建为楼房 1997 年，张佩良加入中国共产党 2008 年，动迁至锦隆佳园					

	现有家属				已故家属（1949—2020 年）	
	姓名	与户主关系	出生年月	性别	称呼	姓名
家庭成员	张国元	户主	1947 年 1 月	男	父亲	张桂生
	陈梅子	妻子	1947 年 7 月	女	母亲	张杏宝
	陈幼凤	儿媳	1971 年 10 月	女	儿子	张建良
	张　晟	孙子	1995 年 10 月	男		
家庭大事	1980 年，翻建平房 1992 年，把平房翻建为楼房 2008 年，动迁至锦隆佳园 2014 年，张晟就读于徐州医学院（本科）					

	现有家属				已故家属（1949—2020 年）	
	姓名	与户主关系	出生年月	性别	称呼	姓名
家庭成员	楼凤康	户主	1952 年 3 月	男	父亲	楼阿男
	董爱玲	妻子	1958 年 1 月	女	母亲	张爱林
	楼小芳	女儿	1979 年 9 月	女		
	徐　旻	女婿	1978 年 3 月	男		
	徐楼依	外孙女	2005 年 10 月	女		
家庭大事	1972 年，楼凤康入伍，其间获得 5 次嘉奖 1977 年，楼凤康加入中国共产党 1978 年，楼凤康退伍 1980 年，翻建平房 1988 年，把平房翻建为楼房 1989—1998 年，楼凤康任广福砖瓦厂厂长 1993 年，购买商品房一套 2003 年，楼小芳毕业于中国人民解放军外国语学院 2005 年，楼小芳进广福村工作 2006 年，楼小芳加入中国共产党 2007 年、2011 年、2016 年，楼小芳荣获“玉山镇先进个人”称号 2009 年，楼小芳荣获“2008—2009 年玉山镇妇女工作先进个人”称号 2016 年，获评昆山市最美家庭 2018 年，楼小芳荣获“2018 年全国流动人口动态监测调查省级优秀调查员”称号					

	现有家属				已故家属（1949—2020 年）	
	姓名	与户主关系	出生年月	性别	称呼	姓名
家庭成员	楼凤明	户主	1948 年 2 月	男	父亲	楼阿男
	楼　芬	长女	1973 年 11 月	女	母亲	张爱林
	葛云龙	长女婿	1969 年 5 月	男		
	葛亦楼	外孙	2001 年 3 月	男		
	楼　莉	次女	1975 年 6 月	女		
	袁　懿	外孙女	2000 年 12 月	女		
家庭大事	1966—1976 年，楼凤明担任赤脚医生 1976—1986 年，楼凤明在供销公司工作 1979 年，翻建平房 1985 年，把平房翻建为楼房 1986—1998 年，楼凤明任广福砖瓦厂调度员 2009 年，老宅动迁 2019 年，葛亦楼考入华南理工大学 2019 年，袁懿考入中国矿业大学（北京）					

	现有家属				已故家属（1949—2020 年）	
	姓名	与户主关系	出生年月	性别	称呼	姓名
家庭成员	张金根	户主	1960 年 11 月	男	父亲	张培生
	陈白妹	妻子	1960 年 6 月	女		
	张　燕	女儿	1984 年 10 月	女		
	张　吉	女婿	1983 年 11 月	男		
	张钰萌	长孙女	2008 年 11 月	女		
	张谨萌	次孙女	2012 年 2 月	女		
	张惠芳	母亲	1940 年 1 月	女		
家庭大事	1980 年，翻建平房 1992 年，把平房翻建为楼房 2004 年，动迁至广福锦园					

	现有家属				已故家属（1949—2020 年）	
	姓名	与户主关系	出生年月	性别	称呼	姓名
家庭成员	张爱珍	户主	1952 年 1 月	女	父亲	张金福
	张维琴	女儿	1973 年 1 月	女	母亲	沈小娘
	朱立民	女婿	1970 年 8 月	男	丈夫	王卫兴
	张　伟	孙子	1993 年 6 月	男		
	邹　雯	孙媳妇	1993 年 10 月	女		
家庭大事	1981 年，翻建平房 1993 年，把平房翻建为楼房 2008 年，动迁至锦隆佳园					

	现有家属				已故家属（1949—2020 年）	
	姓名	与户主关系	出生年月	性别	称呼	姓名
家庭成员	王良妹	户主	1957 年 5 月	女		
	张　强	儿子	1981 年 10 月	男		
	汪前芳	儿媳	1980 年 2 月	女		
	张宇轩	孙子	2007 年 8 月	男		
家庭大事						

广福村第 12 村民小组

	现有家属				已故家属（1949—2020 年）	
	姓名	与户主关系	出生年月	性别	称呼	姓名
家庭成员	方海庆	户主	1970 年 1 月	男	祖父	方国祥
	张国芳	妻子	1969 年 7 月	女	祖母	朱方氏
	方紫薇	女儿	1992 年 10 月	女		
	方正松	父亲	1948 年 2 月	男		
	丁云仙	母亲	1948 年 7 月	女		
家庭大事	1982 年，把原宅翻建为平房 1987 年，把平房翻建为楼房 2003 年，动迁至广福锦园自建房 2007 年，方海庆加入中国共产党 2011 年，方紫薇就读于南京理工大学国际教育学院（大专） 2014 年，方紫薇就读于南京理工大学国际教育学院（本科）					

	现有家属				已故家属（1949—2020 年）	
	姓名	与户主关系	出生年月	性别	称呼	姓名
家庭成员	方海林	户主	1972 年 2 月	男	祖父	方国祥
	丁增凤	妻子	1976 年 9 月	女	祖母	朱方氏
	方子安	儿子	1999 年 8 月	男		
	方正松	父亲	1948 年 2 月	男		
	丁云仙	母亲	1948 年 7 月	女		
家庭大事	2003 年，动迁至锦隆佳园					

	现有家属				已故家属（1949—2020 年）	
	姓名	与户主关系	出生年月	性别	称呼	姓名
家庭成员	王雪峰	户主	1970 年 11 月	男	父亲	王阿三
	杜永梅	妻子	1970 年 1 月	女	母亲	陈月英
	王燕南	女儿	1993 年 12 月	女		
家庭大事	1985 年，建楼房 1994 年至今，王雪峰开饭店（萧林路园宇酒店） 2003 年，动迁至广福锦园 2013 年，王燕南就读于南京师范大学泰州学院（本科）					

	现有家属				已故家属（1949—2020 年）	
	姓名	与户主关系	出生年月	性别	称呼	姓名
家庭成员	方道友	户主	1964 年 12 月	男	母亲	方桂珍
	刘丽英	妻子	1968 年 11 月	女		
	方　杰	儿子	1989 年 6 月	男		
	陆　琼	儿媳	1989 年 11 月	女		
	方正夫	父亲	1935 年 3 月	男		
家庭大事	1983 年，把原宅翻建为楼房 2003 年，动迁至广福锦园自建房 2008 年，方杰入伍 2009 年，方杰被评为优秀士兵 2010 年，方杰加入中国共产党 2011 年，方杰被评为优秀士兵 2012 年，方道友在昆山市公共交通集团有限公司“安康杯”春运劳动竞赛中获得二等奖 2013 年，方杰被评为优秀士兵 2013 年，方杰退伍返乡					

	现有家属				已故家属（1949—2020 年）	
	姓名	与户主关系	出生年月	性别	称呼	姓名
家庭成员	丁建刚	户主	1968 年 7 月	男	父亲	丁凤鸣
	梁美红	妻子	1974 年 4 月	女	母亲	王金娥
	丁辰辰	女儿	1995 年 7 月	女		
	顾恒伟	女婿	1994 年 7 月	男		
家庭大事	1988 年，建楼房 2003 年，动迁至广福锦园 2013 年 9 月，丁辰辰就读于东北师范大学人文学院（本科）					

	现有家属				已故家属（1949—2020 年）	
	姓名	与户主关系	出生年月	性别	称呼	姓名
家庭成员	沈进军	户主	1965 年 6 月	男	父亲	沈洪生
	胡雪花	妻子	1964 年 11 月	女		
	沈　静	女儿	1988 年 5 月	女		
	王建鸿	女婿	1987 年 12 月	男		
	王祺佑	孙子	2011 年 6 月	男		
	沈祺恩	孙女	2014 年 5 月	女		
	沈小妹	母亲	1936 年 9 月	女		
家庭大事	2003 年，动迁至广福锦园自建房 2011 年，王建鸿开办多乐士专卖店 2015 年，沈静开办美容院					

家庭成员	现有家属				已故家属（1949—2020年）	
	姓名	与户主关系	出生年月	性别	称呼	姓名
	沈雪林	户主	1954年10月	男	父亲	沈宝泉
家庭大事	2008年，迁至锦隆佳园					

家庭成员	现有家属				已故家属（1949—2020年）	
	姓名	与户主关系	出生年月	性别	称呼	姓名
	贾泉林	户主	1949年3月	男	岳父	王阿毛
	王祥珍	妻子	1948年9月	女		
	王　兴	儿子	1969年12月	男		
	徐雪芬	儿媳	1970年3月	女		
	王雅婷	孙女	1992年8月	女		
	沈鑫磊	孙女婿	1990年10月	男		
	沈珈妤	曾孙女	2019年9月	女		
家庭大事	1987年，翻建楼房 2003年，动迁至广福锦园自建房 2009年，王雅婷就读于扬州环境资源职业技术学院（大专） 2009年，沈鑫磊就读于南通大学医学院（本科） 2012年，王雅婷就读于南京师范大学泰州学院（本科）					

家庭成员	现有家属				已故家属（1949—2020年）	
	姓名	与户主关系	出生年月	性别	称呼	姓名
	王雪明	户主	1955年8月	男	妻子	刘秀芬
					儿子	王　刚
家庭大事	1976年，翻建平房 1985年，新建楼房 2003年，动迁至广福锦园自建房					

	现有家属				已故家属（1949—2020 年）	
	姓名	与户主关系	出生年月	性别	称呼	姓名
家庭成员	王雪球	户主	1955 年 8 月	男	父亲	王炳生
	陈桂芬	妻子	1956 年 7 月	女	母亲	王惠兰
	王　恋	长女	1981 年 2 月	女		
	张　强	长女婿	1983 年 2 月	男		
	张雨墨	孙子	2010 年 11 月	男		
	王　珺	次女	1985 年 9 月	女		
	盛　昌	次女婿	1985 年 10 月	男		
	盛逸娴	孙女	2012 年 4 月	女		
家庭大事	1985 年，把平房翻建为楼房 1998 年，张强就读于林业部南京人民警察学校 2000 年，王恋就读于江西财经理工专修学院（大专） 2002 年，张强加入中国共产党 2003 年，动迁至广福锦园自建房 2004 年，张强就职于昆山市公安局城北派出所 2004 年，张强就读于苏州广播电视大学（本科） 2004 年，王珺就读于徐州工程学院（大专） 2004 年，盛昌就读于江苏财经职业技术学院（大专） 2008 年，王恋与张强结婚 2015 年，张强荣获昆山市公安局个人三等功 2019 年，王恋就读于南京审计大学（本科）					

<table>
<tr><td rowspan="9">家庭成员</td><td colspan="4">现有家属</td><td colspan="2">已故家属
（1949—2020 年）</td></tr>
<tr><td>姓名</td><td>与户主关系</td><td>出生年月</td><td>性别</td><td>称呼</td><td>姓名</td></tr>
<tr><td>王建栋</td><td>户主</td><td>1968 年 10 月</td><td>男</td><td>祖父</td><td>王阿龙</td></tr>
<tr><td>高金珍</td><td>妻子</td><td>1968 年 09 月</td><td>女</td><td>祖母</td><td>王美娣</td></tr>
<tr><td>王　磊</td><td>儿子</td><td>1991 年 10 月</td><td>男</td><td></td><td></td></tr>
<tr><td>张静娴</td><td>儿媳</td><td>1994 年 07 月</td><td>女</td><td></td><td></td></tr>
<tr><td>王芃予</td><td>孙女</td><td>2018 年 03 月</td><td>女</td><td></td><td></td></tr>
<tr><td>王炳忠</td><td>父亲</td><td>1944 年 10 月</td><td>男</td><td></td><td></td></tr>
<tr><td>王凤兰</td><td>母亲</td><td>1947 年 02 月</td><td>女</td><td></td><td></td></tr>
<tr><td>家庭大事</td><td colspan="6">1986 年，翻建楼房
2003 年，动迁至广福锦园自建房
2007 年，王磊就读于苏州市吴中技工学校（大专）
2010 年，王磊入伍
2012 年，王磊退伍</td></tr>
</table>

<table>
<tr><td rowspan="7">家庭成员</td><td colspan="4">现有家属</td><td colspan="2">已故家属
（1949—2020 年）</td></tr>
<tr><td>姓名</td><td>与户主关系</td><td>出生年月</td><td>性别</td><td>称呼</td><td>姓名</td></tr>
<tr><td>王建国</td><td>户主</td><td>1970 年 12 月</td><td>男</td><td>祖父</td><td>王阿龙</td></tr>
<tr><td>董宪娟</td><td>妻子</td><td>1970 年 10 月</td><td>女</td><td>祖母</td><td>王美娣</td></tr>
<tr><td>王　凯</td><td>儿子</td><td>1994 年 12 月</td><td>男</td><td></td><td></td></tr>
<tr><td>王炳忠</td><td>父亲</td><td>1944 年 10 月</td><td>男</td><td></td><td></td></tr>
<tr><td>王凤兰</td><td>母亲</td><td>1947 年 2 月</td><td>女</td><td></td><td></td></tr>
<tr><td>家庭大事</td><td colspan="6">2003 年，动迁至锦隆佳园</td></tr>
</table>

	现有家属				已故家属（1949—2020 年）	
家庭成员	姓名	与户主关系	出生年月	性别	称呼	姓名
	董爱娣	户主	1966 年 12 月	女	丈夫	周文革
	周婧玉	女儿	1989 年 5 月	女		
	傅玥瑶	外孙女	2020 年 3 月	女		
家庭大事	2003 年，动迁 2007 年 9 月，周婧玉就读于南京师范大学（本科） 2010 年 6 月，周婧玉加入中国共产党					

	现有家属				已故家属（1949—2020 年）	
家庭成员	姓名	与户主关系	出生年月	性别	称呼	姓名
	周文明	户主	1970 年 4 月	男	父亲	周火根
	王赵燕	妻子	1969 年 8 月	女		
	周倩晨	女儿	1992 年 10 月	女		
	周钇含	儿子	2014 年 2 月	男		
	周根娣	母亲	1940 年 7 月	女		
家庭大事	1961 年，周火根加入中国共产党 1997 年，翻建楼房 2003 年，动迁至广福锦园自建房					

	现有家属				已故家属（1949—2020 年）	
家庭成员	姓名	与户主关系	出生年月	性别	称呼	姓名
	许梅娟	户主	1970 年 1 月	女		
	周倩晨	女儿	1992 年 10 月	女		
家庭大事						

	现有家属				已故家属（1949—2020年）	
	姓名	与户主关系	出生年月	性别	称呼	姓名
家庭成员	丁银根	户主	1966年5月	男	父亲	丁凤祥
	陆月芬	妻子	1967年12月	女	母亲	丁月珍
	丁亚洁	女儿	1990年7月	女		
	孔小兵	女婿	1991年3月	男		
	孔艺宸	孙子	2014年4月	男		
	丁艺涵	孙女	2016年10月	女		
家庭大事	1992年，翻建楼房 2003年，动迁至广福锦园自建房 2012年，丁亚洁毕业于苏州健雄职业技术学院 2012年，购买汽车一辆 2013年，丁亚洁结婚					

	现有家属				已故家属（1949—2020年）	
	姓名	与户主关系	出生年月	性别	称呼	姓名
家庭成员	方道龙	户主	1964年3月	男	父亲	方正华
	刘根妹	妻子	1968年7月	女	母亲	方桂英
	方　艳	女儿	1989年4月	女		
	张　磊	女婿	1989年10月	男		
	张　麟	长孙	2016年7月	男		
	方　麒	次孙	2018年5月	男		
家庭大事	1979年，翻建平房 2003年，动迁至广福锦园自建房 2009年，方艳就读于镇江市高等专科学校（大专） 2009年，张磊就读于南京工业职业技术学院（大专）					

	现有家属				已故家属（1949—2020年）	
	姓名	与户主关系	出生年月	性别	称呼	姓名
家庭成员	方道松	户主	1950年1月	男	父亲	方正华
	方丽琴	女儿	1980年1月	女	母亲	方桂英
	吴　斌	女婿	1979年5月	男	妻子	刘金娣
	吴旌源	孙子	2007年9月	男		
家庭大事	1989年，平房翻建楼房 1999年，方丽琴就读于沈阳工业学院（本科） 2003年，动迁至广福锦园自建房					

	现有家属				已故家属（1949—2020年）	
	姓名	与户主关系	出生年月	性别	称呼	姓名
家庭成员	方道银	户主	1952年10月	男	父亲	方正华
	朱荣芳	妻子	1957年9月	女	母亲	方桂英
	方莉萍	长女	1982年12月	女		
	代俤俤	长女婿	1981年3月	男		
	方歆岚	孙女	2006年3月	女		
	方梓霖	孙子	2014年7月	男		
	方莉娜	次女	1985年1月	女		
家庭大事	1972年，方道银毕业于昆山中学（高中） 1982年，方道银毕业于江苏师范学院（函授数学专科） 1986年，把原宅翻建为平房 1992年，把平房翻建为楼房 1999年，代俤俤就读于湖北农学院园林专业（本科） 2001年，方莉萍就读于江苏广播电视大学经济信息管理专业（大专） 2003年，动迁至广福锦园 2006年，方莉萍加入中国共产党 2008年，方莉萍就读于中央广播电视大学工商管理专业（本科） 2011年，朱荣芳被评为玉山镇十佳优秀母亲 2012年，被评为昆山市高新区第二届文明和谐家庭					

家庭成员	现有家属				已故家属（1949—2020 年）	
	姓名	与户主关系	出生年月	性别	称呼	姓名
	方道荣	户主	1971 年 5 月	男	父亲	方正华
					母亲	方桂英
家庭大事						

家庭成员	现有家属				已故家属（1949—2020 年）	
	姓名	与户主关系	出生年月	性别	称呼	姓名
	方道根	户主	1950 年 10 月	男	父亲	方正荣
	邓振洪	妻子	1952 年 11 月	女	母亲	方兰英
	方利民	儿子	1973 年 8 月	男		
	袁中芳	儿媳	1977 年 9 月	女		
	方怡君	孙女	2000 年 9 月	女		
	方利风	女儿	1974 年 9 月	女		
	陈　伟	女婿	1971 年 3 月	男		
	陈方弈	外孙	1998 年 5 月	男		
家庭大事	2001 年，动迁至锦隆佳园 2016 年，陈方弈就读于泰州学院（本科） 2020 年，方怡君就读于无锡太湖学院（本科）					

广福村第 13 村民小组

<table>
<tr><td rowspan="8">家庭成员</td><td colspan="4">现有家属</td><td colspan="2">已故家属
(1949—2020 年)</td></tr>
<tr><td>姓名</td><td>与户主关系</td><td>出生年月</td><td>性别</td><td>称呼</td><td>姓名</td></tr>
<tr><td>王建生</td><td>户主</td><td>1954 年 10 月</td><td>男</td><td>父亲</td><td>王世德</td></tr>
<tr><td>顾玉英</td><td>妻子</td><td>1955 年 8 月</td><td>女</td><td>母亲</td><td>沈小妹</td></tr>
<tr><td>王云峰</td><td>儿子</td><td>1979 年 12 月</td><td>男</td><td></td><td></td></tr>
<tr><td>余宏伦</td><td>儿媳</td><td>1978 年 8 月</td><td>女</td><td></td><td></td></tr>
<tr><td>王紫怡</td><td>长孙女</td><td>2003 年 9 月</td><td>女</td><td></td><td></td></tr>
<tr><td>王紫祺</td><td>次孙女</td><td>2014 年 11 月</td><td>女</td><td></td><td></td></tr>
<tr><td>家庭大事</td><td colspan="6">1989 年，翻建楼房
2002 年，动迁至濂园小区
2005 年，王云峰就读于苏州科技学院（大专）</td></tr>
</table>

<table>
<tr><td rowspan="6">家庭成员</td><td colspan="4">现有家属</td><td colspan="2">已故家属
(1949—2020 年)</td></tr>
<tr><td>姓名</td><td>与户主关系</td><td>出生年月</td><td>性别</td><td>称呼</td><td>姓名</td></tr>
<tr><td>王建华</td><td>户主</td><td>1963 年 3 月</td><td>男</td><td>父亲</td><td>王世德</td></tr>
<tr><td>陆菊芳</td><td>妻子</td><td>1967 年 7 月</td><td>女</td><td>母亲</td><td>沈小妹</td></tr>
<tr><td>王　杰</td><td>儿子</td><td>1989 年 8 月</td><td>男</td><td></td><td></td></tr>
<tr><td>杨益萍</td><td>儿媳</td><td>1988 年 2 月</td><td>女</td><td></td><td></td></tr>
<tr><td>家庭大事</td><td colspan="6">2002 年，动迁至锦隆佳园</td></tr>
</table>

<table>
<tr><td rowspan="5">家庭成员</td><td colspan="4">现有家属</td><td colspan="2">已故家属（1949—2020 年）</td></tr>
<tr><td>姓名</td><td>与户主关系</td><td>出生年月</td><td>性别</td><td>称呼</td><td>姓名</td></tr>
<tr><td>朱阿迷</td><td>户主</td><td>1946 年 6 月</td><td>女</td><td>父亲</td><td>朱荣生</td></tr>
<tr><td>朱海年</td><td>儿子</td><td>1971 年 7 月</td><td>男</td><td>母亲</td><td>朱金娣</td></tr>
<tr><td>王怡琴</td><td>孙女</td><td>1995 年 1 月</td><td>女</td><td>丈夫</td><td>王阿狗</td></tr>
<tr><td>家庭大事</td><td colspan="6">1990 年，翻建楼房
2002 年，动迁至锦隆佳园</td></tr>
</table>

<table>
<tr><td rowspan="7">家庭成员</td><td colspan="4">现有家属</td><td colspan="2">已故家属（1949—2020 年）</td></tr>
<tr><td>姓名</td><td>与户主关系</td><td>出生年月</td><td>性别</td><td>称呼</td><td>姓名</td></tr>
<tr><td>朱雪明</td><td>户主</td><td>1960 年 5 月</td><td>男</td><td>父亲</td><td>朱荣生</td></tr>
<tr><td>陈雅琴</td><td>妻子</td><td>1965 年 9 月</td><td>女</td><td>母亲</td><td>朱金娣</td></tr>
<tr><td>朱海峰</td><td>儿子</td><td>1985 年 12 月</td><td>男</td><td></td><td></td></tr>
<tr><td>汪丽亚</td><td>儿媳</td><td>1987 年 9 月</td><td>女</td><td></td><td></td></tr>
<tr><td>朱　栋</td><td>孙子</td><td>2010 年 1 月</td><td>男</td><td></td><td></td></tr>
<tr><td>家庭大事</td><td colspan="6">1995 年，建楼房
2002 年，动迁至锦隆佳园
2005 年，朱海峰入伍
2007 年，朱海峰退伍</td></tr>
</table>

<table>
<tr><td rowspan="4">家庭成员</td><td colspan="4">现有家属</td><td colspan="2">已故家属（1949—2020 年）</td></tr>
<tr><td>姓名</td><td>与户主关系</td><td>出生年月</td><td>性别</td><td>称呼</td><td>姓名</td></tr>
<tr><td>唐登凤</td><td>户主</td><td>1968 年 5 月</td><td>女</td><td></td><td></td></tr>
<tr><td>王怡琴</td><td>女儿</td><td>1995 年 1 月</td><td>女</td><td></td><td></td></tr>
<tr><td>家庭大事</td><td colspan="6">2005 年，在锦隆佳园购买经济适用房一套</td></tr>
</table>

	现有家属				已故家属（1949—2020 年）	
	姓名	与户主关系	出生年月	性别	称呼	姓名
家庭成员	支凤泉	户主	1943 年 3 月	男	二弟	支凤良
	柳阿梅	妻子	1947 年 3 月	女	三弟	支凤其
	支月珍	女儿	1969 年 4 月	女		
	陈建平	女婿	1967 年 12 月	男		
	支　铖	孙子	1990 年 9 月	男		
	姚佳慧	孙媳	1992 年 10 月	女		
	支若一	曾孙女	2017 年 6 月	女		
家庭大事	2002 年，动迁至濂园小区 2009 年，支铖就读于苏州大学（本科） 2010 年，姚佳慧就读于苏州大学（本科） 2015 年，支铖就读于苏州大学（硕士研究生）					

	现有家属				已故家属（1949—2020 年）	
	姓名	与户主关系	出生年月	性别	称呼	姓名
家庭成员	贾永其	户主	1969 年 11 月	男	祖父	贾夫庆
	周巧平	妻子	1970 年 8 月	女	父亲	陈兴来
	贾　伟	儿子	1993 年 9 月	男		
	贾爱仙	母亲	1947 年 10 月	女		
	贾惠珍	祖母	1924 年 3 月	女		
家庭大事	1990 年，翻建楼房 2002 年，动迁至广福锦园自建房					

家庭成员	现有家属				已故家属（1949—2020 年）	
	姓名	与户主关系	出生年月	性别	称呼	姓名
	陈炳初	户主	1939 年 1 月	男		
	支阿桃	妻子	1937 年 11 月	女		
	陈梅娟	女儿	1971 年 10 月	女		
	张国军	女婿	1968 年 2 月	男		
	陈支靖	孙女	1993 年 7 月	女		
	陆阳阳	孙女婿	1992 年 6 月	男		
	陆昔妍	曾孙女	2018 年 6 月	女		
家庭大事	2002 年，动迁至广福锦园自建房 2009 年，陆阳阳就读于苏州技师学院（大专） 2009 年，陈支靖就读于苏州市电子信息技师学院（大专）					

家庭成员	现有家属				已故家属（1949—2020 年）	
	姓名	与户主关系	出生年月	性别	称呼	姓名
	陈惠明	户主	1955 年 11 月	男	父亲	陈来亭
	张林梅	妻子	1953 年 7 月	女		
	陈庆丰	儿子	1978 年 11 月	男		
	张　华	儿媳	1984 年 6 月	女		
	陈彦彬	孙女	2006 年 2 月	女		
	陈秀珍	母亲	1933 年 11 月	女		
家庭大事	1986 年，翻建楼房 2002 年，动迁至广福锦园自建房					

	现有家属				已故家属（1949—2020 年）	
	姓名	与户主关系	出生年月	性别	称呼	姓名
家庭成员	陈惠林	户主	1960 年 12 月	男	父亲	陈来亭
	李　霞	妻子	1968 年 8 月	女		
	陈　凯	儿子	1993 年 11 月	男		
	姚　芳	儿媳	1995 年 1 月	女		
	陈依允	孙女	2018 年 5 月	女		
	陈秀珍	母亲	1933 年 11 月	女		
家庭大事	2012 年，动迁至锦隆佳园					

	现有家属				已故家属（1949—2020 年）	
	姓名	与户主关系	出生年月	性别	称呼	姓名
家庭成员	王大弟	户主	1948 年 8 月	男	父亲	王小宝
	缪月秀	妻子	1949 年 9 月	女	母亲	胡凤宝
	王建芦	女儿	1971 年 10 月	女	弟弟	王小弟
	朱月明	女婿	1970 年 1 月	男		
	王明华	孙子	1993 年 6 月	男		
	沈兆进	孙媳	1995 年 3 月	女		
家庭大事	1980 年，把原宅翻建为平房 1986 年，翻建楼房 2000 年，动迁至胜利新村 2007 年，朱月明开办公司					

	现有家属				已故家属（1949—2020 年）	
	姓名	与户主关系	出生年月	性别	称呼	姓名
家庭成员	王阿春	户主	1951 年 2 月	男	父亲	王小宝
	张小妹	妻子	1951 年 2 月	女	母亲	胡凤宝
	王剑斌	儿子	1979 年 3 月	男		
	唐志琴	儿媳	1981 年 6 月	女		
	王绛恒	孙子	2007 年 1 月	男		
	王敏霞	女儿	1976 年 11 月	女		
	林海辉	女婿	1975 年 3 月	男		
	林　禾	外孙女	2003 年 9 月	女		
家庭大事	1971 年，王阿春入伍 1974 年，王阿春加入中国共产党 1975 年，把原宅翻建为平房 1975 年，王阿春退伍 1983 年，把平房翻建为楼房 2000 年，动迁至胜利新村					

	现有家属				已故家属（1949—2020 年）	
	姓名	与户主关系	出生年月	性别	称呼	姓名
家庭成员	王冬生	户主	1966 年 11 月	男	岳父	杨培元
	杨文花	妻子	1966 年 9 月	女	岳母	胡凤宝
	杨佳蕾	女儿	1989 年 11 月	女		
	吕超清	女婿	1989 年 4 月	男		
	吕承轩	长孙	2014 年 1 月	男		
	杨承汐	次孙	2015 年 12 月	男		
家庭大事	1980 年，把原宅翻建为平房 1987 年，把平房翻建为楼房 2000 年，动迁至胜利新村					

	现有家属				已故家属（1949—2020 年）	
家庭成员	姓名	与户主关系	出生年月	性别	称呼	姓名
	王建林	户主	1963 年 2 月	男	父亲	王根兴
	杨梅芳	妻子	1962 年 12 月	女		
	王　杨	女儿	1988 年 7 月	女		
	王爱玲	母亲	1942 年 8 月	女		
家庭大事	1979 年，翻建楼房 2002 年，动迁至锦隆佳园 2007 年，王杨就读于南通大学（本科） 2008 年，王杨加入中国共产党 2009 年，王建林加入中国共产党					

	现有家属				已故家属（1949—2020 年）	
家庭成员	姓名	与户主关系	出生年月	性别	称呼	姓名
	朱文明	户主	1970 年 5 月	男	父亲	朱雪泉
	张国兰	妻子	1971 年 9 月	女	母亲	张火宝
	朱晓濛	女儿	1993 年 12 月	女		
家庭大事	1988 年，翻建楼房 2002 年，动迁至广福锦园自建房 2018 年，朱文明开办理发店					

	现有家属				已故家属（1949—2020 年）	
家庭成员	姓名	与户主关系	出生年月	性别	称呼	姓名
	陆小芳	户主	1971 年 8 月	女		
	朱晓濛	女儿	1993 年 12 月	女		
家庭大事						

	现有家属				已故家属（1949—2020 年）	
	姓名	与户主关系	出生年月	性别	称呼	姓名
家庭成员	朱卫祖	户主	1945 年 11 月	男	父亲	朱叙林
	朱丽娟	长女	1970 年 2 月	女	母亲	朱阿娥
	朱静娟	次女	1972 年 1 月	女	妻子	李菊珍
	吴　伟	次女婿	1972 年 6 月	男		
	吴臻泽	外孙	1999 年 7 月	男		
家庭大事	1984 年，建楼房 1992 年，朱阿娥病故 1995 年，朱叙林病故 1995 年，李菊珍病故 1995 年，朱卫祖在昆山市消灭血吸虫达标工作中被评为先进个人 1996 年，朱丽娟在厦门和菲律宾办公司，任董事长 1997 年，出售楼房 1999 年，朱卫祖获昆山市“十佳预防保健工作者”荣誉称号 2001 年，朱卫祖获昆山市人民政府三等功 2014 年，朱静娟在昆山市同心社区卫生服务站任副主任 2018 年，吴伟在昆山市第三人民医院任院长						

广福村第 14 村民小组

	现有家属				已故家属（1949—2020 年）	
	姓名	与户主关系	出生年月	性别	称呼	姓名
家庭成员	陈月明	户主	1959 年 1 月	男	父亲	陈浩生
	王建珍	妻子	1958 年 10 月	女		
	陈　怡	儿子	1982 年 4 月	男		
	周　莹	儿媳	1985 年 5 月	女		
	陈欣妍	长孙女	2008 年 12 月	女		
	周欣容	次孙女	2010 年 12 月	女		
	陈梅金	母亲	1929 年 2 月	女		
家庭大事	1994 年，于风雷河西侧自建别墅一幢 1994 年，购买汽车一辆 2004 年，动迁至广福锦园自建房 2004 年，陈怡毕业于江苏大学 2008 年，陈怡结婚					

	现有家属				已故家属 （1949—2020 年）	
	姓名	与户主关系	出生年月	性别	称呼	姓名
家庭成员	陈建明	户主	1964 年 10 月	男	父亲	陈浩生
	张　芬	妻子	1970 年 1 月	女		
	陈少杰	儿子	1987 年 10 月	男		
	陈楷予	孙子	2011 年 8 月	男		
	陈梅金	母亲	1929 年 2 月	女		
家庭大事	1981 年，于风雷河自建平房三间 1984 年，陈建明入伍 1986 年，陈建明加入中国共产党 1987 年，陈建明荣立三等功一次 1989 年，陈建明退伍 2004 年，动迁至广福锦园自建房 2005 年，陈少杰入伍 2007 年，陈建明成立昆山硕华机电工程有限公司 2007 年，陈少杰退伍返乡 2010 年，陈少杰结婚					

	现有家属				已故家属 （1949—2020 年）	
	姓名	与户主关系	出生年月	性别	称呼	姓名
家庭成员	陈建青	户主	1968 年 12 月	男	祖父	陈勤龙
	孙正琴	妻子	1971 年 1 月	女	祖母	陈金妹
	陈　琳	女儿	1992 年 11 月	女	父亲	陈雪生
	景　文	女婿	1992 年 9 月	男	弟弟	陈文青
	赵金凤	母亲	1945 年 11 月	女		
	陈建芬	姐姐	1965 年 11 月	女		
家庭大事	1990 年，于风雷河西侧自建楼房一幢 2008 年，动迁至锦隆佳园 2008 年，陈建青成立昆山诚立机械有限公司 2020 年，陈琳结婚					

<table>
<tr><td rowspan="7">家庭成员</td><td colspan="4">现有家属</td><td colspan="2">已故家属
（1949—2020 年）</td></tr>
<tr><td>姓名</td><td>与户主关系</td><td>出生年月</td><td>性别</td><td>称呼</td><td>姓名</td></tr>
<tr><td>陈有生</td><td>户主</td><td>1963 年 2 月</td><td>男</td><td>父亲</td><td>陈勤龙</td></tr>
<tr><td>徐文花</td><td>妻子</td><td>1966 年 5 月</td><td>女</td><td>母亲</td><td>陈金妹</td></tr>
<tr><td>陈晓红</td><td>女儿</td><td>1987 年 3 月</td><td>女</td><td></td><td></td></tr>
<tr><td>薛　飞</td><td>女婿</td><td>1987 年 8 月</td><td>男</td><td></td><td></td></tr>
<tr><td>薛逸霖</td><td>外孙女</td><td>2018 年 12 月</td><td>女</td><td></td><td></td></tr>
<tr><td>家庭大事</td><td colspan="6">1983 年，于风雷河西侧建平房三间
2006 年，陈晓红就读于扬州大学（本科）
2006 年，薛飞就读于中国矿业大学（本科）
2008 年，陈晓红加入中国共产党
2008 年，动迁至锦隆佳园
2009 年，薛飞加入中国共产党
2010 年，薛飞就读于苏州大学（硕士研究生）
2010 年，陈晓红就读于扬州大学（硕士研究生）</td></tr>
</table>

<table>
<tr><td rowspan="7">家庭成员</td><td colspan="4">现有家属</td><td colspan="2">已故家属
（1949—2020 年）</td></tr>
<tr><td>姓名</td><td>与户主关系</td><td>出生年月</td><td>性别</td><td>称呼</td><td>姓名</td></tr>
<tr><td>陈林生</td><td>户主</td><td>1957 年 9 月</td><td>男</td><td>祖父</td><td>陈召炳</td></tr>
<tr><td>沈秀英</td><td>妻子</td><td>1957 年 7 月</td><td>女</td><td>祖母</td><td>陈爱娣</td></tr>
<tr><td>陈　刚</td><td>儿子</td><td>1980 年 7 月</td><td>男</td><td>父亲</td><td>陈品来</td></tr>
<tr><td>冯金燕</td><td>儿媳</td><td>1979 年 4 月</td><td>女</td><td></td><td></td></tr>
<tr><td>陈启帆</td><td>孙子</td><td>2005 年 8 月</td><td>男</td><td></td><td></td></tr>
<tr><td>家庭大事</td><td colspan="6">1991 年，自建四上四下楼房一幢
1995 年，陈林生加入中国共产党
2010 年，动迁至锦隆佳园
2017 年，陈林生被昆山市体育局授予“2017 年度昆山市优秀社会体育指导员”称号</td></tr>
</table>

	现有家属				已故家属（1949—2020 年）	
	姓名	与户主关系	出生年月	性别	称呼	姓名
家庭成员	陈惠良	户主	1965 年 11 月	男	父亲	陈彦达
	胡菊妹	妻子	1966 年 1 月	女		
	陈　磊	儿子	1989 年 12 月	男		
	陈梦云	儿媳	1989 年 10 月	女		
	陈霆轩	孙子	2015 年 7 月	男		
	陈玥希	孙女	2019 年 5 月	女		
	曹桂珍	母亲	1939 年 2 月	女		
家庭大事	1989 年，于风雷河建三上四下楼房一幢 2008 年，动迁至广福锦园自建房 2008 年，陈磊就读于常州大学（本科） 2008 年，陈梦云就读于扬州大学（本科） 2012 年，陈梦云加入中国共产党 2015 年，陈磊与陈梦云结婚					

	现有家属				已故家属（1949—2020 年）	
	姓名	与户主关系	出生年月	性别	称呼	姓名
家庭成员	陈惠明	户主	1953 年 3 月	男	父亲	陈品祥
	陈琴珍	妻子	1954 年 11 月	女		
	陈　亮	儿子	1978 年 9 月	男		
	顾金芳	儿媳	1979 年 10 月	女		
	陈志宏	孙子	2003 年 5 月	男		
	陈　莹	女儿	1976 年 9 月	女		
	张鑫成	外孙	2000 年 5 月	男		
	陈金男	母亲	1928 年 11 月	女		
家庭大事	1989 年，于风雷河建三上三下房屋一幢 1989 年，陈惠明加入中国共产党 2001 年，陈亮结婚 2005 年，购买濂园新村别墅一幢 2008 年，动迁至锦隆佳园					

	现有家属				已故家属（1949—2020 年）	
	姓名	与户主关系	出生年月	性别	称呼	姓名
家庭成员	陈炜中	户主	1962 年 8 月	男	父亲	陈品祥
	陈小妹	妻子	1960 年 11 月	女		
	陈婷婷	女儿	1985 年 5 月	女		
	王　庭	女婿	1985 年 12 月	男		
	陈泽轩	长孙	2012 年 10 月	男		
	王泽原	次孙	2014 年 10 月	男		
	陈金男	母亲	1928 年 11 月	女		
家庭大事	1978 年，于风雷河西侧自建平房四间 2000 年，陈婷婷获全国中学生田径锦标赛女子乙组跳高第二名 2001 年，陈婷婷获江苏省青少年田径比赛女子甲组跳高第一名 2002 年，陈婷婷获江苏省第十五届运动会青少年田径比赛女子甲组跳高第三名 2006 年，陈婷婷毕业于苏州大学 2006 年，王庭毕业于南京理工大学 2008 年，动迁至锦隆佳园 2011 年，陈婷婷与王庭结婚					

<table>
<tr><td rowspan="10">家庭成员</td><td colspan="4">现有家属</td><td colspan="2">已故家属
（1949—2020 年）</td></tr>
<tr><td>姓名</td><td>与户主关系</td><td>出生年月</td><td>性别</td><td>称呼</td><td>姓名</td></tr>
<tr><td>陈桂英</td><td>户主</td><td>1952 年 9 月</td><td>女</td><td>公公</td><td>赵祖仁</td></tr>
<tr><td>赵黎明</td><td>儿子</td><td>1979 年 8 月</td><td>男</td><td>丈夫</td><td>赵　刚</td></tr>
<tr><td>王　萍</td><td>儿媳</td><td>1982 年 8 月</td><td>女</td><td></td><td></td></tr>
<tr><td>赵　烨</td><td>孙子</td><td>2006 年 11 月</td><td>男</td><td></td><td></td></tr>
<tr><td>赵丽萍</td><td>女儿</td><td>1978 年 4 月</td><td>女</td><td></td><td></td></tr>
<tr><td>王　鑫</td><td>女婿</td><td>1973 年 9 月</td><td>男</td><td></td><td></td></tr>
<tr><td>王宇轩</td><td>外孙</td><td>2005 年 6 月</td><td>男</td><td></td><td></td></tr>
<tr><td>赵爱妹</td><td>婆婆</td><td>1932 年 6 月</td><td>女</td><td></td><td></td></tr>
<tr><td>家庭大事</td><td colspan="6">1978 年，于风雷河建平房三间
1998 年，赵刚去世
2004 年，动迁至广福锦园自建房
2005 年，赵黎明结婚</td></tr>
</table>

<table>
<tr><td rowspan="6">家庭成员</td><td colspan="4">现有家属</td><td colspan="2">已故家属
（1949—2020 年）</td></tr>
<tr><td>姓名</td><td>与户主关系</td><td>出生年月</td><td>性别</td><td>称呼</td><td>姓名</td></tr>
<tr><td>赵　强</td><td>户主</td><td>1968 年 5 月</td><td>男</td><td>父亲</td><td>赵祖仁</td></tr>
<tr><td>杨怀芳</td><td>妻子</td><td>1967 年 1 月</td><td>女</td><td></td><td></td></tr>
<tr><td>赵　勇</td><td>儿子</td><td>1992 年 6 月</td><td>男</td><td></td><td></td></tr>
<tr><td>赵爱妹</td><td>母亲</td><td>1932 年 6 月</td><td>女</td><td></td><td></td></tr>
<tr><td>家庭大事</td><td colspan="6">1989 年，于风雷河自建三上三下楼房一幢
1991 年，赵强结婚
2008 年，动迁至锦隆佳园</td></tr>
</table>

家庭成员	现有家属				已故家属（1949—2020年）	
	姓名	与户主关系	出生年月	性别	称呼	姓名
	赵秀珍	户主	1963年8月	女	父亲	赵祖仁
	陈少杰	儿子	1987年10月	男		
	陈楷予	孙子	2011年8月	男		
	赵爱妹	母亲	1932年6月	女		
家庭大事	2010年，购买锦隆佳园经济适用房					

家庭成员	现有家属				已故家属（1949—2020年）	
	姓名	与户主关系	出生年月	性别	称呼	姓名
	王根宝	户主	1945年1月	男	父亲	王文卿
	张凤珍	妻子	1947年3月	女	母亲	王爱金
	王建刚	儿子	1970年9月	男		
	韩雅勤	儿媳	1970年11月	女		
	王歆怡	孙女	1994年5月	女		
家庭大事	1993年，自建三上三下楼房一幢 2008年，动迁至锦隆佳园 2012年，王歆怡考入大学 2016年，王歆怡获学士学位					

	现有家属				已故家属（1949—2020 年）	
家庭成员	姓名	与户主关系	出生年月	性别	称呼	姓名
	莫惠华	户主	1977 年 11 月	男	祖父	莫阿吴
	刘翠红	妻子	1980 年 10 月	女	祖母	莫阿金
	莫怡婷	女儿	2002 年 3 月	女		
	莫风泉	父亲	1949 年 3 月	男		
家庭大事	1998 年，于风雷河建别墅一幢 2000 年，莫惠华结婚 2008 年，动迁 2008 年，在新乐锦园购买宅基地建楼房					

	现有家属				已故家属（1949—2020 年）	
家庭成员	姓名	与户主关系	出生年月	性别	称呼	姓名
	莫风良	户主	1957 年 3 月	男	父亲	莫阿吴
					母亲	莫阿金
家庭大事	1980 年，于风雷河西侧建平房三间 2008 年，动迁至锦隆佳园					

	现有家属				已故家属（1949—2020 年）	
	姓名	与户主关系	出生年月	性别	称呼	姓名
家庭成员	莫大男	户主	1947 年 1 月	男	父亲	莫小巧
	邱月琴	妻子	1953 年 11 月	女	母亲	王阿男
	莫建英	女儿	1978 年 2 月	女		
	周春荣	女婿	1977 年 3 月	男		
	莫紫馨	孙女	2004 年 5 月	女		
家庭大事	1983—1998 年，莫大男打小糠 1987 年，购买风雷河平房三间 2003 年，迁至广福锦园自建房 2019 年，周春荣毕业于南京农业大学（成人教育大专）					

	现有家属				已故家属（1949—2020 年）	
	姓名	与户主关系	出生年月	性别	称呼	姓名
家庭成员	莫建华	户主	1975 年 8 月	男	妻子	龚丽雅
	莫俊强	儿子	2000 年 4 月	男		
	莫大男	继父	1947 年 1 月	男		
	邱月琴	母亲	1953 年 11 月	女		
家庭大事	1989 年，于风雷河自建三上三下楼房一幢 2008 年，动迁至锦隆佳园 2009 年，莫建华加入中国共产党 2018 年，莫俊强就读于河南大学（本科）					

<table>
<tr><td rowspan="2"></td><td colspan="4">现有家属</td><td colspan="2">已故家属
（1949—2020 年）</td></tr>
<tr><td>姓名</td><td>与户主关系</td><td>出生年月</td><td>性别</td><td>称呼</td><td>姓名</td></tr>
<tr><td rowspan="8">家庭成员</td><td>张桂珍</td><td>户主</td><td>1935 年 1 月</td><td>女</td><td>丈夫</td><td>韩金梅</td></tr>
<tr><td>韩六英</td><td>女儿</td><td>1960 年 6 月</td><td>女</td><td></td><td></td></tr>
<tr><td>王志明</td><td>女婿</td><td>1957 年 11 月</td><td>男</td><td></td><td></td></tr>
<tr><td>韩　芬</td><td>长孙女</td><td>1982 年 1 月</td><td>女</td><td></td><td></td></tr>
<tr><td>汪林松</td><td>长孙女婿</td><td>1983 年 4 月</td><td>男</td><td></td><td></td></tr>
<tr><td>汪韩月</td><td>曾孙女</td><td>2007 年 4 月</td><td>女</td><td></td><td></td></tr>
<tr><td>韩子坚</td><td>曾孙</td><td>2014 年 3 月</td><td>男</td><td></td><td></td></tr>
<tr><td>韩　芳</td><td>次孙女</td><td>1987 年 4 月</td><td>女</td><td></td><td></td></tr>
<tr><td>家庭大事</td><td colspan="6">1989 年，于风雷河自建三上三下楼房一幢
2006 年，韩芬毕业于南京财经大学
2008 年，汪林松毕业于南京大学
2008 年，动迁至锦隆佳园
2009 年，韩芳加入中国共产党
2010 年，韩芬加入中国共产党
2010 年，韩芳毕业于南京工程学院
2013 年，汪林松加入中国共产党</td></tr>
</table>

	现有家属				已故家属（1949—2020 年）	
	姓名	与户主关系	出生年月	性别	称呼	姓名
家庭成员	韩巧英	户主	1963 年 7 月	女	父亲	韩金梅
	顾晓华	儿子	1986 年 12 月	男		
	冯　倩	儿媳	1988 年 9 月	女		
	顾逸熙	孙女	2010 年 10 月	女		
	张桂珍	母亲	1935 年 1 月	女		
家庭大事	1982 年，于小港稍自建平房三间 2002 年，至锦隆佳园购买经济适用房 2005 年，顾晓华就读于扬州市职业大学（大专） 2006 年，冯倩就读南阳师范学院（大专） 2010 年，顾晓华与冯倩结婚					

	现有家属				已故家属（1949—2020 年）	
	姓名	与户主关系	出生年月	性别	称呼	姓名
家庭成员	王阿文	户主	1936 年 12 月	男	父亲	王家谷
	王　弟	儿子	1966 年 1 月	男	妻子	陈巧林
	胡菊华	儿媳	1969 年 11 月	女	女儿	王　妹
	王　琳	孙女	1991 年 10 月	女		
	彭旭东	孙女婿	1991 年 7 月	男		
	王皓晨	曾孙	2017 年 1 月	男		
家庭大事	1980 年，于风雷河自建平房三间 2008 年，动迁至锦隆佳园					